KB275506

청중과 소통하는 설교

Communicative Preaching

by H.J.C. Pieterse

Trans. by Prof. Chang-Kyoon Jung, Th.M., Ph.D.

Copyright © 2002, 2009 Hapdong Theological Seminary Press

Mt. 42-3 Woncheon-dong, Yeongtong-gu, Suwon, Korea

청중과 소통하는 설교

초판1쇄 발행 2002년 4월 24일
재판1쇄 발행 2009년 3월 3일
지은이 H.J.C. 피터즈
옮긴이 정창균
발행인 성주진
펴낸곳 합신대학원출판부
주소 443-791 수원시 영통구 원천동 42-3
전화 (031)217-0629
팩스 (031)212-6204
홈페이지 www.hapdong.ac.kr
인쇄처 예원프린팅 (031)906-6551
총판 ㈜ 기독교출판유통 (031)906-9191
값 15,500원

ISBN 978-89-86191-86-8

＊잘못된 책은 교환해 드립니다.

이 도서의 국립중앙도서관 출판시 도서목록(CIP)은 e-CIP 홈페이지
http://www.nl.go.kr/cip.php에서 이용하실 수 있습니다. (CIP제어번호: CIP 2009000470)
저작권법에 의하여 한국 내에서 보호를 받는 저작물이므로 저자와 출판사의 허락 없이 내용의 일부를 인용하거나 발췌하는 것을 금합니다.

청중과 소통하는 설교

H.J.C. 피터즈 **지음**
정창균 **옮김**

합신대학원출판부

설교에 대한 나의 실천적-신학적 관점 특히 커뮤니케이션의 관점에서의 설교에 대한 나의 견해가 정창균 교수의 탁월한 번역을 통하여 한국의 신학생들과 설교자들에게 소개될 수 있게 되어 무척 기쁘게 생각합니다. 우리는 우리 주 예수 그리스도로부터 만민에게 복음을 선포하라는 사명을 받았습니다. 그러므로 이 사역의 핵심은 성경의 메시지가 사람들에게 그들의 상황에서 잘 전달되는 방식으로 하나님의 말씀을 전하는 것입니다. 신학적으로도 주경학적으로도 건실한 많은 좋은 설교들이 사람들과 커뮤니케이션이 되지 않기 때문에 강단과 회중석 사이 어디에선가 사라져 버립니다.

설교에 대한 나의 주된 관심사는 건전한 설교학 이론에 근거한 성경적 설교를 고양시키는 것입니다. 성경 본문에 대한 훌륭한 강해가 바로 이러한 설교일 것이며, 그것은 신학적 성격을 좋은 해석학적 이론을 방편으로 하여 다음 주일에 그 설교를 듣게 될 현장의 회중들의 상황에 맞게 해석된 설교를 말하기도 합니다. 하나님 나라의 가치관에 따라 청중들의 삶 가운데서 매주 지속적으로 그들의 삶을 변화시키고 또한 풍성하게 하는 하나님의 말씀의 사건이 되기 위해서는, 무엇보다도 그 말씀이 소통이 되어야 하는 것입니다.

설교에 대하여 "어떻게"(how to)를 말해주는 책은 많지만, 그 중의 대부분이 신학적으로 체계화된 이론의 제시가 부족합니다. 본서는 실천신학에 대한 최근의 과학적 접근에 기반을 두고 해석학, 설교에 대한 경험적 연구, 설교의 전달, 설교 준비의 단계들, 그리고 다양한 설교 유형들의 커뮤니케이션 특성들에 대한 체계화된 신학적 이론들의 구축을 추구하기 위하여 저술되었습니다.

나는 독자 여러분이 설교학에 대한 현대의 실천적 신학적 사고에 대한 이러한 탐구를 즐길 수 있으리라 믿습니다. 그리고 본서가 다루고 있는 이론들의 실천적인 요소들은 독자 여러분들이 하나님의 말씀이 회중에게 그들의 삶의 상황에서 진정으로 소통이 되어 예수 그리스도 안에서의 믿음을 진작시키고, 하나님의 영광을 위한 믿음을 세워가는 설교를 준비하는 데 도움을 주리라 확신합니다.

7th March 2002

Professor Emeritus, University of South Africa
Professor Extra-Ordinary, University of Pretoria, South Africa

역자의 말

이 책의 저자인 피터즈 교수는 남아공의 화란개혁교회(Dutch Reformed Church)에 속한 뛰어난 설교학자요 실천신학자이다. 그는 남아공의 프리토리아 대학교와 스텔렌보쉬 대학교에서 공부를 하고 십수년 동안 목회를 하였다. 그 후 남아공 대학교(University of South Africa)에서 20여년 동안 교수를 하고 작년에 은퇴하여 지금은 프리토리아 대학교에서 특별교수로 여전히 신학도들을 가르치고 있다. 설교학을 비롯한 실천신학 전반에 대한 저술 활동도 왕성히 하여 책과 소논문을 포함하여 100여편에 가까운 저술을 가지고 있기도 하다. 역자는 1994년 역자가 공부하고 있던 스텔렌보쉬 대학교 신학부가 주관하는 학회에서 피터즈 교수를 만나서 교제하게 되었고, 본서를 번역하여 한국 설교학도들에게 소개하기로 뜻을 모았었다. 그러나 역자의 사정에 의하여 미루고 있다가 이제야 그 약속을 실현할 수 있게 된 것이다.

설교에 대한 피터즈 교수의 이해는 분명하다. 설교는 주 예수 그리스도께서 우리에게 부여하신 위대한 사명이며, 이 사명의 핵심은 하나님의 말씀을 그의 백성인 회중에게 선포하는 것이라는 전제아래, 그러므로 우리는 회중이 성경 본문의 메시지를 능력과 구원의 도를 드러내는 진정한 하나님의 말씀으로 알아들을 수 있도록 책임 있는 방식으로 설교를 해야 한다는 것이다. 다음과 같은 그의 말이 이를 잘 드러내주고 있다. "그러므로 이 사역의 핵심은 성경의 메시지가 사람들에게 그들의 상황에서 잘 전달되는 방식으로 하나님의 말씀을 전하는 것입니다. 신학적으로도 주경학적으로도 건실한 많은 좋은 설교들이 사람들과 커뮤니케이션이 되지 않기 때문에 강단과 회중석 사이 어디에선가 사라져 버립니다." 이러한 방식의 설교를 위해서는 설교자들이 설교의 준비와 전달에서 적용할 수 있는 해석학적 통찰과 의사소통(communication)에 대한 통찰들이 함께 다루어져야 한다는 것이 저자의 주장이다. 이러한 자신의 입장을 근거로 그는 설교에서는 결국 이론과 현장이 함께 통합적으로 다루어져야 한다는 데로 나아간다. 그러므로 그는 이 책에서 개혁주의적 관점에서 최근 설교학의 제 문제들을 관찰하면서, 오늘(here and now)의 청중을 위한 성경적 설교를 가능하게 하기 위하여 설교이론과 설교현장 사이의 관계를 통합적으로 다루려는 시도를 하고 있다.

저자가 지적하는 대로, 설교에 대하여 "어떻게(how)"를 말해주는 책은 많지만 신학적으로 체계화된 이론의 제시가 부족하거나, 아니면 반대로 이론의 제시는 뛰어나지만 설교가 시행되는 현장에서의 "어떻게(how)"는 소홀히 하는 책이 많은 것이 현실이다. 이러한 때 이 두 기둥을 함께 통합적으로 다루어 오늘의 회중을 위한 성경적 설교를 고양하려는 저자의 노력은 높이 살만하며, 또한 우리에게도 많은 도전과 유익을 줄 것으로 확신한다.

미루고 있다가 급히 서둘러 출간을 하게 되는 바람에 군데군데 한글 연결이 다소 자연스럽지 않은 곳이 있음을 죄송하게 생각하며, 이 책의 출간을 위하여 격려와 수고를 아끼지 않으신 합동신학대학원 박형용 총

장님과 출판부 김학문 목사님께 감사를 드린다. 또한 본서를 번역하는 과정에서 헌신적인 도움을 아끼지 않은 이부형 목사에게도 깊은 감사를 드린다.

2002. 4.

정창균

『청중과 소통하는 설교』로 다시 발간하면서

이미 품절된 책을 굳이 다시 발간할 필요가 있을까 하는 고민이 있었다. 그러나 이 책의 내용이 여전히 설교학도들에게 효용성이 있으며, 특히 설교는 신학적 행위임과 동시에 청중과 소통해야 하는 커뮤니케이션 행위라는 관점으로 균형 있게 설교를 이해하는 데 이 책이 도움이 된다고 재판을 요청하는 이들이 있어서 그에 응하기로 용기를 내었다.

몇 군데 번역을 다듬었고, 책의 원제목에 충실하기 위하여 『설교의 커뮤니케이션』이라고 붙였던 초판의 제목을 재판에서는 『청중과 소통하는 설교』라고 바꿔 붙임으로써 저자의 의도를 드러내는 데 충실하고자 하였다. 번역의 부족으로 말미암아 독자와 소통이 잘 안되는 부분이 혹시 있으면 그것은 전적으로 번역자의 잘못이다. 그럼에도 불구하고 이 책이 설교자와 설교학도들에게 도움과 유익이 되기를 기대한다.

2009. 1.

정창균

서문

본서가 제시하고자 하는 바는 설교학에 대한 하나의 새로운 과학적 시각이다. 설교학 분야에서는 설교에 대한 신학적인 성찰이 오랫동안 요구되어 왔는데, 그것은 설교자 자신이 실제로 주일 설교의 기초로 삼을 만한 이론들에 대한 요구였다.

그 이론들은 필히 커뮤니케이션 분야 학자들과 학문적 상호 교류를 통하여 이루어져야 한다. 그러나 이론들이 실제적이고도 신학적이기 위해서는 설교가 선포되는 강단에서 얻어지는 신뢰할 만한 경험적 지식에서 도출되어야 한다. 이것이야말로 실천적−신학적(practical-theological) 성찰의 기초이다.

프린스톤 신학교의 랜달 니콜스(J. Randall Nichols)는 그의 뛰어난 논문 "설교학은 학문적 연구로서 합당한 분야인가?(*Homiletics*, vol. Ⅷ, no. 1, 1983)"에서 정통적인 설교학이 자신이 말하는 "근본적인 연구(foundational research)"를 촉발시킬 수 있는 이론인가 하는 문제를 제기한다. 그는 다음과 같이 이 분야의 연구자들에게 확실한 도전을 주고 있다.

설교학은 효과적인 설교라는 궁극적인 목적에 봉사하기 위한 연구와 이론 형성에 공헌해야 할 것이다. 설교학은 설교 경험 안에서, 설교 경험을 통하여, 그리고 설교 경험을 따라 무엇이 일어나는 지에 대한 하나의 지식 체계를 세우기 위하여 기초적인 연구를 행하는 데 공헌해야 한다. 설교학은 다른 분야(예를 들면, 성경 신학 내지 조직 신학)에서 이루어진 신학적 사고를 단순히 빌려와서 그것을 설교에 적용하기보다 오히려 설교의 복합적이고 다면적인 경험에 대한 신학적인 사고를 '실천하라' 는 요구를 진지하게 받아들여야 한다.

나는 니콜스의 이러한 도전에 동의한다. 그런 의미에서 본서는 그가 명시한 기준들 안에서 실제적인 설교를 위한 설교 이론의 수립을 도우려는 하나의 시도이다.

내가 취한 접근 방법의 중요한 핵심은 설교는 성격상 커뮤니케이션이라는 것이며, 이것은 성경에 그 근거를 두고 있다. 하나님이 인간을 다루시는 것이나, 이 땅의 모든 사람들에게 복음을 전하라는 사명이나 그 성격은 커뮤니케이션인 것이다. 본서가 추구하려는 것은 건전한 설교 이론을 바탕으로 보다 나은 성경적 설교를 향상시키는 것이다.

제 1장은 설교 이론에 대한 개혁신학적 접근 원리들을 개관하고, 그 틀 안에서 경험적인 연구의 시도를 다룬다. 제 2장에서는 이러한 연구의 결과들을 다룬다. 제 3장과 제 4장에서는 설교의 커뮤니케이션 현장(communicative praxis)을 위한 신학적인 지침을 제시한다. 그러므로 이러한 지침들은 신학적인 이론과 경험적인 연구 사이에 이루어지는 비평적인 상호작용의 결과들을 반영한 것이다.

본서는 설교학도들과 매 주일마다 설교를 해야 하는 설교자들을 위한 하나의 지침서로 고안되었다. 설교자들은 매주일 계속되는 정기적인 설교를 수사학적인 면에 치우쳐 행하는 가운데 한 편의 설교가 갖는 진정한 기능을 잊어버리기 쉽다. 본서는 이 기능을 시의적절하게, 현실 상황에 맞도록 상기시키는 것을 돕기 위해 제작되었다. 즉, 설교는 커뮤니케이션이 되어야 한다는 것이다. 설교가 커뮤니케이션이 되어야 한다는 것은 항상 새로운 소식을 전달해야 한다는 것이고 이 새로운 소식을 전달한다는 것은 스스로 새롭게 하는 복음과 회중석에 앉아 있는 사람들의 실존적인 현실의 틀 안에서 설교가 행해져야 한다는 것이다.

제1장

설교론

이론적인 출발점이 없이는 어떤 일을 행할 수 없다. 만일, 내가 의자를 하나 만들 계획을 세웠다면, 실제로 내가 어떤 일을 해야 할 것인지에 대한 구상을 먼저 머리 속에 떠올릴 것이다. 여기에서 자연스럽게 이론과 실제 사이의 상호작용이 이루어진다. 어쩌면 실제로 의자에 어떻게 다리를 부착시킬 것인지를 시행해봄으로 내가 처음에 구상했던 생각이 실제에서는 제대로 들어맞지 않게 되었다는 것을 발견하게 될런지도 모른다. 이러한 실제적인 시도들은 의자를 조립해 봄으로써 튼튼하고 좋은 의자를 만들기 위해서는 내가 처음에 구상했던 방법이 아니라 다른 방법으로 해야 된다는 것을 깨닫게 해 주는 것이다. 그렇게 해서 내가 생각했던 이론도 수정하게 되는 것이다. 이와 마찬가지로 설교를 이론적으로 지원하기 위해서는 설교를 실제로 행하는 것에 대한 이론이 필요하다.[1] 이에 관해서는 뒤에서 논의 할 것이다.

---

1) J. Firet, *De plaats van de praktische theologie binnen de theologische faculteit,* p. 19; M. Janson, *Praktiese Theologie,* p. 343 참고. 이 문제는 H. J. C. Pieterse, *Die daad by die Woord,* pp. 147~154에서 논의됨. J. Firet, 앞의 책, 18~25쪽.

설교 이론을 구축하고자 할 때 우리는 겸손해질 필요가 있다. 왜냐하면 이론을 구상한다는 것은 끊임없이 계속되는 하나의 과정이고, 한 이론에 설교의 모든 면을 포함시키는 것이 불가능하기 때문이다. 우리는 우리의 지식을 가지고, 그것들을 단지 결합력이 있는 전체로 조직화하는 일을 할 수 있을 뿐이다. 대상, 과정, 현상, 사건 등에 우리가 부여하는 개념, 이름 그리고 설명들은 하나의 이론을 구성하기 위한 논리적 통일성으로서 서로 연관을 맺고 있다. 한 이론에 내포되어 있는 모든 명제들을 다 검증할 필요는 없다. 어떤 명제들, 특히 세계관이나 인생관과 관련된 가정들의 기저(基底)에 놓여 있는 것과 같은 명제들은 경험적으로 검증될 수도 없다. 어떤 이론은 경험적인 연구 과정을 주도하여 우리가 경험적인 자료를 얻을 수 있도록 도움을 준다. 그 이론은 우리가 그것을 승인할 것인가, 수정할 것인가, 또는 거부할 것인가를 판단하기 위한 적절한 자료를 얻도록 돕는 식으로 연구의 방향을 지시한다. 이렇게 경험적인 연구의 과정에서 얻게된 통찰들은 그 후에 이론형성을 촉진할 수 있게 된다. 과학적 연구에서 이론의 궁극적 목적은 묘사하고, 설명하고, 이해하며, 판단하는 데 있다. 또한 겸손하다는 것은 설교를 연구하는 데 있어서 우리는 완전한 지식 체계를 가지고 있는 체 할 수 없다는 것을 의미한다. 설교를 과학적으로 연구하고자 하는 사람은 누구나 실천신학의 이 특정한 기능 분야(Handlungsfeld)에서 여러 가지 문제와 의문을 발견하게 될 것이다. 이러한 문제와 의문들은 우리가 가진 지식에 어떤 한계가 있음을 보여주는 것이며, 따라서 더 많은 연구를 위한 길을 제시해준다. 그러므로 어떤 의미에서 우리가 가진 지식과 이론은 항상 불완전하기에 설교 연구는 역동적인 활동인 것이다. 설교 연구들은 이러한 지식의 한계를 극복하도록 도울 것이며, 또 한편으론 우리에게 새로운 의문을 제기할 것이다.

내가 견지하는 이론적—과학적 지향에 대한 천명이 없이는 설교에 대한 이론을 깊이 있게 다룰 수 없을 것이다. 그러므로 이제 그 점을 간략하게 살펴보고자 한다.

1. 이론적-과학적 지향

나는 모든 논의에 앞서 이러한 지향에 대한 설명부터 시작해야 한다고 본다. 많은 신학자들이 신학이란 무엇인가에 대한 견해차로 말미암아 의미 있는 대화를 하는 데 실패한다. 나는 내가 다루려는 주제의 관점에서 신학을 정의한 게하르트 에벨링(Gerhard Ebeling)의, "신학은 신앙의 바탕과 내용에 관한 과학적 연구"[2] 라는 정의에 동의한다. 신앙은 인간 공통의 현상이며, 그렇기 때문에 이것은 과학적으로 연구될 수 있다. 신학에 대한 에벨링의 정의는 신앙의 커뮤니케이션을 함축하고 있다. 이러한 것은 그가 신학자가 아닌 사람들과의 신학의 과학적인 성격에 관한 논의를 주도하는 그의 신학적 작업에서 보다 더 분명히 나타나며, 또한 현대적인 방법으로 기독교 신앙을 전달하고자 애쓰는 그의 신학적 사고의 동기 속에서도 분명히 나타난다.[3] 그러므로 신학은 하나님에 대한 지식(knowledge of God)뿐만 아니라 하나님을 아는 것(knowing God)도 다루는 것이다. 실천신학은 목회 활동 가운데 선포되는 말씀으로 말미암은 하나님의 오심을 중재하는 사람들의 행위뿐만 아니라, 그렇게 함으로써 그 백성들과 신앙을 커뮤니케이션하는 사람들의 행위에도 관심을 갖는다. 그것은 예수로 인한 것이라고 인정되는 행위

---

2) G. Ebeling, *Leitsatze zur Frage der Wissenschaftlichkeit der Theologie*, p. 485.

3) 예컨대 G. Ebeling, *Kritischer Rationalismus?* Zu Hans Albert 'Traktat uber kritische Vernunft' ; G. Ebeling, *Das Wesen des christlichen Glaubens* 참고. 또한 J. Firet, 앞의 책, 10~11쪽: "De 'zaak' van de theologie is geen ander dan die van de christelijke verkondiging en het christelijk geloof: het komen van God tot de mens in zijn wereld" 참고.

들, 즉 하나님 나라의 틀 안에서 신앙을 불러 일으키는 말씀을 통하여 인간에게 하나님이 임하시도록 하는 기독교 커뮤니케이션 행위들을 다룬다. 신학은 하나님에 관한 인간의 이야기이다. 실천신학은 신앙을 전달하는 인간 행위를 연구하는 신학의 양상에 관한 것이다. 실천신학의 신학 영역은 기독교 윤리학과는 구분되는데, 그것은 실천신학이 커뮤니케이션 행위에 관심을 갖는 반면에, 기독교 윤리학은 규범적 가치에 관심을 갖기 때문이다.[4] 양자의 관심이 서로 다르기는 하지만, 우리는 동일한 실천현장(praxis)을 연구한다.

실천신학에 대한 논의에 있어서, 우리는 신앙이라는 공통적인 인간 현상에 "기독교"라는 명칭을 붙인다. 기독교 신앙은 예수님으로 말미암은 역사적 운동으로부터 시작되었다. 나는 이 신앙의 커뮤니케이션을 다루고자 하는데, 그것은 그럴만한 가치가 있다고 생각하기 때문이다. 누구든지 무엇인가를 다른 사람에게 커뮤니케이션하고자 하는 사람은, 자기가 커뮤니케이션하고자 하는 것이 그럴만한 가치가 있다고 여기기 때문에 그렇게 하는 것이다. 이점이 바로 신앙의 본질이기도 하다. 그러므로 실천신학이란 말과 상징, 행동을 통해 신앙을 전달할 수 있게 하는 기독교 커뮤니케이션 행위에 관한 신학적 이론이라고 정의할 수 있다.

기독교 커뮤니케이션 행위에 대한 나의 관심이 나의 연구 분야를 주도해 왔는데, 이 관심은 내가 속해 있는 개혁주의 전통과 기독교 신앙의 커뮤니케이션에 대한 나의 헌신으로부터 비롯된 것이었다.[5] 실천신학의 이러한 정의는 우리가 좀 더 분명한 설명을 할 수 있다는 이점을 준다. 실천신학은 하나의 비평적 이론으로서, 이것은 프락시스(praxis)와의 관

---

4) N. J. Hanekom, *Die beeld van' n kerk*, p. 67 참고.
5) 과학적인 연구에 대한 관심의 중요성에 대해 K. F. Daiber, *Grundriss der Praktischen Theologie als Handlungswissenschaft*, pp. 86~90, 145 참고.

계에 있어서 양 극(極)적 긴장의 양태로 서있다.[6] 여기서 우리는 다시금 우리가 처음에 다룬 이론과 실천 사이의 관계로 돌아간다. 먼저, 실천신학에서 하나의 비평적 이론이라고 한 이론을 정의해보자. 그런 다음 이론과 프락시스(praxis)의 관계를 고찰 할 수 있다. 나는 크리스토프 보이믈러(Christof Baümler)가 취한 입장에 동의한다. 과학적인 이론 논의에 있어서 비평적 이론이라는 견지에서 볼 때, 그의 입장은 포퍼(Popper)와 알버트(Albert)의 비평적 합리주의와 호크하이머(Horkheimer), 아도르노(Adorno) 그리고 하버마스(Habermas)가 취하는 비평 이론 사이의 중간 입장이다. 보이믈러는 그의 입장을 다음과 같이 요약한다. "비평적인 분석과 프락시스(praxis)의 구축을 위하여 우리에게는 비평적인 합리주의 요소를 흡수한 비평적 이론의 의미에서 본 신학적인 틀 외에도 프락시스(praxis)의 과정을 더욱 잘 이해 할 수 있는 중간 단계의 이론이 필요하다." 사회적 과정들이 실천신학의 대상이므로 구조적-기능적 이론을 수용하는 것은 의미가 있다. 또한 기능은 항상 구조적인 가설에 의존하므로 구조에 대한 비평은 항상 기능에 대한 비평적 분석에서 시작될 것이다. 프락시스(praxis)에서 과정의 기능과 구조에 대한 비평적 분석은 프락시스(praxis)의 개선을 위한 모델의 구축을 가능하게 한다.[7] 이러한 이론 형성의 경향은 지배적인 신학적 전통과 그러한 전통의 역사적 발전의 빛 아래서, 그리고 경험적 분석을 통해 얻어진 통찰들에서 발견될 수 있다.[8] 그러므로 이 주제에서 특히 설교에 있어서 이론 형성의 자원은 신학과 경험이다. 다른 말로 하면, 말씀과 실제이다. 신학과 경험 둘 다 비평적

---

6) N. Greinacher, *Das Theorie-Praxis-Problem in der Praktischern Theologie*, pp. 110~112; J. A. Wolfaardt, *Practical Theology*, pp. 277~278 참고.

7) N. Mette, *Theorie der Praxis. Wissenschaftsgeschichtliche und methodologische Untersuchungen zur Theorie-Praxis-Problematik innerhalb der praktischen Theologie*, pp. 292~293 참고.

8) R. Zerfass, *Praktische Theologie als Handlungswissenschaft*, pp. 167~175 참고.

이론의 표준을 제공한다. 이 이론 형성을 위한 신학적 선택은 가장 다루기 쉽고, 가장 논리적인 성경 해석 방법으로 얻은 결과들을 고려함으로써 인도를 받는다.[9] 공인된 사회 과학적 방법에 의해 획득된 경험적-비평적 분석의 결과들 또한 이론 구성의 표준을 제시할 수 있다.

실천신학에서 이론과 프락시스의 관계는 결정적으로 중요하다. 특히 독일에서는 지난 수십 년 동안 이론-프락시스 관계가 날카로운 논쟁의 주제가 되어 왔다. 이 논쟁은 거의 모든 과학에 급속히 영향을 끼쳤다. 프락시스라고 할 때, 그것은 하나님 나라의 봉사에 있어서 변화를 성취하는 신자들의 행위, 교회 안과 밖의 개인 내지 그룹의 기독교적 커뮤니케이션 행위를 의미한다. 이론이라고 할 때, 이것은 하나의 신학적 이론으로서, 현대의 기독교 커뮤니케이션의 프락시스에 대하여 ① 신학적이고 ② 경험적인 분석을 통한 연구에서 획득된 통찰의 결과들 그 자체를 의미한다.

이론과 프락시스는 양 극(極)의 긴장 관계 속에서 상호 작용한다. 프락시스가 없는 이론은 사산(死産)이며, 또한 이론 없는 프락시스도 제 역할을 하지 못할 뿐 아니라 실제로 가능하지도 않다. 우리는 프락시스보다 이론이 우월하다거나 반대로 이론보다 프락시스가 더 우월하다고 주장하는 어떠한 경우도 거부해야 한다. 이론과 프락시스는 비평적인 관계에서 함께 묶여 있어야 서로를 평가하고, 서로를 확증하거나, 또는 논박할 수 있다. 이런 의미에서 실천신학은 일종의 비평적 이론이다. 현장의 실천은 이론에 비추어 그 타당성이 입증되어야 한다. 반면에 실천신학자들은 현장의 실천이라는 시각에서 본 이론에 대한 비평을 받아들여야 한다. 그리하여 프락시스를 강화시키려는 관점에서의 상호 작용이 이론과 프락시스 사이에 항상 있게 되는 것이다. 그러므로 하나의 이론은 영원

---

9) F. E. Deist & J. J. Burden, ' *n ABC van bybeluitleg*, pp. 118~119 참고.

히 유지될 수 없으며 늘 개선의 여지가 있다. 실천의 현장에서 야기되는 문제는 으례히 연구를 불러오고, 또한 이론과 프락시스간의 상호작용이 일어나도록 한다.

쉘스키(H. Schelsky)에 따르면, 실천신학은 일종의 운용과학 (Handlungswissenschaft)이다.[10] 이러한 그의 묘사는 실천신학이 해석학적 과학이라는 것 외에 또 다른 가능성을 제시한다는 점에서 독특하다. 운용과학으로서 실천신학은 인간 행동의 주제들을 도출하여, 그것을 경험적-분석적 방법에 따라 연구한다. 운용분야 내지 커뮤니케이션 분야에서 나타난 바와 같이 실천신학은 운용(Handlungen) 그 자체에 관한 연구를 그 접근법으로 가진다. 그러므로 실천신학의 관점은 경험적-비평적 접근이며, 그것은 다른 신학 분야들의 역사적-해석학적 접근과 함께 기능한다.[11] 그러나 실천 신학에도 해석학적 요소가 존재한다. 즉, 이론 형성을 위한 신학적 자료들을 다룰 때, 실천신학자는 해석학적으로 작업을 하게 되는 것이다. 그 때 그는 기독교적 커뮤니케이션 행위-여기서는 설교-의 기원, 사명과 목적에 관한 지식들을 사고한다. 이것은 프락시스가 기독교 신앙의 기원 및 전통과 연관되고, 또한 그것에 의해 인도되어 그 연구 범위 내에 존속할 수 있도록 하기 위해 필요하다. 또한 회중들이 설교자가 전하는 성경의 메시지를 이해하기 위해서 해석학적 활동이 필요하다. 하나의 연구 계획의 결과를 평가하고 이해할 때와 마찬가지로, 그 행위를 하는 사람들을 이해할 때도 해석학적 요소가 포함되어 있다. 그러므로 이 훈련은 "다른 쪽으로부터"의 접근으로서 해석학적 기능을 가진다. 대부분의 신학적 훈련들은 복음이 오늘날 사람들에게 이해될 수

---

10) K. F. Daiber, 앞의 책, 61~152쪽; R. Zerfass, 앞의 책, 164~194쪽; N. Mette, 앞의 책, 336~358쪽; J. Firet, 앞의 책, 12~14쪽; H. J. C. Pieterse, *Die daad by die Woord*, pp. 146~147 참고.

11) K. F. Daiber, 앞의 책, 23쪽; N. Mette, 앞의 책, 298쪽.

있도록 노력하는 반면에 실천신학은 다른 일들 중에서도 사람들에게 복음의 효과가 이해될 수 있도록 하는 것이다.[12] 그러나 실천신학은 경험적-비평적 접근을 한다.

실천신학은 신학적 주제들과 사회과학에 대하여 상호 협력적인 접근법을 가진다. 이러한 접근은 기독교적 커뮤니케이션의 프락시스에 있어서 행위의 복잡성에 기인된다.[13] 특히 사회과학과의 상호 협력의 양태는 변증법적 상호 협력으로 묘사될 수 있다.[14]

그러므로 실천신학은 신앙을 굳게 세우고 심화시키는 커뮤니케이션, 다시 말해서 기독교적 커뮤니케이션의 실천에 대한 이론을 고안한다. 이렇게 고안된 것은 프락시스로 하여금 자유케 하고, 치유하며, 최상으로 기능을 다 할 수 있게 하는 것이다. 바로 이러한 점에서 우리가 설교 이론을 고안할 필요가 있는 것이다. 그러나 필자가 전개하고자 하는 이론이 최종적이거나 완전하다는 의미는 아니다. 그것은 연구를 도모하고, 그 연구를 통하여 이론을 보충하고 바꾸는 결과들을 낳을 것이다. 그러므로 이론 형성은 끊임없이 지속되는 과정인 것이다. 그리하여 그것은 매 주일 행해지는 설교의 실천을 위한 하나의 이론으로서 도움을 줄 수 있을 것이다. 이제까지 이루어진 연구의 양을 볼 때 그러한 이론이 완전할 수 없다는 것을 마음에 새기면서, 이처럼 매우 중요한 실천을 돕기 위해서, 이 프락시스를 인도할 수 있는 하나의 이론을 고안하고자 하는 것이 우리의 관심사이다.

---

12) M. Janson, 앞의 책, 332쪽 참고.

13) K. F. Daiber, 앞의 책, 144쪽; F. Kloostermann과 R. Zerfass(Hrsg.), *Praktesche Theologie heute*, pp. 255~403 참고.

14) N. Mette, 앞의 책, 309쪽.

2. 설교 이론

설교학은 전통적으로 본질적 분야, 자료적 분야, 그리고 형식적 분야로 나뉘어 진다. 이것은 획스트라(T. Hoekstra)가 『개혁주의 설교학』(*Gereformeerde Homiletiek*)에서 제시한 구분이다. 나는 이론 형성에 있어서 의도적으로 이와는 다른 견해를 취하는데, 그것은 형식과 내용은 하나이기 때문이다. 형식은 내용보다 열등한 것도 아니고, "밖으로 부터" 부가 되어야 하는 것도 아니다. 형식은 내용과 하나를 이루는 것이며, 내용으로부터 나오는 것이다. 형식과 내용의 일체성에 대한 인식은 특히 최근에 언어학과 주석학의 한 요소가 되었다. 형식과 내용이 하나이므로, 설교는 모든 면에 있어서 하나의 통일체로 다루어 질 수 있다. 그러므로 설교의 "무엇"(본질) 뿐만 아니라. "어떻게"(커뮤니케이션) 또한 설교 이론의 요소인 것이다.

(1) 설교의 기원, 위임, 목적

여기서 우리는 설교의 이론 형성을 위한 신학적 자료들에 대해 탐구할 것이다.

기독교 설교는 신앙의 기초와 내용이신 예수 그리스도에게 그 기원을 두고 있다. 하나님은 이스라엘 역사 속에서 자신을 말씀과 행위로 계시하셨으며, 그 계시는 예수 그리스도의 삶과 죽음, 그리고 부활에서 완전하고 최종적인 절정을 이루었다. 예수는 하나님의 말씀을 가지고 오셨을 뿐만 아니라 그 분이 하나님의 말씀이며(요 1:1~18), 진리를 선포하셨을 뿐만 아니라 바로 그 분이 진리이시다(요14:6). 예수 그리스도의 온전한 역사는 진리를 확실히 드러내 줄 뿐만 아니라, 또한 그 진리를 실현한다.[15] 십자가에 못박히셨으나 부활하셨고 그래서 살아 계신 주가 되신 예수는 진리의 말씀이다. 예수 자신은 형이상학적 원리로서가 아닌 살아 계신 말씀으로 현존하시어 인류와 만나는 살아 계신 주님으로서 구원의 정경적 진리에 대한 근본적인 증인인 것이다.[16]

바로 이러한 이유로 인해 우리는 신약성경에서 기독교 설교의 기원을 찾을 필요가 있다. 왜냐하면 신약성경이 예수 그리스도의 인격 안에서 기독교 신앙의 기초와 기원에 관한 증거를 지니고 있기 때문이다. 그분을 보고 그분의 말씀을 들은 사람들은 그분의 말씀과 행적을 선포하였다. 즉, 신약성경은 사도들의 설교의 산물이며, 또한 그와 같은 기독교적 설교의 형태인 것이다.[17] 복음의 내용은 십자가에서 죽으시고 삼일 만에 부활하신 주님에 관해 초대교회에 의해 선포된 자료들로부터 나온 것이다. 그리고 동시에 복음서 기자들은 그들의 메시지를 전달하기 위해 이 자료들을 이용하였다. 다드(C. H. Dodd)는 『사도적 설교와 그 발전』에서 "전체로서 4복음서는 근원적인 사도적 설교의 표현이다."라고 결론 짓는다.[18] 또한 맥도날드(J. I. H. McDonald)도 이에 동의한다.[19]

신약성경에서 마르투레인(marturein)이란 단어는 종종 복음이 실제로 일어난 일에 관한 것임을 강조하는 데 사용된다.[20] 베드로후서1:16에서 이러한 류의 증거를 볼 수 있다. "우리 주 예수 그리스도의 능력과 강림하심을 너희에게 알게 한 것이 공교히 만든 이야기를 좇은 것이 아니요 우리는 그의 크신 위엄을 친히 본 자라." 이러한 메시지를 선포하는 것은 오직 사도들만의 특권은 아니었다. 그들의 증거에 힘입어 그 증거를 받

---

15) J. Firet, *Het agogisch moment in het pastoraal optreden*, p. 38.
16) H. W. Rossouw, *Klaarheid en interpretasie*, p. 177.
17) K. Runia, *The sermon under attack*, p. 19.
18) 같은 책.
19) J. I. H. McDonald, *Kerygma and didache*, pp. 10~11, 104~125.
20) J. Firet, *Het agogisch moment*, p. 56; 또한 R. Bijlsma, *De preek*, p. 17 참고.

아들인 사람들은 그것을 한층 더 선포할 수 있었다. 요한일서 1:1~3은 이점을 분명히 한다. "태초부터 있는 생명의 말씀에 관하여는 우리가 들은 바요 눈으로 본 바요 주목하고 우리 손으로 만진 바라 이 생명이 나타내신 바 된지라 이 영원한 생명을 우리가 보았고 증거하여 너희에게 전하노니 이는 아버지와 함께 계시다가 우리에게 나타내신 바 된 자니라 우리가 보고 들은 바를 너희에게도 전함은 너희로 우리와 사귐이 있게 하려 함이니 우리의 사귐은 아버지와 그 아들 예수 그리스도와 함께 함이라." 이 증거는 사도들의 설교의 기초이며 또한 모든 설교의 기초이기도 하다. 그들의 증거는 교회에 의해 소유되었고, 교회는 이 증거를 수 세기를 걸쳐 오늘에까지 보존하고 선포한 것이다.[21] 기독교적 커뮤니케이션 행위는 바로 이러한 증거에 의해 유지되었으며 또한 이것에 의해 결정되었다. 설교에서 말씀을 전하는 자는 단순히 자신의 의견을 전할 수 없으며, 예수에 관하여 우리에게 전해진 이러한 자세한 증거를 회중에게 해석하는 것이다. 그러한 이유로 설교 행위는 곧 믿음의 행위인 것이다.[22]

신약성경에서는 "설교"라는 말에 대하여 매우 다양한 단어들이 사용되고 있다. 프리드리히(G. Friedrich)는 이에 해당하는 헬라어 단어를 29개나 제시한다.[23] 루니아(K. Runia)는 신약성경에서 "설교"라는 말로 사용된 6개의 주요 단어에 대해 논의하면서 다음과 같이 결론 짓는다. "먼저, 케뤼세인(keryssein, 선포하다)이라는 단어의 사용에서 나타나는 것은, 설교는 약 20세기 전에 예수 그리스도의 삶과 죽음, 그리고 부활에서 단번에 일어났던 구원 사건의 선포일 뿐만 아니라, 이 사건의 선포는 또한 믿는 청중들에게 새로운 사건을 일으킨다는 것이다. 설교를 듣는 자가

---

21) J. Firet, *Het agogisch moment*, p. 56.
22) 같은 책, 57쪽
23) G. Friedrich, *Kerussou in the New Testament*, p. 703.

예수 그리스도를 구주로 믿음과 동시에 그는 그분에 의해 이루어진 구원에 참여하게 되는 것이다. 동사 에반젤리제스타이(evangelizesthai)는 사실상 keryssein과 같은 말인데, 이것은 예수 그리스도에 대한 메시지가 기쁨의 소식이라는 점을 강조한다. 동사 마르투레인(marturein, 증거하다)은, 오늘날의 설교에 적용될 때, 모든 참된 설교는 사도적 전통을 고수해야 한다는 것을 지시한다. 또한 디다스케인(didaskein, 가르치다)은 설교자가 메시지를 교리적으로 그리고 윤리적으로 그 의미와 결과에 대해 풀어나가야 한다는 것을 강조한다. 마지막으로, 프로페튜에인(propheteuein, 예언하다)과 파라칼레인(parakalein, 위로하다, 권면하다)은 메시지가 단지 추상적인 것으로 머물지 않고 듣는 자들의 구체적인 상황에 적용되어야 한다는 것을 말해 준다."[24]

분명한 것은 신약성경에 사용되고 있는 설교에 대한 다양한 단어들은 설교의 여러 특징들을 지시해주고 있다는 것이다. 클러크(J. J. de Klerk)가 말한 것처럼, 그러한 용어들은 말씀(kerugma)의 다양하고 다채로운 양상들이다.[25] 아담스(Jay E. Adams)는 케루소(kerusso)와 에반겔리조(evangelizo)를 디다스코(didasko)와 구분하여 전자는 불신자들에게 선포하는 것이고, 후자는 교회에 선포하는 것으로 이해하는데, 이러한 구분은 잘못된 것이며 또한 그 내용도 빈약한 것이다.[26] 왜냐하면 이러한 의미에서의 설교 이론은 결국 교회에서의 설교를 가르침으로 제한하기 때문이다. 그렇게 되면 본문이 갖는 의미의 부요함을 충분히 전해 줄 수 없게 되는 위험이 따른다. 다드(C. H. Dodd)도 선교적인 설교로서 케리그마와 회중에게 하는 설교로서 디다케를 구분하였다. 그러나 이러한 구분은

---

24) K. Runia, 앞의 책, 26쪽.
25) J. J. de Klerk, *Prediking*, p. 71.
26) Jay E. Adams, *Preaching with purpose*, p. 5.

오늘날에 와서 지지할수 없는 것으로 널리 받아들여지고 있다. 맥도날드는 이러한 견해를 철저하게 다루면서 논박하고 있다.[27]

설교의 기본적인 내용을 간략히 요약하기 위해서, 우리는 세 가지 핵심 용어를 사용해야 하는데 케리그마(kerugma), 디다케(didache) 그리고 파라클레세(paraklese)가 그것이다.[28] 케리그마는 설교의 행위뿐만 아니라 그 내용도 전달하는 것이다.[29] 그것은 지금 여기에 유일한 복음을 설교하고, 알리며, 선포하는 것이다. 그리하여 설교자는 그리스도를 통한 구원이라는 새로운 사건을 선포하며 고지한다. 그리스도는 자신의 이름이 선포되는 것을 통하여 임재하시고 이러한 방법으로 우리에게 가까이 오심으로 그의 구원을 실현시키시는 것이다. 예수 그리스도가 선포의 참되고 실질적인 주제이다.[30] 케리그마는 그리스도를 통하여 일어난 일을 듣는 자에게 직접적으로 적용하는 권위 있는 선포이다. 믿음으로 이 메시지를 받아들이는 사람은 자신의 전인치유를 받는다.[31] 케리그마란 과거에 일어났던 구원이 듣는 사람들의 삶에 실현되는 것으로 지금 여기에 직접적으로 선포되는 것을 의미한다.

사도행전 28:31은 바울에 대하여 이렇게 말씀하고 있다. "담대히 하나님 나라를 전파하며(kerussoun) 주 예수 그리스도께 관한 것을 가르치되(didaskoun) 금하는 사람이 없었더라." 물론, 예수님은 가르치는 일을 주로 하셨다(예를 들어, 마 13:54; 26:55; 막 6:2; 눅 6:6; 13:10을 비교해 보라). 예수님은 또한 제자들과 그들과 함께 설교를 들은 모든 사람들에게 그의

---

27) J. I. H. McDonald, 앞의 책 참고.
28) J. Firet, *Het agogisch moment*, pp. 60~109 참고.
29) J. I. H. McDonald, 앞의 책, 2쪽; J. Firet, *Het agogisch moment*, p. 60 참고.
30) J. Firet, *Het agogisch moment*, p. 62.
31) H. J. C. Pieterse, *Die daad by die Woord*, p. 152 참고.

가르침을 가르치라는 사명을 주셨다. "그러므로 너희는 가서 모든 족속으로 제자를 삼아 아버지와 아들과 성령의 이름으로 세례를 주고 내가 너희에게 분부한 모든 것을 가르쳐 지키게 하라 볼지어다 내가 세상 끝 날까지 너희와 항상 함께 있으리라 하시니라"(마 28:19, 20). 피레(Firet)가 교회의 가르침(didache)이 예수님의 가르침(didache)을 대체할 수 없다고 말한 것은 옳은 지적이다. 예수 그리스도가 가르치는 자이며, 사도와 교회는 오직 사람들을 **이 가르치는 자**의 제자로 인도할 따름이다.[32] 그러므로 설교자는 자신의 설교에서 예수를 따르는 것이 무엇을 의미하며, 믿는 자의 삶에서 나타나야 할 결과가 무엇인가를 밝혀야 한다. 디다케는 제자의 삶에로의 헌신이며 새로운 구원이 함축하는 바들을 밝혀냄으로 믿음으로 교회를 세우고자 분투하는 것을 의미한다.

파라클레세(Paraklese)는 신약성경에서 권면과 위로라는 이중 의미로 사용된다. 권면은 그리스도 안에서의 구원, 그의 연민, 사랑, 온유 그리고 친절을 바탕으로 행해진다(롬 12:1; 15:30; 고전 1:10 참고). 파라클레세는 근심과 고통, 의심, 죄와 실수로 가득한 현실의 삶 속에서 신자들에게 열매와 반응을 요구한다. 파라클레세는 간청하고, 촉구하고, 일깨우고, 격려하고, 기운이 나게 하고, 바로잡고, 견책하고, 권고하고, 위로한다.

설교를 그 기원적인 관점에서 이해하려면, 설교에 대한 고찰에 있어서 우리는 신약성경에 사용되는 풍성하고 다양한 용어들을 진지하게 다루어야 한다는 점을 명심해야 한다.

기독교 설교의 기원은 또한 우리에게 설교의 대화적인 성격에 대해 가르쳐 준다. 학자들은 성경에 나타난 하나님의 계시의 기본 구조가 대

---

[32] J. Firet, *Het agogisch moment*, p. 84.

화적이라는 데 의견을 같이한다.[33] 하나님은 아브라함, 모세, 에스겔, 그 외의 구약의 다른 사람들에게 대화를 통하여 자신을 나타내신다. 즉, 하나님은 말씀하시고 사람은 대답하며, 하나님은 질문하시고 사람은 반문하거나 이의를 제기한다. 이러한 상호 작용 가운데 하나님은 자신과 자신의 뜻을 드러내신다. 예수님의 사역도 대화로 가득 차있다. 그는 질문을 하시고 그 질문에 대한 답을 이끌어내신다. 예수님은 아무에게도 강요하지 않지만, 그러한 대화를 통해서 사람들을 초청하고 자신을 따르도록 인도하는 것이다.

설교는 신약성경에서 비롯되었으며 그때로부터 호밀리아(homilia)는 담화내지 대화를 의미하게 되었다.[34] 바울이 사용한 설교의 방법은 주로 디알레게스타이(dialegesthai)였다. 이것은 청중들에 의해 질문이 제기되고 토론이 일어나며, 심지어 논쟁이 뒤따르는 상호작용이다.[35] 그러므로 우리는 기독교 설교의 기원으로부터 설교의 기초는 일종의 대화라고 결론지을 수 있다.

이러한 논증을 주목해서 보면, 설교란 그 시발점에서부터 그 이후 줄곧 신자들의 공동체의 상황 안에서 이루어진다는 것이다(예를 들어, 엡 3:18을 참고하라). 이 공동체 내에서 신자들은 복음의 부요함과 깊이와 충만함을 서로에게, 또한 세상에 선포한다. 교회는 말씀과 성령을 빼앗길 수 없는 선물로 받았다. 그러므로 설교의 권위는 회중이 받아들인 공통의 믿음과 이 믿음의 근거와 기원에 놓여있다. 공동체 내에서 신자들은 대화를 통해서 서로를 말씀으로 가르쳤으며, 그들 자신의 상황에 대해 메시

---

33) 이것에 관해서 다음을 참조하라. J. C. Müller, *Die homilie as wyse van eietydse prediking*, pp. 106~107; G. W. Swank, *Dialogic style in preaching*, p. 260; N. Greinacher, *Die dialogische struktur der Verkundigung*, p. 337; C. Reid, *The empty pulpit*, p. 67.

34) H. J. C. Pieterse, *Preekvorme*, p. 303; H. Jonker, *Actuele prediking*, p. 20.

35) H. J. C. Pieterse, *Preekvorme*, p. 303.

지가 주는 의미를 이해하였다.[36] 코이노니아 안에서의 이러한 신자들의 교제는 대화의 형식을 통하여 존재했다.

설교의 기원은 우리에게 설교가 대화를 토대로 하고 있음을 보여준다. 이러한 토대 위에서 설교는 계시가 갖는 대화적 성격을 따라 계속되어졌다.[37] 대화적 설교가 갖는 목표는 본문과 회중 사이에 대화를 창출하는 것이다. 거기서 회중은 하나님 자신이 그들과 그들의 상황 가운데 친히 말씀하시는 것을 경험하게 되었다. 뮬러(B. A. Müller)는 자신의 논문에서 이러한 대화적 설교를 납득할만하게 잘 설명하고 있다.[38]

설교의 기원으로부터 얻은 이러한 통찰은 과거 20년동안 설교의 실제 경험 속에서 거듭거듭 확인되었다.[39] 실제 경험은 설교 이전, 설교 도중, 그리고 설교 이후에 이루어지는 상호 협력적이고 공감적인 대화의 가치를 입증해 주었다.[40] 그러므로 설교는 반드시 설교자와 회중 사이의 대화—실제로는 성경, 설교자, 회중 그리고 이들의 상황 사이의 대화—에 둘러싸여 이루어져야 한다고 결론지을 수 있다.

설교의 기원은 또한 설교의 참된 본질에 대한 통찰을 우리에게 제시한다. 우리는 예수 그리스도께서 자신의 말씀(words)과 행위(deeds)에 의한 사역으로 이 말씀(Word)을 구체화하였다는 것을 이미 언급한 바 있다. 예수님의 이러한 말씀과 행위에 대한 사도들의 증언은 이 하나님의 말씀을(Word of God) 첫 번째 회중에게 전수하였으며, 기록된 말씀과 이

---

36) W. D. Jonker, *Als een riet in de wind*…, pp.12~14;R. Zerfass(Hrsg.),Mit *der Gemeinde Predigen*; H. Donbach, W. Becker e.a. *Gemeente in training*; O. Fuchs, *Sprechen in Gegensatzen*; J. Thomas, *Het luistert nauw*; J. C. Müller, 앞의 책, 107쪽; H. Jonker, *Gereformeerde prediking in onze tijd*, p. 30 참고.

37) J. C. Müller, 앞의 책, 106~107쪽; J. D. Baumann, 앞의 책, 260~262쪽.

38) B. A. Müller, *Die lewende Woord aan die mens van die hede*.

39) J. Thomas, 앞의 책; J. D. Baumann, 앞의 책, 261~269쪽; G. W. Swank, 앞의 책, 41~73쪽 참고.

40) H. J. C. Pieterse, *Kommunikasie in die erediens* 참고.

어서 이루어진 신약성경의 정경화 과정에서 구체화되었다. 그리하여 교회는 하나님의 말씀이 구약성경과 신약성경에 기록되었음을 받아들이는 것이다.

개혁주의 전통은 하나님의 말씀이 설교 안에서 들려질 수 있다는 견해를 지지한다. 신약성경에도 이에 대한 흥미로운 진술들이 있다. "만일 누가 말하려면 하나님의 말씀을 하는 것같이 하고"라는 베드로전서 4:11의 말씀이 그것이다. 베드로전서 5:12에 따르면, 베드로의 첫 번째 서신의 목적은 그들의 믿음의 내용이 진리임을 증거하고 격려하기 위한 것이다. 4장은 이방 세상에 살고 있는 회중들이 겪는 고난을 다루고 있다. 1~6절과 12~19절이 고난을 다루고 있다. 그리고 그 사이 즉, 7~11절에서 사도는 이러한 고난의 상황 속에서 서로에게 베풀어야 할 사역에 대해 쓰고 있다. 만약 하나님의 말씀이 그들 서로 서로에게 그리고 설교를 통하여 말해지고 있다면, 그것은 참된 위로의 말씀이고, 치유의 말씀이며 생명의 말씀인 것이다. 이를 통해 회중들은 그처럼 어려운 상황에서도 살아서 승리할 수 있는 것이다.

로마서 10:13~15에서는 설교에서 살아계신 주님으로 선포되는 예수 그리스도와 관계된 설교자의 말씀이 다시 거론되고 있다. "누구든지 주의 이름을 부르는 자는 구원을 얻으리라 그런즉 저희가 믿지 아니하는 이를 어찌 부르리요 듣지도 못한 이를 어찌 믿으리요 전파하는 자가 없이 어찌 들으리요 보내심을 받지 아니하였으면 어찌 전파하리요 기록된 바 아름답도다 좋은 소식을 전하는 자들의 발이여 함과 같으니라."

위에 인용한 본문에서 하나님의 말씀은 설교를 통하여 선포되며, 그것이 믿음을 불러 일으킨다고 분명히 지적하고 있다. 바울은 자신의 설교를 하나님께서 듣는 자들에게 하나님 자신을 나타내시는 행위로 여긴다. "이러므로 우리가 그리스도를 대신하여 사신이 되어 하나님이 우리로 너희를 권면하시는 것 같이 그리스도를 대신하여 간구하노니 너희는 하나님과 화목하라"(고후 5:20).

선포되는 하나님의 말씀은 곧 하나님의 말씀이라는 것이 개혁자들의 입장이었다. 이것은 제 2 스위스 신앙고백(1566)에 아주 명백하게 표현되어 있는데, "Praedicatio verbi Dei est verbum Dei" (하나님의 말씀의 선포는 하나님의 말씀이다)가 그것이다. 그러나 단 몇 편의 설교라도 들어본 사람이면 누구나 이것은 도저히 진실일 수 없다는 것을 안다. 그러므로 우리는 이러한 진술에 제한을 두어야 한다. 이 진술을 다음과 같이 정형화한다면 보다 분명해 질 것이다: 성경의 메시지가 선포되는 한에 있어서 우리는 설교에서 하나님의 말씀을 들을 수 있다. 설교에서 본문이 제 기능을 하고 본문이 말하는 만큼 그 설교에서 하나님의 말씀이 들려 질 수 있다.

물론 모든 설교는 그 설교가 택한 본문에 대한 해석이며, 성경에 대한 해석이다. 해석은 반드시 전체 성경의 메시지와 각 권, 그리고 그 본문이 속해 있는 단락의 메시지에 의해 검증되어야 한다. 그것은 또한 설교자가 서 있는 유구한 전통, 특히 신앙고백에 표현된 것과 같은 해석에 의해 검증을 받을 필요가 있다. 해석에 있어서 설교자와 회중 모두는 성령께서 역사하신다는 믿음에 의지해야한다. 성령의 역사는 검토할 수 없는 것이므로 우리가 할 수 있는 일은 오로지 성령께서 설교에 역사하심을 믿는다고 고백하는 것이다. 우리가 이러한 고백과 믿음 외에 더 말 할 수 있는 것은 없다.

우리는 실제로 하나님의 말씀을 듣기 어려운 설교가 있음을 경험을 통하여 알고 있다. 신문보도에 의하면, 1983년 남아공에서 있었던 새로운 정치체제에 대한 국민투표 기간 중에 찬성 투표를 위한 근거와 반대 투표를 위한 근거가 설교들에서 제시되었다고 한다. 그러한 모순된 방식으로는 하나님의 말씀이 선포될 수 없음은 분명하다. 어떤 견해를 취하든지 그것은 우리가 설교에서 하나님의 말씀을 들을 수 없는 경우들을 보여줄 뿐이었다. 그러나 회중석에 있는 사람들은 설교에서 하나님의 말씀을 듣기 위해 교회에 온다. 이러한 사실은 칼-프리쯔 다이버(Karl-Fritz Daiber)와 다른 사람들의 포괄적이고 경험적인 연구에서 확증되었다.[41] 그러므로 설교자가 회중들의 상황으로부터 성경을 해석하고 적용하는 것이 얼마나 막중한 책임인가 하는 것을 모든 설교자들도 명심해야 한다.[42]

이 사실을 이해하고 나면 설교는 반드시 하나님의 말씀을 들을 수 있는 방법으로 성경이 말하도록 해야하며, 설교는 본문에 충실해야 한다는 사실이 뒤따르게 된다. 회중에게 하는 설교는—이것이 본서가 논의를 시작한 상황이다— 설교자와 듣는 자들 사이에 일체감, 즉 그들이 믿음의 교제를 나누는 것을 전제로 한다. 개혁주의 전통에 있어서 성경은 이러한 교제에서 최고의 권위로 작용한다. 설교가 본문에 충실해야 한다는 사실은 기독교 신앙의 근원과 함께 설교의 신실성을 촉진시킨다.

신앙의 근원에 충실하고 성경의 내용을 설교하기 위하여는, 설교는 반드시 강해(exposition)와 적용(application)으로 이루어져야 한다. 이것은 모든 성경적 설교의 기본적인 구조이다. 우리는 이러한 예를 성경 자체에서 찾을 수 있다. 예수는 엠마오로 가는 길에서 모세와 모든 선지자들의 말씀이 자신에 대해 말하고 있다고 해석한다(눅 24:27). 빌립은 이디오피아인에게 예수에 관한 이사야 선지자의 글을 상세히 설명하고, 그에게 그 말씀을 적용하여 그의 믿음을 불러 일으킨다(행 8:26~39). 사도들의 설교에서도 동일한 양식이 신약성경 전체에 걸쳐 발견된다.

개혁주의 진영에서 말씀의 사역이라고 할 때,[43] 그것은 강해와 적용

---

41) K. F. Daiber 등, *Predigen und Horen*, p. 28: "Nahezu unumstritten ist die Feststellung: Der Prediger ist fur mich in jedem Fall ein Verkundiger des Wortes Gottes(durchschnittliche Einstufung in den Gemeinden: 1.8, wobei 1 der hochste Zustimmungsgrad ist)."

42) H. Jonker, Gereformeerde prediking in onze tijd 참고. 그는 현대 상황에서 개혁적 관점의 설교자와 회중에 대한 뛰어난 설명을 함. 회중과 설교자의 책임이 다시 한 번 명백해짐.

을 의미한다. 우리는 오늘을 위한 본문의 의미를 이해하는 데 관심이 있다. 이것을 위한 유일한 방법은, 자신이 처한 상황의 맥락에서 해석적인 접근으로 성경을 대하는 것이다. 그러므로 강해(explicatio)와 적용(applicatio)은 일종의 이분법 또는 도식적인 체제가 아니다. 강해 속에서 이미 적용이 발견되는 것이다. 강해는 설교의 주석을 실행하여, 상세히 설명하고, 의미를 넓히고, 해석하는 것이다.

설교의 위임 또한 설교 이론 형성의 신학적인 근거에서 찾을 수 있다. "우리가 설교를 해야만 하는가?"라는 물음을 갖고 성경을 살펴보면, 성경은 우렁차게 "예"라고 대답한다.[44) 하나님은 성경에서 자신을 계시하신다. 이 계시는 하나님 자신이 주체가 되신 행위이다. 그것은 구원을 성취하는 계시이다. 성경은 이 구원의 계시가 이스라엘의 역사 속에서 나타난 하나님의 말씀과 행위, 또한 예수 그리스도의 삶, 죽음, 그리고 그의 부활에서 주어졌으며, 이 예수 그리스도가 이스라엘과 함께 하신 하나님의 역사의 성취라는 점을 말한다. 성경에 의하면, 하나님의 계시는 항상 말씀과 행위의 조화로 나타난다. 말씀은 행위를 동반하여 그것을 하나님의 행위로서 해석한다. 말씀은 행위보다 앞서고 행위를 예기(anticipate)한다. 말씀이 행위로 성취된다는 바로 그 사실이 그 말씀이 하나님의 말씀이라는 것을 입증한다. 우리는 이 사실을 특히 예수님, 그 분 자신의 역사와 행위 속에서 볼 수 있다. 기독교 신앙은 그 시초부터 설교가 있게 한 동기이다. 마가복음 1:14~15은 다음과 같이 말한다. "요한이 잡힌 후 예수께서 갈릴리에 오셔서 하나님의 복음을 전파하여 가라사대

---

43) T. Hoekstra, *Gereformeerde homiletiek* 참고. 그는 말씀 사역의 이러한 개념(설명과 적용)이 Hyperius(p. 108), J. Hoornbeek(p. 118), S. van Velzen, *A. Kuyper en P. Biesterveld*(p. 134)의 개혁 설교학의 역사에서 얼마나 명백해졌는지를 보여줌.

44) K. Runia, *Heeft preken nog zin?*, pp. 18~37 참고.

때가 찼고 하나님 나라가 가까왔으니 회개하고 복음을 믿으라 하시더라.” 예수께서는 설교로 시작한다. 그의 말씀은 행위를 동반했지만, 이러한 행위는 언제나 그 말씀을 확증하는 것이었다.

열두 사도를 지명했을 때, 예수께서는 그들에게 설교도 위임하신 것이었다. “이에 열둘을 세우셨으니 이는 자기와 함께 있게 하시고 또 보내사 전도도 하며”(막 3:14). 마가복음 6:7~13과 마태복음 10:5~15에 의하면, 그분은 사실 나중에 제자들을 보내어 전파하게 하셨다. 누가복음 10:1~16에도 72명의 제자들에게 주시는 유사한 설교의 위임이 언급되고 있다. 예수의 십자가 죽음, 부활, 승천, 그리고 성령의 부어주심 이후에 하나님과 인간의 화해, 인간과 인간의 화해가 이루어졌다. 이러한 화해는 선포되어야만 했다. 그러므로 우리는 예수의 부활 이후에 다시 한번 설교의 위임 명령을 발견하게 된다. 기독교 신앙의 기원에 있어서 이 위임의 중요성은 네 복음서의 마지막 부분이 모두 이것을 포함하고 있다는 것에서도 증명되고 있다(마 28:18~20; 막 16:15~18; 눅 24:46~48; 요 20:21). 더욱이 예수께서는 이러한 위임과 함께 약속을 주신다. 그는 세상 끝날까지(그때나 지금이나) 설교자들과 함께 하시리라고 약속하신다. 그는 하늘과 땅의 모든 권세를 받은 분이다(마 28:18~20). 성령에 대하여 예수께서는 그가 사도들의 증언 속에서 또한 그들의 증언을 통하여 죄에 대하여, 의에 대하여, 심판에 대하여 세상을 정죄하시리라고 약속하신다. 로마서 1:16은 하나님의 말씀의 선포가 모든 믿는 자들에게 구원을 주시는 하나님의 능력이 된다는 사실을 증언하고 있다. 그 자체가 독특한 현상인 기독교 설교는 성령의 부어주심 이후에 즉각적으로 터져나와서 오늘날까지 끊이지 않고 계속되고 있다.

개혁주의 전통에서 설교는 교회의 중심적인 활동으로 간주된다. 이것은 신앙 고백서들 안에 표현되어 있다. 프랑스 신앙고백(Confession de Foy, 1559)에는, 설교의 직무를 수행할 목사가 존재하지 않으면 교회는 존재할 수 없다는 취지로 설교의 필요성이 고백되었다. 화란 신앙고백 (Nederlandse Geloofsbelijdenis)에 의하면 진정한 설교는 진정한 교회의 표지 가운데 하나로서 주어졌다(Art. XXIX). 하이델베르크 요리문답은 설교가 마음에 믿음을 불러 일으킨다고 고백하며(Sunday XXV), 또한 설교를 천국을 여는 열쇠 중에 하나로 명하고 있다(Sunday XXXI). 웨스트민스터 요리문답 21장은 주일 예배 모범을 다루면서 설교에 할애하고 있다. 또한 미국 연합 장로 교회(PCUSA)의 1967년 신앙고백에서는 설교가 다음과 같이 높이 평가되고 있다. "하나님의 말씀은 오늘날 성경이 충실하게 설교되고 있는 그의 교회 위에 말하여 지고 있다……"(Part I. Section C. Z.).

설교의 위임과 함께 설교의 내용도 주어지는데, 성경의 내용이 바로 그것이다(마 28:30). 그러므로 실천신학의 설교 관련 분야는 이 내용이 청중들에게 전해졌는지, 그리고 설교의 성경 내용에 의해 청중들에게 의도된 영향력이 성취되었는지 그렇지 않았는지 검증하는 방법들을 제시해야 한다.

제 2차 세계대전 이후 나타난 설교에 대한 날카로운 비판에도 불구하고, 설교가 계속 되어야 할 것을 변호하는, 특히 설교가 그 기원, 위임, 그리고 목적에 충실해야 할 것을 변호하는 책들이 최근에 상당히 출판되었다.[45]

우리는 설교의 목적을 한 마디로 다음과 같이 요약할 수 있다. 즉, 설교 행위는 성부, 성자, 성령 삼위일체 하나님을 믿는 믿음을 불러 일으키고 강화하기 위해 이루어진다.[46] 설교자가 이 믿음을 일으키는 것이 아

---

45) 예를 들어, K. Runia, *Heeft preken nog zin?*과 *The sermon under attack*; W. Schutz, *Probleme der predigt*; I. Pitt-Watson, *A kind of folly*; W. D. Jonker, *Die Woord as opdrag*; J. J. de Klerk, *Prediking*; F. B. Carddock, *As one without authority*; C. E. Fant, *Preaching for today*; J. D. Baumann, *An introduction to contemporary preaching with purpose*; R. Bohren, *Predigtlehre*; H. Jonker, *En toch preken*; H. J. C. Pieterse, *Skrifverstaan en prediking*; L. E. Keck, *The Bible in the pulpit*; T. Hall, *The future shape of preaching*; W. D. Thompson에 의해 편집된 *Abingdon Preacher's Library* 시리즈; A. W. Blackwood가 재발행한 3판, *The fine art of preaching*.

니다. 설교는 하나님이 친히 그의 말씀과 성령을 통하여 믿음을 일으키실 것이라는 믿음으로 행해지는 것이다.

하나님의 말씀 사건의 결과로서 일어나는 이와 같은 신앙의 관계는 예수의 행위에서 풍성하게 입증된다. 요한복음 4:41은 그의 말씀과 신앙을 직접적으로 연결시키고 있다. "예수의 말씀을 인하여 믿는 자가 더욱 많아." 요한은 또한 그의 복음서에서 설교의 목적이 "오직 이것을 기록함은 너희로 예수께서 하나님의 아들 그리스도이심을 믿게 하려 함이요 또 너희로 믿고 그 이름을 힘입어 생명을 얻게 하려 함이니라"(요 20:31)고 한다. 신약성경의 기록에 의하면 사도들의 설교와 그들과 함께한 사람들의 설교도 하나의 목적을 가지고 있음을 보게된다. 즉, 그것은 예수 그리스도 안에서 사람들에게 신앙을(믿음을) 불러 일으키는 것이다.

『하이델베르크 요리문답』(Sunday XXV, 질문 65)은 이러한 관점에서 설교의 목적에 대해 다음과 같이 표현하고 있다. "당신은 믿음으로 말미암아 그리스도와 그의 복에 참여하고 있다고 고백합니다. 그렇다면 그 믿음은 어디서 오는 것입니까? 답: 성령께서 거룩한 복음의 설교를 통하여 우리의 마음에 믿음을 일으키시며……."

설교의 목적은 신앙을 일깨울 뿐만 아니라, 그의 전인격을 그 믿음이 의미하는 바에 따라 바르게 세우고, 강하게 하며, 가르치는 데 관심을 갖는다.[47] 설교의 목적은 확실한 관점을 알리고 확신시키며 변화시키는 것이다. 또한 설교의 목적은 교회 사역을 위하여 회원들을 바르게 세우고 준비시키는 것이며(엡 4:11~12), 그들을 신앙 안에서 바르게 세워 하나님과 그 백성들 간에 보다 깊은 교제를 나눌 수 있도록 하는 것이다. 이것

---

46) K. Runia, *The Sermon under attack*, p. 24; J. C. Müller, 같은 책, 79쪽; H. J. C. Pieterse, *Skrifverstaan en prediking*, pp. 58~63; J. Firet, *Het agogisch moment*, p. 50 참고.

47) O. Fuchs, 같은 책, 124쪽 참고.

은 그들이 그리스도의 사랑의 넓이와 길이와 높이와 깊이가 어떠한지를
모든 신자들과 함께 이해할 수 있게 됨을 의미한다(엡 3:18).

(2) 성경에 충실한 회중 지향적인 설교

설교 이론의 형성과 관련하여 두 번째로 다룰 양상은 결정적으로 중
요하다. 그것은 본문이 갖는 의미와 회중들이 처한 실제 상황 간의 분리
할 수 없는 관계성과 상호작용이다. 여기서 해석학적 과정은 말씀의 선
포에 성경 말씀, 곧 성경본문이 지닌 역동적인 운동을 동반시키는 것이
다. 이것이 잘 이루어질 때, 그 설교는 진정한 말씀 사건이 되는 것이다.[48]
이 때 참석한 회중의 상황에서 회중의 언어로 설교 본문의 메시지를 전
개하는 것은 하나님의 말씀이 본문 속에서 말씀하고, 회중들이 그 말씀
을 듣고 믿는 과정을 통해서 이루어진다. 여기에 관련된 다양한 요소들
은 본문(성경에 대한 설교의 충실성), 어떤 상황 가운데 있는 회중(회중에 대한
설교의 지향성), 설교자의 인격, 그리고 인격으로서 회중들이 있으며, 또한
해석도 여기에 포함된다. 그러므로 설교는 본문에 의해서 뿐만 아니라,
회중과 설교자의 인격에 의해서도 결정되는 것이다.

이 점에 대해 뮬러는 다음과 같이 옳게 지적한다. "이미 17세기에 후
룬벡(Hoornbeek)은 최초의 개혁주의 설교학이라고 할 수 있는 『합리적
설교학』(*Tractatus ratione concionandi*)에서 설교의 정의를 다음과 같이
내리고 있다: "설교는 거룩한 행위로서 하나님의 말씀을 해설하는 것이
며 교회를 견고하게 세우기 위하여 적용하는 것이다." 이러한 정의는 획
스트라(Hoekstra)와 다이크(Dijk)의 정의로 이어진다. 이것은 하이델베르

---

48) H. J. C. Pieterse, *Skrifverstaan en prediking*, pp. 45~46, 113~126; B. A.
Müller, *Prediking en gemeente*, p. 4 참고.

크 요리문답을 따른 것으로, 이것은 설교가 회중들이 그 말씀 속에서 만나고, 유지되고, 보호되는 방도임을 지적한다(Sunday XXI). 회중들은 설교가 이루어지는 작업장이 되는 것이다.[49] 그러나 이 과정에 있어서 더욱 중요한 것은 설교자의 인격이다. 또한 설교자는 설교 이론에도 밝아야 한다. 설교는 그 내용이 "무엇"이고 커뮤니케이션이 "어떻게" 이루어지는가 뿐만 아니라 설교자가 "누구"인가도 포함한다. 설교자는 백지 상태가 아니며 기계적인 도구도 아니다. 설교자는 자신의 의견, 문제, 신학적 견해, 영적 상태, 태도 등을 가진 한 인격체이다. 또한 설교자는 본문 해석을 회중들과 단절된 채로 수행하지 않는다. 설교자는 회중들과의 대화에 참여하고, 이런 의미에서 회중들은 설교자와 함께 본문을 해석하게 되는 것이다. 설교자와 회중은 다같이 신앙의 전통으로 내려온 전승 자료들을 (첫 번째 독자들을 위해 의도되었으며, 또한 수세기를 거치면서 교회에 의해 해석된 것으로서 본문의 메시지) 해석한다. 설교자가 설교 본문과 관련된 무수한 관점과 경험을 가지고 있는 것과 같이 회중들도 마찬가지다.[50] 따라서 이제까지의 논의에서 이미 명백해진 바와 같이 우리는 신학과 현장의 실제적인 분석에서 수집된 통찰을 다루고 있다. 사실상 해석학적 과정 전체는 말씀과 실제간에 이루어지는 상호작용이다. 그렇기 때문에 적절한 설교, 즉 본문이 회중의 상황에 대해 분명하고 구체적으로 말하도록 하는 설교는 성경에 대한 철저한 지식(주석 능력)뿐만 아니라 특정한 회중에 대한 지식을 요구한다. 그러므로 회중과 그 상황(설교자가 주일 설교를 하는 특정한 회중을 포함하여)에 대한 실제적인 분석은 불가피한 것이다.

이어서 말씀 사건을 돕는 해석학적 과정에 대하여 개략적으로 살펴보자.

---

49) B. A. Müller, *Prediking en gemeente*, p. 1.
50) 연구에 의한 다음의 경험적 통찰력 참고. H. J. C. Pieterse, *Die daad by die Woord*, pp. 14~23.

나는 이미 설교자가 설교 본문만 따로 떼어서 해석하지 않는다고 지적한 바 있다. 설교자는 회중과의 대화에 참여한다. 이러한 대화가 이루어질 수 있는 방법에 대해서는 뒤에 논의하게 될 것이다. 여기서 내가 지적하려는 요점은, 설교자는 반드시 회중의 지적 수준과 이해의 정도 뿐만 아니라 설교 본문에 대한 회중의 사고 방식에 대해서도 명확히 알아야 한다는 것이다. 설교자가 회중과의 대화(또는 설교 직무 그룹의 도움)를 통해서 그들의 상황과 지적 수준, 욕구, 편견 및 취향이 무엇인지 파악하게 되면, 비로소 설교자는 본문과 회중의 상황 사이에서 대화를 시도할 필요가 있다. 이것은 외로운 작업이며, 설교자 홀로 해야하는 일이다. 설교 준비에 있어서 바로 이 시점이 설교자의 전문적인 신학적 지식이 필요할 때이다. 여기서 설교자는 회중의 상황을 고려하여 본문으로부터 하나의 메시지를 찾아내고 이 시대에 맞는 표현으로 설교를 작성하는 것이다. 이것이 바로 적절한 설교를 의미하는 것이다.

이제 나는 이해 내지 해석학적 작업의 과정에서 일어나는 대화에 관해 개관하고자 한다. 설교자를 통해서 하나님의 말씀과 회중의 상황 사이에 일어나는 일종의 대화가 바로 이것이다.[51]

적절한 설교를 준비하고자 할 때 고려해야 하는 두 가지 두드러진 요소는 하나님의 말씀과 설교자가 설교의 대상으로 하는 회중이다. 우리는 이것을 말씀(본문)과 회중이라는 두 초점을 가진 타원으로 묘사할 수 있다. 이것이 하나님과 인간 혹은 회중은 멀리 떨어져 있고, 서로 간의 깊은 간격을 뛰어 넘어서 만난다는 것을 의미하지는 않는다. 하나님과 인간은 실제 속에 함께 존재한다. 심지어 우리는 하나님과 인간을 동떨어진 존재로 보지 않는다. 말씀이 육신이 되신 하나님과 그의 교회는 언약

---

51) 다음 단락은 필자의 에세이, *Die aktualisering en konkretisering van die teks in die preek vir vandag*, pp. 28~35에서 발췌한 것임.

적인 관계 안에서 변함없이 함께 존재한다. 우리가 만일 하나님을 말하면, 우리는 동시에 사람을 말해야 하며, 그 반대도 마찬가지다. 우리가 이 타원에서 관심을 갖는 것은 곧 하나님의 말씀의 현실화이다. 다시 말해 우리는 근본적으로 다른 상황 혹은 다른 맥락에서 표현되었던 하나님의 말씀과 이제 새로운 맥락에서 적절한 방식으로 다시 표현되어야 하는 하나님의 말씀의 현실화에 관심을 가지는 것이다.

하나님의 말씀은 인간의 구원을 선포하기에 모든 시대를 통틀어 의미를 지닌다. 그러나 한편 하나님의 말씀은 구체적이고 조건적인 역사적 상황 속에서 역사적으로 말씀한 것이다. 살아 움직이는 말씀은 하나의 사건으로 나타났다. 하나님이 말씀하셨을 때, 죄 많은 인간이 범한 과거의 실패는 지워져 버렸고 새로운 시작, 새로운 미래가 창조되었다. 이러한 말씀은 모든 시대를 위하여 보존되도록 글로 기록되었다. 그러나 말씀은 그 당시의 조건적인 역사적 상황 속에서 표현된 그대로 성경에 기록되었다.

그러므로 설교 준비에 있어서 핵심적인 물음은 다음과 같다. 하나님의 말씀의 메시지가 어떻게 그 당시 상황의 맥락과 그 용어로 나타났으며, 또한 어떻게 설교 속에서 우리 시대의 상황의 맥락과 용어로 표현될 수 있는가? 하는 것이다.

이러한 물음에 빛을 던져주기 위하여 우리는 이해의 지평에 대한 문제를 설명하고, 우리 시대에 적합한 번역을 위한 확실한 신학적 출발점에 대해 지적하고, 마지막으로 설교 준비의 과정에 대해 논의할 필요가 있다.

성경에 기록된 하나님의 말씀은 명확한 인식의 지평에서 주어졌다. 그 이래로 실재에 대한 우리의 이해에 많은 변화들이 일어났다. 중세 서구에서는 신앙과 세상에 대한 커다란 종합이 일어났다. 이때까지는 기독교가 무너지지 않았다. 이때는 통일성 있는 문화를 가졌으며 모든 세상의 개념이 종교적으로 결정되었다. 그러나 르네상스로 말미암아 변화가 초래되었다. 이러한 변화는 세속화로 알려진 문화적 과정과 함께 근대성으로까지 계속되었으며, 이것은 점차 기독교를 붕괴시켰다. 이런 변화로 말미암아 인간은 더 이상 자신을 우주 중심으로부터, 다시 말하면 그 존재의 질서로부터 이해할 수 없게 되었으며, 이제는 자기의 세계를 인류학적으로, 즉 인간으로부터 이해하게 되었다. 이러한 변화는 계몽주의 시대로 이어졌으며 현재는 이것이 모든 면에서 일어나고 있다. 그래서 이제 우리는 소위 이런 변화 속에서 자란 사람들을 다루게 되었다.

실재에 대한 이해의 변화, 즉 새로운 인식적 지평이 초래되었으며, 이제 실재는 과학적 지식에 의해 이런 새로운 인식적 지평 속에서 일반적으로 이해되고 있다. 이제 변화된 세상이 초래되었고 이러한 세상은 기술사회, 사회 민주화 그리고 인간중심주의로 특징지워지고 있다.

교회의 설교는 역사의 과정을 통하여 줄곧 이해에 대한 다른 선입견에 의해서 이루어져야만 했다. 설교는 어떤 특정한 상황 속에서 인간 이해의 제한된 지평 내에서 기능한다. 새로운 (이해의) 선입견에 의해 결정된 새로운 상황에서, 이전 상황에 대한 설교는 이해하기 어려운 것이다. 따라서 우리는 설교에서 단순히 본문을 반복할 수 없다. 그것은 쉽게 이해되지 않을 것이다. 우리는 단지 본문의 반복만으로 만족할 수 없다. 왜냐하면 본문의 메시지는 현대적인 용어로 번역되어야 할 필요가 있기 때문이다. 이것은 문법적인 번역뿐만 아니라, "현대인을 위한 좋은 소식"과 같이 현대의 용어로 번역되는 것을 포함한다. 여기서 번역(translatio)이란 본문이 갖는 삶의 정황(Sitz im Leben)속에서 (과거와 현재를 위한)본문의 메시지와 언어와 용어에 대한 이해로 사용되고 있으며, 그래서 본문을 번역한다는 것도 현재의 상황에 맞는 언어와 용어로 의미있게 한다는 것이다. 이해는 말을 통해 이루어진다. 만일 이해하는 데 어떠한 장애도 없다면, 그것은 언어를 통해 자연적으로 일어나게 된다. 그러나 본문의 상황과 현재의 상황에 대한 이해의 지평이 서로 다르기 때문에 장애가 초래될 때, 장애를 제거하기 위하여 해석학이 필요하다. 번역은 우리가 의도하는 바 말씀 사역의 한 부분이다. 그러한 활동을 통해 우리는 회중들의 음식을 준비하고 그것을 먹을 수 있는 형태로 봉사하는 것이다. 단순히 본문을 반복하는 것은 비록 이해의 지평간에 어떠한 격차가 존재하지 않는다고 하더라도 마치 호랑이에게 주는 생고기 덩어리를 회중에게 던져주는 것과 같은 것이다. 그래선 안 된다. 본문은 번역되어야 하며, 그 메시지는 현재 회중의 언어와 용어와 정신 및 사상의 형태로 이해되고 표현되어야 한다. 이것이 해석이다. 그러나 이것이 트림프(Trimp)가 말하는 창조적인 재해석을 의미하는 것은 아니다.[52] 여기서 말하는 번역은 말씀을 먹기 좋은 음식으로 봉사하는 것과 같이 참된 사역에 대해 좋은 의미로 사용된 것이다.

사실상 계속 이어지는 매 시대가 갖는 이해의 지평이 하나의 고리에 연결되어 있는 것처럼 서로 맞물려 있다. 각각의 역사적인 상황 속에서 끊임없이 일어나는 성경에 대한 이해는 오늘날 우리가 성경을 바르게 이해하는 데 필수적인 것이다. 본문의 활동역사(Wirkungsgeschichte)는 모든 시대를 거쳐 오늘날까지 끊임없이 이어지고 있다. 설교 준비는 이해의 지평의 결합이 이루어지도록 돕고, 그 지평이 함께 움직임으로써 이해가 이루어질 수 있게 하는 것이다.

이제 나는 우리 시대에 적법한 메시지의 번역을 위한 신학적인 출발점에 대해 다루고자 한다. 성경은 이미 만들어진 선언을 포함하고 있다. 본문은 그것에 대하여 모든 시대를 위한 메시지로서 거듭거듭 선포해야 할 긴급성을 지니고 있다. 말씀 속에서 우리는 역동적인 사건의 성격을

---

52) C. Trimp, *De actualiteit der prediking*, p. 5 참고.

발견하게 되며, 그것이 본문을 선포로 바뀌게 한다. 성경 말씀을 설교자의 구두 선포로 바뀌게 하는 것은 바로 살아있는 하나님의 말씀이다. 왜냐하면 그것은 영적이기 때문이다. 이 사건에서 하나님은 설교자를 자신의 도구로 삼으셔서 사용하시고, 설교자는 구두 말씀의 운동에 종사하여 하나님의 말씀을 해석하고 선포하는 행위를 통해서 하나님의 말씀이 말하도록 봉사하는 종으로서 사용된다. 하나님의 구두 말씀은 과거와 현재 사이의 격차를 막는다. 하나님의 말씀이 우리에게 선포될 때, 우리는 그것을 이해하게 되고, 하나님의 말씀을 듣고 그것으로 말미암아 변화되어진다. 그러나 진정으로 말씀에 사로잡혀 오늘을 위한 메시지를 이해하고 전하기 원한다면, 우리는 무엇보다도 성경과 성경에서 유래한 설교를 이해하기 위하여 몇 가지 기본적인 신학적 출발점과 조건들에 대하여 알아야 할 것이다.

우리는 현재 우리 앞에 놓여진 성경이 역사 속에서 인간에게 말씀하셨던 하나님의 말씀임을 고백한다. 우리는 성경이 존재하게 된 그 기원에 있어서 성령에 의해 영감되었다는 근거에 비추어서 이러한 사실을 믿는다. 왜냐하면 성경은 하나님의 말씀이기 때문이다. 성경을 하나님의 말씀으로서 대면하고 설명할 때에만 비로소 우리는 그것을 이해할 수 있게 된다.

이것을 감안할 때 뒤따르는 사실은, 성경의 말씀이 성령에 의해 살아있는 말씀으로 선포되는 한 우리는 설교에서 하나님의 말씀을 들을 수 있다는 것이다. 그러므로 설교는 반드시 성경 말씀에 의해 전적으로 지도되어야 한다. 설교는 성경을 강해하는 것이며, 또한 우리의 상황에 맞게 적용하는 것이다.

우리는 설교에서 오직 성령의 역사를 통하여 살아있는 말씀을 들을 수 있다고 고백한다. 성경의 기원에 있어서 말씀의 영감은 설교자와 회중의 삶 속에서 말씀을 통하여 역사하시는 성령의 조명하심으로 계속된다. 그러므로 말씀과 성령은 하나의 통일을 이룬다. 하나님은 말씀없이 그의 성령을 주시지 않는다. 말씀이 선포될 때, 성령은 그 말씀과 함께 계신다. 성령은 말씀과 분리하여 일하시는 것이 아니라 말씀과 밀접한 관계 속에서 일하신다. 그래서 성경과 성령 그리고 설교는 아주 밀접한 관계를 갖는다. 성령의 사역으로 하나님의 말씀의 능력과 적절성이 성경과 설교에 나타난다. 설교에서 하나님의 말씀의 선포는 성령에 의해서 가능하게 된다. 성령은 말씀의 선포 가운데 우리를 깨닫게 하셔서 우리가 예수 그리스도를 만나게 하시며, 주님께서 설교 중에 우리에게 오시고 우리에게 말씀하실 수 있도록 그 길을 마련하신다.

설교자는 성경이 살아 있는 말씀으로 되는 이러한 말씀의 운동과 같은 기적을 일으킬 수 없다. 바로 이러한 이유 때문에 설교자는 설교 준비를 "오소서, 창조주 성령이여" 하는 기도로 충만하게 하며 간절히 기도하는 자로 특징지워 지는 것이다.

우리는 성경에서 삼위일체 하나님의 계시를 발견한다고 고백한다. 이러한 이유로 우리는 삼위일체의 관점에서 성경을 해석할 필요가 있다. 성경 전체에서 하나님이 자신을 그 이름으로 계시하시는 것처럼 설교에서도 영원하신 하나님이 말씀되어야만 한다.

그럼에도 불구하고 삼위일체의 관점으로 설교할 때에 그 초점은 그리스도 중심적이다. 성경은 구원역사, 즉 그리스도 예수 안에 나타난 하나님의 특별 계시를 기초로 구원사에 초점을 두고 설명될 때에 비로소 옳게 해석될 수 있다. 예수 그리스도와 인류와 세상을 위한 그의 새롭게 하시는 구원의 중요성이 바로 강해의 수단이며, 그것에 의해 성경은 바르게 이해될 수 있다.

해석 과정에서 설교자와 본문간의 관계는 동등하지 않다. 만일 설교자가 본문을 접근할 때 마치 본문과 동등한 보조를 맞추려고 하거나 단지 연구의 대상으로만 여긴다면, 본문은 침묵한 채로 있을 것이다. 그러나 설교자가 본문을 하나님의 말씀으로 대하고, 믿음과 순종의 자세로 본문에서 하나님의 말씀을 들으려는 마음을 가지고 본문에 접근한다면, 비로소 설교자는 본문이 말하는 것을 기대할 수 있다.

그러므로 우리는 본문에 대하여 듣는 관계성 가운데 서 있다. 우리가 듣고자 하고 기도하며 겸손히 본문에 접근할 때, 우리는 능력있는 하나님의 말씀을 듣게 되며 그것에 의해 인도되어 진다. 하나님의 말씀의 권위 아래 있을 때, 우리는 듣는 상황 속에 놓인 우리 자신을 발견하게 된다. 이러한 방식으로 우리는 성경을 작위적으로 이용하여 강해하는 위험을 피할 수 있다.

이제 우리는 설교 준비의 과정을 간략히 기술하고, 또한 그렇게 함으로써 소위 해석적 과정을 실제로 기술할 수 있다. 주석과 적용은 설교 준비에 있어서 한 과정(one process)이다. 이 점은 매우 중요한 출발점이다. 강해와 적용이 두 개의 분리된 실재로 보여져서는 안 된다. 적절하게 설교하기 위하여 설교자는 설교를 준비할 때에 본문과 회중을 동시에 고려해야 한다. 본문이 현재의 구체적인 상황과 만날 때 그 본문은 열매를 맺고 말하게 된다. 설교를 준비할 때에 원칙적으로 본문과 회중의 상황은 하나로 고려되어야 한다. 본문이 우리 시대의 요구와 문제와 사상의 범주들에 흠뻑 젖어 있을 때에 우리는 그 본문을 주의 깊게 듣게 된다. 본문과 현재의 상황이 만날 때, 본문이 상황을 해석하고 그것에 대해 말하는 일종의 대면(confrontation)이 일어나는 것이다.

이 뿐만 아니라 본문이 말할 때 한 사건, 다시 말해 말씀 사건이 일어나기 때문에 설교 준비를 위한 어떤 하나의 방법을 규정할 수는 없다. 이러한 환경 속에서 우리는 단순히 사건들을 조작하거나 의도적으로 우리 자신의 어떤 계획에 맞게 하려고 할 수 없는 것이다. 우리는 단지 강해의 방법을 가지고 장애물들을 제거해서 말씀이 우리 시대에서 우리의 언어로 말하고 이해될 수 있도록 하는 것뿐이다. 바로 이러한 이유에서 나는 본문에서 설교로의 이동에 있어서 매우 중요한 원칙들을 단지 몇 가지만 제시할 것이다.

나는 이러한 원칙들에 대한 논의를 우리가 본문과 만나게 되는 현재 상황에 대한 지식과 이해에서 시작하고자 한다. 이것은 바로 우리 자신의 상황에서 본문으로 가는 하나의 움직임이다. 주석과 묵상에서 두 상황들 간에 대면이 일어나고, 이러한 대면은 두 지평의 결합과 이해로 이끌어 주는데, 여기서 본문이 말할 수 있게 되는 것이다. 말하는 말씀은 설교자와 그의 상황을 압도한다. 그 말씀은 역동적으로 움직여 세상과 대면하도록 효력을 발휘한다. 말씀이 현실을 구체화하는 자력을 가진 운동력이 없다면, 설교의 실제화는 불가능하다.

회중의 상황에 대한 철저한 지식이 없으면 이해의 과정은 불가능하다. 설교자는 반드시 회중의 상황을 이해하고 체험해야 한다.

메시지를 현대의 언어로 옮기기 위해서 설교자는 당대의 예술과 문학에 대한 충분한 지식을 갖추어야 한다. 시, 드라마, 소설, 회화에서 우리는 그 시대가 갖는 이해의 정신과 범주를 탐지하고 이해하는 법을 배울 수 있다. 우리는 예술에 반영된 우리 시대의 인물을 볼 수도 있다. 당대의 실재는 또한 그것이 경험되고 이해되는 것으로서 철학과 정치적 사상과 정치적 현안들로 표현될 것이다. 고유한 권리를 가진 과학으로 간주될 수 있는 다른 학문과의 대화는 우리가 복음을 전하고자 하는 이해의 세계에 대한 통찰력을 우리에게 제공한다. 이것이 바로 고유한 언어와 이해의 구조들을 가진 실재이며, 우리는 이 실재 속에서 주되신 예수를 선포하는 것이다.

우리는 회중 속의 한 개인을 잊어서는 안 된다. 그는 자신의 독특한 이해의 세계를 가지고 있는데, 이것은 회중이 갖고 있는 집합적인 이해의 세계에 포함되는 것이다. 이것 또한 설교자가 회중의 상황을 이해하고 있어야 할 이유이다. 이것은 설교자가 특정한 이슈들, 가령 어떤 특정한 설교 본문에 대해서 회중과 대화할 때 비로소 일어날 수 있다. 회중의 실존적인 세계와 특별한 상황과 역사의 구체적인 국면 그리고 수없이 많은 실존적인 물음들 속에서 회중들과 연대의식을 가짐으로써 설교자는 본문의 메시지를 그들의 상황에 맞게 구체적으로 준비할 수 있다.

나는 확신하건데, 우리의 신학적인 출발점에 비추어 볼 때 자기 자신의 상황에서 설교자를 통한 본문과의 만남 가운데 하나님의 말씀은 성경으로부터 회중에게 말하기에 이르는 것이다. 본문과 현재의 연결은 언제나 그의 말씀을 통하여 현재에 말씀하시는 하나님의 말씀하심에 의하여 이루어지며, 하나님이 오늘날의 언어로 말씀하실 때 우리 시대의 상황을 비신화화하고, 해석하고, 변화시킨다. 설교자가 본문을 만날 때 수반하게 되는 회중의 상황과 각 개인들의 상황에 대한 설교자의 이해는 해석을 도와주고, 이 해석에서 메시지가 회중들의 언어와 개념에 맞는 새로운 형태로 반복되고 표현될 수 있게 된다.

주석을 하는 과정에 대해서는 제 3장에서 더 다루게 될 것이다. 설교학적인 관점에서 주석에 대해 우리가 말할 수 있는 것은, 주석은 특정한 역사적 상황 안에서 표현되어졌던 본문의 메시지를 파악해 냄으로써 설교를 도와야 한다는 것이다.

간결하고 과학적인 주석의 과정 속에서, 본문은 자기 자신의 상황에 놓여있는 설교자와 대면하게 된다. 설교 준비를 하면서 내내 설교자는 자신의 상황을 외면할 수 없다. 본문이 바르게 해석되기 위해서는 주석을 할 때에 역사적인 상황이 반드시 이해되어야 하지만, 그때와 지금의 상황 간의 만남도 있어야 된다. 주석은 설교로 옮겨지고 설교 속에서 수행된다.

설교 본문을 선택할 때에 설교자는 다양한 요소들에 의해 인도를 받는다. 예를 들어, 교회력, 신앙의 조항들 그리고 회중이나 그 시대의 특정한 물음과 문제들을 따라 설교를 준비하게 되는 것이다. 설교자가 본문의 기록부를 각 단락의 메시지와 함께 작성하여 두는 것도 설교자에게 도움이 될 것이다. 이 기록은 설교자가 성경을 체계적으로 다룰 때 구체화하게 된다. 설교자는 자기 자신이 그 본문으로부터 들은 바가 있다면 언제라도 한 본문으로부터 설교를 할 수 있다.

본문과 회중의 상황이 만나는 것은 묵상을 통해 일어나고, 그 만남에서 메시지가 옮겨진다. 설교자의 의식 속에서 본문은 현재를 위하여 구체적으로 형상화되어야 한다. 이와 같이 묵상은 본문이 현재로 이어지는 가교 역할을 하기 때문에 해석적 과정에서 매우 중요한 부분이 되는 것이다.

묵상은 그것을 통해 본문과 회중의 상황이 서로 대면하고 하나님의 말씀이 말함에 따라 사상이 구체화되며 회중이 이해할 수 있는 언어로 표현될 수 있도록 하는 하나의 과정이다. 묵상 속에서 본문의 언어와 현재의 언어가 만나고, 본문과 현재가 대면하여 대화가 이루어진다.

이러한 대면은 서로 다른 지평의 결합에서 기인된다. 본문이 현재와 만나기 때문에, 본문의 영역이 우리가 가진 이해의 지평 속에 흡수되어 본문의 지평과 우리의 지평이 만나게 되고 하나로 섞일 수 있다. 본문과 현재 사이에 존재하는 간격은 묵상을 통해 연결되어 진다. 묵상 속에서 본문의 과거는 선포가 이루어지는 현장으로서의 현재의 상황과 하나가 되며, 본문의 메시지가 현재의 상황에 대해 말하는 곳도 바로 여기이다. 묵상 속에서 주석은 한 편의 설교가 된다.

우리는 간결하고 과학적인 주석과 묵상을 서로 구별할 수는 있지만, 결코 두 개로 분리할 수는 없다. 주석과 묵상에서 비롯된 사상들은 오는 주일 설교를 위한 본문의 메시지에 적용되어 서로가 기능을 하게 된다. 설교는 창의력과 상상력을 요구한다. 그것은 말로 이루어지는 창의적인 활동이다. 그러나 주석은 여전히 그것에서 나온 사상들의 시금석이다. 우리는 주석을 통해 그 사상이 올바른지, 또한 본문과 일치하는지를 가

늠할 수 있다. 본문에서 나와 현재에 적용되는 이러한 사상들이 하나로 치닫는 것처럼 보일 때, 그 과정은 주석에 의해 인도될 수 있다. 주석과 회중의 상황은 묵상을 통해 끊임 없이 상호 작용한다. 묵상은 설교가 준비되는 전 과정을 통해 이루어진다. 왜냐하면 주석과 오늘을 위한 메시지를 찾는 것은 언제나 하나이고 동일한 과정이기 때문이다.

본문과 현재의 상황에서 이루어지는 해석 과정의 여기저기에서 본문은 설교자에게 말하기 시작한다. 설교자가 주체로서 객체인 본문에 관여하는 과정이 전도되어 이제는 본문이 주체가 되어 객체인 설교자에게 말하게 되고, 설교자의 존재와 상황에 대해 해석해 준다. 심지어는 주체와 객체의 도식으로 말할 수 없다. 설교자는 주체이지만, 그 때 하나님 역시 주체로서 본문에서 말씀하신다. 심지어 이와는 전혀 다르게 본문도 주체라고 말할 수 있다. 문제의 핵심은 두 주체간의 대화에 있다. 현재 상황의 대표자로서 설교자와 본문의 만남이 노출하는 것은 하나이다. 참된 말씀은 "혼과 영과 및 관절과 골수를 찔러 쪼개기까지"한다(히 4:12). 묵상 속에서 이루어지는 본문과 설교자의 대면을 통해 설교자 자신은 그의 존재와 그의 상황 가운데로 옮겨지고 거기서 자신을 발견하게 된다. 말하자면, 말씀이 설교자를 통해 회중에게로 옮겨지는데, 이러한 움직임이 설교 속에서 이루어지는 것이다.

하나님의 말씀이 설교자에게 말할 때 그에게 어떤 일이 일어난다. 설교자는 그 메시지가 그 시대에 무슨 의미가 있는지를 마음으로 직접 경험하는 것이다. 왜냐하면 이해의 지평이 설교자의 인격 속에 녹아져서 하나님의 말씀이 그 상황에 대해 말하기 때문이다. 하나님의 말씀의 위대한 권능이 설교자를 사로잡는다. 말씀하시는 하나님의 말씀이 설교자의 실존과 상황을 꿰뚫고 들어오는 것이다.

이러한 일은 대화의 씨름으로 일어난다. 설교자는 자기 실존의 모든 모습과 직면한다. 이러한 방식으로 설교자는 회중을 위한 메시지를 이해하게 된다. 왜냐하면 설교는 말씀에 대한 이해와 말씀에 의해 다른 사람을 이해하고 인도하고자 하는 사람의 말이기 때문이다.

설교자는 그 시대를 위한 하나님 말씀의 메시지를 설교자 자신의 정신과 마음에서 경험한 것으로부터 언어로 옮긴다. 자신이 경험한 실재를 언어로 표현하는 것은 인간의 본성이다. 설교자는 이것을 표현할 만한 언어를 찾기 시작하며 이 언어는 일종의 번역인 셈이다. 이것이 바로 설교자가 그의 시대와 그 회중의 언어로 메시지를 구성하는 것이다. 설교자는 언어라는 매개체를 가지고 이제 자신에게 임한 말씀을 설교에서 전할 말– 당대의 회중을 위한 당대의 술어로 된 말을 창조할 수 있다. 이러한 방식으로 성경의 해석은 언어가 갖는 창조성에 의해 현재 속으로 이끌어지는 것이다. 그 본문의 현실화와 구체화가 그 메시지의 번역을 통해 발생하는 것이다.

회중의 상황을 감안하여 현대의 언어로 표현된 메시지가 논리적이고 이해하기 쉬운 구조를 갖는 것은 매우 중요하다. 선포적인 주제와 이것을 보조하는 부분들은 반드시 명백하게 구성되어야 한다. 설교의 개요는 세련된 언어로 표현되어야 하므로 언어의 구조를 의도적으로 배열할 필요가 있다.

이러한 과정에서 기록된 말씀은 설교를 통해 살아있고 유효한 말씀을 낳고, 또한 성경의 말씀과 선포된 말씀사이에 유사성(similarity)을 창출한다. 이 유사성은 복사나 반복의 의미에서가 아니라 기원적으로 유사(likeness)의 의미를 갖는다. 이러한 연속성은 메시지, 즉 본문의 말씀 사건 속에 있으며, 이것은 새로운 말씀(새로운 말로서 유일한 말씀)을 낳는다. 기록된 말씀과 선포된 말씀간의 유사성(likeness)은 마치 하나가 단순히 다른 하나의 반복과도 같이 하나의 정체성을 갖는 것은 아니다. 설교는 현재의 구체적인 상황에서 말씀을 전하는 것으로 탯줄과도 같이 여전히 본문에 밀착되어 있다. 이러한 방식으로 하나님의 말씀은 고유하고 새로운 방식으로 현재 속에서 들려진다. 그 때 설교의 말씀 사건이 일어나는 것이다.

말씀을 최종적으로 구체화하는 작업은 회중에 의해 이루어진다. 회중은 성령의 인도를 통해서 처음부터 함께 이해하는 신자들로 이루어진 해석 공동체이다(엡 3:18). 설교는 새로운 관점을 열어주고 회중들의 사고를 확고한 방향으로 자극한다. 회중들이 일상 생활로 돌아가서, 성령의 인도를 받으며 하나님께서 그들의 삶과 공동체 속에서 구체적으로 말씀하시도록 만든다면 그 본문은 최종적으로 구체화되는 것이다. 그때 오늘을 위한 메시지의 이해가 성취되는 것이며, 또한 본문의 의도가 달성되는 것이다. 그때 바로 본문에 내재해 있는 것이 실재가 되는 것이다.

이제까지 우리는 해석학적 과정 전체, 즉 이해의 과정을 살펴보았다. 이 과정에서 핵심적인 시점은 본문이 설교자에게 말할 때이며, 본문과 회중 간의 대화가 설교자의 마음 속에 형상화되기 시작할 때이다. 설교자는 자신의 마음 속에서 메시지를 경험하게 될 때, 그것을 말로 옮길 수 있는 것이다. 현대의 회중을 위한 메시지는 지적인 언어와 구조로 표현될 필요가 있다. 여기서 또 다른 종류의 대화가 뒤따르는데, 설교의 언어가 회중의 언어 세계에 도달하여, 그들에게 설교자와 대화할 수 있는 기회를 제공함으로써 회중들과 의사전달을 하는 것이다.

이상의 논의에서 나타난 바에 의하면, 본문의 메시지를 회중의 상황에서 해석학적으로 유효하게 선포하고자 할 때, 우리는 설교 본문(text)인 성경과 회중의 상황(context)을 함께 고려해야 한다는 것이다. 나는 이것을 앞에서 소위 말씀(본문)과 회중이라는 두 초점을 가진 타원으로 언급한 바 있다. 해석학에 의해 얻어진 이러한 통찰은 실제 설교에 있어서 세 종류의 설교자, 다시 말해 설교의 세 가지 접근법 혹은 세 가지 양상을 발견하게끔 유도한다. 포괄적으로 말해서, 우리는 이러한 양상들을 다음과 같이 부를 수 있다.

① 성경 지향적 설교 – 이것은 본문에 대해 상당히 많이 말하는 것으로, 본문의 언어와 개념적 틀 속에서 말하고 회중의 상황에 대해서는 거의 다루지 않는다.

② 상황 지향적 설교 – 이것은 설교자가 설교 본문의 메시지에 대해서는 정당하게 취급하지 않고, 자신의 상황에 의해 사고하고 말하는 경우이다.

③ 적절한 설교 – 이것은 설교자가 설교 본문과 자신의 상황을 해석학적으로 함께 고려하여 설교 본문의 메시지가 회중들의 상황과 그들의 언어와 개념적 틀 안에서 밝혀질 수 있는 성공적인 경우이다.

필자는 이 이론이 실제 설교에서 나온 것인지를 판단하기 위하여, 이러한 설교의 양상들을 실제로 경험적으로 검증하고자 한다. 이것이 필요한 이유는 내가 아는 한, 아직까지 어떠한 경험적, 과학적 연구도 이러한 이론을 검증하지 않았기 때문이다. 필자는 제 2장에서 이러한 연구에 대해 보고할 것이다.

성경에 충실하면서 또한 회중 지향적이라는 이 두 개의 기둥은 설교자에게 건전한 해석학을 요구한다. 설교자는 해석학적으로 본문의 암호를 풀어야 하며(decode), 또한 그것을 전달하기 위하여 다시 암호로 만들어야 한다(encode). 설교 과정의 첫 국면인 해석적 단계가 이미 하나의 커뮤니케이션 행위이다. 설교는 일종의 커뮤니케이션 행위(communicative activity)이다.

(3) 설교의 커뮤니케이션적 특성

설교를 커뮤니케이션이라는 점에서 다룰 때, 설교 이론은 현장의 경험적인 실재로부터 얻어진 통찰력에 의해서 형성된다. 경험적, 과학적 연구에서 얻어진 이러한 통찰력은 설교 이론 형성의 한 부분을 차지한다. 기독교 설교의 커뮤니케이션은 당연히 그 자체의 고유한 특성을 가지고 되는데, 예를 들어 시장이나 농업 관련 잡지를 목적으로 하는 커뮤니케이션과는 구별되는 것이다. 그러므로 우리는 먼저 설교의 커뮤니케이션 행위에 대한 신학적 동기(theological motivation)에 대해 논의할 필요가 있다. 그렇게 함으로써 우리는 이론적 근거를 세울 수 있으며, 이것은 실천을 위한 이론으로서 실천신학에 기여할 수 있을 것이다.

교회는 일종의 커뮤니케이션 공동체이다. 이것을 다른 식으로 표현하자면, 교회는 기독교의 실천이 일어나는 커뮤니케이션 시스템으로서, 이 시스템은 사회에 존재하는 같은 류의 다른 많은 하부 시스템과 더불어 기능한다. 비록 이 시스템에서 적용하는 커뮤니케이션의 역동성과 원리들은 그것이 "교회"이건 "세상"이건 어느 곳에서나 동일하지만, 각각의 커뮤니케이션 시스템은 고유한 성격을 지니고 있다.

우리는 커뮤니케이션을 다루는 실천신학자로서 커뮤니케이션을 이데올로기화하거나, 반대로 신학화할 위험은 조금도 상상할 수 없다. 실천신학은 커뮤니케이션학과 같은 여타의 기능 과학에서 사용하는 방법들과 거기서 얻을 수 있는 통찰들을 이용한다. 그러나 실천신학은 신학적인 주제이다. 바로 이러한 이유 때문에 주제 이론의 실천을 위한 하나의 기초로서 토대 이론의 윤곽을 그리는 것이 필요하다. 이 토대 이론은 우리의 신학적 훈련을 위한 일종의 신학적 기초로서 봉사할 수 있게 된다. 만일 우리의 이론이 실천신학적 토대 이론에 확고한 기초를 두지 않는다면, 우리는 실제 이론, 가령 설교의 실제 이론이 모든 이론을 통합하려는 단순한 시도로 퇴보하는 위험에 빠질 수 있다.[53]

---

53) J. Firet, *De plaats van de praktische theologie binnen de theologische faculteit*, p. 10.

신학적으로 커뮤니케이션에 기초를 두려는 시도들이 많이 있어왔다. 필자는 판 델 메이덴(A.van der Meiden)의 관점에 기꺼이 동의한다. 즉, 그는 복음의 메시지에 대한 교회의 커뮤니케이션 연구에 있어서 가장 좋은 출발점은 "그리스도의 성육신"이라고 제안한다. 그는 그리스도의 성육신을 인간과 커뮤니케이션을 하기 위해 인간적인 형태와 용어로 표현된 하나님의 뜻으로 본다. 그리스도의 성육신은 하나님이 인간과 더불어 무엇을 행하기 원하시며, 또 무엇을 행할 수 있는가에 대한 표상이다.[54] 클리드 팡(Clyde Fant) 역시 이러한 관점을 취하고 있다. 우리가 기독교의 실천현장에서의 커뮤니케이션을 연구하고자 할 때, 우리는 언제나 우리와 함께 하시는 하나님의 커뮤니케이션으로부터 시작한다.

신학적 연구의 대상은 현장, 다시 말해 하나님의 현장인데, 즉 이것은 과거, 현재 그리고 미래의 하나님의 행위들을 말한다. 그렇기 때문에 신학은 기독교 신앙과 기독교 선포, 간단히 말해 하나님이 자신의 세상 속에 있는 한 인간에게 오심에 관심을 가진다. 그래서 실천신학은 하나님이 한 사람의 매개자를 통해 말씀으로 인간에게 오심에 초점을 두고 있다. 사람들이 예수를 위하여 다른 사람들과 관계를 맺는 인간적 행위들이 바로 실천신학의 연구 분야이다. 또한 이러한 행위들 속에서 하나님은 그의 말씀 속에서, 또한 그의 말씀을 통해 사람들과 만나신다. 이것은 바로 하나님이 그렇게 의도하신 것이다. 그래서 필자는 우리와 함께 하시는 하나님의 커뮤니케이션에 대해 연구하고자 한다.[55]

그런데 태초부터 유래한 죄가 인간이 그러한 관계 속에 있는 것을 방해하였다. 하나님과 첫 사람 사이에 존재하던 커뮤니케이션도 깨어졌다. 인간은 자신의 방향을 잃어버렸다. 왜냐하면 많은 사람들이 하나님 "없

---

54) A. van der Meiden, Mensen winnern, p. 45; *Clyde E. Fant, Preaching for today*, p. 29.
55) 이것에 대해서 H. J. C. Pieterse, *Die daad by die Woord*, pp. 147~154을 보라.

이" 살기 시작했는데(여기서 "하나님 없이"라는 말은 하나님과의 커뮤니케이션이 없이라는 뜻), 인간은 결코 하나님으로부터 도피할 수 없기 때문이다.

하나님은 그의 말씀으로 인간에게 오신다. 언어의 본질은 사건으로서의 말씀에서 찾아져야만 한다. 말씀 사건은 커뮤니케이션을 이루게 한다는 의미에서 관계이다. 우리는 언어를 커뮤니케이션의 함축 의미, 내지는 일종의 나눔(sharing)의 형식으로 간주한다. 가령, 기쁨이 커뮤니케이션되어진다고 한다면, 우리는 단지 기쁨에 대한 어떤 것을 말하는 것이 아니라, 기쁨 그 자체에 대해 말하는 것이다. 커뮤니케이션은 하나의 약속처럼 발생한다. 그리고 이것은 일상적인 인간 언어에 존재한다. 이 언어로 하나님은 우리에게 말씀하시며 또한 자신을 계시하신다. 그때 하나님은 우리와 함께 계시며, 또한 우리도 그와 함께 있는 것이다. 그것이 바로 커뮤니케이션이 존재하는 이유이다. 예수 그리스도 안에서 하나님은 참으로 살아있는 말씀으로 우리에게 말씀(communicate)하신다(요 5:24, 25, 38, 43; 8:26, 28, 47, 55; 10:30; 14:9, 10을 참고하라). 그러므로 하나님이 자신의 세계 속에 있는 한 인간에게 오심은 곧 하나님이 나의 세상 속에 있는 나에게 오심을 뜻하는 것이다. 이것은 실제적이고 구체적인 사건으로, 그 사람은 자신의 전 존재가 이 사건 속에 참여하게 되는 것이다. 즉 자신의 이름으로, 또한 자신의 예배에서 목회적인 실천을 하는 사람과 그 메시지에 의해 이끌린 사람은 모두가 전인적으로 참여하게 되는 것이다. 이 사건에서 하나님은 한 인격을 그의 예배에로 취하신다. 그는 인간 행위에 새로운 차원을 열어 주어, 그것을 자기 자신의 행위로 만든다.

기독교의 실천현장에 있어서 이러한 종류의 커뮤니케이션이 갖고 있는 비밀은 우리의 삶 속에 살아있는 말씀이 내주하신다는 것이다.[56] 요

---

56) J. M. Cronje en J. A. van Wyk, *Van mens tot mens*, p. 22.

한복음 1:14은 그리스도의 성육신으로 인간이 되신 말씀이 우리가운데 오셔서 거하신다고 선언한다. 이것은 우리가 기독교의 커뮤니케이션을 다룰 때 우리의 출발점이 되어야 한다. 그리고 이 출발점은 모든 기독교 교회의 커뮤니케이션에 있어서 영구적인 하나의 원칙이다.[57]

또한 실천신학에서 커뮤니케이션에 대한 신학적 기초를 마련하는 이러한 출발점들은 실천신학을 위한 토대이론의 기초를 형성하는 것이다. 필자는 피레(Firet)의 견해에 동의하는데, 그는 실천 신학적 문제들에 대한 연구의 모델로서 대화 모델(conversation model)을 제시한다.[58] 여기서 의도하는 대화는 목회적인 대화가 아니라 흔히 있을 수 있는 일상적인 대화로서, 이것은 커뮤니케이션의 이상적인 형태이다.

하나님과 인간 사이에 일어나는 사건은 하나의 대화로 비견될 수 있다. 보렌(Rudolf Bohren)에 따르면, 하나님은 대화 속에서 삼위일체로서 존재한다. 벌코프(Berkhof)는 계시(세상의 인간에게 하나님의 오심)의 특징을 만남(encounter)으로 나타낸다.[59] 하나님과 인간 사이의 대화를 돕는 활동에 관한 행위와 시스템은 바로 실천신학의 대상이다.

대화는 둘 내지 그 이상의 사람들 사이에서 상호간의 말하기와 듣기를 통해 이루어지는 일종의 관계이다. 대인 관계의 성격은 변화할 수 있으며, 무엇이 그 관계를 초래하였는지에 의존한다. 참여한 사람들은 서로에게 말할 수 있는데, 그들은 어떤 문제에 서로 참여할 수도 있고 혹은 특별한 목적을 공유할 수도 있다. 대화의 특성들은 다음과 같다.

① 상황 : 대화는 어떤 주어진 상황에서 발생한다. 상황은 토론의 주

---

57) 같은 책.

58) J. Firet, *De plaats van de praktische theologie binnen de theologische faculteit*, pp. 19~22.

59) H. Berkhof, *Christelijk geloof*, pp. 59 등.

제를 결정하고, 또한 대화의 과정과 참여한 사람들의 태도에 영향을 미칠 것이다.

② 상호–주관성 : 진실한 대화는 그것에 참여한 사람들이 동등한 입장에 있을 때에만 발생한다. 양자는 대화의 주체로서(교대로) 존재할 수 있어야 한다. 다시 말해, 각 사람은 자신의 말을 할 수 있어야 한다.

③ 내용 : 대화는 반드시 무엇인가에 대한 것이어야 한다. 내용은 대화에 참여한 자들 사이의 관계성을 끌어 모을 것이다. 친구들은 잡담에 빠질 수 있다. 한편, 목사와 회중은 신앙에 대해 말할 것이다. 관계성은 대화의 내용을 결정하는 한 부분이다.

④ 관습과 자발성의 축 : 대화는 항상 어떤 타입에 속하여 어떤 관습에 의해 지배된다. 그것은 친구끼리 대화, 목회적 대화, 일에서의 토론, 교육적인 대화, 기타 등등의 대화일 수 있다. 대화의 각각의 타입은 그 공동체의 관습에 따른 행동의 법칙에 의해 지배된다. 그러나 진실한 대화는 항상 또 다른 축을 필요로 하는데, 즉 자발성의 축이다. 따라서 거기에는 감정을 표현한다든지, 회피한다든지, 다른 사람의 생각과 방해에 대해 처신하기 위한 여지가 마련되어야 한다.

대화 모델만큼 전형적인 실천신학적 접근법을 명백히 보여주는 것은 없다. 그것은 커뮤니케이션을 위한 하나의 모델로 봉사하지만, 또한 본 주제에 있어서 기술적–분석적이며 분석적–계획적 활동을 위한 모델로서도 이바지한다.

설교의 커뮤니케이션 모델을 찾기 위해 우리는 역사적인 모델과 최근의(보다 현대적인) 커뮤니케이션 모델을 동시에 살펴 볼 필요가 있다. 오늘날의 커뮤니케이션 과학은 과거의 '커뮤니케이션 과학,' 즉 수사학의 연장이고, 수정한 것이며 대체한 것이다.

나는 역사적인 커뮤니케이션 모델에 대한 개요를 짧게 설명할 것이다. 우리가 아는 바에 의하면, 그리스 철학자들이 커뮤니케이션 모델을 고안한 최초의 사람들이다. 이 모델의 기원은 이미 소크라테스의 작품에서 발견될 수 있다. 소크라테스(Socrates, 469~399 B.C.)는 지식을 습득하는 방법으로 대화를 사용하였다. 그는 시장에서 자신의 과학적인 작업을 했으며, 또한 전문가이건 현자이건 누구든지 대화에 끌어들였다. 그는 "지혜가 무엇인가?," "선이란 무엇인가?"라고 물었을 것이다. 그리고 나서 그는 대화를 계속하면서 그가 받은 대답들에 깊이 파고들어가 그 현자들의 가면을 벗겼을 것이다. 그의 결론은 무엇인가? "내가 알지 못한다는 것을 나는 안다"는 것이다.

플라톤(Plato, 427/29~347 B.C.)은 소크라테스의 제자였으며, 그의 스승의 사상을 기록으로 남겼다. 그는 대화에 관하여 소크라테스의 사상과 기본적으로 동일한 사상을 유지하였다. 문자적으로 대화란 두 사람 사이의 담화(colloquy)로서 거기서 각 사람은 언어를 가지고 자신의 견해를 말할 수 있는 동일한 기회를 갖는 것을 의미한다. 플라톤에게 이것은 보다 좋은 이해 내지는 어떤 구체적인 문제에 대한 진리가 산출될 수 있는 이상적인 형식이었다. 대화의 사용에 있어서 플라톤은 이것을 커뮤니케이션의 위대한 법칙으로 발전시켰다.[60]

이러한 사상을 수립한 아리스토텔레스(Aristotle, 384~322 B.C.)는 커뮤니케이션의 역사적인 모델을 고안하였다. 아리스토텔레스의 삼부작으로 알려진 이것은 그의 작품인 『수사학』에서 논의되었다. 이 모델에서 세 가지 요소들, 즉 화자, 연설, 그리고 청중이 고찰되었다.[61]

커뮤니케이션을 연구하기 위해 우선 모델의 가치에 대해 살펴보기로 하자.[62] 모델은 이론화할 수 있는 하나의 도구이다. 그러므로 그것은 한 이론이 갖추어야 할 일반적인 자격을 충족시켜야 한다. 우리는 연구하고

---

60) M. van Schoor, *The idea of communication*, p. 27.
61) M. R. Abbey, *Communication in pulpit and parish*, p. 27 참고.
62) 다음의 설명 참고. M. van Schoor, 앞의 책, 32~34쪽.

자 하는 주제를 파악할 수 있는 이론들을 필요로 한다. 우리는 인간이 커뮤니케이션을 할 때 그가 무엇을 하고 있는지를 이해하고자 애쓰고 있다. 이것을 위해 우리는 하나의 커뮤니케이션 개념을 가질 필요가 있다. 모든 과학은 개념들에 의해 연구되어진다. 개념이란 구체적인 의미를 가진 하나의 단어로서, 그 의미는 동일하게 유지되어야 하며, 또한 고정된 내포(connotation)로서 특정하게 학생들에 의해 사용될 수 있어야 한다. 개념들은 일반적인 면에서 우리가 사는 세상과 구체적인 면에서 우리가 연구하고 있는 과정들을 묘사하고 포괄한다. 그들은 우리의 사고를 묘사하는 데 유용한 도구들이다.

개념들은 고립된 채로 사용될 수 없다. 그들은 서로 서로 연관되어 있다. 동일한 주제와 연관된 개념들은 서로 서로가 논리적으로 연결될 것이다. 그러므로 개념들은 서로 연결되어야 하고, 또한 서로 모순되어서는 안 된다. 과학적인 연구에서 논리적인 연결은 일관성 있게 도출되어야 하며, 또한 그것을 끝까지 유지하여야 한다. 과학자는 새로운 개념을 만들어내고, 그 개념들 간의 논리적인 연결을 유지하기 위해 비상한 노력을 기울임으로써 그는 자신의 주제를 조직적으로 검토할 수 있다. 이러한 개념간의 논리적인 결합은 이론화의 특징을 이룬다. 이론화하고 어떤 문제에 대한 개념을 획득함으로써 우리는 그것에 대한 적절한 정보를 얻을 수 있으며, 또한 그것을 조직적으로 구성할 수 있다. 이러한 방식으로 우리는 어떤 과정 내지 현상(예를 들어, 커뮤니케이션)을 묘사하고 이해할 수 있다.

그러나 하나의 이론은 폐쇄적일 수 없으며, 항상 "개방"되어 있어야 한다. 그럼에도 불구하고 결국 이론들은 어떤 특정한 시간과 장소에 여전히 살고 있는 논리적인 사람들에 의해 추론되어진 고안물이다. 우리는 결코 어떤 문제, 말하자면 커뮤니케이션과 같은 문제에 관해 알아야 할 모든 것을 다 알 수 없다는 것이 사실이다. 그러므로 이론화할 때 개방적인 자세를 취하고 비판적인 접근을 하는 것이 중요하다. 왜냐하면 그렇게 함으로써 더 많은 지식과 통찰을 습득하게 되고 그리하여 모델이 개정될 수 있기 때문이다. 여기서 바로 실천신학에서 이론과 실제 간의 상호 작용이 일어나게 된다. 말하자면, 설교에서 커뮤니케이션을 위해 고안된 실천을 위한 이론은 실제로 비판적으로 검증되어야 한다. 실제 경험은 이론에 존재하는 결함들을 찾아내어 그 이론을 다시 한번 비판적으로 검토할 수 있도록 해 준다.

한 이론에서 일어나는 개념들의 결합을 설명하는 유용한 방법은 모델을 통해서이다. 모델은 논리적 결합으로 구성된 특정의 주제와 관련된 중심 개념들을 시각적으로 보여주는 것이다. 그렇지만 모델이 커뮤니케이션에 대한 완전한 그림을 우리에게 제공할 수는 없다. 그것은 단순히 커뮤니케이션이 무엇과 같은가를 설명하는 것이다. 그러므로 커뮤니케이션의 모델을 커뮤니케이션의 실제 과정과 혼동해서는 안 된다. 그러한 모델은 연구와 조사를 위한 기초적인 안내자로서 사용되는 것이다.

아리스토텔레스의 모델은 고대의 수사학에 상당히 기여하여 하나의 번영하는 과학 (또는 예술)이 되었다. 고대 그리스인뿐만 아니라, 키케로(Cicero)나 퀸틸리아누스(Quintillianus)와 같은 유명한 로마인들도 이 모델을 따라 수사학의 발전에 공헌하였다.[63] 게다가, 커뮤니케이션의 이 모델은 수세기에 걸쳐 유지되었으며, 이것에 의해 설교가 연구되었다. 이 모델에 대한 물음이 제기되고 현대의 커뮤니케이션 모델들이 출현하게 된 것은 불과 지난 세기의 일이었다. 그리고 심지어 오늘날에도 아리스토텔레스의 모델이 많은 신학적인 영역에서 설교 연구를 위한 모델로서 사용되고 있다. 특히 이것은 설교자와 설교자의 권위에 강조를 두고 있고, 듣는 회중은 설교자와 동일한 지위에 있지 않다고 여기는 신학적

---

63) M. R. Chartier, *Preaching as communication*, p. 15 참고.

인 영역 내에서 그대로 적용되고 있다. 애비(Abbey)가 다음과 같이 선언할 수 있는 것은 바로 이러한 이유에서이다. "여러 해에 걸쳐 이 유용한 삼부작이 대중 연설과 설교학 연구를 인도해 오고 있다."[64]

이 모델에 따라서 연설이나 설교는 그것의 부분, 조직, 자료가 발견되고 배열된 방식, 예증, 수사학적 장치, 그리고 많은 다른 특징 면에서 검토될 수 있다. 또한 화자 혹은 설교자의 발음, 목소리, 발표, 좋은 성격, 좋은 의도, 좋은 뜻, 설득력, 청중의 견해에 대한 이해력, 언어, 그리고 지식 등 간단히 말해서 화자 혹은 설교자의 수사학적 능력이 연구될 수 있다. 청중도 연구될 수 있으나, 다만 하나의 대상으로서만 이루어진다. 청중에 대한 분석은 화자가 대상을 분명히 알 수 있도록 도우며, 따라서 그는 목표를 맞출 수 있고 그 청중들을 설득시킬 수 있다. 그러므로 우리는 이 모델을 활과 화살(bow- and-arrow) 모델이라고 부를 수 있다. 챠티어(Chartier)가 말한 대로, "이 모델은 궁수(설교자)의 화살이 하나님의 말씀(설교)을 과녁(청중)에 도달하도록 해서 청중의 태도와 믿음 또는 행동을 변화(회심)시키는 결과를 가져오는 것을 암시한다."[65]

이 모델의 약점은 그것이 송신자와 수신자 사이에 일종의 일방통행을 전제하고 있으며, 또한 그것이 커뮤니케이션을 하나의 역동적인 과정으로 보지 않으므로 그 속에서 발생하는 상호작용이 그 역동적인 요소들을 제공하지 못한다는 사실에 있다. 그리스 철학자들의 중심 개념인 대화 즉 상호작용의 개념, 그리고 화자와 듣는 자 사이의 여러 가지 상호작용은 특히 그 이후의 설교학의 발달에서 상실되었다. 듣는 자는 설교학 연구에서 정당한 몫의 관심을 받지 못하였다. 이러한 이유는 과거에 설교학이 청중을 위해서가 아니라 설교자를 위한, 설교 실천을 위한 이론들

---

64) M. R. Abbey, 앞의 책, 27쪽.
65) M. R. Chartier, 앞의 책, 15쪽.

로 고안되었기 때문이다. 그러므로 듣는 자는 설교의 커뮤니케이션 과정에 참여할 수 있도록 갖추어지지 않았다.

오늘날 수사학에서 새로운 관심이 일고 있는데, 그것은 주로 코퍼슈미트(Kopperschmidt)와 페렐만(Perelman)의 작품에서 제기되었다. 오토(Gert Otto)는 설교학에서 일어나고 있는 이와 유사한 경향을 격려하였다.[66] 우리는 수사학에서 일어난 이러한 관심의 증대를 커뮤니케이션 과학과 분리시켜서는 안 되며, 오히려 그것을 커뮤니케이션 분야의 한 양상내지 부분으로 간주해야 한다.

오늘날 우리는 과거 역사의 커뮤니케이션 모델을 보다 최근의 모델로 대체시키고 있다. 사실상 현대의 커뮤니케이션 모델은 수없이 많이 있지만, 그 모두는 지난 세기 이래로 습득된 통찰들 위에서 세워졌으며, 또한 역사적인 모델을 확장한 것들이다.

본서에서 필자는 인간의 커뮤니케이션에 주목하고 있음을 분명히 해야겠다. 현 시대에는 기계와 동물들에 의한 커뮤니케이션 또한 연구되고 있기 때문이다. 그러나 우리가 그의 중재자로서 사람들(목사, 신자)을 통해 말씀으로 인간에게 오신 하나님을 말할 때, 우리의 초점은 인간 사이의 커뮤니케이션에 있다. 크로니(J. M. Cronje)와 판 뷕(J. A. van Wyk)은 그들이 편집한 교회 커뮤니케이션의 이론과 실제에 대한 책의 제목을 『인간으로부터 인간에게』(*Van mens tot mens*)라고 적절하게 붙였다.

현대 커뮤니케이션 과학의 아버지는 덴마크의 철학자이자 신학자인 키에르케고르(Soren Kierkegaard, 1813~1855)이다.[67] 아리스토텔레스의

---

66) J. Kopperschmidt, *Allgemeine Rhetorik Einfthrung in die Theorie der persuasiven Kommunikation.* Stuttgart. Berlin. Koln. Mainz: Kohlhammer, 1973; Ch. Perelman, *Rhetorica en argumentatie*, Baarn: Ambo, 1979; G. Otto, *Predigt als rede*, Stuttgart, Berlin, Koln, Mainz: Kohlhammer, 1976; W. Schutz, *Probleme der predigt*, pp. 25~28 참고.

67) M. Van Schoor, 앞의 책, 43쪽.

커뮤니케이션 모델이 지배해왔던 수 세기 뒤에 키에르케고르는 소위 현대 커뮤니케이션을 발견했다.[68] 그는 수신자를 커뮤니케이션의 중심에 포함시켰으며, 또한 발신자와 동일한 지위에 놓았다. 그는 수신자라는 말을 능동적인 단어로 보았다.[69] 수신자가 메시지(그것은 반대로 그가 하나의 새로운 메시지를 관련시킨다는 것을 포함한다)를 해석할 때에야 비로소 커뮤니케이션이 발생하는 것이다. 이것은 구 모델을 급진적으로 확장한 것이다. 구 모델에 따르면, 혹은 적어도 그것이 설교에 적용될 때, 듣는 자(수신자)는 그가 설교에 대한 토의에 참여할 수 있다는 의미에서 어떠한 응답을 하는 역할을 갖지 않았다. 그는 단지 그를 향해 발사된 화살의 과녁에 불과했다. 반면에 커뮤니케이션에 대한 키에르케고르의 사상에서는 수신자의 충분한 참여가 강조되고 있다.

또한 키에르케고르는 커뮤니케이션이 전체적으로 연구되어야 한다는 사상의 기초를 놓았다. 커뮤니케이션의 과정, 즉 역동적인 과정의 모든 면들이 포함되어야 한다는 것이다.

그는 커뮤니케이션의 트립틱(triptych–역주: 3면경처럼 3장으로 이어진 그림)을 분명하게 그렸으며,[70] 그의 트립틱 모델은 상호작용과 피드백(feed-back)을 가진 하나의 역동적인 과정으로 보여질 수 있는데, 이것은 정적인 것으로 보이는 역사적인 모델과 대비된다. 커뮤니케이션의 트립틱에 대해서는 뒤에서 더 다룰 것이다.

키에르케고르는 미디어에 의한 매스 커뮤니케이션(mass communica-tion)의 위험과 가능성을 보았다. 그는 점점 증대해가는 과학기술을 통해 더 많은 지식을 전달함으로써 우리가 사람들을 교육하고 차별을 뿌리 뽑을 수 있다고 믿는 것은 위험할 정도로 지나친 단순화라고 지적한다.

---

68) 같은 책, 77쪽.
69) 같은 책, 21쪽.
70) 같은 책, 119쪽.

그러나 동시에 그는 참된 커뮤니케이션과 커뮤니케이션에 대한 성찰의 본보기, 어쩌면 매우 뛰어난 본보기의 한 예로 매스커뮤니케이션을 들었다. [71]

현대 커뮤니케이션 과학의 아버지인 키에르케고르는 커뮤니케이션의 갱신과 이 주제에 대한 사고의 갱신은 그와 같은 현상의 분석에서 시작해야 할 것을 지적하였다.[72]

그런데 신학자였던 키에르케고르가 교회로부터 반대를 받았고, 신학자들이 설교 연구에 관하여 자신들의 역사적 아리스토텔레스적 모델을 수정할 태세를 갖추지 않았다는 사실에 주목하는 것은 흥미 있는 일이다. 제 2차 세계 대전의 시기가 되어서야 비로소 실천신학이 그 모든 준비를 하게 되었다.

금세기에 현대 커뮤니케이션 과학을 뒤에서 밀어준 중요한 철학자는 야스퍼스(Karl Jaspers, 1883~1969)였다. 그는 독일 철학자로 처음에는 정신의학자였으며 1921년부터 하이델베르크에서 처음으로 철학교수의 직을 맡았으며, 그리고 나서 1949년부터 바젤에서 철학교수를 하였다. 그의 두드러진 작품인 "철학"(Philosopie)은 1932년에 세 부분으로 출판되었다. 키에르케고르는 실존주의 철학의 아버지였으며, 야스퍼스는 그를 추종하였고 실존주의를 발전시켰다. 키에르케고르는 또한 우연히 Karl Barth에게 영향을 끼쳤으며, 다른 한편 야스퍼스의 영향은 두 명의 현대 실천 신학자 용커(H. Jonker)와 배스티안(H. D. Bastian)에게서 나타났다.[73]

커뮤니케이션에 대한 야스퍼스의 사고는 가장 조직적이고 이론적이다. 그는 최고의 이론가로서 잘 구성된 커뮤니케이션 이론을 만들어냈다. 야스퍼스는 커뮤니케이션을 인간이 가진 최고의 가능성으로 보았

---

71) 같은 책, 120쪽.
72) 같은 책, 122쪽.
73) H. D. Bastian, *Kommunikation. Wie christleche Glaube funktioniert* 참고.

다.74) 인간의 가련함과 위협적인 파괴뿐만 아니라 외부의 힘에 의한 자신의 존재에 대한 위협 모두를 가지고 야스퍼스는 하나의 위로, 즉 우리는 서로를 소유하고 있다는 위로를 보았다. 우리는 길을 공유하며 그 길을 따라서 우리는 우리의 기원과 공동 사회의 운명에서 서로를 인식한다. 커뮤니케이션은 이렇게 이루어진다. 커뮤니케이션을 파괴하는 자는 자신을 파괴하는 것이다.

그러므로 커뮤니케이션은 인간 존재의 중심에 있다. 커뮤니케이션의 이러한 길은 바로 진리의 길이다. 커뮤니케이션을 함으로써 우리는 진리 속에서 자라고, 또한 진리 그 자체는 커뮤니케이션을 통해서 자라게 된다. 진리는 대화의 형식 속에서 되어지고, 자라며, 드러나는 것이다. 요컨대, 진리는 인간 커뮤니케이션 속에서 커뮤니케이션되며(진리는 본질적으로 커뮤니케이션되어진다), 또한 그 속에서 자신을 드러낸다. 이것이 바로 야스퍼스가 자신이 진리의 독점권을 가지고 있다고 믿으며 단순히 그것을 무턱대고 받아들이라고 다른 사람에게 강요하기 원하는 사람들을 반대하는 이유이다. 진리는 반드시 대화를 통해서 명백하게 설명되어야 한다.

물론 이것이 신학에 의해 무턱대고 통째로 받아들여 질 수는 없다. 그러나 용커(H. Jonker)는 이러한 통찰들을 실천신학에 적용하여 진리(truth)에다가 대문자를 부여하여 진리(Truth)라고 하였다. 예수 그리스도는 "나는 길(the Way)이요, 진리(the Truth)요, 생명(the Life)이다"라고 하지 않았는가? 용커에 의하면, 이 진리(Truth)는 교회의 사역(커뮤니케이션)에 의해 세상에 실현되고 있다. 배스티안의 적용은 대화가 설교의 독백을 대체해야만 한다는 것이다. 이점에서 그는 독백으로서의 설교(역사적 커뮤니케이

---

74) 다음 사항에 대해서는 C. Trimp, *Communicatie en ambtelijke dienst*, pp. 7~18을 참고하라.

션 모델에 기초한)는 전기 조명이 한창 유행인 때 기름으로 불을 밝히고 있는 오일 램프에 비유될 수 있다고 말한다.

필자는 이와 같이 대화를 통한 진리(Truth)의 발견이 그리스도인들에게 가능할 뿐만 아니라 바람직하다고 믿는다. 왜냐하면, 우리 모두는 성경으로부터 빛을 받고 있고, 우리 모든 신자들은 성령을 가지고 있으며, 따라서 말씀과 성령으로 말미암아 우리 인생에 대한 복음의 참된 의미에 대하여 대화(회중과 설교자와의)에 착수할 수 있다고 믿기 때문이다. 설교에 자신의 해석을 제시할 필요가 있는 사람은 설교자 뿐만이 아니다. 회중도 역시 피드백(feed-back)과 대화(커뮤니케이션)를 통해서 자신들의 해석을 제시할 수 있으며 이렇게 함으로써 그들은 명쾌함을 얻을 수 있게 된다.

야스퍼스의 철학을 발단으로 커뮤니케이션에 대하여 굉장히 많은 연구와 조사가 유럽에서 전개되었다. 그는 미국에서도 상당한 영향을 끼쳤을 뿐 아니라, 거기서는 여러 가지 다른 요소들이 커뮤니케이션의 폭발을 자극하였다. 언론의 자유와 자유 토론의 보장을 구가하는 민주적인 구조는 정당한 분위기를 창출하였다. 뉴스 전달의 문제를 해결하기 위해 노력하는 광고 과학은 더 많은 자극을 주었다. 정보의 수리적-기술적 이론의 진보는 이 분야에서 많은 발전을 초래하였다. 선거를 위한 홍보에서 정치가들을 돕고 있는 정치 과학은 커뮤니케이션에 대한 정보를 수집하였다. 광고 산업과 사회 과학은 그 시기에 특히 미국에서 꽃을 핀 여러 연구 방법들과 사회학을 출범시켰다. 대중 매체의 영향력이 연구되어 새로운 통찰들을 제공하였다. 미국에서는 실용적인 접근법이 압도적이기 때문에 경험적인 연구가 커뮤니케이션에 대한 연구에 있어 지배적이었다.

이 모든 연구는 커뮤니케이션에 대한 방대한 양의 사실들과 자료 및 중요한 통찰들의 수집을 가능하게 했다. 이제 커뮤니케이션의 주요 요소들을 다루어 보자.

커뮤니케이션의 트립틱은 발신자, 메시지, 그리고 수신자(해석자)로 이루어져 있다.[75]

발신자는 자신의 분명한 목적을 가지고 커뮤니케이션을 하는 자이다. 그는 누구에게 무엇인가를 말하고자 한다. 그는 커뮤니케이션의 발단(origin)이다. 메시지를 전달하려는 그의 의도와 그것을 실행하는 방법이 바로 우리가 밝히고자 하는 바이다.

트립틱의 중간 부분은 메시지이다. 인간의 커뮤니케이션에서 메시지의 내용은 발신자의 사상과 느낌에 관심을 가지며, 따라서 그것은 알려질 수 있도록, 말하자면 지각될 수 있도록 하기 위하여 인식할 수 있는 형식으로 명료하게 표현될 필요가 있다. 메시지가 취한 형식을 우리는 기호(sign)라고 부르는데, 이것은 지각될 수 있다. 내용이 지각될 수 있는 의미로 기호화될 때, 그 과정을 커뮤니케이션 이론에서는 코딩(coding) 즉 기호화라고 부른다. 한 공동체는 하나의 기호 체계를 가진다. 즉, 어떤 소리 내지 기호가 특정한 의미와 연관되어 그 공동체에 의해 일반적으로 수용되어 진다. 내가 "고양이"라고 발음할 때, 내가 속한 공동체의 구성원들은 다리 네 개와 하나의 꼬리를 가지고 있으며 야옹야옹 우는 부드러운 털을 가진 애완용 동물을 말하고 있는 것으로 이해한다. 그러한 기호 체계는 커뮤니케이션의 매체(medium)라고 불린다. 언어와 영상(예를 들어, 사진)은 매체이다. 설교에서 사용되는 매체는 주로 언어 매체로 구두 언어의 형식으로 쓰인다. 그래서 발신자가 메시지를 수신자에게 전달하고자 할 때, 그는 그 메시지를 매체를 통해 코드화할 필요가 있으며, 따라서 그 매체, 예를 들어 언어는 곧 메신저(messenger)이다.

우리는 언어에서 구두 언어의 소리들이 유일한 메신저가 아니며, 메

---

75) M. Van Schoor, 앞의 책, 13~25쪽.

시지의 미묘한 차이(nuances)가 목소리의 높고 낮음과 같이 메신저와 동시에 일어나는 것을 통해서도 전달된다는 것을 기억할 필요가 있다. 목소리가 크거나 부드럽거나, 친절하거나 똑똑 부러지거나, 흥분시키거나 화나게 하거나 하는 것은 우리가 메시지를 통해 이해하려는 것에 영향을 끼친다. 인간의 목소리는 마치 악기처럼 사용되어 분위기와 강조 및 태도를 전달한다. 또한 몸짓이나 손짓, 얼굴의 표정과 같은 비언어적인 커뮤니케이션도 메시지의 의미에 부가된다. 인간 커뮤니케이션에서 그러한 메시지는 단순히 기계적인 정보라기보다 오히려 분위기와 느낌을 포함한다. 예를 들어, 사람은 분노를 느끼면서 사랑에 대한 정보를 전달할 수 있는데, 그 때 비언어적 커뮤니케이션은 그 언어 메시지를 무효로 만드는 것이다. 모든 인간 행동이 커뮤니케이션되는 것과 같이 의도하지 않은 커뮤니케이션도 의미를 전달할 수 있다. 발쯔라빅(Walzlawick), 비빈(Beavin), 그리고 잭슨(Jackson)은 행동 뿐만 아니라 무행동, 언어 뿐만 아니라 침묵도 의미를 전달한다고 말한다. 모든 행위는 커뮤니케이션되어지며, 따라서 누구도 일정한 시간에 어떤 식의 행위로든 참여하지 않을 수 없다.[76] 인간 커뮤니케이션은 결핍과 풍부의 법칙에 따르게 된다. 여기서 결핍이란, 우리는 결코 자신이 말하고자 하는 바를 완전하게 커뮤니케이션하는 데 성공하지 못하기 때문이며, 또한 풍부란, 우리가 전달하고자 하는 실제 정보보다 더 많은 것이 커뮤니케이션되기 때문이다.

수신자(설교의 경우에는 청중)는 트립틱에서 없어서는 안 될 세 번째 부분이다. 커뮤니케이션은 메시지가 보내어짐으로 해서, 다시 말해 메세지가 매체로 코드화되어짐으로 해서 다 끝나는 것이 아니다. 스태퍼(Stapper)가 바로 커뮤니케이션에 대한 이러한 정의를 사용하는데, 그는 정보가

---

76) P. Watzlawick, J. H. Beavin & D. D. Jackson, *Pragmatics of human communication*, pp. 48~49.

이용 가능하게 만들어 졌을 때, 이것은 이미 하나의 커뮤니케이션 과정을 형성하는 것이며, 이것은 정보의 이용 가능성이 수신자를 향하게 되는 것이라고 논증한다.[77] 그러나 이것이 라디오나 텔레비전과 같은 형식의 매스 커뮤니케이션에는 잘 들어맞을런지 모르나, 역시 매스 커뮤니케이션의 형식을 가진 설교에서는 그렇지 않다. 이 정의는 여전히 수신자를 고려하지 않고 있다. 수신자는 심지어 텔레비전을 시청하거나 신문을 읽을 때에도 자신이 받고 있는 메시지를 해석하고 풀 것(decode)을 필요로 하는 것이다. 내 생각에는 스태퍼의 정의가 여전히 지난 시대의 커뮤니케이션의 모델에 지나치게 많이 근거하고 있다고 본다. 우리가 커뮤니케이션에 대한 좀 더 최근의 통찰들을 고려한다면, 우리는 메시지가 수신되어지고 해석되기 전에는 그 커뮤니케이션 과정이 완전히 끝난 것으로 간주할 수 없을 것이다.

판 슈르(Van Shoor)는 커뮤니케이션 과정에 있어서 수신자를 다음과 같이 설명한다. "단순히 커뮤니케이션의 종점으로서 기능으로 보기보다는 오히려 커뮤니케이션에서 수납자의 적극적인 참여가 반드시 인식되어야 한다. 메시지에 대한 개인적인 참여라는 견지에서, 그는 필연적으로 메시지를 자발적으로 수납하고, 코드를 풀고(decode), 그리고 해석할 수 있어야 한다. 해석은 그것을 자기 자신의 메시지로, 될 수 있는 한 완전히 새로운 것, 하지만 분명히 본래 메시지를 수정한 형식으로 변화시킬 수 있을 정도로 충분히 능동적이고 활발한 것일 수 있다. 그렇다면, 하나의 종점으로 기능하기보다 오히려 수납자는 중심 인물로서 행동하여 본래 메시지를 다소 수정한 것이든, 혹은 어쩌면 완전히 새로운 메시지이든 그것을 전달자(communicator)에게 회답할 수 있다. 필연적으로

---

77) J. G. Stappers, *Publicistiek en communicatiemodellen*, pp. 61, 109. 또한 C. J. Straver, *Massacommunicatie en godsdienstige beinvloeding*, p. 16 참고.

이러한 단계는 전달자와 수신자간의 역할 전도를 포함하게 된다."[78] 메시지의 해석에서 우리는 실제적으로 커뮤니케이션의 부분을 형성하고 있는 모든 요소들을 발견하게 된다.

메시지를 받는 수납자로서 그는 반드시 설교를 들어야 하지만, 그것 이상으로 자신이 듣고 있는 것의 기호를 풀(decode) 필요가 있다. 이것이 일어나도록 하기 위해 그는 거기에 사용된 기호를 알아야 하고 이해할 수 있어야 한다. 발신자와 수신자가 서로를 이해하기 위해서, 그들은 몸짓이나 영상과 같이 서로 상응하는 어휘를 가질 필요가 있다. 이해는 일종의 활동이다. 청중은 메시지를 따라가며 그것을 모방하고 말하자면 마치 그 뒤를 따라가고 있는 것처럼 말하는 사람의 선례를 따르게 된다. 이것을 이해할 때 이어서 청중의 마음속에서는 추론하고 흡수하는 형식이 뒤따른다. 청중은 자신이 정신적으로 모방하는 그 한도 내에서 메시지를 이해할 것이다. 말하자면, 메시지가 수신자에 의해 하나의 정보로 바뀌는 것이다. 그는 마음속에서 자신의 고유한 방식으로 그 메시지를 반복하는데, 이것은 그 메시지가 새로운 형식을 띠게 되어 수신자 자신의 커뮤니케이션이 된다는 것을 의미한다. 사실 사람은 이것이 일어나는지 조차 의식하지 못하는데, 왜냐하면 이것이 마음속에서 일어나기 때문이다. 수신자는 마치 전신기가 하듯이 메시지를 등록하지는 않지만 자신의 견해나 실생활, 또는 이해의 범주를 따라서 자신의 고유한 방식으로 그것을 해석한다. 또한 이것은 그야말로 커뮤니케이션에서 오해가 발생하는 곳이기도 하다. 수신자는 이제 어떤 메시지를 코딩(coding)해서 반응할 수 있으며, 또한 본래 메시지가 송출된 방식과 다를지도 모르는 매체를 선택할 수도 있다. 예를 들어, 설교에서 발신자는 자신의 매체로서 구두언어를 사용하지만, 수신자는 자신의 매체로서 졸음이나 웃음 또는 하품

---

78) M. Van Schoor, 앞의 책, 21~22쪽.

과 같은 몸짓을 사용하여 반응할 지도 모른다. 그는 설교 후에 대화를 통해서 구두 언어로 메시지를 코드화할 수도 있다. 그래서 그는 발신자가 되고 앞서 말한 화자는 수신자가 됨으로써 대화를 통해서 오해가 말끔히 씻겨지게 된다. 수신자의 의도는 더 잘 이해될 수 있으며, 또한 수신자는 발신자, 예를 들면 설교자의 메시지를 새로운 관점에서 평가할 수 있도록 스스로에게 공헌할 수 있다. 이러한 과정을 "피드백"(feedback)이라고 하며, 이것은 커뮤니케이션에서 매우 중요하다. 우리는 오로지 청중의 능동적이고 해석적인 참여가 고려될 때 참으로 그 가치를 평가할 수 있다. 수신자의 피드백의 중요성과 커뮤니케이션 과정의 복잡하고 역동적인 성격의 실현은 역사적인 모델과 견주어 볼 때 현대 커뮤니케이션 모델의 지평을 넓히는 것이다.

더욱이 현대 커뮤니케이션 과학은 커뮤니케이션 과정을 그 전체성에서 바라보기 때문에 참여자 사이의 관계성을 고려할 뿐만 아니라, 그들이 살고 있고, 생각하고, 그리고 기능하는 환경까지 참작한다. 이러한 관계망은 커뮤니케이션 과정의 부분을 형성하고, 또한 그 망(network)은 하나의 시스템을 형성한다. 커뮤니케이션은 여러 시스템 내에서 발생한다. 설교, 교회 예배, 그룹 토의 등 이 모든 것은 여러 커뮤니케이션 시스템을 구성한다. 그러한 하나의 시스템은 그것이 개방적일 때만 왕성하게 움직인다. 설교가 개방적인 커뮤니케이션 시스템이 되기 위해서는 반드시 공동체와 상호작용을 해야하며, 아울러 회중의 구성원, 교파, 매체, 회중의 지배적인 분위기, 그리고 기타 다른 것들과도 상호작용을 해야한다. 이 모든 기타 커뮤니케이션 시스템들은 설교의 커뮤니케이션 시스템에 영향을 끼친다. 그러므로 이러한 요소들은 커뮤니케이션 연구에서 반드시 고려되어야 한다.

이 모든 것에 비추어, 우리는 현대 커뮤니케이션의 관점을 다음과 같이 간략하게 정의할 수 있다. 즉, 커뮤니케이션은 메시지의 표현과 해석

간의 교통이다.[79] 우리가 역사적인 모델을 활과 화살 모델이라고 불렀다면, 새로운 커뮤니케이션 모델은 일종의 공놀이에 비견될 수 있다. 공놀이는 발신자와 수신자 사이에서 이루어지는데, 커뮤니케이션도 이와 같은 방식으로 성취된다.

실천신학자로서 내가 분명히 하고 싶은 것이 있는데, 그것은 우리의 사역에서 커뮤니케이션을 증진시키기 위한 우리의 노력이 우리 자신의 힘으로 사람들을 믿음으로 이끌 수 있다는 것을 의미하는 것이 아니라는 사실이다. 우리는 하나님의 성령이 사람들로 하여금 믿게 하신다는 것에서 위로를 받는다. 그럼에도 불구하고 우리의 행위는 성령으로 하여금 사람을 감동시키는 여지를 주며, 또한 성령은 그의 사역에서 즉, 사람들에게 자신을 내어 주시어 우리를 구원하고 우리를 구속하시는 하나님의 위대한 커뮤니케이션에서 우리의 행위를 포함시킬 수 있다는 데 있다.

요컨대, 과학적 이해에 근거한 설교의 커뮤니케이션 모델은 다음과 같은 것을 포함할 것이다.

발신자와 수신자. 발신자는 커뮤니케이션 과정을 시작한다. 설교자는 이것을 하기 위해 훈련받으며, 또한 자신의 소명과 이 직무에 대한 임직을 통해서 설교할 위임을 받는다. 수신자는 키에르케고르의 공식에 의하면 능동적인 단어이다.[80] 그는 커뮤니케이션 과정의 마지막이 아니라 오히려 전환점이다. 발신자와 수신자 모두는 커뮤니케이션 과정의 부분이며, 따라서 그들의 관계성과 상황에 의해 영향을 받게 된다. 커뮤니케이션은 수신자가 상호작용의 과정, 즉 담화나 대화를 통해서 메시지를 해석할 때에 비로소 발생한다고 말할 수 있다. 이것은 발신자와 수신자가 동일한 지위에 있으며, 따라서 그들은 끊임없이 역할들을 교환하고, 또

---

79) 같은 책, 13쪽.
80) 같은 책, 22쪽.

한 직접적인 피드백이 커뮤니케이션 과정에서의 한 부분으로 인정되어야 한다는 것을 의미한다.

메시지는 설교자와 회중이 다같이 그것을 듣고, 자신들의 삶에 적용할 것을 함축하고 있는 기독교 신앙 가운데 하나이다.

매체는 구두언어로서, 코딩(coding)과 디코딩(decoding)의 과정뿐만 아니라 동반되어 일어나는 비언어적 커뮤니케이션을 통해서 전달된다.

채널(channel)은 기분, 분위기, 그리고 소음과 같이 발신자–수신자 관계와 상관 없이 커뮤니케이션 과정에 영향을 끼치는 복잡한 요소들로 구성된다.

이 모델은 우리가 여러 문제들을 공식화할 수 있도록 돕는다. 그러나 이것은 이제까지 전통적으로 제기되지 않았던 새로운 문제들을 야기하는데,[81] 예를 들자면, 그것은 청중의 실생활, 디코딩과 해석의 방식, 설교자의 권위와 인격, 설교의 언어와 내용, 그리고 발생하고 있는 과정에 대한 것이다. 이러한 문제가 역동적인 커뮤니케이션 과정 전체에 걸쳐 있기 때문에 이 모델은 우리의 연구가 커뮤니케이션 시스템의 부분뿐만 아니라 전체 시스템에까지 이르도록 유도한다.[82] 전체 과정, 즉 설교자뿐만 아니라 회중의 구성원, 그들의 실생활, 그리고 메시지가 곧 우리 연구의 초점이다. 그러므로 우리는 커뮤니케이션 과학에서 습득한 것을 통해 커뮤니케이션을 "일종의 역동적이고, 계속 진행되는, 복잡한 과정"으로 보는 하나의 모델을 세울 수 있게 된다.[83]

나는 이와 같은 커뮤니케이션 모델에 대하여 몇몇 개혁주의 신학자들에 의해 제기되고 있는 어느 정도의 반론에 대해 간략히 논의하고자 한다. 첫 번째 반론은, 그것이 수직적인 커뮤니케이션에 대한 여지를 마련

---

81) K. F. Daiber 등, *Predigen und hören*, pp. 43~45 참고.
82) 이것은 Baümler의 통찰력이다. N. Mette, 같은 책, 293쪽 참고.
83) M. R. Chartier, 같은 책, 15쪽.

하지 않고 다만 폐쇄적인 인간의 영역 내에서 일어나는 진리의 추구를 기술한다는 것이다.[84] 하지만 이 모델은 커뮤니케이션을 인간적인 통찰에 한정하지 않는다. 즉, 대화는 그 근거와 내용을 가진 기독교 신앙의 전통이라는 빛 안에서, 또한 회중의 상황 속에서 신앙의 요소를 수립하는 것과 함께 일어난다. 이것이 말씀과 성경의 빼앗길 수 없는 은사를 받은 해석 공동체(엡 3:18, 19)인 것이다. 해석은 설교자의 전유물이 아니다.

더 나아가 많은 연구들은 사람들은 단순히 설교자가 일방적인 독백으로 말하고 있는 것을 듣지 않는다는 것을 보여주고 있다.[85] 사람들은 오로지 자신들이 이미 믿고 있는 것만을 들으려는 경향이 있으며, 또한 그들의 확신을 위협하는 그런 류의 메시지는 피하거나 무시하는 경향이 있다. 스트래버(C. J. Straver)는 교회 예배에 출석하는 사람들 가운데 3분의 2가 설교의 중심 주제를 표현하지 못하고 있다는 사실을 발견했다. 상황이 이러하다면 수직적인 커뮤니케이션은 저들에게 귀담아 들려지지 않는 위험에 놓인 것이 아닌가 하는 의문이 제기된다. 이러한 장애들은 통찰력이 있고 혹은 이 문제들을 정면으로 대면하는 대화를 통해서 보다 잘 극복될 수 있을 것이다.

보렌(Rudolf Bohren)의 관심은 우리가 제시한 것과 같은 모델에 독창적인 요소가 결여되어 있다는 데 있다. 그는 성령의 활동 영역안에서 설교자가 한 인격으로서 갖는 독창성을 강조한다.[86] 그러나 커뮤니케이션에는 언제나 독창성의 요소가 있다는 것은 일반적으로 인정되고 있는 사실이다. 이 곳 저 곳에서 말씀과 접촉하는 신자의 상황에서 볼 때 보렌이

---

84) C. Trimp, *Communicatie en ambtelike dienst*, pp. 29, 49~54; L. Floor, *In die skool van Tirannus. ' n Ondersoek na die plek van die dialoog in teologiese ondersoek en prediking*, pp. 2~3.

85) W. L. Schramm의 연구 참고. *The science of human communication: New directions and new findings in communication research*, pp. 68, 128~137; C. J. Straver, 앞의 책, 167쪽 등; K. Runia, *Heeft preken nog zin?*, p. 10.

86) R. Bohren, 앞의 책, 66, 272, 364쪽 등 참고.

언급하고 있는 그런 종류의 독창성이 발생한다는 것을 우리는 거의 부인할 수 없다.

몇몇 개혁주의 신학자들에 의해 제기되는 두 번째 반론은, 설교자 직의 권위가 손상된다는 것이다. 나는 한 편의 설교를 하는 동안에 사실상 존재하는 권위는 설교자의 인격이나 또는 공동체에 의해 그에게 용인되고 있는 전통적인 지위에 놓여 있다고 믿지 않는다.[87] 설교의 권위는 회중이 받아들이고 있는 공통적인 신앙, 즉 이 신앙의 기초이며 근원자이신 분에게 있으며, 바로 이 신앙 속에서 우리는 대화에 들어갈 수 있으며, 따라서 우리 자신의 상황에서 메시지의 의미를 이해할 수 있다.[88] 우리는 이미 회중의 구성원들 역시 전통의 해석자들이며, 이런 이유로 그들도 권위를 가진다는 것을 말하였다. 이것이 확실히 개혁주의 관점의 중심인 것이다. 성숙한 회중에 대한 칼빈의 이상이 이와 달리 어떻게 실현될 수 있겠는가? 설교자는 설교하기 위해 훈련을 받아왔다. 즉 그는 자신이 받은 위임에 따라 모임을 인도한다. 그는 그 과정을 주도하고 대화를 이끌어 나간다. 그의 해석에 대한 질문이 제기될 수 있으며, 또한 대답도 대화를 통해서 함께 찾아질 수 있다.

실천신학은 커뮤니케이션의 한 분야로서 설교를 탐구하는 데 있어서 엄청난 도전에 직면하고 있다. 커뮤니케이션 과학은 과거에 수사학이 그랬던 것처럼 설교학을 지배할 필요는 없다.[89] 하지만 커뮤니케이션은 설교 이론에서 가장 중요한 구성 요소로 남아있다. 따라서 우리는 설교에 대한 우리 자신의 커뮤니케이션 이론을 형성하기 위해 애써야 할 것이다.

우리는 이미 설교에서 커뮤니케이션 이론의 한 모델을 제시하였다.

---

87) W. D. Jonker, *Als een riet in de wind*…, pp. 12~14 참고.

88) 전해지는 메시지에 포함된 권위에 대하여, J. Firet, *Het agogisch moment*, pp. 60 등 참고.

89) T. Hoekstra, 앞의 책, 111쪽 참고.

완전을 기하기 위해 나는 기호학(semiology)의 여러 분과들을 다루고자 한다. 왜냐하면 이것은 커뮤니케이션 과학이 과거 수백년 동안 커뮤니케이션 현상을 연구해 온 그 기초를 형성하기 때문이다. 여기서 나는 세 가지 연구 분야, 즉 구문론, 의미론, 그리고 화용론(話用論, pragmatics)에서 고려되고 있는 것을 요약해서 나타내고자 한다.

커뮤니케이션을 과학적으로 연구하기 위해서 이러한 기호학의 여러 분과들이 사용되고 있다. 즉 기호의 구문론, 의미론, 그리고 기호의 화용론이 그것이다.[90] 이것은 발쯔라빅(Watzlawick), 비빈(Beavin)과 잭슨(Jackson), 모리스(C. W. Morris)와 본맨(Bornman)의 연구를 포함한 커뮤니케이션 과학의 중요한 연구들이 기초하고 있는 토태이다.

커뮤니케이션의 구문론(syntax)은 기호를 코드(codes)로 다루며, 또한 이것을 메시지의 시각적이고 청각적인 담지자로 간주한다. 이러한 코드는 대개 시스템이나 구조, 서로가 연결되어 있는 방식을 지배하는 고정된 법칙들 속에 존재한다. 알파벳은 일종의 한 코드이며, 어떤 언어든지 거기에는 문자들이 단어를 형성하기 위해 결합하고 또 단어가 문장을 형성하기 위해 결합하는 식의 법칙들이 존재한다. 모르스 부호와 악보 또한 일종의 코드이다.

메시지는 전달되기 전에 하나의 코드로, 예를 들면, 단어(언어)로 혹은 점이나 대쉬(모르스 부호)로 혹은 음악으로 표현된다. 이것이 코딩의 과정이다. 수신자는 다시 한번 그 메시지를 디코딩(decode), 즉 그 기호를 해독해야 한다. 따라서 발신자와 수신자의 공통의 코드가 분명할 필요가 있을 뿐만 아니라 정확한 코딩과 디코딩, 그리고 코드와 관계자에 대한 충분한 지식이 요구된다.

---

90) 이 문제에 관한 논의는 Cronje와 *Van Wyk, Van mens tot mens*, pp. 8~12 의 설명을 따른다.

구체적인 코드 담지자는 매체(medium)이다. 매체의 종류에는 구두언어, 문어(文語) 혹은 활자 언어, 전화의 경우에는 전기적인 파장 등이 있다.

매체는 하나의 채널(channel)을 따라 움직이는데, 예를 들어, 전선, 라디오 전파, 소리의 파동을 실은 공기 등이 있다. 메시지는 매체를 통해 하나의 코드로 하나의 채널을 따라 수신자에게 전달된다. 어떤 매체들은 전화나 개인적인 대화와 같이 양끝이 개방되어 있어서, 방해받지 않고 상호간의 커뮤니케이션을 할 수 있게 해준다. 또 어떤 매체들은 라디오, 텔레비전, 책, 그리고 설교와 같이 단지 한 방향으로만 작용한다. 만일 수신자가 거기에 응답하려면, 그는 나중에 그리고 또 다른 방식으로 그렇게 해야만 한다. 커뮤니케이션의 성격과 특색은 매체의 성격에 의해 커다란 영향을 받는다. 즉, 그것이 일방적인 매체인가 아니면 양끝이 개방적인 매체인가에 따라 다르다.

이 시점에서 고려해야 할 다른 하나는, 소음이나 혹은 전화에서 윙윙거리는 소리와 같이 메시지와 동반된 장애에 대한 것으로, 이것은 대화를 듣는 것을 어렵게 만든다. 어떤 형식의 소음은 대부분의 경우의 커뮤니케이션에서 흔히 경험되는 것이다. 발신자는 그 소음에 대한 책임을 져야 하는데, 예를 들어, 하나를 말하면서 또 다른 것을 의미한다면, 그것은 수신자를 불안하게 만들지도 모른다. 정확하지 못한 코드의 선택이나 사용은 모호성으로 인해 장애를 발생시킨다. 따라서 단어를 주의 깊게 선택하고, 당신이 의미하는 바를 정확하게 말하고, 혼동을 일으킬 수 있는 애매한 단어는 피하는 것을 확실히 해야 한다. 또한 수신자도 소음을 일으킬 수 있는데, 가령 메시지를 듣고 있으면서 그 밖의 다른 것에 대해 생각을 하는 경우이다. 집중력의 부족이 청중들에게 두드러지게 나타날 수 있으며, 또한 실제로 이것은 발을 질질 끌거나 혹은 그와 같은 행동을 할 때 정말로 심한 정도의 소음이 될 수 있다. 소음은 완전하게 제거될 수 없으며 대개 피해를 주고 혼란을 야기한다.

그러나 커뮤니케이션을 증진시키는 그런 류의 소음도 있다. 한 편의 연극에서 적적하게 들리는 배경 음악이 바로 그러한 예이다. 소음 현상을 통해 우리는 커뮤니케이션에서 메시지의 문자적인 코딩에서 뿐만 아니라 커뮤니케이션 과정의 "환경"에도 세심한 주의를 기울여야 할 것을 배우게 된다. 왜냐하면 커뮤니케이션과 관계된 요소들 사이의 관계는 항상 이 과정의 부분이기 때문이다.

커뮤니케이션의 구문론적인 양상은 정보 과학의 분야이다. 배스티안은 정보를 커뮤니케이션의 가장 중요한 구성 요소 가운데 하나로 본다. 정보 과학은 기호와 그것이 커뮤니케이션하는 바와의 관계 뿐만 아니라 정보를 전달하는 요건들에 대해서도 관심을 가진다. 케케묵은 표현을 사용한다거나, 낡은 관용구를 똑같이 반복하는 것은 비록 그것이 의미가 없는 것은 아니지만 결국에 정보를 커뮤니케이션하는 데 실패를 자초하게 된다. 정보 전달에 대한 물음은 그것이 "뉴스"를 포함하고 있느냐, 즉 그 메시지는 새로운 것이냐 하는 것이다. 물론 말해지는 모든 것이 새로울 수는 없다. 하지만 청중들에게 친근한 것에서부터 시작하여 바로 거기에서 청중이 이해할 수 있는 방법으로 새롭거나 혹은 잘 알려지지 않은 것으로 나가는 것이 최선책이다.

의미론은 기호들의 상징, 메시지의 내용, 그리고 그것을 커뮤니케이션하는 상징들이 고찰됨으로써 보여지는 커뮤니케이션의 한 양상이다. 여기서 우리는 기호화와 이해의 과정에 대하여 관심을 가진다. 여러 다른 종류의 의미가 존재하는 것처럼 상징들도 다른 목적들을 가진다. 즉 어떤 것은 사실을 강조하고 또 다른 것은 느낌을 표현한다. 의미에 대한 커뮤니케이션의 요건 중에서 하나는 발신자와 수신자가 사용하고 있는 상징들의 의미에 대하여 동일하거나 혹은 유사한 이해를 가져야 한다는 것이다. 언어는 우리가 가장 공통적으로 사용하는 상징 체계이지만, 예술 즉 회화, 영상, 성상(icons), 예배 행위와 또한 십자가, 비둘기, 그리스도를 나타내는 결합문자(monogram)와 같은 상징, 그리고 기타 등등의 또 다른 상징 체계들도 있다. 놀라운 것은 사람들이 그들의 배경이나 상징 체계가 아무리 다르더라도 서로를 이해할 수 있는 길을 찾을 수 있다는 것이다. 모든 사람들은 일종의 신비한 인간적인 끈으로 함께 묶여 있으며, 그것은 적어도 삶의 의미에 대해 희미하게나마 이해할 수 있게 한다는 것이다. 야스퍼스는 사람들은 이해를 하고 이해를 받으며, 또한 삶의 재난과 위협도 함께 직면하고자 하는 의지와 욕구가 있다는 것, 그러므로 사람들에게는 커뮤니케이션이 중요하다는 것을 알았을 때 이문제를 다루었다.

수없이 많은 사상들이 "의미"라고 하는 것이 과연 무엇인가에 대한 물음에 대해 논하고 있지만, 실제적인 차원에서는 의미에 대한 충분하고 보편적인 이해가 형성되어 있어서 놀라울 정도로 성공적인 커뮤니케이션을 가능케 하는 것으로 보인다. 그러나 한 가지 문제는 다른 사람들에 의해 사용된 상징들에 대한 우리의 이해가 우리의 사실적 이해 이외의 다른 많은 것들에 의해 채색되고 있다는 것이다. 즉 상징들이 사용되고 있는 상황은 물론 감정적인 교류도, 우리의 이해에 한 역할을 담당하는 것이다. 단어는 사물을 묘사하는 데 사용될 수 있기도 하지만, 그 사물에 대한 감정을 커뮤니케이션하기 위하여 사용될 수도 있다. 전시(戰時)와 같은 때 감정이 격화되면 적들을 양키(yankees)니 독일 병정(jerries)이니 하는 감정적인 이름으로 표현하는 것이 그 예이다.

의미론(Semantics)은 광범위하고 복합적인 학문이지만, 커뮤니케이션 연구에서는 결정적으로 중요하다.

화용론(pragmatics)은 기호가 왕래하는 움직임에 대해 다룬다. 그것은 커뮤니케이션 과정의 역동성 및 이 과정을 지배하고 영향을 끼치는 법칙들에 관심을 갖는다. 어떤 요소들은 커뮤니케이션 과정을 촉진시키지만, 반면에 그것을 가로막는 것들도 존재한다. 화용론은 커뮤니케이션 과정의 방법(how)에 초점을 두고 있으며, 특히 커뮤니케이션 과학에서 발견된 가장 흥미로운 것 중에 몇몇은 바로 이 분야에서 이루어졌다. 중요한 것은 커뮤니케이션이 하나의 활동하는, 역동적인 행위로 인식되고 있다는 것이다. 상호성의 원칙이 인정되고, 또한 피드백의 양상이 가치 있는 것으로 주목받고 있다.

설교와 관련한 커뮤니케이션에 대한 연구에서, 우리는 특히 화용론의 양상, 즉 그 과정의 활동에 흥미가 있다. 우리가 연구할 필요가 있는 것은 정확히 말해 설교 때에 이루어지는 커뮤니케이션의 질적인 면이다. 우리가 이 분야에서 연구되어진 대로만 행한다면, 우리는 설교의 질적인 면을 참으로 향상시킬 수 있을 것이다.

하지만 내가 아는 한 이와 같은 연구는 한 번도 이루어지지 않았다. 이것을 잘 하기 위해 우리는 적합한 연구 방법에 대한 명료한 분석이 필요하다. 따라서 나는 이들 중 몇 개를 평가하고자 한다.

연구 방법에 대한 평가에서 우리가 제기한 물음은, 그것이 커뮤니케이션 시스템으로서 설교라는 우리 연구의 목적에 적합한가에 관한 것이다. 연구 목적의 성격은 늘 연구에서 사용되는 방법을 결정하기 마련이다. 선택된 방법론에서 그 과정에 적절한 정보를 얻을 수 있는가? 또한 그 방법론은 실제 이론을 형성하는 데 필요한 통찰을 제공하는 자료를 산출할 수 있는가, 그리고 다른 한편으로 그것은 설교의 실제 커뮤니케이션 과정을 도울 수 있는가 하는 것이다.

설교 연구에 대한 규범적–연역적 접근법. 전통적으로 설교는 그 주석적 교리적 내용들이 어떤 특정한 신학적인 관점에서 볼 때 올바른가 하는 관점에서 고찰되었다. 이 관점이 명확하게 그리고 정확하게 커뮤니케이션 되었는가 하는 것이다. 우리는 이러한 접근을 신학적으로 결정된, 규범적–연역적 사고방식이라고 묘사할 수 있다.[91] 물론 이런 종류의 연

구도 가치가 있긴 하지만, 커뮤니케이션의 한 분야로서 설교를 연구하고
자 할 때에는 다음과 같은 이유로 유용하지 못하다.

① 이 방법론은 신학적인 편견을 가지고 현장에 접근하기 때문에 기
독교 공동체에서 실제로 일어나고 있는 활동을 포괄할 수 없다.[92]

② 이 방법론은 자신의 신학적인 편견을 실천을 통해 습득된 통찰에
따라 수정하도록 허용하지 않는다. 그러므로 이 방법론에 의한 연구는
커뮤니케이션 활동을 이해하고 향상시키는 데 어떠한 진보도 가져다 주
지 못한다.[93]

그러므로 우리는 실천적 신학적인 이론에 기초하고 있으며 경험적으
로 유도된 전략들을 탐구해야만 한다.

설교의 언어와 수사학에 대한 검토. 최근 설교의 언어와 구조를 통해
서 커뮤니케이션을 이해하려는 관점을 갖고 설교의 언어와 수사학을 연
구하는 시도들이 많이 일어나고 있다. 이러한 접근법은 언어학적 분석에
상당히 의존하고 있다.[94]

이러한 방법론의 문제는 설교를 기록된 설교로서만 연구한다는 것이
다. 이것은 커뮤니케이션의 한 부분(메시지 하나만)에 대해 경직되어 있어

---

91) 이 방법의 예로 J. H. Cilliers, *Soos woorde van God*, pp. 1~38을 참조하라.

92) N. Mette, 앞의 책, p. 170 참고.

93) 같은 책.

94) 예를 들어, 다음을 참고하라. D. B. Stauffer, '*Sea gulls are flying inland.' A
method for the logical analysis of sermonic language.* D. Min. Drew
Univerity, 1981; 역사 분석적 연구: K. J. Leisering, *An bisotrical and critical
study of the Pettsburgh preaching career of Kathryn Kuhlma*, Ph.D. Ohio
University, 1981; 역사적 연구: D. H. Champion, *A rhetorical analysis of select-
ed sermons by Sam Jones during his emergence as a national figure*,
1872~1885, Ph.D. The Louisiana State University and Agricultural and
Mechanical Col., 1980; 또한 J. H. Cilliers, 앞의 책을 참고하라. 그는 구체적인 논리
적 분석을 이용한다.

서, 일어나고 있는 역동적인 과정은 여전히 접근할 수 없는 것으로 남게 된다. 이 접근법의 가치는 언어, 표현, 그리고 사상의 커뮤니케이션 양상들이 연구될 수 있다는 사실에 있다.[95] 게다가 설교의 주석적이고 신학적인 내용이 과학적으로 검토될 수 있다. 그러나 커뮤니케이션의 특질과 그것에 영향을 끼치는 다양한 요소들은 이 방법론에 의해 검증될 수 없다. 왜냐하면 그것들은 오직 실제 시행에서 연구될 수 있기 때문이다.[96] 메시지의 내용은 오직 커뮤니케이션 과정에서 유지되고 있는 관계성 속에서만 효과적으로 전달될 수 있다.[97] 그것은 커뮤니케이션 사건이 진행되고 있는 "행위 속에서" 검토될 수 있다. 그러므로 커뮤니케이션의 한 분야로서 설교는 오직 커뮤니케이션 사건으로서 설교가 실제로 진행되고 있는 동안에만 연구될 수 있다. 왜냐하면 커뮤니케이션 과정은 움직이고 있고 역동적이며 복합적인 활동이기 때문이다.[98]

커뮤니케이션 과정의 활동들이 복합적이기 때문에 우리가 수많은 유용한 기법들과 절차들을 고려하는 것이 현명할 것이다. 우리의 연구 분야에 적합한 경험적인 절차들이 고려될 수 있다. 우리는 이 연구 분야의 속성상 커뮤니케이션 사건과 모든 상황 하에 있는 모든 참여 요소들의 협력을 얻는 것이 요구된다는 사실을 기억해야 한다. 설교에 대한 연구는 설교자의 커뮤니케이션 능력을 도와 향상시키는 의미가 있는 것이지 거기에 참여한 회중과 사람들이 마치 그들이 대상인양 연구될 수는 없는 것이다.[99]

---

95) W. Bartholomaus, *Communication in the church: Aspects of a theological theme*, p. 104 참고.

96) 같은 책, p. 114.

97) 같은 책, p. 106.

98) J. M. Cronjé & J. A. van Wyk, *Van mens tot mens*, p. 11 참고.

99) K. F. Daiber, *Grundriss der Praktischen Theologie als Handlungswissenschart*, pp. 240~242 참고.

실제의 커뮤니케이션 사건을 효과적으로 연구하기 위해서는, 참가자 관찰의 절차를 사용하는 것이 가장 효과적일 수 있다.[100] 이러한 선택은 바로 연구 목적의 성격에서 나온 것이다. 즉 이 연구 분야를 중립적으로 혹은 멀리서 연구한다는 것은 극도로 어려운 일이다.[101] 자연히 관찰은 철저한 참여에서부터 철저한 관찰에까지 다양한 범위에 걸쳐있다. 이것은 그 연구가 행해지는 구체적인 계획과 특정한 상황에 의존하게 될 것이다.[102] 참가자 연구의 접근법 안에는 기술적인 연구와 가설을 검증하는 연구 양자에 대한 여지가 존재한다.

커뮤니케이션 과정은 어떻게 메시지가 청중들에게 도달하는가 하는 문제를 따라서 연구될 수 있다. 이것을 연구하기 위해 이용될 수 있는 기법들이 몇 가지 있다. 가능한 절차는 다음과 같을 것이다.

① 메시지가 주어지면 그것을 내용 분석에 의해 분석하라.[103]

② 말로든지 기록으로든지 청중에게 그들이 그 메시지를 이해하였는지를 판단하라. 이 주제에 관해서는 다음을 참고하라.[104]

③ 송신자에게 그가 그 메시지를 통해 호소하고자 하는 바가 무엇인지를 물어 보라.

---

100) 이것에 대해서는 다음을 참조하라. G. J. Smit, *Navorsingsmetodes in die gedragswetenskappe*, pp. 50~68; T. Gadourek, *Sociologische onderzoekstechnieken*, pp. 23~130; J. A. Hughes, *Sociological analysis: Methods of discovery*, pp. 115~140.

101) K. F. Daiber, 앞의 책, 140쪽 참고.

102) G. J. Smit, 앞의 책, 58~59쪽 참고.

103) 이것에 관해서는 특히 다음을 참고하라. C. Baumler 등, *Methoden der empirischen Sozialforschung in der Praktischen Theologie*, pp. 141~168; R. W. Budd, R. K. Thorp와 L. Donohew, *Content analysis of communications*, New York: MacMillan, 1967; M. P. Golden(ed). Third Edition, *The research experiment*, Illinois: F. E. Peacock, 1977.

104) 이 주제에 관해서는 다음을 참고하라. P. D. Leedy, *Practical research: Planning and design*, New York: MacMillan, 1974; C. Baumler 등, 앞의 책, 186쪽 등; 그 방법의 적용의 예로는 다음을 참고하라. W. G. Thompson, *Dialogue between pew*

이러한 결과들을 비교함으로써, 우리는 이러한 결과들에 기초하여 새로운 가설을 수립할 수 있다. 이것은 우리가 커뮤니케이션 과정을 이해하고, 계속되는 연구를 위한 새로운 방향을 모색하는 데 한 걸음 내지 두 걸음을 더 내딛게 해준다.

그러나 실제의 커뮤니케이션 과정을 연구하기 위한 전략들을 발견하기 위한 요구들은 여전히 남아있다. 불행히도, 커뮤니케이션 과학은 우리가 연구하고자 하는 설교 사건과 같은 분야에서 실제 커뮤니케이션 사건을 연구하는 데 많은 관심을 보이지 않고 있다. 아직까지 이러한 목적을 위하여 아무런 기법도 발전되지 않고 있다. 그러므로 우리의 과제는 현재 이루어지고 있는 그대로의 설교 사건을 연구하기 위한 수단으로서 연구 기법들을 고안하는 것이다. 나는 이 영역간의 상호 협조뿐만 아니라 실천신학에서 이용할 수 있는 전문적 기술을 가지고 우리가 그러한 기법들을 발전시킬 수 있다고 믿는다. 따라서 좋은 팀 사역과 얼마간의 실험이 필요하다. 우리가 이와 관련된 수고를 피할 수 있는 길은 없다.

하나의 가능성은 모든 참여자들이 설교하는 것을 비디오로 녹화하여 연구하는 것이다.[105] 이 자료를 통해 커뮤니케이션의 다양한 양상들이 연구될 수 있다. 실제의 커뮤니케이션 사건에 대한 연구들은 우리가 설교에 대한 실천신학적인 커뮤니케이션 이론을 수립하는데 필요한 벽돌을 제공해 주어야 한다.

---

and pulpit: An exercise indialogical preaching in the Lutheran Church. D. Min. The Hartford Seminary Foundation, 1982; E. D. Baldwin, *Dialogical communication in preaching: A venture in encouraging and enabling reciprocal participation between pulpit and pew in the preaching event.* D. Min. Drew University, 1982; T. E. Giles, *A series of sermons and feed back sessions addressing some of the issues related to pain and suffering,* D. Min. Drew University, 1982.

105) 설교학 실습 동안 설교자가 한 비디오 녹화는 이미 과학적으로 분석되었다. H. G. Souders, *The effects of videotape feedback upon student performance in homiletical speech,* Ph.D. University of Pittsturgh, 1979 참고.

　　마지막으로, 필자는 설교에서 메시지를 커뮤니케이션 하는 데 있어서 설교 형식의 중요성을 지적하고자 한다. 이것은 설교를 말로 표현하는 데 있어서 중요한 국면이다. 내가 여기서 설교 형식이라고 할 때, 어린이 설교, 혹은 특정한 경우에 행하는 절기나 예식 설교 혹은 강의를 위한 설교와 같은 설교를 의미하지 않는다.106) 나는 메시지가 구조화되고 공식화된 형식을 언급하고 있는 것이다. 나는 설교가 어떤 특정한 형식으로 구조화되어야 한다고 규정하고 싶지는 않다. 이제까지의 어떠한 연설 형식도 최종적이거나 완전하지 않으며, 어떤 것도 유일하게 바른 연설 형식이라고 할 만한 것은 없다. 형식은 개방성을 유지하는데, 왜냐하면 말하는 사람이 살아있는 인격이고 역동적이며, 늘 미래에 대해 열려있기 때문이다.107)

　　우리가 고려할 수 있는 것으로 실제로 사용되는 몇 가지 설교 형식들이 있다. 예를 들어, 주로 논쟁이 되고 있는 성경적인 주제 설교가 있는데, 이것은 본문의 메시지를 자세히 설명하고 선포하는 것이다. 또 특정한 본문 안에서 케리그마적–대화적인 방식으로 본문을 따라가는 교훈 설교(homily),108) 사건들과 관련된 내러티브(narrative) 설교, 시적인 설교, 그리고 자기만의 어떤 분위기를 필요로 하고 그것을 만드는 묵상이 있다.109) 이러한 형식들은 각각 고유한 방식으로 커뮤니케이션을 돕는다. 성경적인 주제 설교는 메시지의 진리에 대한 논증으로 청중을 설득하고 확신시키기 위해 애쓴다. 내러티브 설교는 이와는 상당히 다르다. 그것은 청중을 이야기의 세계 속으로 끌어 들여서 그를 등장 인물의 하나와

---

106) F. Poggzer, *Konkrete verkundigung*, pp. 105 등; C. E. Fant, *Bonhoeffer: Worldly preaching*, pp. 161 등.

107) H. R. Müller-Schwefe, *Die praxis der verkundigung*, pp. 142 등 참고.

108) J. C. Müller, 앞의 책, 107쪽.

109) H. J. C. Pieterse, *Preekvorme*, pp. 301~308 참고.

동일시하도록 초대하며 그래서 어떤 진리에 빠져들게 한다. 이야기는 인간의 경험을 커뮤니케이션하기 때문에 청중은 거기에 깊이 관련되고 진리가 마음에 닿게 된다. 교훈적 설교는 특히 대화를 통해서 커뮤니케이션하며, 또한 설교 후에 토론으로 쉽게 이어질 수 있다. 시적인 설교와 묵상은 기분과 분위기를 통해서, 또한 소망 혹은 위로의 경험과 같이 경험을 통해서 커뮤니케이션 한다.

이점에 있어서 두 가지가 이론적으로 언급될 필요가 있다. 우선, 우리는 성경의 특정한 장르에 대해 어떤 특정한 설교 형식을 규정할 수 없다. 왜냐하면 정확한 설교 형식이 결코 한 가지만 있는 것은 아니기 때문이다. 선택된 설교 본문에 대한 이해가 설교의 중심에 놓이게 되는데, 이것은 설교자 자신이 본문의 메시지에 의해 감동을 받기 때문이다. 하나의 단락 혹은 부분을 고찰하여 나아갈 수도 있고, 또는 한 가지가 의미 있는 것으로 두드러지는 일이 발생할 수도 있다. 그렇다면 본문의 전체 절을 따라가야만 하는가? 커뮤니케이션을 촉진시키기보다 그것을 방해할지도 모르는 3 대지 구조의 경우와 같이 처방에서 새로운 경직성을 발전시키는 위험이 초래될 수 있다. 설교자는 자신의 설교 형식을 선택할 수 있는 확실한 자유를 가지고 있으며, 그것으로 설교 본문에서 받은 메시지를 형상화함으로써 그것을 가장 적합하게 커뮤니케이션 할 수 있다. 설교는 상상력과 독창성을 요구한다. 독창적인 설교자는 어떤 한 장르에서 본문을 취하여 그것에 감동을 받고, 또 상당히 다른 장르에서도 여전히 본문의 메시지를 형성시키고 효과적으로 커뮤니케이션 할 수 있다.

커뮤니케이션의 경우에 있어서 하나의 설교 형식이 다른 것보다 더 좋은 것은 아니라는 사실이 경험적으로 밝혀졌다. 뮬러(J. C. Müller)는 "설교의 커뮤니케이션에 있어서, 특히 교훈적 설교가 성경적인 주제 설교와 전혀 다른지의 여부를 보기 위한" 목적을 가지고 설교 형식들을 연구하였다.[110] 그 결과는, "대부분의 대답에서, 설교의 유형(형식)은 아무런 중요한 역할을 하지 않았다. 그것이 어떤 역할을 감당한 다음의 경우들은 서로를 상쇄하였다. 즉 교훈적 설교는 지적인 수준에서 약간 앞서 있으며, 성경적인 주제 설교는 다소 실존적인 커뮤니케이션 분야에서 더 좋았다. 그러므로 우리는 설교의 특정한 형식이 커뮤니케이션의 효과에 있어서 결정적인 요소가 아니라고 결론지을 수 있다. 설교의 주제, 적절성, 설교자의 확신 있는 말, 그의 명료하게 형성된 사고의 훈련, 그리고 단순한 전달과 같은 기타 요소들이 설교 형식이 가지고 있는 것보다 메시지의 커뮤니케이션에 더 큰 영향을 끼치는 것으로 보인다."[111] 그러므로 성경의 내러티브에서 메시지를 발견할 수도 있고, 그것을 주제적으로 커뮤니케이션 할 수도 있다. 커뮤니케이션에 영향을 끼치는 모든 기타 요소들이 호의적이면, 자연히 커뮤니케이션을 더 잘하기가 쉽게 될 것이다. 커뮤니케이션은 항상 관계망 내에서 발생하며, 또한 이러한 것은 커뮤니케이션의 질에 영향을 끼친다. 중요한 것은 각각의 설교 형식이 그것을 사용하기 원한다면 숙달할 필요가 있는 고유한 커뮤니케이션 양태를 가지고 있다는 것이다.

두 번째 논평으로서, 우리는 설교 본문이 참으로 본문의 주석을 통해서 설교 구조의 선택에 영향을 끼친다는 것을 인식할 필요가 있다.[112] 형식과 내용은 하나이다. 이러한 지식은 특히 지난 몇 년간에 언어학에서 주목을 끌어왔으며, 주석에서도 역시 마찬가지다.[113] 오직 형식과 내용의 하나됨 속에서 메시지가 구성될 수 있다. 가령, 이야기 또는 강화 혹

---

110) J. C. Müller, 앞의 책, 143쪽.

111) 같은 책, p. 210.

112) 이것에 관하여 다음을 참고하라. B. A. Müller, *Die eksegetiese onderbou van die struktuur van die prediking*; H. J. C. Pieterse, *Preekvorme*, pp. 302, 305~306; J. C. Müller, 앞의 책, 216~217, 247~252쪽.

113) W. S. Vorster, *'n Ou Boek in 'n nuwe wereld*, p. 13 참고.

은 시로 우리에게 메시지가 주어지는 형식이라면 그 형식은 그 메시지
가 끝까지 정확하고 적합하게 우리에게 와 닿을 것인지를 판가름하는데
하나의 역할을 하게 된다. 그와 같이 형식과 내용이 하나라면 형식은 메
시지와 그것을 지향하는 목적을 전달하는 데 중요한 역할을 한다. 그것
이 바로 메시지가 이야기, 비유, 시, 또는 강화와 같은 특정한 형식 또는
그릇으로 주어지는 이유이다. 금세기에 주석학은 성경에서 "장르
(Gattungen)"의 풍부함에 대해 우리 시야를 열어주었다.[114] 많은 주석학
자들이 행한 강화의 분석과 구문론적 구조의 분석은, 모든 언어학적 진
술들은 확실한 구조를 가지며, 특정한 방식을 따라 언어로 수립되었다는
전제 위에서 이루어졌다. 우리가 언어를 통해서 커뮤니케이션을 할 때,
우리가 메시지를 구조화하는 방식 역시 커뮤니케이션을 돕는다.[115] 만일
우리가 설교 본문을 정당하게 대하기 원한다면, 우리는 설교가 취할 형식
을 결정하기 전에 본문의 구조에 주목하고, 이것을 성찰해야 할 것이다.

물론 우리는 설교자의 인격을 중요하게 다루어야 할 필요가 있다. 나
는 우리가 설교학에서 최소한 할 수 있는 일은 현재 사용하고 있는 설교
형식 외에 다른 다양한 형식들을 제시하여 설교자들에게 선택의 기회를
제공하는 것이라고 생각한다. 현재 이 나라에서 실제 행해지고 있는 유
일한 설교 형식은 성경적 주제설교인 바 그것은 분석적-종합적 방법론
에 따라서 수립되어 대개 논쟁적 방식으로 커뮤니케이션을 하는 방식이
다. 나는 개혁주의 전통에 있는 교회의 설교자들이 행한 특정한 종류의
설교들을 사용하여 실제적인 연구를 시행하였다. 그 결과는 제 2장에서
거론되겠지만, 설교 현장에서 실제로 사용되고 있는 설교 형식은 기본적

---

114) R. Bohren, *Predigtlehre*, pp. 137~138 참고.

115) 이 접근법에 대해서 H. J. C. Pieterse, *Skrefverstaan en prediking*, pp. 105~109
참고. 여기에서 이 방법의 접근법에 관한 많은 자료를 언급함. 또한 F. van Rensburg,
Die ontleding van sintaktiese struktuur in die Griekse Nuwe Testament 참고.

으로 하나라는 것으로 요약된다.

이제 우리는 설교 이론에 대한 설명의 막바지에 도달하였다. 이 단계에서 나는 이용할 가치가 있는 과학적인 지식의 빛에서 그것을 살펴볼 것이다. 이론은 반드시 실제에서 끊임없이 검증되어야 하며, 또한 과학적 분석은 반드시 상황 속에서 이루어져야 한다. 이렇게 함으로써 앞으로 더 심화된 이론 형성을 위한 이론과 실제 사이에 상호작용이 발생할 수 있다. 이론에 대해서는 이미 다루어졌기 때문에, 실제에서는 특히 두 가지 양상이 검증될 필요가 있다. 첫 번째는 앞에서[제 1장 1. (2)]에서 자세히 설명된 바와 같은 해석적 양상에 관한 것이다. 나는 직접 이것을 연구하였는데, 그 결과는 2장에서 논의될 것이다. 두 번째는 설교 중에 실제로 일어나는 사건으로서의 커뮤니케이션에 대한 연구에 관한 것이다. 이러한 종류의 연구를 위한 여러 기법들이 먼저 발전되어야 했기 때문에 우리는 아직까지 이 연구를 시행할 수 없었다. 나는 이것을 다음 연구 계획으로 실시하여 연구한 것을 설교에 관한 또 다른 책에서 보고하고 싶다.

제2장

실제 설교의 양상

이 장에서 필자는 제 1 장의("성경에 충실한 회중 지향적인 설교")에서 언급한 설교 이론의 한 양상을 취하여, 그것을 실천적이고 경험적으로 검증하고자 한다. 이러한 검증은 설교 실천을 위한 이론을 발전시키는 데 있어서 최종적으로 시도될 수 있는 하나의 부분으로서 역할을 하게 될 것이다.

처음부터 마지막 자료 처리를 포함한 전 과정에 이르기까지 이 연구는 1983년 2월에 시작해서 1984년 3월까지 계속되었다. 나는 1983년 1월 21일에 이 연구를 위해 선택된 개혁주의 전통에 있는 20명의 교회 목사들에게 편지를 보내 이 연구에 응해주실 것을 요청하였다. 그들은 모두 동의해 주었고, 그래서 나는 그들의 설교를 녹음하려고 준비하였다. 20명의 목사들 중에서 5명의 설교는 몇 가지 실제적인 이유로 인해 최종적인 연구에서는 사용될 수 없었다.

1. 연구 방법

(1) 실천적–신학적 연구

앞의 제 1장 1항 "이론적–과학적 지향"에서 언급한 바와 같이 내가 따르고 있는 구체적인 실천적–신학적 접근법이 이제 입증될 것이다. 이 접근법은 실천신학자들이 자신의 독특한 이론적 전제에서 도출한 것으로 교의학, 사회학, 종교사회학, 커뮤니케이션 과학 그리고 심리학 등에서 고안된 것이 아니다. 그러므로 경험적인 연구에서 수집된 정보는 독특한 실천신학적 틀 안에서 평가되고 해석되어야 하며, 또한 이러한 틀 안에서 설교학 분야에 관한 이와 같은 경험적 연구의 방향을 주도해 가야 한다.

이러한 경험적 연구 방법론으로 우리는 사회 과학에서 승인되고 있는 방법들을 사용한다. 어떠한 사회 과학도 그것이 적용하는 연구 방법들을 독점적으로 소유할 수는 없다. 즉 연구 방법들은 모든 학문 분야가 공유하는 것이다. 다만 신학적인 기능 과학의 독특한 성격 때문에 이 연구의 착상은 방법론적으로 독특할 것이다. 그것은 우리가 용인된 절차와 기술들을 준수하지 못해서가 아니라, 모든 연구 대상이 그것을 측정하는 데 필요한 수단에 대한 착상을 결정한다는 점에서 독특한 것이다. 다행히도 이 연구에서 나는 사회학자와 심리학자의 조언과 매우 귀중한 협조를 받을 수 있었다. 그 두 사람은 1983년 내가 이 경험적인 연구를 계획할 때에 방법론적으로 많은 도움을 주었다. 그들의 창의성과 탁월한 과학적 접근법은 이 설교학 분야에서 경험적인 연구를 촉진시키는 데 크게 기여하였다.

그러므로 이러한 연구는 하나의 실천적–신학적인 연구이다.

(2) 문제의 진술과 연구 대상

앞의 제 1장 2항 "성경에 충실한 회중 지향적인 설교"에서 살펴 본 해석학적 과정에 대한 설명에서 다음과 같은 결론이 도출되었다. 즉, 논의의 처음부터 드러난 사실은, 우리가 본문의 메시지를 회중의 상황 속에서 해석학적으로 적절하게 선포하고자 할 때 본문(성경)과 회중의 상황을 함께 고려해야 한다는 점이었다. 이것을 우리는 말씀(본문)과 회중이라는 두 초점을 가진 타원으로 언급한 바 있다. 그래서 이러한 해석학적 통찰로부터 우리는 실제 설교에 있어서 세 가지 주요한 타입을 발견할 수 있었으며, 그 각각은 대개 설교의 독특한 양상 내지 하나의 패턴과 일치하는 것이었다. 광범위하게 볼 때, 이러한 설교의 양상들은 다음과 같은 범위로 묶여 질 수 있다.

① 성경 지향적 설교자 – 거의 본문에 머무르고, 본문의 언어와 본문의 개념 세계를 사용하며, 회중의 상황에 대해서는 거의 다루지 않는다.

② 상황 지향적 설교자 – 그의 사상과 설교는 상당부분 자신의 상황에 의해 조율되며, 본문의 메시지는 거의 그의 구도 속에 들어가지 않는다.

③ 주제적(적절한) 설교자 – 본문과 자신의 상황을 해석학적으로 효과적으로 결합시켜 그 본문의 메시지가 회중의 상황, 회중의 언어 및 회중의 개념 세계 속에서 밝혀지도록 한다.

이러한 추론은 설교의 실제 상황에서 일어날 수 있는 한 가지 문제를 제기한다. 즉, 회중의 상황 안에서 본문의 메시지를 선포하는데 실패하는 설교자들이 존재한다면, 그들은 현 시대의 설교에 대해서 무엇인가 대단히 오해하고 있다는 것이다. 이 문제를 이와 같이 설명하는 것은 제

1장에서 논의한 설교학 이론으로부터 도출되며, 또한 이것은 경험적인 연구에 필요한 적법한 기초를 제공해 준다. 이에 대해 맥킨니(John C. McKinney)는 다음과 같이 말하고 있다. 즉, "과학적 관찰은 항상 어떤 규칙, 이론 또는 개념적인 도식에서 예외적인 것에 대한 흥미와 문제의식 또는 관심 등에 의해 유도된다."[1] 더욱이 이점에 대해 그는 자신의(작성된 타입) 방법론에 대한 논평에서 다음과 같이 분명하게 밝히고 있다. "작성된 타입은 오직 서로 다른 두 곳에서 얻을 수 있는데, 즉 이론(저자 강조)내지 이미 실질적인 경험적 검증을 받은 보다 일반적인 타입들로부터 얻든지, 아니면 역사적인 상황의 전말에서 직접 작성될 수 있다."[2]

그러므로 앞에서 언급한 문제에 의해서 나는 설교학 이론의 세 가지 요소 – 성경, 회중의 상황 및 이 둘의 결합 – 로부터 세 가지 설교 내지 설교자의 타입 – 성경 지향적, 상황 지향적 그리고 주제 지향적 – 을 추론하였다.

그래서 실제적인 문제에 대한 나의 접근법은 이상적인 타입에 대한 베버(Weber)의 방법을 따르는데, 굳맨(Goodman)과 막스(Marx)는 이상적인 타입에 대한 가장 간명한 정의를 다음과 같이 제시한다. "이상적인 타입. 막스 베버(Max Weber)의 전문 용어로서, 과학적 관찰에 의해 발전되고, 둘 내지 그 이상의 사회 현상에 대한 비교 분석에서 사용되는 일종의 고안되고 과장된 정신 구성. 이것은 실재를 성찰해서가 아니라, 보여질 수 있는 실재에 대한 반대 개념인 추상성을 제공함으로써 가설을 생성하고 경험적인 연구의 방향을 제시해 준다."[3] 베버 자신은 이것을 다음과 같이 정의한다. "이상적인 타입은 하나 내지 그 이상의 관점들에 대한 일방적인 강조에서, 그리고 산만하고 불연속적이고 다소 있다가도 경우에

---

1) J. C. McKinney, *Constructive typology and social theory*, p. 3.
2) 같은 책, 5쪽.
3) N. Goodman & G. T. Marx, *Society today*, p. 558.

따라서 없어지는 구체적인 각각의 현상들의 종합에 의해 형성되며, 이러한 일방적인 강조에 의해 형성된 관점들에 따라서 하나의 통일된 분석적인 구성(Gedankenbild)으로 결정된다. 개념적인 순수성에 있어서, 이러한 정신 구성(Gedankenbild)은 실제로는 어디서도 경험적으로 발견될 수 없다. 역사적 연구는 각각의 경우에 이 이상적인 구성이 어느 정도나 실재에 접근하는지, 아니면 실재에서 벗어나는지를 결정하는 업무에 직면하는데, 일례로 이것도 가령 어떤 도시의 경제 구조는 '도시 경제'로 분류되어야 하는 것과 같은 것이다. 주의 깊게 적용될 때, 이러한 개념들은 연구와 설명에 특히 유용한 것이다."[4]

또한 탈콧 파슨스(Talcott Parsons)도 베버의 경제와 사회(Wirtschaft und Gesellschaft)의 영역판 서문에서 이상적인 타입에 대해 기술하고 있다. 아래에 인용된 논평은 자신의 설교가 주제 지향적이 되어야 한다고 신학적으로는 알지만, 실제로는 항상 그렇게 설교하는 데 성공하지 못하는 설교자들에게 특히 도움이 될 것이다. 파슨스는 다음과 같이 말하고 있다. "그것은(이상적인 타입) 베버의 모든 방법론에 기초한 '행위'의 준거틀 안에 내재한 것으로, 그것은 '규범 지향적'이다. 행위자는 그의 노력들이 아주 부분적으로만 성공하고, 또한 거기에는 일탈의 요소들이 있을 것이라는 가능성을 가진 실제적인 행위의 유형들이라기보다는 단지 자극에 반응하는 것으로서가 아닌, 어떤 '이상적인 것'을 따르기 위해 '노력'하는 힘으로써 취급된다. 그렇기 때문에 이상적인 타입은 단순히 하나의 추상적 개념이라기보다는 어떤 특별한 종류의 추상적 개념이다. 그것은 어떤 규범적 또는 이상적인 유형이 완전하게 일치하는 경우를 말한다 …… 그것은 개인적인 행위의 과정이 아니라 어떤 '대표적인' 것을 묘사한다. 다시 말해, 그것은 특별한 사례로 분류될 수 있는 무한한 경우들

---

4) M. Weber, *The methodology of the social sciences*, p. 90.

중에서 하나의 일반화된 법규인 것이다."[5]

그러므로 베버의 이상적–대표적인 방법은 일종의 이해의 형태로서, 그는 이것을 경험적인 실재를 검사하고, 해석하며, 설명하는 데 적용한다.

이상적인 타입은 하나의 가설이 아니라 가설을 생성하는 방법이다. 다시 말해 "이상적–대표적 개념은 연구에 전가되어 우리의 기술을 발전시키는 데 도움을 준다. 즉 그것은 '가설'이 아니라 가설을 수립하기 위한 지침을 제공한다."[6]

이상적인 타입은 실재를 반영하진 않지만 실재를 분석하는 것을 돕는다. 즉, 여러 타입들(현재의 연구에서는 여러 스타일)이 하나의 이상적인 타입에 접근한다(approximate)는 점에서 이 타입들을 결정하는 데 도움을 주는 하나의 표준을 제공하는 것이다. "수립된 타입은 구체적인 것을 간소화한 것이다. 그러므로 어떤 점에서 모든 개별적인 구체적 사례들은 그 타입에서부터 벗어날 것이다. 이러한 일탈들은 서로 서로가 관련될 뿐만 아니라 그 수립된 타입과도 관련될 것이다. 그러므로 타입은 일탈의 정도를(잠재적이든 실재적이든) 측정하는 하나의 기초로서 쓰일 수 있다."[7]

베버는 이러한 방법과 경험적인 데이타의 관계를 다음과 같이 묘사한다. "이러한 방법과 경험적인 데이타와의 관계는 오직 추상적인 구성에 의해 언급된 타입의 시장 조건적 관계들이 어느 정도 실재에 존재하는 것이 발견되는 곳에서 우리가 이상적인 타입에 의해서 이 관계의 특성들을 실용적으로 명백하고 이해할 수 있도록 만들 수 있다는 사실에서만 존재한다."[8]

---

5) M. Weber, *The theory of social and ecnomic organization*, pp. 9~11.
6) M. Weber, *The methodology of the social sciences*, p. 90.
7) J. C. Mckinney, 앞의 책, 6쪽.
8) M. Weber, *The methodology of the social sciences*, p. 90.

그러므로 이상적–대표적인 방법은 심화된 연구에 계획되어 현상들을 비교하고, 두드러지게 하며, 또한 설명해 줄 것이다.[9]

이 연구에서 우리는 맥킨니(McKinney)의 수립된 타입(constructed type)을 적용하지 않았지만, 계량화를 위해서 이상적인 타입을 사용하였다. 맥킨니의 수립된 타입이 주로 경험적인 데이터로부터 수립된 것에 반하여, 우리는 이상적인 타입들을 이론에서 추론하였고, 그리고 나서 그 타입들을 경험적인 연구에 의해 평가(계량화)하였다. 이상적인 타입들에 대한 경험적인 연구의 가치는, 이 타입들을 계량화함으로써 우리가 서로 다른 설교 스타일들을 깊이 있게 분석할 수 있다는 점에 있다. 또한 이 연구의 목적은 이상적인 타입들에 접근하는 설교 스타일들이 존재하는지, 그리고 그 스타일들이 내용에 있어서 어떻게 서로 다른지를 확증하는 것이다.

그러므로 (해석학적) 설교학 이론의 기초에 있어서 우리는 연구의 가설을 다음과 같이 세울 수 있다. 즉, 실제로 설교 스타일에는 대략 성경 지향적, 상황 지향적 그리고 주제 지향적인 타입들이 있다.

또한 이 연구는 설교가 그 자체 속에 대화를 담고 있는지, 그리고 이 설교들이 가정하는 설교학적 형식은 무엇인지를 확증하고자 애 쓸 것이다.

(3) 연구 절차

이 연구를 위해 선택된 절차는 특별한 형식의 내용 분석이다. 내용 분석은 커뮤니케이션 메시지의 내용을 분석하는 일종의 과학적인 절차이다. 그것은 금세기에 주로 미국에서 발전하여 여러 가지 양상으로 사용

---

9) 같은 책, p. 92.

되고 있다.[10]

첫 번째 양상은 계량적 신문 분석(Quantitative Newspaper Analysis)으로 알려진 것으로, 주로 신문 보도를 평가하는 언론인들에 의해 수행된다. 그러나 그것은 어떤 본질적인 이론적 기초가 결여되어서 1930년 무렵부터 그 기세를 잃었다. 두 번째 양상은 필름, 특히 라디오와 같은 대중 매체의 출현과 더불어 비롯되었다. 크리펜도르프(Krippendorff)는 이러한 양상을 매스 커뮤니케이션 리서치(Mass Communication Research)라고 부른다. 라디오가 널리 보급되었을 때, 특히 이데올로기 대립의 시기에, 이제 라디오를 통해 방송되고 있는 메시지를 과학적으로 분석하는 것이 필요하게 되었다. 이 즈음에 사회 과학자들은 그러한 이론적인 기초를 제공할 위치에 있었으며, 이것은 특히 라디오 메시지에 대한 경험적 연구에 강력한 자극이 되었다. 라스웰(H. D. Lasswell)은 이 양상에서 탁월한 역할을 했다.[11] 또한 프린스톤 대학 Lazarsfeld에 라디오 연구소(the Office of Radio Research)가 설립되고 나서 베렐슨(Berelson)과 고데(Gaudet)는 내용 분석의 발전에 주요한 공헌을 했다.[12] 이제 이 분석 방법은 신문보다 다른 여러 매체들에 적용되고 있기 때문에 "계량적 신문 분석"이라는 이름을 쓰지 않고 대신에 "내용 분석"이라고 부르고 있다.

내용 분석의 발전에 있어서 세 번째 양상은 제 2차 세계 대전에 의해 알려진다. 즉 크리펜도르프는 이것을 광고 분석(Propaganda Analysis)이라고 부른다. 여기서 나타난 하나의 중요한 발전은 다음과 같다. "이전 시기의 내용 분석이 본질적으로 기술적인(descriptive) 기법인 반면에, 2

---

10) K. Krippendorff, *An examination of content analysis: A proposal for a general framework and an information calculus for message analytic situations*, pp. 9~31 참고.

11) B. Berelson, *Content analysis in communication research*, p. 23 참고.

12) P. F. Lazarsfeld, B. Berelson & H. Gaudet, *The people's choice: How the voter makes up his mind in a presidential campaign* 참고.

차 세계 대전 시기에 이러한 연구 방법에 있어서 가장 주목할 만한 공헌은 발전 가능성이 있는 귀납적 용법에 대한 논증이었다."[13] 이것이 특히 필자의 연구의 관점과 관련된 것은 하나의 출발을 메시지의 스타일을 결정하는 것에서부터 한다는 점이다.[14]

제 2차 세계 대전 후, 이 연구의 초점이 전시 광고라는 제한된 분야를 넘어 영역이 확대되기 시작했다. 정말로 내용분석은 대중 매체의 경계를 뛰어 넘어 문학을 포함한 온갖 종류의 분야들에 적용되었다. 문학에서 그것은 산문의 문체적 특성을 수립하는 데 사용되었다. 즉 "…… 문학가들은 산문의 문체적 특성을 식별하기 위해 통계적인 절차를 사용하기 시작했다."[15] 1955년 겨울 미국에서 사회과학 연구 협의회의 언어학 및 심리학 위원회는 이 방법론에 대한 회의를 개최하였다. 여기서 얻은 한 가지 주요한 결과는 내용 분석이 단지 계량적인 목적 뿐만 아니라 질적인 평가를 위해서도 사용될 수 있으며, 또한 양자가 서로 보완적인 것으로 납득된 것이다. 이 즈음에 내용 분석은 과학적 분야들에 더욱 더 배어들기 시작했으며, 많은 연구의 방법으로 흡수되어 계속 증가하는 추세이다. 게다가 다섯째 양상이 부각되기 시작했는데, 그것은 컴퓨터 본문 분석(Computer Text Analysis)이다. 그래서 이 방법은 순전히 기술적인 절차에서 시작하여 유용한 설명적인 절차로까지 발전하였다.

베렐슨은 내용 분석을 다음과 같이 정의한다. "내용 분석은 커뮤니케이션의 명백한 내용을 객관적이고, 조직적이며, 또한 계량적으로 기술하기 위한 연구 기법이다."[16] 보우어스(Bowers)는 이 정의가 내용의 묘사에서 도출될 수 있는 결론들을 인정하지 않기 때문에 이러한 결론들이

---

13) H. Krippendorff, 앞의 책, 19쪽.
14) 같은 책, 17쪽.
15) 같은 책, 24쪽.
16) B. Berelson, 앞의 책, 18쪽.

커뮤니케이션 과정들에 대한 통찰을 줄 수 있는 여지를 마련하지 않았다고 주장한다.[17] 버드(Budd), 쏘프(Thorp) 그리고 도노휴(Donohew)는 내용 분석을 다음과 같이 정의한다. "내용 분석은 메시지 내용과 메시지 운용을 분석하기 위한 조직적인 기법이다. 다시 말해, 그것은 선택된 전달자의 명백한 커뮤니케이션 행위를 관찰하고 분석하기 위한 일종의 도구이다. 컬링거(Kerlinger)가 묘사한 것과 같이, 내용 분석은 분명히 하나의 분석 방법이기는 하지만 사실 그 이상인 것이다. 그것은 …… 일종의 관찰 방법이다. 사람들의 행위를 직접적으로 관찰하거나, 또는 일종의 저울질에 반응하도록 요청하거나 인터뷰하는 대신에, 관찰자는 사람들이 만들어 내는 커뮤니케이션에 참여하고, 그 커뮤니케이션에서 질문을 할 수 있다."[18]

이 연구 절차의 초점은 메시지의 명백한 내용이며, 그렇기 때문에 그 내용의 분석을 중요하게 여긴다. 내용은 전달자, 수납자 그리고 연구자가 공통으로 만날 수 있는 장(場)이다.[19] "커뮤니케이션의 목적, 동기 그리고 때로는 그 특성들이 내용 속에서 성찰됨으로써, 내용 분석은 종종 이것들을 밝히기 위해 행해진다……."[20] 그래서 스타일—본 연구의 경우는 설교 스타일—이 내용으로부터 수립될 수 있다. 페이슬리(William J. Paisley)는 스타일을 "창출된 작품의 특징적인 형식과 내용……"으로 정의한다.[21] 그런 까닭에 내용 분석은 단순히 형식적인 과학적 시스템으로서, 많은 시간을 할애해야 하는 어떤 것, 즉 주어진 본문에서 어떤 결

---

17) J. W. Bowers, *Content analysis*, p. 291, in: P. Emmer과 W. D. Brooks, *Methods of research in communication*.

18) R. W. Budd, R. K. Thorp과 L. Donohew, *Content analysis of communications*, p. 2.

19) N. J. Hanekom, 앞의 책, 94쪽.

20) B. Berelson, 앞의 책, 18쪽.

21) W. J. Paisley, *Studying 'style' as deviation from in encoding norms*, in: G. Gerbner 등, *The analysis of communication content*, p. 133.

론을 도출하기 위한 것이다. 어떤 특정한 절차와 기법을 관찰하고, 또한 신뢰할만한 통계적인 방법들을 사용함으로써, 우리는 내용 분석에서 유효한 결과들을 얻을 수 있다.

내용 분석에서 중요한 부분은 실제적인 분석에서 사용하기 위한 범주들을 고안하는 것이다. 베렐슨은 이 과업의 중요성을 다음과 같이 강조한다. "내용 분석은 그 범주들에 의해 서있기도 하고 넘어지기도 한다…… 범주들은 연구의 본질을 포함하기 때문에 내용 분석은 그 범주들의 시스템과 다름없다."[22] 버드와 기타 다른 학자들도 다음과 같이 설명한다. "내용 분석은 그 범주와 다름없다. 왜냐하면 시스템 내지 범주들의 집합은 본질적으로 하나의 개념적인 도식이기 때문이다."[23] 내용의 분류에 있어서 범주들의 결정적인 기능 때문에 범주들은 반드시 엄격한 자격을 만족해야 한다. 첫째로, 범주들은 내용을 차별화시키고 묘사해야 한다. 둘째로, 각각의 범주는 정확하게 정의되어야 하며, 거기에 어떠한 중복도 있어서는 안 된다. "이러한 범주들은 단순히 꼬리표에 불과한 것이 아니라, 명시적으로 정의된 한계를 가진 하나의 구획으로, 그 한계 속에서 자료는 분석을 위해 모여진다."[24] 범주들은 연구의 발단에서 취해진 물음들에 대답할 수 있어야 하며, 그런 까닭에 그것들은 반드시 이론과 연관되어야 한다. 다시 말해, "…… 범주들은 …… 실제적인 계산 내지 측정과 이론 및 개념의 보다 광범위한 영역 사이에서 결정적인 연계를 이루어야 한다."[25] 본 연구의 경우, 범주들은 설교 스타일에 대한 데이타를 공급해야만 한다. 게다가 범주들은 문제에 관해 이해할 만하고 포괄적이어야 하며, 또한 상호 배타적이어야 한다. 범주들은 오직 연구

---

22) B. Berelson, 앞의 책, 147쪽.
23) R. W. Budd 등, 앞의 책, 39쪽.
24) 같은 책.
25) 같은 책.

의 목적에 적절한 자료들만 포함하고 있을 때 기능적이다.[26]

내용 분석은 연구자가 커뮤니케이션을 마치고 한가하고 편리한 시간에 그 메시지의 내용을 분석할 수 있도록 해준다. 그것이 커뮤니케이션 과정의 부분을 이루고 있지 않기 때문에, 그 메시지나 커뮤니케이션 과정의 내용은 연구자의 존재에 의해 영향을 받지 않는다. 본 연구의 경우, 설교들은 테이프로 녹음되었으며, 그 후에(ex post facto) 분석되었다.[27]

이미 내가 말한 것처럼, 목사들의 설교는 내가 없는 자리에서 테이프로 녹음되었으며, 그리고 나서 타자로 옮겨졌다. 그러므로 내용 분석을 하는 동안 나는 테이프로 들을 수 있었고, 또 한편 동시에 타이프로 옮겨진 설교 원고를 계속해서 볼 수 있었다. 귀로 듣고, 동시에 눈으로 보는 지각 방식은 단지 듣기만 하는 것보다 훨씬 신뢰할 만하다. 나는 그 내용을 해석에 의해, 즉 그 의미를 이해하고 분석하면서 동시에 그것을 평가했다. 하나의 표준으로서 이론적인 전제에 의한 데이타의 평가 분석은 과학적으로 인정된 절차이다.[28]

(4) 자료 처리 기법

방법론적으로 나를 도와준 사람들과의 공동 작업에서, 우리는 테이프와 타이프로 옮겨진 설교의 내용 분석을 위한 측정 도구로서 설문지를 고안하였다. 그 설문지 전체는 다시 복사되었다. 대개 이러한 설문지는 부록에 수록되기 마련이지만, 나는 이것을 독자들의 편의를 위해 여기에 둔다.

---

26) N. J. Hanekom, 앞의 책, 96~97쪽.
27) G. J. Smit, *Navorsingsmetodes in die gedragswetenskappe*, pp. 80~86 참고.
28) 같은 책, 221쪽.

설문지 번호						1~4
카드 번호						5~6
설교 번호						7~10

Ⅰ. 인적 사항

1.1 회중

도심 거주자	1	
도심주변 거주자	2	
지방 거주자	3	
토지 경작자	4	11

1.2 목사의 연령

| | | 12~13 |

1.3 년수

| 목회 시작한 해 | 19 | | 14~15 |
| 안수받은 해 | 19 | | 16~17 |

1.4 신학적자질

	예	아니오	
A 신학교	1	2	18
B 신학교	1	2	19
기타 신학교	1	2	20
다른 나라	1	2	21

1.5 신학 학위(최종 학위)

대학원 수료	1	
학사 학위	2	
석사 학위	3	
박사 학위	4	22

1.6 현재 교회에서 목회 기간   19부터 ☐☐   23~24

1.7 집회의 횟수   횟수 ☐☐   25~26

Ⅱ. 성경 읽기

2.1 읽는 순서

	예	아니오	
구약부터	1	2	27
신약부터	1	2	28

2.2 성경

책 __________ 과 __________ 과 __________
장 __________ 과 __________ 과 __________
절 __________ 과 __________ 과 __________

책				29~32
장				33~36
절				37~40

2.3 설교 분량

시작시간		시		41~44
마치는 시간		시		45~48

Ⅲ. 설교 내용

3.1 서론

성경적	전혀 아니다	1	약간 그렇다	2	매우 그렇다	3	전적으로 그렇다	4	49
상황적	전혀 아니다	1	약간 그렇다	2	매우 그렇다	3	전적으로 그렇다	4	50

3.2 주석

성경적	전혀 아니다	1	약간 그렇다	2	매우 그렇다	3	전적으로 그렇다	4	51
상황적 상황	전혀 아니다	1	약간 그렇다	2	매우 그렇다	3	전적으로 그렇다	4	52

3.3 대지 구분

성경적	전혀 아니다	1	약간 그렇다	2	매우 그렇다	3	전적으로 그렇다	4	53
상황적	전혀 아니다	1	약간 그렇다	2	매우 그렇다	3	전적으로 그렇다	4	54

3.4 성경 해석

성경적	전혀 아니다	1	약간 그렇다	2	매우 그렇다	3	전적으로 그렇다	4	55
상황적	전혀 아니다	1	약간 그렇다	2	매우 그렇다	3	전적으로 그렇다	4	56

3.5 중심 메시지

성경적	전혀 아니다	1	약간 그렇다	2	매우 그렇다	3	전적으로 그렇다	4	57
상황적	전혀 아니다	1	약간 그렇다	2	매우 그렇다	3	전적으로 그렇다	4	58

3.6 설교의 목적

본문의 이해	전혀 아니다	1	약간 그렇다	2	매우 그렇다	3	전적으로 그렇다	4	59
상황의 이해	전혀 아니다	1	약간 그렇다	2	매우 그렇다	3	전적으로 그렇다	4	60

3.7 설교의 결론

성경적	전혀 아니다	1	약간 그렇다	2	매우 그렇다	3	전적으로 그렇다	4	61
상황적	전혀 아니다	1	약간 그렇다	2	매우 그렇다	3	전적으로 그렇다	4	62

3.8 전체적인 설교의 내용

성경적	전혀 아니다	1	약간 그렇다	2	매우 그렇다	3	전적으로 그렇다	4	63
상황적	전혀 아니다	1	약간 그렇다	2	매우 그렇다	3	전적으로 그렇다	4	64

3.9 설교가 당신에게 감동을 주었는가?

지적	전혀 아니다	1	약간 그렇다	2	매우 그렇다	3	전적으로 그렇다	4	65
감동적	전혀 아니다	1	약간 그렇다	2	매우 그렇다	3	전적으로 그렇다	4	66
의지적	전혀 아니다	1	약간 그렇다	2	매우 그렇다	3	전적으로 그렇다	4	67

Ⅳ. 언어와 개념

4.1 설교자의 언어 구사

성경적	전혀 아니다	1	약간 그렇다	2	매우 그렇다	3	전적으로 그렇다	4	68
상황적	전혀 아니다	1	약간 그렇다	2	매우 그렇다	3	전적으로 그렇다	4	69

4.2 예화

성경적	전혀 아니다	1	약간 그렇다	2	매우 그렇다	3	전적으로 그렇다	4	70
상황적	전혀 아니다	1	약간 그렇다	2	매우 그렇다	3	전적으로 그렇다	4	71

4.3 비유적 표현 내지 모델

성경적	전혀 아니다	1	약간 그렇다	2	매우 그렇다	3	전적으로 그렇다	4	72
상황적	전혀 아니다	1	약간 그렇다	2	매우 그렇다	3	전적으로 그렇다	4	73

Ⅴ. 설교의 대화적 성격

5.1 설교에서 설교자가 질문을 던지고 그것에 대답하려고 하는가?

예	1	
아니오	2	74

〈5.1에서 '예' 인 경우, 아래 설문으로 계속〉

5.2 당신은 어떤 견지에서 설교자의 질문을 평가하는가?

성경적	전혀 아니다	1	약간 그렇다	2	매우 그렇다	3	전적으로 그렇다	4	75
상황적	전혀 아니다	1	약간 그렇다	2	매우 그렇다	3	전적으로 그렇다	4	76

5.3 당신은 어떤 견지에서 설교자의 대답을 평가하는가?

성경적	전혀 아니다	1	약간 그렇다	2	매우 그렇다	3	전적으로 그렇다	4	77
상황적	전혀 아니다	1	약간 그렇다	2	매우 그렇다	3	전적으로 그렇다	4	78

5.4 설교에서의 대화는 어느 정도 성공적인가?

설문지 번호			1~4
카드 번호	0	2	5~6

성경에 충실	전혀 아니다 1	약간 그렇다 2	매우 그렇다 3	전적으로 그렇다 4	65
사람에 충실	전혀 아니다 1	약간 그렇다 2	매우 그렇다 3	전적으로 그렇다 4	66
상황에 충실	전혀 아니다 1	약간 그렇다 2	매우 그렇다 3	전적으로 그렇다 4	67

VI. 설교의 여러 양상

설교를 아래의 평가 기준에 따라 평가하시오.

	매우 그렇다	상당히 그렇다	같은 정도다	상당히 그렇다	매우 그렇다		
(1) 설득력 있다	5	4	3	2	1	설득력이 없다	10
(2) 적절하다	5	4	3	2	1	부적절하다	11
(3) 실제적이다	5	4	3	2	1	비실제적이다	12
(4) 이론적이다	5	4	3	2	1	이론적이지 않다	13
(5) 시사적이다	5	4	3	2	1	시사적이지 않다	14
(6) 혁신적이다	5	4	3	2	1	진부하다	15
(7) 계몽적이다	5	4	3	2	1	혼란시킨다	16
(8) 객관적이다	5	4	3	2	1	주관적이다	17
(9) 신학적으로 정당하다	5	4	3	2	1	신학적으로 정당하지 않다	18
(10) 사회적으로 적절하다	5	4	3	2	1	사회적으로 적절하지 않다	19
(11) 논리적이다	5	4	3	2	1	비논리적이다	20
(12) 흥미있다	5	4	3	2	1	지루하다	21

(13) 성경적이다	5	4	3	2	1	비성경적이다	22
(14) 교리적으로 정통적이다	5	4	3	2	1	이단적이다	23
(15) 사람에 충실하다	5	4	3	2	1	사람에게 충실하지 않다	24
(16) 상황적이다	5	4	3	2	1	비상황적이다	25
(17) 하나님 중심적이다	5	4	3	2	1	하나님 중심적이 아니다	26
(18) 그리스도 중심적이다	5	4	3	2	1	그리스도 중심적이 아니다	27
(19) 성령 중심적이다	5	4	3	2	1	성령 중심적이 아니다	28
(20) 인간 중심적이다	5	4	3	2	1	인간 중심적이 아니다	29

VII. 설교의 해석학적 성격

7.1 어느 정도로 이 설교자가 성경을 벗어나지 않고 현대 사회에서 사는 20세기의 사람에게 맞게 잘 설교하는가?

매우 잘한다	잘한다	보통이다	잘하지 못한다	매우 못한다	
5	4	3	2	1	30

VIII. 설교 형식

이 설교는 어떤 형식을 가지고 있는가?

주제적/ 논쟁적 한 책에서 선택	1	
주제(요점)	2	
내러티브(Narrative)	3	
훈계적(Homily)	4	
시적(Poetic)	5	
묵상적(Meditative)	6	31

IX. 예배 형태

정규적인 예배		1
세례		2
성찬		3
견진	구성원	4
	교회 회의	5
청소년 대상		6
기타		7

32

설교의 내용을 분석하기 위해 마련된 범주들은 서론, 주석, 대지 구분, 성경해석, 중심 메시지, 설교의 목적, 설교의 결론, 그리고 전체적인 설교의 내용이다. 이 설문에서 상황적이란 현재 회중의 상황, 즉 회중들의 구체적이고 현재 처한 상황을 의미하는 것이다. 성경적이란 그 정반대를 의미하는데, 다시 말해 성경의 세계와 본문에서 나타나는 그대로의 메시지를 의미한다. 그런 까닭에 타원에서 두 개의 초점, 즉 설교의 두 기둥은 우리가 성경적 및 상황적이라고 부르는 두 개념들에 의해 표현되는 것이다. 그러나 내용이 갖는 또 다른 차원을 측정하기 위해서 설교에서 사용된 언어와 개념들이 설교자의 언어 구사, 예화 그리고 비유적 표현 내지 모델과 같은 범주들 아래에서 분석되어졌다. 필자는 설교에서 대화가 어느 정도 이루어지는지 확증하기 원했다. 설교가 얼마나 주제 지향적인지, 성경 지향적인지, 아니면 상황 지향적인지를 확증하기 위해 설득력, 적절성, 실제성 그리고 기타 등등의 항목으로 설교의 양상들을 포함시켰다. "설교의 해석학적 성격"의 항목들은 설교의 전체적인 면, 특히 설교가 성공적인지 아닌지를 평가하기 위해 첨가되었다. 또한 나는 어떤 설교학적 형식들이 사용되었는지를 확증하기 원했으며, 그래서 그것을 VIII(설교형식)에 포함시켰다.

내용 분석은 각 등급에 1에서 4까지 점수를 부여하여 실행되었다. 그래서 각각의 범주에 성경적인 면과 상황적(회중의 상황)인 면에서 각각 다음과 같이 점수를 부여하였다. 즉 전혀 아니다 (1), 약간 그렇다 (2), 매우 그렇다 (3), 전적으로 그렇다 (4). 이러한 등급에서 3은 이상적인 점수가 될 것이다. 내용적으로 각각의 범주에서 3점을 얻은 설교, 다시 말해 매우 성경적이고, 매우 상황적인 설교는 설교학 이론에서 설명한 주제적인 설교에 가까운 것이 될 것이다. 보다 더 성경 지향적인 설교는 성경적인 면에서는 높은 점수를 받고, 또 상황적인 면에서는 낮은 점수를 받는 경우일 것이며, 반면에 상황 지향적인 설교는 상황적인 면에서는 높은 점수를 받지만 성경적인 면에서는 낮은 점수를 받는 경우가 될 것이다.

이러한 설문지가 고안되고 나서 나는 시험적으로 한 번 실시해 보고, 그리고 나서 21개의 설교들을 분석했다. 이러한 측정 도구의 신뢰도는 컴퓨터로 테스트되었는데, 21개의 설교에 대한 크롬바흐(Crombach)의 알파 계수를 사용하여 다음과 같이 분석되었다.[29] 검증의 유의수준 내지 유의도(p값)는 그 분석의 유의도를 나타내며, 또한 이것은 1 퍼센트 이내가 바람직하며, 5 퍼센트를 초과해서는 안된다. 유의 수준(p)은 통계에서 얻은 테스트가 어느 정도까지 측정의 오류로 돌려질 수 있는지를 나타내며, 또한 모집단내에 어떤 차이들이 존재하는지의 여부를 표시한다.[30] 유의 수준은 표에서 관찰될 수 있는 상당히 높은 유의적인 차이들에 의해 표시되어 진다. 본 연구의 테스트에서, 설문지의 p값은 0.0000이었는데, 다시 말해 상당히 유의적이라는 것이다.

알파 테스트는 더 한층 나아가서 49개의 항목들, 즉 설문지의 3.1에서 5.3까지의 항목들과 VI (1)에서 XV에 이르는 항목에서의 데이타에 적용

---

29) C. H. Hull & N. H. Nie, *SPSS Update 7~9. New procedures and facilities for releases* 7~9, p. 256 참고.

30) A. G. van Wyk, *Uniekheidsleerverkondiging en lidmaatmotivering*, p. 242 참고.

되었다. 이상적으로 볼 때 크롬바흐의 알파 계수의 신뢰도는 1.00이지만, 실제로 이것은 결코 얻을 수 없다. 본 설문지에 대한 테스트에서 얻은 결과는 0.86으로, 이렇게 높은 알파 값은 내부적인 유효성이 높다는 것을 나타낸다. 49개의 각각의 항목들에 대한 알파 계수는 0.86에서 0.89에 걸쳐 있으며, 이것은 각각의 항목들이 전체 알파 계수에 평균적으로 영향을 미치고 있음을 보여준다. 그러므로 이 항목들 중에서 어떤 것을 제외하더라도 이것은 전체 알파 계수 0.86에 영향을 미치지 않게 된다. 이러한 테스트의 결과에 힘입어 이 설문지는 신뢰할 만한 측정 도구로 인정되었으며, 아울러 이 설교들의 분석이 진행되었다.

앞에서 언급한 대로 범주들은 반드시 명시적으로 정의되어야 하며, 또한 상호 배타적이어야 한다는 요구조건에 비추어, 혹자는 이 설문에서 3.8의 범주가 필요한지 여부를 묻는 비평적인 물음을 던질 수 있을 것이다. 그것은 평균적으로 생략될 수 있을 것이다. 자료 처리의 결과에서 IX(예배 형식)는 본 연구에서 기능하지 않은 것으로 나타났으며, 또한 II(설교 과정에서 읽기 시작한 성경 책들)도 마찬가지 였다. 그러나 만일 누군가 다른 목적을 위해서 이 데이터를 필요로 했다면, 이 데이터들은 컴퓨터에서 이용될 수 있었을 것이다.

(5) 표본

나는 이 연구를 대도시 지역에 위치한 개혁주의 전통을 가진 교회의 목사들을 대상으로 실시하기로 결정했다. 개혁주의 교회의 한 일원으로서 나는 이것이 실제 연구 대상으로 분명한 분야임을 알게 되었다. 15명의 목사들이 무작위로 추출되었는데, 이것은 대도시 지역에 있는 목사들 모두가 표본으로 선택될 수 있는 동등한 자격을 가지고 있음을 함축한다.

나는 이렇게 선택된 목사들의 두드러진 단면을 보기를 원했으며, 그래서 그들을 선택할 때 다음과 같은 범주들, 즉 나이, 회중의 유형 그리고 신학 훈련 장소를 고려하였다. 이와 같이 해서 표본 집단은 젊은 층, 중년 층, 그리고 노년층의 목사들로 구성되었다. 그들은 도심과 도심주변의 회중들로부터 선택되었다. 또한 신학 훈련 장소로서 A신학교와 B신학교는 또 하나의 기준이 되었다. 이와 같이 해서 표본 집단은 A신학교에서 훈련받은 목사들과 B신학교에서 훈련받은 목사들을 포함하였다. 하나의 두드러진 단면을 위해 모든 주요한 범주들에 딱 들어맞는 응답자를 찾는 것이 어려웠기 때문에, 회중의 유형과 훈련 장소의 수가 균등하게 정확히 나누어지지 않았다.

나는 이 연구에 참여하기로 교섭된 목사들의 협조를 확보하였고, 그 결과로 그들의 설교가 1983년 4월부터 11월까지 한 사람에 7편씩 녹음되었다. 나는 그 녹음 작업을 개인적으로 하지 않았다. 그 설교들은 짧은 시간에 집중적으로 녹음될 수 없었다. 왜냐하면 어떤 교회에서는 네 명의 목사들이 함께 사역을 하고 있어서 그 팀의 각 사람은 매우 드물게 설교했기 때문이다. 몇몇 목사들은 실제 녹음 기간보다 이전에 녹음되었던 테이프를 주었지만, 이것이 본 연구에 어떤 영향을 끼치지는 않았다. 왜냐하면 우리가 관심을 갖는 점은 단지 다양한 목사들의 설교 스타일이기 때문이다. 목사들은 각각 그들의 설교에 번호를 매겨 그 자료들이 은밀하고 익명으로 처리될 수 있도록 하였다. 우리가 수집한 것은 이번 연구가 마무리되고 나서 서로 서로에게서 배우기 위해 정리되었다. 여기에 종사하는 사람들과의 공동작업으로, 또한 그들을 위해서 과학적인 연구를 시도하는 것은 실천신학의 성격에 들어맞는 것이다.

설교들은 테이프로 녹음된 것에서 다시 타자로 옮겨져 나는 각 설교를 타자로 옮긴 원고와 녹음한 것을 가지고 평가를 했다. 각각의 설교를 듣고 동시에 원고를 읽고나서 필자는 설문지에 있는 각 범주들에 따라 평가 점수를 기록하였다. 처음에는 이 작업이 시간이 많이 걸렸지만, 점차로 경험이 쌓여가면서 보다 빨리 진행할 수 있었다. 비록 처음에는 설교의 내용이 우리들의 독립적인 판단들에 의해 분석되어져야 한다고 느꼈지만, 나중에는 방법론적으로 필자를 도와준 두 과학자들이 설교의 평가에 있어서 판단의 이론적인 전제와 숙련도의 차이로 인한 문제들이 발생할 수 있기 때문에 이 작업을 필자 혼자서 해야한다고 결정했다. 필자의 이론적인 전제는 이미 명시적으로 공식화되었고, 게다가 이것이 본 설문지에서 그대로 적용되었으며, 또한 수년간의 강의 경험을 통해 설교를 평가하는 데 상당한 경험을 얻을 수 있었기 때문에, 내가 그 판단을 하기로 결정되었다.

아래의 표 2.1은 표본 집단으로 추출된 목사들의 인적 사항을 보여준다.

속성	수	백분율
연령		
20~30	2	13.3
30~40	8	53.4
40~50	2	13.3
50~60	3	20.0
전체	15	100.0*
평균 40		
회중의 유형		
도심 거주자	9	60
부도심 거주자	6	40
전체	15	100.0

훈련장소		
A 신학교	9	60.0
B 신학교	6	40.0
전체	**15**	**100.0***
최종 학위		
학사	8	53.3
석사	5	33.3
박사	2	13.3
전체	**15**	**100.0**
집회의 횟수		
1회	4	26.7
2회	6	40.0
3회	2	13.3
4회	1	6.7
5회	1	6.7
7회	1	6.7
전체	**15**	**100.0**
평균 2.5회		
현재 교회에서의 목회 기간		
10~15년	2	13.3
5~10년	5	33.3
0~5년	8	53.3
전체	**15**	**100.0**
평균 6년		

표 2.1 설교자의 인적 사항 (백분율)

* 반올림에 의해, 퍼센트 합계가 항상 100.0이 되지는 않는다.

표 2.1에서 목사들의 연령 그룹이 40년에 걸쳐서 거의 고르게 분포되어 있음을 볼 수 있다. 즉 20~30세: 13.3%, 40~50세:13.3%, 50~60세: 20%이며, 단지 30~40세의 그룹이 53.4%로 이보다 높게 표현되고 있다. 평균 연령은 교묘하게 20세와 60세의 중간인 40세로, 30~40세 그룹에서 집중이 강하게 나타나기 때문이다.

회중의 유형을 보면, 도심주변보다는 도심의 회중에서 목회하는 경우가 조금 많았으나, 균형이 심각하게 깨어질 정도는 아니었으며, 또한 이 표본은 두 유형의 도시 회중들로부터 알맞는 묘사를 제공한다. 훈련 장소에서도 마찬가지의 양상을 띄는데, B신학교 출신의 목사보다 A신학교에서 훈련받은 목사들이 약간 우세하게 나타났다. 그러나 여기서도 두 신학교들이 거의 비슷하게 나타난다.

또한 이 표본은 각각의 학위에 따라 하나의 전형적인 그룹을 제공하는데, 즉 학사 학위 8명, 석사 학위 5명, 그리고 박사 학위자가 2명 있다. 이것은 타당성이 있는 분포로 보여지는데, 왜냐하면 목사의 자질이 점점 높아짐에 따라 대학원 자격 수준을 가진 목사들이 수적으로 감소하는 추세이기 때문이다.

표본의 목사들은 2.5에서 그들이 목회했던 교회의 평균 집회의 수에서 보여지는 바와 같이 설교 경험이 전혀 없는 사람은 하나도 없다. 또한 여기서 분포에 있어서도 젊은 목사에서 노년의 목사에 이르기까지 걸쳐있다.

이 연구가 진행되고 있을 즈음에 현재 그들이 목회하는 교회에서의 목회 사역의 횟수를 보면, 그들이 분명히 매우 안정적이며, 그래서 그들이 목회하는 회중의 상황을 상당히 잘 알고 있으리라고 볼 수 있다. 현재 회중들과 10~15년동안 목회한 사람이 2명이며, 5~10년 동안을 5명이, 그리고 8명이 0~5년 동안을 목회하였다. 그들 중에 현재 교회에서 1년 이하로 목회한 목사는 한 사람도 없었다.

비록 이 표본이 연령, 회중의 유형, 훈련 장소, 집회의 수, 그리고 현재 교회에서의 목회 기간과 같은 범주들에 대한 꽤 좋은 단면을 제공하지만, 나는 이것이 개혁 교회에 속한 모든 목사들에게 일반화되어 질 수 있다고 주장하지는 않는다. 그렇게 하기 위해서는 너무나 많은 제약 조건이 따르기 때문이다. 그러나 나는 이 표본이 위에서 개관한 바와 같이 그 분포로 볼 때, 나의 연구의 가설을 경험적으로 검증하기에 충분한 대표성을 띤다고 믿는다. 게다가 결정적으로 그것은 이 교회의 설교에 대한 생생한 통찰을 제공해 주며, 또한 그 연구로부터 어떤 유효한 결론들이 도출될 수 있어서 그 결론들은 세상에 있는 그와 같은 나머지 교회들에게 적용될 수 있으리라고 가정할 수 있을 것이다.

2. 자료 처리 및 해석

오늘날 통계학적인 기법은 데이터를 분석하고 해석하는 데 필수불가결 하다. 이런 기법들이 없으면, 유형과 규칙성을 세우고자 하는 어떠한 노력도 허사가 되고 말 것이다. 통계학적인 방법을 통해 우리는 연구의 과정에서 수집한 방대한 분량의 최초의 데이터를 조직하고 그것으로부터 결론들을 도출하며, 또한 변수들간에 상관 관계를 논증할 수 있다. 그래서 그 연구의 결과들은 그 분야의 기술적인 지식의 체계를 구성하는 데 중요한 공헌을 할 수 있다. 통계학적인 방법은 연구자가 그의 연구에서 그렇지 않을 경우에 있을 수 있는 것보다 더 정확하게 수집된 정보를 묘사할 수 있도록 돕는다. 그래서 통계학은 연구를 도와주지만, 그렇다고 논리적인 사상의 대체물은 아니다.[31]

통계학은 계량적인 데이터를 수집하고, 분류하고, 분석하고, 그리고 해석하는 가장 효과적인 방법들을 발전시키고 응용하는 과학으로서 정

---

31) G. J. Smit, 앞의 책, 203쪽.

의될 수 있다. 그것은 연구자가 수학적인 방법에 기초한 귀납적인 추론을 통해 자신의 결론의 일관성이 개연성을 확증하도록 결정할 수 있게 한다. 그러므로 통계학은 연구자가 그렇지 않을 경우 가능한 것보다 더욱 정확하고 신뢰할 수 있게 데이터를 해석할 수 있게 하는 도구이다.[32]

통계학에는 네 가지 질적인 측정 수준이 있는데,[33] 그것들 모두가 동일하게 효능이 있는 것은 아니다. 첫 번째 측정 수준은 명목 수준으로서 가장 기초적인 것으로 간주된다. 여기서 수치와 기호들은 단지 데이터를 분류하기 위해 사용된다. 그렇기 때문에 목사의 연령, 회중의 유형, 훈련 장소, 집회의 수, 그리고 현재 교회에서의 목회 기간은 최빈치(mode)와 백분율의 항으로 분류될 수 있다. 다양한 계급의 도수들은 각 계급에 얼마나 많은 경우들이 위치하는지를 표시해 주지만, 그 계급의 계급 값을 말해주지는 않는다. 위의 표 2.1에서 제시된 데이터의 유형이 바로 이러한 예이다.

두 번째 측정 수준은 서수적 내지 계급순서 척도이다. 여기에서도 데이터는 계급으로 묶여지는데, 그러나 정확한 수치가 그 계급에 할당되지 않더라도 일정한 계급순서가 존재하게 된다. 오직 그 순서만 수적으로 중요한 것이다. 본 연구에서는 학위 수준의 계급순서(학사학위, 석사학위, 박사학위— 표 2.1을 보라)가 이 척도에 의해 계산되었다. 서수적 측정 척도에 의해 얻어진 통계의 유형들은 최빈치, 중앙값(median), 그리고 백분율이다. 명목적인 측정이나 서수적인 측정 모두가 카이—스퀘어(x^2) 계수에 의해 테스트되었다.

세 번째 측정 수준은 구간 척도로, 이것은 앞에서 언급한 두 가지 척도와 동일한 정보를 제공하지만, 아울러 계급들 간의 차이를 표시해 준다.

---

32) 같은 책, 202쪽.
33) G. J. Smit, 앞의 책, 208~209쪽.

다시 말해, 이것은 두 개의 측정 간의 정확한 거리(구간)에 대한 정보를 제공한다. 이 척도에서 획득된 점수로 평균, 표준편차, 상관관계, 그리고 차이의 유의성을 계산할 수 있다. 그래서 얻어진 통계의 유형은 최빈치, 백분율, 중앙값, 평균, 그리고 표준편차이다. 본 연구에서 구간 척도 데이터를 위해 사용된 기법은 분산 분석이다.

네 번째 측정 수준은 비율 척도로, 이것은 앞에서 언급한 척도들의 모든 장점을 가진 반면에 그들이 가진 한계를 가지지 않았다. 그래서 얻어진 통계는 다시 한 번 말하자면 최빈치, 백분율, 중앙값, 평균, 그리고 표준편차이고 여기에다가 계급의 절대값과 절대 제로값을 더한다. 그래서 그 척도 단위에 상관 없이 변하지 않고 남아있는 두 척도의 점들 간에 고정 비율이 존재하게 된다. 여기에서도 분산 분석을 적용한다.

측정 수준간의 차이는 다음과 같이 표로 표시될 수 있다(단지 본 연구에서 사용된 통계적인 기법들만 표시되었다).

측정 수준	통계 유형	통계적 기법
1. 명목 척도	최빈치, 백분율	카이-스퀘어(x^2) 테스트
2. 서수 척도	최빈치, 백분율, 중앙값	카이-스퀘어(x^2) 테스트
3. 구간 척도	최빈치, 백분율, 중앙값, 평균, 표준편차	분산 분석
4. 비율 척도	최빈치, 백분율, 중앙값, 평균, 표준편차	분산 분석

(1) 설교 내용 면에서 분석된 세 가지 설교 스타일

측정 도구(설문지)를 통해 설교들에서 수집된 데이터는 컴퓨터에 넘겨졌다. 설문지 III의 범주들["설교의 내용," 3-(1)~ 3-(8)]은 카이-스퀘어(x^2) 테스트로 교차표(cross-tabulation)를 이용하여 전산 처리되었다. 설문지에 기초하여 두 개의 변수들, 즉 성경적인 내용(성경적 상황)과 상황적 내용(현대의 상황)이 분리되었다. 그리고 이 변수들은 설교 스타일을 주제 지향적, 성경 지향적, 또는 상황 지향적인 것으로 정의하는 데 사용되었다. 이러한 절차는 다음과 같다.

상황 지향적인 내용 면에서는 낮은 점수를, 그리고 성경 지향적인 내용 면에서는 높은 점수를 받은 설교는 성경 지향적인 설교로 정의되었다.

상황 지향적인 내용 면에서는 높은 점수를, 그리고 성경 지향적인 내용 면에서는 낮은 점수를 받은 설교는 상황 지향적인 설교로 정의되었다.

성경 지향적인 내용과 상황 지향적인 내용 모두에서 높은 점수를 받은 설교는 주제 지향적인 설교로 정의되었다.

결과적으로 우리는 설교 내용에 따라 이러한 세 가지 설교 스타일을 분류하기 위하여 한 개의 종속 변수를 만들었는데, 즉 연구 중에 나타난 현상이 그것이다. 연구 데이터의 통계적인 분석에서 드러난 바와 같이 이 세 가지 설교 스타일은 표 2.2에 나온다.

설교 스타일	수	백분율
분류 불가능	13	12.4
주제 지향적	41	39.0
성경 지향적	33	31.4
상황 지향적	18	17.1
합계	105	100.0

표 2.2 세 가지 이상적 타입의 설교 스타일 (백분율)

표 2.2가 지시하는 바는 실제로 설교들 속에서 세 가지 독특한 설교 스타일을 분리할 수 있다는 점이다. 105편의 설교들 중에서 대략 41편 (39%)이 이상적인 타입으로서 주제 지향적인 스타일에 가깝고, 대략 33

편(31.4%)이 이상적인 타입으로서 성경 지향적인 스타일에 가까우며, 또한 대략 18편(17.1%)이 이상적인 타입으로서 상황 지향적인 스타일에 가까웠다. 이것은 내가 앞에서 제시한 연구의 가설을 명백하게 경험적으로 승인하는 것이다. 적은 수의 설교들(13편, 12.4%)은 분류할 수 없는 것이었는데, 왜냐하면 그것은 교차표의 통계적 축에서 너무 동떨어져 있기 때문이다. 그렇지만 그 퍼센트는 아주 미흡한 정도이기에 이 연구의 결과에 영향을 끼치지는 않았다.

흥미로운 사실은 105편의 설교 중에서 다수(41편, 39%)가 주제 지향적인 스타일에 접근하고 있다는 점이다. 혹자는 이것이 바로 이 연구 그룹의 목회자들이 열망하고 있는 이상적인 타입이라고 추론할지도 모르겠다. 그들은 신학적으로 설교의 근본적인 구조, 즉 주석과 적용은 성경의 참된(true) 메시지가 회중의 상황 속(in)에서 선포되어야 할 것을 요구한다고 이해한다.

그러나 실제로 이러한 이론적 신학적인 전제가 아직 실현된 것은 아니다. 즉 수적으로 우위에 있는 설교들(33편, 31.4%)은 설교 사건의 성경 지향적인 극단에 접근하고, 반면에 보다 적은 수(18편, 17.4%)가 또 다른 극단으로 상황 지향적인 것에 가깝기 때문이다. 왜 이렇게 나타나는가? 본문과 상황(현대의 상황)에 몰입하는 데 실패하는 설교자들이 상황 지향적인 스타일보다 성경 지향적인 스타일의 경향을 갖는 까닭은 무엇인가? 참으로 설교자들이 교인들과의 커뮤니케이션을 추구하여 교인들의 관점, 의견, 그리고 필요가 정확히 무엇인지를 알려고 거의 노력하지 않는 일이 있을 수 있는가? 혹시 목사들이 자신의 세계 안에서만 살고 있어서, 그의 시야가 회중들의 삶의 세계의 범위와 교차하는 데 실패하고 있지는 않는가? 아니 그보다 목사들이 다음 주일 설교를 위해 택한 본문에 대해 회중들이 가진 선지식에 대해 너무나도 확신할 수 없어서 회중들에게 있을지도 모르는 상황에 대해 그 본문이 함축하는 의미보다 그 본문

자체에 대해 더 많이 말하는 것에 신중을 기하는 것은 아닌가?

또 다른 의문은 왜 어떤 그룹은, 비록 수적으로 작지만, 상황 지향적인 경향을 갖는가 하는 점이다. 실제에서 발견되는 이러한 두 가지 반응은 피트-왓슨(Pitt-Watson)이 자신의 책, 『어리석은 행동』(*A kind of folly*)에서 표현한 그의 견해와 관계가 있는데, 즉 개혁주의 목사들의 훈련이 실제 현실에 대한 감각에 있어서 충분하지 못하다는 것이다. 젊은 목사가 목회를 시작하여 회중들에게 나가 섰을 때, 그는 곧 자신이 받은 훈련이 자신에게 별로 소용이 없음을 발견하게 되는데, 특히 교인들과 적절한 커뮤니케이션을 하는 데 실패하는 것이 그것이다. 이러한 문제에 직면하여 그는 두 가지 극단적인 방법 중 하나에 반응할 수 있다. 즉 그는 만일 자신이 오직 참되신 하나님의 말씀만 선포하면, 그것은 아무튼 대충 스스로 커뮤니케이션을 하게 되리라는 어리석은 믿음을 가지고 성경에 의지할 수 있다. 그렇지 않으면, 그는 불만족스럽기는 하지만 실제로 인기 있다고 알려진 것을 받아들이고, 자신의 설교를 이 접근법에 집중시킬지 모른다. 왜냐하면 그것은 비록 어떤 과학적인 근거는 없지만, "효과가 있기" 때문이다.

본 설문에서 한 범주(VII, 7.1- "설교의 해석학적 성격")는 나머지 평가가 다 이루어진 후에 점수를 기록하였다. 설교를 듣고 모든 다른 범주들에 기록을 한 후에, 나는 설교를 전체적으로 평가하였다. 즉, 이것은 성경을 벗어나지 않고 현대 사회를 살고 있는 사람에게 잘 설교하는가(설문지 참조)? 이것은 설교에서 받은 전반적인 인상에 대한 평가였으며, "이 설교는 해석적으로 효과적인가, 그렇지 않은가?"의 물음을 적용한 것이다. 이 평가의 결과는 표 2.3에서 나타난다.

설교 스타일	수	백분율
해석적으로 효과적	40	38.1
해석적으로 비효과적	65	61.9
합계	105	100.0

표 2.3 설교의 해석적 효과성 (백분율)

이 표에서 얻을 수 있는 놀라운 사실은, 정교한 내용 분석에 의해 도달된 설교 스타일의 전형과 설교를 듣고 나서 내가 내린 전반적인 내용에 대한 평가 사이에 거의 차이가 나지 않았다는 점이다. 다시 말해, 표 2.2는 105편의 설교 중에서 이상적인 타입으로서 주제 지향적인 스타일에 가까운 41편(39%)의 설교들이 현대 회중의 상황 속에서 성경 본문의 메시지를 상세히 설명한다는 점에서 해석적으로 효과적이라는 점을 보여준다. 표 2.3은 105편의 설교 중에서 40편(38.1%)의 설교가 해석적으로 효과적임을 나타내는데, 즉 이 설교들은 이상적인 타입으로서 주제 지향적인 스타일에 가깝다.

게다가 표 2.3은 105편의 설교 중에서 65편(61.9%)이 해석적으로 비효과적임을 보여준다. 설교학 이론의 견지에서 보자면, 이 설교들의 절반 이상이 실패인 것이다. 만일 설교의 중요한 국면을 성경적인 충실도와 회중 지향성의 해석적 결합으로 상정한다면, 이러한 실제적인 연구 결과는 심각한 관심을 일으키는 것이다.

이러한 결과들의 이유들을 찾는다면, 우리는 다시금 교인의 정확한 상황에 대한 무지의 탓으로 돌려야만 한다. 본 설문의 범주들 속에 각각의 표제에 대한 빈도 조사에서 산출된 백분율은 다음과 같이 흥미 있는 사실들을 드러낸다. 즉, 전체 설교의 82.9%가 주석적인 면에서 매우 성경적(설문의 3.2)이었으나, 불과 전체 설교의 38.1%만이 설교에서 현재의 상황을 대충 구체화하고 있었다. 이것이 함축하는 의미는, 비록 목사들이 본문의 주석에는 많은 수고를 들이고 있지만, 그들의 설교를 커뮤니케이션할 수 있는 현대적인 용어로 짜고 표현하는 것에는 상대적으로 적은 관심을 보이고 있다는 것이다. 그래서 혹자는 목사들이 일단 주석이 끝나면 설교 준비가 실제로 다 끝난 것인양 생각하는 경향때문에 그들은 현대의 실제 삶을 살아가는 회중들을 위해 설교를 언어화하는 과제를 대충하게 된다고 생각할지도 모른다. 또한 그들은 교인들의 정확한 상황과 그들의 용어에 익숙하지 않기 때문에 이 두 번째 과제를 적절하게 수행하지 못할 수도 있다.

(2) 설교자의 인적 사항과 설교 스타일

분석에 있어서 두 번째 단계는 ① 목사들의 인적 사항과 ② 설교 스타일을 수립하는 것이다. 우리는 이러한 인적 데이터 중에서 만약 있다면 무엇이 설교 스타일에 영향을 끼치는지 알 필요가 있다. 이러한 목적을 위해 우리는 명목 수준과 서수 수준에 대한 카이-스퀘어(x^2) 테스트를 적용하였다. 표의 아래 부분에 카이-스퀘어 계수(x^2), 자유도(dof), 그리고 상관 관계의 유의도(p)가 있다. 표 2.4에는 오직 1% 미만의 유의도를 가진 항목들만 포함되어있다.

회중의 유형에서, 우리는 도심주변 교회들의 다수의 설교가– 절반 이상 내지 54.8%– 주제 지향적임을 알 수 있다. 반면에, 도심 교회들의 설교는 성경 지향적인 경향이 있으며(30.2%), 상대적으로 주제 지향적인 설교는 28.6%, 그리고 상황 지향적인 설교는 23.8%에 이르고 있다. 도심주변 교회들에서 단지 7.1%의 설교만이 상황 지향적이었다. 도심주변의 설교자들이 도심의 설교자들보다 주제 지향적인 설교를 더 성공적으

설교자의 일반적인 성격	설교 스타일				수	합계
	미분류	주제 지향적	성경 지향적	상황 지향적		
회중의 유형						
도심	17.5	28.6	30.2	23.8	63	100.0
도심주변	4.8	54.8	33.3	7.1	42	100.0
x^2=11.87, dof=3, p≤0.0078						
훈련 장소						
A 신학교 (예)	9.5	41.3	41.3	7.9	63	100.0
(아니오)	16.3	35.7	16.7	31.0	42	100.0
x^2=13.87, dof=3, p≤0.0031						
B 신학교 (예)	14.6	36.6	17.1	31.7	41	100.0
(아니오)	9.5	41.3	41.3	7.9	63	100.0
x^2=2.062, dof=6, p≤0.0021						
최종 학위						
학사	12.5	48.2	19.6	19.6	56	100.0
석사	8.6	22.9	57.1	11.4	35	100.0
박사	21.4	42.9	14.3	21.4	14	100.0
x^2=17.11, dof=6, p≤0.0089						

표 2.4 설교자의 인적 성격으로 분석된 설교 스타일 (백분율)

로 하고 있다는 사실에서, 우리는 도심주변에 사는 사람들이 안정된 공동체이기 때문에 그 지역의 목사들이 교인들의 상황을 보다 잘 알 수 있는 기회를 가진다는 점을 추측할 수 있었다. 목사가 교인들이 실재 삶에서 갖는 생각, 요구, 그리고 감정을 알게 되는 순간에, 그는 그들의 상황 속에서 본문을 더욱 구체화할 수 있게 된다. 반면에, 도심 교회의 경우는 실질적으로 대다수의 교인들이 다달이 바뀐다. 이러한 사실은 분명히 목사들이 특정한 사람들의 구체적인 상황에 대해 알게 되는 것을 어렵게 만든다. 그러므로 그의 설교는 더욱 보수적으로 성경 본문에 집착하게 되고, 그래서 그는 단지 가장 일반적인 용어로 적용하게 되는 것이다. 이러한 사실은 또한 교인들의 실재 삶의 상황을 아는 것이 필요하다는 자명한 이치를 확증해 준다.

표 2.4는 훈련 장소역시 설교 스타일에 영향을 준다는 것을 나타낸다. 두 신학교 출신들은 압도적으로 주제 지향적인 설교를 하고 있지만, 흥미 있는 사실은 B신학교에서 훈련받은 목사들이 상황 지향적인 면에 높은 수치(31.7%)를 보이는 반면에, A신학교에서 훈련받은 목사들은 상황 지향적인 면에 낮은 수치(7.9%)를 보이며 반대로 성경 지향적인 면에서 높은 수치(41.3%)를 보인다는 점이다. 그러므로 두 그룹의 설교는 꽤 주제 지향적이며, 하지만 그 밖에도 상황 지향적인 면(B신학교)과 성경 지향적인 면(A신학교)으로 나뉘고 있다.

게다가 표 2.4는 학사와 박사 학위를 가진 목사들이 압도적으로 주제 지향적인 설교자임을 나타내며, 반면에 석사 학위를 가진 목사들은 현저하게 성경 지향적인 성향을 띠고 있음을 보여준다. 연구 그룹에 대한 데이터는 어떠한 구체적인 추론의 여지를 제공하지는 않는다.

위에서 우리는 독립변수인 ① 회중의 유형과 ② 훈련장소가 설교 스타일에 결정적인 영향을 준다는 사실과, 반면에 인적 데이터에서 얻은 여타 변수들은 아무 유의적인 결과를 낳지 않는다는 점을 얻었다. 흥미를 위하여 여타 변수들– 목사의 연령, 현재 교회에서의 목회 기간, 집회의 횟수–은 아래의 표 2.5에서 나타난다. 필자는 이 표를 의도적으로 포함시켰는데, 왜냐하면 상당히 많은 사람들이 나이든 목사들은 젊은 목사들에 비해 다르게 설교한다든지, 혹은 그들의 경험이 설교가 주제 지향성을 띠도록 영향을 끼친다고 믿기 때문이다. 이 경우 통계적인 기법으로 분산 분석이 사용되었다.[34] 이 표의 아래 부분에 F값이 있는데, 이것

---

34) G. J. Smit, 앞의 책, 218쪽; C. H. Hull & N. H. Nie, 앞의 책, 32쪽.

은 그룹간의 평균의 제곱 합과 그룹 내의 평균의 제곱 합의 관계이다.[35] 게다가 우리는 p값을 수록했는데, 이 값은 모든 경우에 걸쳐 1%를 초과하므로 유의적이지 않았다. S는 표준 편차이며, 표에서는 평균 바로 다음에 나온다(분산 분석에서는 백분율 보다는 평균을 가지고 작업한다). 표준 편차는 각각의 점수들이 평균으로부터 어느 정도 편차를 보이는지를 나타내는데, 다시 말해 데이터가 평균 주위에 얼마나 밀접하게 분포되어 있는가를 보여준다.

설교자의 일반적인 성격	설교 스타일									합계	
	미분류		주제 지향적		성경 지향적		상황 지향적				
	평균	S	평균	S	평균	S	평균	S	평균	S	
연령	40.1	10.4	39.3	10.4	40.0	9.9	41.1	7.7	40.0	9.7	
	F = 0.142, p≤0.9345										
현재 교회에서의 목회기간	77.5	5.2	78.2	4.5	79.0	2.4	78.3	5.1	78.4	4.1	
	F = 0.427, p≤0.7339										
집회의 횟수	2.1	1.2	2.4	1.6	2.7	2.0	2.6	1.0	2.5	1.6	
	F = 0.578, p≤0.6306										

표 2.5 설교자의 여타 인적 성격에서 분석된 설교 스타일 (평균)

　　표본 집단의 평균 연령은 40세였으며, 또한 주제 지향적인 설교자와 상황 지향적인 설교자들의 평균 연령은 많은 편차를 보이지 않았다. 후자(상황 지향적 설교자)의 평균 연령은 41.1세이며, 반면에 성경 지향적인 설교자의 평균 연령은 평균(40.0)과 정확하게 일치하였다.

　　1978년에서 1983년 말까지 계산된 현재 교회에서의 목회 기간에 대한 전체 평균은 6년으로, 이 표는 (1978년부터의) 데이터를 수록하고 있다.

---

35) A. G. van Wyk, 앞의 책, 243쪽.

다양한 설교 스타일에 대한 현재 교회에서의 목회 기간의 평균은 전체 평균에 가깝다.

집회의 횟수에 대해서도 앞과 동일하게 말해 질 수 있다. 전체 평균은 2.5회이며, 또한 세 가지 설교 스타일 모두가 이 평균에 매우 가깝다.

그러므로 표 2.5는 목사의 연령, 현재 교회에서의 목회 기간, 그리고 전체 집회 횟수는 어떤 것도 설교 스타일에 유의적인 영향을 끼치지 않는다는 것을 보여준다. 세 가지 스타일 모두는 모든 연령 그룹에서 발생하며, 또한 목회 경험과도 상관이 없다.

(3) 세 가지 설교 스타일을 특징짓는 언어와 개념

분산 분석에서는 그룹들이 유의적으로 다른 지의 여부를 확증하기 위해 한 변수에 관하여 세 개 내지 그 이상의 그룹이나 범주에 대한 동시 비교가 가능하다. 설문에서 언어와 개념에 대한 부문은 설교자의 성경적이고 상황적인(현대의 상황) 지향성을 고려하여 그들의 언어, 예화 그리고 비유적 표현 내지 모델의 사용에 대해 측정하였다. 비유적 표현 내지 모델은 예화와 동일한 것이 아니다. 전자는 이미지, 즉 설교자가 가진 사상의 개념적 틀에 관해 설명한다. 연구의 대상(세 가지 설교 스타일)이 종속 변수였으며, 세 가지 범주들로 테스트되었다. 그 결과는 표 2.6에 나타난다.

이 표에서 나타나는 첫 번째 요점은 모든 범주에 대한 유의 수준이 상당히 높다(0.0000)는 것인데, 이것은 적당한 확률의 한계 내에서 다른 연구자들도 이와 유사한 결과를 얻을 수 있음을 의미한다. 이 표를 고찰할 때, 이상적인 점수는 3이라는 것을 기억해야 한다. 왜냐하면 이상적인 타입으로서 주제 지향적인 설교는 상황적인 지향성과 성경적인 지향성에서 모두 이 점수를 얻게 되기 때문이다.

설교자의 일반적인 성격	설교 스타일									합계	
	미분류		주제 지향적		성경 지향적		상황 지향적					
	평균	S	평균	S	평균	S	평균	S			평균	S
언어												
성경적	2.6	0.5	2.7	0.4	2.9	0.3	1.7	0.5			2.6	0.5
	F = 29.335, p≤0.0000											
상황적	2.6	0.4	2.8	0.3	2.3	0.5	3.2	0.5			2.7	0.5
	F = 14.585, p≤0.0000											
예화												
성경적	2.6	0.6	2.6	0.6	3.0	0.6	1.6	0.6			2.6	0.7
	F = 18.021, p≤0.0000											
상황적	2.7	0.5	2.6	0.6	2.0	0.7	3.4	0.5			2.6	0.7
	F = 17.048, p≤0.0000											
비유 혹은 모델												
성경적	2.7	0.7	2.7	0.6	3.2	0.4	1.9	0.5			2.7	0.7
	F = 18.127, p≤0.0000											
상황적	2.5	0.7	2.4	0.7	1.9	0.6	3.1	0.3			2.4	0.7
	F = 13.341, p≤0.0000											

표 2.5 설교자의 여타 인적 성격에서 분석된 설교 스타일 (평균)

이어서 나오는 해석은 세 가지 설교 스타일에서 사용된 언어와 관계가 있다. 성경 지향적인 설교 스타일은 성경 지향성에 대하여 이상적인 점수인 3에 가장 가까운(2.9) 점수를 얻었는데, 이것은 상황 지향적인 평균 점수(1.7)보다 훨씬 높은 점수이며, 또한 주제 지향적인 스타일의 평균(2.7)보다 약간 높은 점수이다. 그러나 상황(현대적) 지향성에 대해, 이 스타일은 가장 낮은 점수(2.3)를 가지며, 상황 지향적인 설교의 3.2와 주제 지향적인 설교의 2.8보다 적은 점수이다. 이러한 통계는 성경 지향적인 설교 스타일이 그 언어에 있어서 매우 성경적이며 반면에 오늘날의 상황에 대한 언어를 말하는데 가장 적은 경향이 있음을 나타낸다.

상황 지향적인 설교 스타일은 이상적인 점수에 가까운 다른 두 스타일과 비교할 때 성경의 언어에 대하여 매우 낮은 평균(1.7)을 가진다. 그러나 상황성에 대해 이 스타일은 매우 높은 점수(3.2)를 가지며, 이것은 성경 지향적인 스타일의 2.3 내지 주제 지향적인 스타일의 2.8보다 훨씬 높은 점수이다. 그것은 이 스타일이 상당히 현대적이고 상황적인 언어로 설교하며, 반면에 성경적인 언어 면에서는 다른 두 스타일의 설교에서보다 덜 두드러지게 특징지어진다는 것을 의미한다.

주제 지향적인 설교 스타일은 성경적인 언어에 대하여 2.7의 평균을 기록하여, 성경 지향적인 스타일의 2.9보다 약간 낮긴 하지만 이상적인 점수 3에 꽤 가깝다. 그러므로 이 설교 스타일은 성경적인 언어를 사용하는 경향이 있지만, 또한 상황적으로 말하기도 하는데, 즉 여기서 그 평균은 2.8로, 이상적인 점수보다 약간 낮지만 그렇게 많이 낮은 점수는 아니다. 그러므로 주제 지향적인 스타일은 성경과 현대적인 상황 모두를 효과적으로 표현한다.

이어서 우리는 표본 집단의 설교에서 사용된 예화들의 성경적인 것과 상황적인 것을 다루게 된다. 성경 지향적인 설교 스타일은 성경적인 예화에 대해 이상적인 점수(3)를 얻었으며, 이것은 겨우 1.6밖에 안되는 상황 지향적인 스타일과 대비된다. 반면에 그것은 상황적인 예화에 대해 가장 낮은 점수(2.0)를 얻어 상황 지향적인 설교자의 3.4와 대비된다. 그러므로 이 스타일은 시종일관 성경적인 예화를 사용하며, 현대의 실재 세계에서는 거의 끌어오지 않는다.

성경적인 예화에 대한 상황 지향적인 설교 스타일의 평균은 성경 지향적인 설교가 얻은 이상적인 점수(3)와 주제 지향적인 설교의 2.5에 비하여 매우 낮지만(1.6), 반면에 상황적인 예화에 대한 그 평균(3.4)은 성경 지향적인 스타일의 2.0과 주제 지향적인 스타일의2.6에 비해 매우 높은 것이다. 이 스타일을 성경 지향적인 스타일과 비교할 때, 우리는 그 설교에서 많은 현대적인 예화와 거의 드문 성경적인 예화를 사용하여 완전히 상반되는 것을 발견하게 된다.

주제 지향적인 설교 스타일은 성경적인 예화에서 2.6의 매우 적정한 점수를 받고 있으며, 상황적인 예화에서도 동일한 점수(2.6)를 기록한다. 이상적인 점수에 비해 약간 낮은 점수이긴 하지만, 이것은 성경 지향적인 스타일이나 상황 지향적인 스타일의 경우와 같이 극단적으로 오르락내리락하지 않음을 의미한다. 그러므로 주제 지향적인 설교자는 그 설교에서 성경적인 예화와 상황적인 예화를 균등하게 사용한다.

언어와 개념에 대한 마지막 범주는 다양한 설교 스타일에서 사용된 비유적 표현 내지 모델로서, 이것 역시 성경적인 견지 또는 그 반대의 견지에서 측정되었다. 여기서 성경 지향적인 설교 스타일은 앞의 두 범주들에서 처럼 동일한 유형의 결과를 낳고 있어서 그 사상과 설교의 기초가 되는 성경적 개념적 세계에 대하여 3.2의 높은 평균을 기록하고 있다. 이것은 상황 지향적인 스타일의 1.9보다 매우 높으며, 또한 주제 지향적인 스타일의 2.7보다 상당히 초과하는 것이다. 반면에 상황적인 비유적 표현 내지 모델에 대한 점수는 1.9로, 3.1을 기록하는 주제 지향적인 스타일의 높은 점수에 비하면 매우 낮은 것이다. 그러므로 이 설교 스타일의 개념적인 세계는 현대인이 살고 있는 삶의 세계보다는 오히려 성경에 의해 지배받는다.

상황 지향적인 설교 스타일은 거의 정반대이다. 즉 상황적인 비유적 표현 내지 모델에 대하여 거의 이상적으로 3.1의 평균 점수를 기록하지만, 성경적인 비유적 표현 내지 모델에 대해서는 1.9로 낮은 점수를 기록한다. 표 2.6에서 우리는 그들이 거의 동일한 평균을 가지고 있지만, 표에서는 반대의 패턴으로 나타남으로써 그 반대임을 관찰하게 된다. 상황 지향적인 설교 스타일의 경우 이러한 통계는 그 사고가 성경보다는 오히려 현대의 상황에 기초하는 것을 나타낸다.

주제 지향적인 설교 스타일은 두 세계의 견지에서 사고하고, 또한 그 둘을 융합하는 점에서 훌륭하게 다룬다. 이것은 성경적이고 상황적인 비유적 표현 내지 모델 양자에 대한 평균 점수에서 추론된 것이다. 성경성에 대한 점수는 2.7로 이상적인 점수에 꽤 가까운 것으로, 이것은 성경 지향적인 스타일의 점수(이상적인 점수를 초과함)보다 미만이고, 상황 지향적인 스타일의 비교적 낮은 1.9보다 꽤 초과한다. 상황성에 대해 그것은 대략 성경 지향적인 스타일의 3.1과 상황 지향적인 스타일의 1.9 사이에서 이상적인 점수에 접근한다.

표 2.6에서 전체 105편의 설교 가운데 미분류된 13편의 설교들은 세 가지 언어적인 범주들 모두에 대한 점수에 있어서 대략 주제 지향적인 스타일에 가깝다. 언어 용법에 대해 그것은 성경적인 것과 상황적인 것에서 2.6의 점수를 기록하여 주제 지향적인 스타일의 각각의 경우 2.7과 2.8과 비교된다. 예화와 비유적 표현 내지 모델의 경우, 그 평균 점수는 사실상 주제 지향적인 스타일의 그것과 일치한다.

언어와 개념에 대한 세 가지 범주에서 세 가지 설교 스타일을 비교한다면, 우리는 그 하나 하나가 전체적으로 일관된 패턴을 따르는 것을 발견하게 된다. 성경 지향적인 스타일은 더 성경적이고 덜 상황적인 경향을 띄며, 상황 지향적인 스타일은 더 상황적이고 덜 성경적인 경향을 띤다. 또한 주제 지향적인 스타일은 성경적일 뿐 아니라 상황적으로도 훌륭하게 말한다. 그러므로 성경 지향적인 스타일과 상황 지향적인 스타일은 성경성과 상황성에 대해 분극화되어 진다. 이것은 본 연구 가설이 기초하고 있는 제 1장에서 제시한 설교학 이론에서 (설교의 언어와 개념에 관한) 논거를 확립한다.

(4) 세 가지 설교 스타일의 기타 특징들

세 가지 설교 스타일이 (만약 존재한다면) 그러한 구체적인 속성들을 가지는지의 여부를 확증하기 위해 본 설문에는 설교의 여러 양상 내지 특징들이 포함되었다. 설문의 VI "설교의 여러 양상"에서 이러한 속성에 대한 목록을 볼 수 있다. 분석을 통해 몇몇 항목들이 비유의적인 것으로 나타났는데, 이것은 그들이 모든 설교에서 다소 균등하게(긍정적인 의미에서) 일어난다는 것을 의미한다. 이 모든 항목들은 1%를 초과하는 p값을 가지며, 따라서 표 2.7에는 포함되지 않았다. 그 항목들은 설득력있는/설득력이 없는, 적절한/부적절한, 계몽적인/혼란시키는, 논리적인/비논리적인, 흥미있는/지루한, 그리스도 중심적인/그리스도 중심적이지 않은, 그리고 성령 중심적인/성령 중심적이지 않은 특성 등이다. 여기서 다시 한 번 분산 분석이 통계 분석으로 사용되었다.

대략 상황 지향적 이상적 타입에 접근하는 설교들은 "매우 실제적인" 것에 가깝다, 즉 그 평균 점수 4.3은 "상당히"와 "매우"사이에서 일어난다. 반면에 성경 지향적인 설교 스타일은 보통 정도의 비실제성으로 표시되었으며, 한편 주제 지향적인 설교 스타일은 "상당히 실제적인" 것에 가깝다. 그러므로 우리는 상황 지향적인 스타일이 실제적인 경향을 가지며, 또한 성경 지향적인 스타일은 비실제적인 경향을 가진다고 추론할 수 있다.

성경 지향적인 설교들은 "매우 이론적인" 것에 가까우며, 반면에 상황 지향적인 스타일은 상당히 비이론적인 경향을 띄고 있다. 주제 지향적인 스타일은 두 극단 사이의 중간에 위치한다.

세 가지 설교 스타일은 모두 비주제적이라기보다 오히려 주제적인 경향을 띄고 있다. 상황 지향적인 스타일은 "매우 주제적"이기에는 좀 못 미치며, 주제 지향적인 스타일은 상당히 주제적이고, 또한 성경 지향적

특성	설교 스타일								합계	
	미분류		주제 지향적		성경 지향적		상황 지향적			
	평균	S	평균	S	평균	S	평균	S	평균	S
실제적인/	3.7	1.5	3.4	1.3	2.3	0.84	4.3	0.9	3.2	1.3
비실제적인	F = 14.131, p≤0.0000									
이론적인/	3.3	1.1	3.0	1.2	4.3	0.6	2.5	1.0	3.4	1.2
비이론적인	F = 14.717, p≤0.0000									
시사적인/	4.1	1.2	3.8	0.8	3.3	0.8	4.6	0.6	3.8	0.9
비시사적인	F = 9.166, p≤0.0000									
혁신적인/	3.3	1.3	3.1	1.0	2.4	0.9	3.0	1.1	2.9	1.1
진부한	F = 3.638 , p≤0.0153									
객관적인/	2.8	1.2	2.6	0.6	3.3	0.6	1.8	0.5	2.7	0.8
주관적인	F = 14.458, p≤0.0000									
신학적으로 건전한/	4.0	1.1	4.1	0.6	4.3	0.7	3.5	0.9	4.1	0.8
건전하지 않은	F = 4.381, p≤0.0061									
사회적으로 적절한/	3.7	1.5	3.1	1.1	2.3	1.0	3.3	1.2	3.0	1.2
적절하지 않은	F = 5.625, p≤0.0013									
성경적인/	4.3	0.8	4.4	0.6	4.7	0.4	3.5	0.6	4.3	0.7
비성경적인	F = 15.090, p≤0.0000									
교리적으로 건전한/	4.5	0.6	4.3	0.4	4.6	0.4	4.0	0.7	4.4	0.5
건전하지 않은	F = 5.210, p≤0.0022									
사람에 충실한/	3.5	1.3	3.7	0.9	2.9	0.6	4.3	0.7	3.5	1.0
충실하지 않은	F = 10.683, p≤0.0000									
상황에 충실한/	3.9	1.4	3.6	0.9	2.5	0.7	4.5	0.7	3.4	1.1
충실하지 않은	F = 19.711, p≤0.0000									
하나님 중심적인/	3.4	1.1	3.4	0.7	4.1	0.8	3.1	0.8	3.6	0.9
중심이 아닌	F = 6.989, p≤0.0003									
인간 중심적인/	3.4	1.0	3.4	0.7	2.6	0.8	4.2	0.7	3.3	0.9
중심이 아닌	F = 16.647, p≤0.0000									

표 2.7 세 가지 설교 스타일의 기타 특성들 (평균)

인 스타일은 "상당히 주제적"임과 동떨어져 있지 않다.

주제 지향적인 스타일은 가장 혁신적인 제재(題材)를 포함하여, "상당히 혁신적인" 경향을 띈다. 성경 지향적인 스타일은 상당히 진부한 경향을 띄며, 또한 상황 지향적인 스타일은 진부한 것과 혁신적인 사이의 중간에 있다. 이러한 결과는 어떤 설교도 급진적으로 색다른 메시지를 선포하기보다는, 다소 판에 박은 듯한 방식으로 익숙한 옛날 이야기를 단순히 반복하고 있다는 것을 나타낸다.

모든 설교들은 객관성보다는 주관성에 강하게 치우치는 경향을 보였다. 성경 지향적인 스타일은 거의 객관적인 것과 주관적인 것이 균등하게 나타났으며, 상황 지향적인 스타일은 매우 주관적이기보다 상당히 주관적이며, 또한 주제 지향적인 스타일은 "상당히 주관적인" 성향에 기울고 있다.

신학적인 건전성에 대하여 성경 지향적인 설교 스타일의 평균은 "매우"보다는 "상당히"에 가깝다. 주제 지향적인 스타일은 신학적으로 상당히 건전하고, 또한 상황 지향적인 스타일은 대략 "상당히"에 접근한다. 그러므로 어떤 스타일도 신학적 근거가 없는 것은 아니지만, 동시에 그들 중 어느 것도 참으로 심오한 신학적인 기초를 가지고 있는 것 또한 아니다. 설교를 더욱 현저하게 특징짓기 위해서는 교의학, 또는 어느 정도까지는 성경 신학을 기대할 수 있었을 것이다.

세 가지 스타일의 평균 점수들은 사회적인 적절성과 사회적인 부적절성 사이의 중간 지점 주위에 몰려있다. 상황 지향적인 스타일은 성경 지향적인 스타일보다 사회적으로 상당히 적절한 것에 가까이 있으며, 따라서 성경 지향적인 스타일은 "사회적으로 적절하지 않은" 쪽으로 "상당히"에 더욱 기울어 있다. 주제 지향적인 스타일은 두 극단 사이의 중간에 위치한다. 분명히 이 설교들은 사회적인 이슈들에 많은 관심을 보이고 있지 않다. 비록 이 설교들이 사회와 그 사회의 문제들을 전적으로 모르는 체하지는 않지만, 그들의 메시지는 이 일들에 대해 더욱 적절하게 초점을 맞출 수 있을 것이다.

어떤 설교 스타일도 그 메시지가 비성경적으로 표현된 것은 없다. 성경 지향적인 스타일은 "매우 성경적"에 가까우며, 주제 지향적인 스타일은 상당히 성경적인 것과 매우 성경적인 것 사이에 있으며, 또한 상황 지향적인 스타일은 "상당히 성경적인" 경향을 띄고 있다.

교리적인 건전성의 경우에도 똑같은 패턴이 나타난다. 성경 지향적인 설교자는 매우 교리적인 경향을 띄고, 주제 지향적인 설교자는 (상당히와 매우 사이) 바로 뒤에 가까이 따라오며, 또 한편 상황 지향적인 스타일의 높은 평균은 적당한 교리주의를 함축한다. 이것으로부터 우리는 교리와 교회의 신앙 고백은 그 설교에서 상당히 현저한 특징을 이루며, 또한 그것이 고백적인 교회임을 시사한다는 것을 추론할 수 있다.

주제 지향적이고 상황 지향적인 설교 스타일은 인간 본성에 충실한가에 대하여 평균(따라서 "상당히")에 접근하며, 또한 성경 지향적인 스타일은 인간 본성에 충실한 것과 충실하지 않은 것 사이의 중간에 위치한다.

설교의 상황적인 특성의 경우에도 매우 똑같은 그림이 그려진다. 상황 지향적인 스타일은 "상당히"와 "매우" 사이에 있으며, 주제 지향적인 스타일은 "상당히"와 멀지 않으며, 또한 성경 지향적인 스타일은 두 극단의 중간에 있다. 그러므로 상황 지향적이고 주제 지향적인 스타일은 모두가 인간 본성과 상황에 상당히 충실한 것으로 나타나며, 또한 성경 지향적인 스타일은 인간 본성과 상황에 충실한 것과 충실하지 않은 것이 균등하게 나타나고 있다.

하나님 중심성에 대하여도 다시 한 번 똑같은 그림이 그려지는데, 하지만 이번에는 성경 지향적이고 주제 지향적인 스타일 모두가 평균(즉, 상당히 하나님 중심적임을 의미)에 접근하며, 또한 상황 지향적인 스타일은 조화되지 않아 중간의 입장을 띄는 경향이 있다. 그러나 어떤 스타일도 하나님 중심성이 높지는 않았으며, 상황 지향적인 스타일은 그중에서 가장 낮았다. 이러한 결과는 우리에게 설교 메시지에서 이처럼 결정적인 면에 더욱 철저한 관심을 기울일 것을 촉구하는 것이다.

상황 지향적이고 주제 지향적인 스타일은 상당히 인간 중심적인 경향을 띠고, 반면에 성경 지향적인 스타일은 상당히 인간 중심적이지 않다. 이런 패턴은 인간 본성에 충실한가 그렇지 않은가에 대해서도 마찬가지이다.

(5) 설교의 원 구성요소인 대화의 빈도

설문에서 3.9(지적, 감정적, 그리고 의지적인 면에서 "설교가 당신에게 감동을 주었는가")와 V("설교의 대화적 성격")의 범주는 세가지 설교 스타일의 연구에 있어서 아무런 주목할 만한 결과를 산출하지 않았다. 그러나 설교의 대화적 성격이라는 점에서, 빈도 조사는 1950년 이래로 설교학에서 중요한 이슈가 되었던 대화적 설교의 문제에 대해 흥미 있는 현상을 드러냈다. 이점에 대해 좀더 상세하게 살펴보기로 하자.

개혁주의 교회의 점점 많은 수의 교인들이 이 교회에서 조용히 떠나 더 푸른 초장을 찾아 보다 은사주의적인 교회를 찾고 있는 사실은, 어떤 교인들에게는 개혁주의 교회의 예배 스타일과 설교가 만족스럽지 않다는 점을 분명히 보여주는 것이다. 지역에 따라 고개를 쳐들고 있는 이런 똑같은 현상들이 용커(H. Jonker)에 의해 화란의 상황에서 지적된 바 있다. 개혁교회(Hervormde Kerk) 내의 다양한 불만 그룹들과 토론을 가진 후에, 그는 이러한 비판들 가운데 어떤 것은 그들이 한 회중의 회원인 동안에는 혹독한 불평으로 차있으나, 일단 그들이 다른 교회 회중으로 옮기게 되면 그들은 곧 옮겨 간 교회에 대한 우호적인 정신으로 채워진다는 것을 관찰하고 있다.[36] 무슨 이유로 인해 사람들은 그렇게 강하게 그 교회를 떠나려고 하는 것일까? 다음에 나오는 설명은 주로 교회의 설교에 관한 것이다.

2차 세계 대전 후에 서구 사람은 삶에 대한 새로운 태도를 발전시켰다. 다시 말해, 정신적인 조망이 변화된 것이다. 물론 여기에는 많은 이유가 있지만, 한 가지 확실한 것은 우리가 다른 시대에 속해 살고 있다는 것이다. 이것을 리드(Clyde Reid)는 "새 시대"(new age)라고 부른다.[37] 과학 기술의 발전, 전자 공학의 매체와 도구의 진보는 인류에게 형식적인 생활은 보다 적게 받아들이고 솔직한 욕구를 가지도록 하는 데 공헌하였다.

서구 사회 내에서 권위의 관계는 변화되었다. 현대인은 성인기에 도달하여 자신을 훨씬 더 많이 의식하고 있다. 목사는 더 이상 이 사회에서 가장 중요한 존재가 아니다. 엔지니어, 변호사, 견적사, 장군 등 모두가 성직자보다 더 큰 사회적인 특권을 누리고 있다.[38] 목사의 권위에 대한 변화는 교사의 지위에 있어서 유사한 변화와 필적하다. 전 시대에 교사들은 예외 없이 그 마을이나 농촌 사회에서 학식있는 사람들이었다. 사실 지적인 문제에 있어서 그들의 유일한 경쟁자는 목사뿐이었다. 오늘날의 상황은 매우 다르다. 물론 현대의 교사가 1900년의 교사보다 자질면에서 더 우수한 것은 의심할 여지도 없지만, 그는 전혀 다른 사회적인 상황 속에 처해있는 것이다.[39] 리드(Reid)는 다음과 같이 결론을 내린다. "목사도 유사한 운명을 겪고 있다. 교사와 마찬가지로, 그에 대한 별도의 대우도 사라지고, 시간, 정보, 그리고 오락에 대한 경쟁은 강해지며, 심지어는 청중들로부터 전문적인 특별한 영역에서조차 그의 능력이 도전

---

36) H. Jonker, *En toch preken*, p. 11.
37) C. Reid, *The empty pulpit*, p. 50.
38) 또한 C. Reid, 앞의 책, 51쪽 참고.
39) 같은 책, 53쪽.

받고 있다."[40] 이러한 상황에서 사람들은 강단에서 선포되는 권위주의
적인 독백을 듣기 위해 더 이상 어조를 "낮추어" 말할 준비를 하지 않는
다. 목사가 교인들과 친근한 관계를 가지기 원한다면, 그는 저 높은 강단
에서 내려와 교인들과, 특히 대화로 교제를 가져야 할 것이다.[41]

　　우리 사회에는 사실상 수백 가지의 전문직이 존재하고 있다. 참으로
전문적인 분화의 시대로, 또한 그것은 몹시 분열하는 효과를 가지고 있
다. 이런 분화 속에서 사람들은 서로 다른 삶뿐만 아니라 종교도 다양하
게 경험한다. 이런 현상을 다원주의라고 부르고 있다.[42] 이것 때문에 종
교에 대해 교인들의 물음과 문제들이 다르고, 그들의 요구도 상당히 변
화되었다. 이리하여 뮬러(J. C. Müller)는 과학 기술적으로 훈련받은 교인
들은 설교에서 지적인 커뮤니케이션을 가장 적게 이해하며, 또한 설교를
통해 가장 적게 감동을 받는다는 것을 발견했다.[43] 사회의 다원주의로
인해 독백으로 선포하는 목사가 과연 다양하게 구성된 회중의 모든 물
음, 문제, 그리고 욕구들을 적절하게 다룰 수 있는지에 대한 의혹이 커가
고 있다. 결국 교인들은 단순히 신학적인 훈련을 받은 목사보다 훨씬 더
다양한 계층의 삶에 대해 더 많이 알게된다. 게다가 목사는 회중의 살고
있는 영역 안에서만 살고 활동하기 때문에, 그는 전체적인 사회의 많은
문제들에 대해서는 대부분 모르게 된다. 이 모든 것이 바로 대화적 설교
를 찬성하는 주장들이다. 회중은 더 말하고 싶어하며, 들려질 기회를 원
하고 있다.

　　그러나 변화된 것은 일찍이 독백적 설교의 기초였던 바로 그 권위의

---

40) 같은 책, 54쪽.
41) 또한 H. *Jonker, En toch preken*, p. 15 참고.
42) 이것을 논의한 것에 대해서는, J. M. Vlijm(red), *Geloofsmanieren. Studies over plu-
　　raliteit in de kerk*를 참고하라.
43) J. C. Müller, 앞의 책, 197쪽 참고.

구조가 아니다. 이 점에서 오늘날 목사들이 새로운 종류의 인격에게 설교하고 있다는 점에서와 같이, 커뮤니케이션 구조 역시 더 이상 예전과 똑같지 않다.[44] 라디오와 텔레비전의 결과로 사람들의 태도가 변화되었으며, 따라서 그들은 새로운 방식으로 배우고, 느끼고 그리고 생각한다. 대중 매체(언론, 라디오, 특히 텔레비전)는 정보의 표준적인 원천이 된 반면에 설교는 그 매체의 스타일과 접근법에 조화되지 않는다. 이러한 매체들, 특히 텔레비전은 "한 번에 모두"(all-at-onceness)가 사람에게 몰려와 그 전체로 사람에게 설교한다. 또한 매체들이 전달하는 정보는 다른 각도에서 묘사되는 것에 힘입어 하나의 전체로서 다가온다. 텔레비전에 나오는 현대의 팝송은 이것을 매우 잘 증명해준다. 노래가 계속 되는 동안 다양한 영상들이 스크린에서 번쩍거린다. 때때로 가수나 밴드가 끊어지는 것을 막기 위해 다시 나타나기도 하지만, 그들은 끊임없이 다양한 여러 영상들로 다시 등장한다. 텔레비전 커뮤니케이션은 더 이상 선(線)적이지 않다. 이런 상황에서 설교는 케케묵은 방식의 커뮤니케이션이 되었으며, 그렇기 때문에 이전보다 더 대화적 설교에 대한 강조가 커지고 있다. 특히 커뮤니케이션 과학자들의 연구를 통해, 설교가 거의 강한 영향을 주지 못한다는 점이 보여진 이래로 심지어 설교의 시대는 지나갔다고 제의되기도 하였다. 스트래버(C. J. Straver)는 설교를 들은 사람들 가운데 3분의 1 미만이 그 설교의 중심 메시지를 정확하게 전부 기억할 수 있다는 것을 발견했다.[45] 스터크(J. G. M. Sterk)의 결과도 역시 마찬가지다. 즉, 비록 청중들의 60%가 설교를 주의 깊게 따라가지만, 불과 22%만이 그 메시지를 정확하게 기억할 수 있었다는 것이다.[46] 또한 커뮤니케이션 과

---

44) C. Reid, 앞의 책, 57쪽; K. Runia, *Heeft preken nog zin?*, p. 10; T. Hall, *The future shape of preaching*, pp. 3~19 참고.

45) C. J. Straver, *Massacommunicatie en godsdienstige beinvloeding*, p. 167.

46) J. G. M. Sterk, *Preek en toehoorders*, p. 227.

학은 사람들이 선택적으로 듣고 있다는 점을 우리에게 가르쳐 준다. 설교는 이미 수립된 관점들을 변화시키는 데 거의 성공하지 못한다.[47]

우리 시대의 커뮤니케이션 구조의 변화로 인해, 전문 교육 기관들은 그들의 커뮤니케이션 방법을 수정해야만 했다. 강의를 통해 가르치는 것은 더 이상 유일하게 사용되는 방법일 수 없다. 대화 그룹, 활동 그룹, 그룹 학습, 토론 학습들이 그 날의 순서이다. 강의와 같은 것은 거의 드물게 사용된다. 세미나, 웍샵, 활동을 통한 학습이 지식을 커뮤니케이션하는 매일 매일의 방법들이다. 이러한 배경에 부딪쳐서 설교를 하는 목사는 참으로 고독한 산꼭대기에 남겨진 것이다.[48] 적은 수의 사람들은 교인들이 참여 −설교에서 대화적 커뮤니케이션을 포함하여− 에 대한 욕구를 그렇게 강하게 느끼고 있다는 것에 대해 의아해한다.

이러한 것들로 인해 설교에서 등을 돌리고 메시지를 전달하는 대안적인 방법을 찾기 시작한 사람들이 있다. 이것은 설교학적인 실험의 시대를 예고하였다. "설교"를 하는 동안에 회중을 참여시키려는 굉장한 노력이 있었다. 한 가지 아이디어는 두 개의 강단을 갖고, 회중도 참여시켜 실제 패널 토의를 갖는 것이었다. 회중이 끼어드는 설교가 있었는데, 회중들이 언제든지 질문을 하거나 어떤 점에서든 청중이 설교에 기여한다는 점을 제외하면 오히려 어린이 예배와 같은 것이었다. 그러나 주된 강조점은 설교를 대화로 대체한다는 점이었다. 『설교를 넘어서: 미래의 구조』(*Beyond preaching: tomorrow- structure*)라는 제목에서, 리드(Reid)는 다음과 같이 쓰고 있다. "내가 느끼는 바로는, 미래에 우리는 딱딱한 설교의 상황에서 벗어나 다음과 같은 특성을 가진 새로운 구조로 옮길 필요가 있을 것이다." 이러한 특성들 중에 하나는, "주된 이슈들에 관해 회중

---

47) H. J. C. Pieterse, *Die daad by die Woord*, pp. 15~20 참고.
48) H. Jonker, *En toch preken*, p. 15 참고.

들을 가르치려는 설교에 의존하기보다 소그룹으로 기독교 신앙과 그것이 의미하는 바를 공부하는 것에 대한 강조"였다.[49] 화란에서도 설교 대신에 대화에 강조점을 두는 사람들이 있었다.[50] 스터크(Sterk)는 그의 논문에서 다음과 같은 결론에 도달했는데, 다시 말해 대화 그룹들은 현재 커뮤니케이션 풍조에 가능성을 제시한다는 것이다.[51]

물론, 이와 같은 설교의 커뮤니케이션 수단으로의 전략에 대한 반론이 제기되었다. 루니아(Runia)는 설교는 단지 여러 감각 중에 하나를 설명하며 직선적인 사상을 전제로 한다고 주장하는 비평가들을 언급하고 있다.[52] 이것은 명백히 사실이 아니다. 설교는 귀로 들려질 뿐만 아니라 눈으로 보여지는 것이다. 설교자의 목소리의 다양한 억양이 귀에다가 호소하는 것 못지 않게 그의 비언어적 신체 언어(body-language)는 눈에다가 호소하는 것이다.

게다가 자연적인 상황(화면으로가 아니라 얼굴과 얼굴을 마주대하는)에서의 구두 언어(spoken word)는 가장 자연스러운 커뮤니케이션의 방법이다. 맥루한(Marshall McLuhan)은 "뜨거운"(hot) 커뮤니케이션 매체와 "차가운"(cool) 커뮤니케이션 매체를 구분하고, 구두 언어는 차가운 매체로 정의한다. 즉, "구두언어는 모든 감각을 극적으로 포함한다. 그것은 빠르고 함축적이며, 구체적인 상황에 즉각적인 반응을 표현한다. 또한 만일 그것이 진실로 공동의 일이라면 구두언어는 인간의 언어 이전의 상태인 집합적인 의식 내지 직관적인 앎과 단지 최소한도의 충돌이 있을 뿐이다."[53] 이것이 바로 구두 설교를 찬성하는 하나의 논점이다.

---

49) C. Reid, 앞의 책, 116~117쪽.
50) K. Runia, *Heeft preken nog zin?*, p. 42; H. Jonker, *En tóch preken*, p. 17
51) J. G. M. 스터크, 앞의 책, 220~222쪽 참고.
52) K. 루니아, *Heeft preken nog zin?*, p. 10.
53) T. Hall, *The future shape of preaching*, p. 11.

흥미롭게도 스터크의 연구는 설교에 대한 대중적인 불만족의 문제는 없다는 것을 보여준다. 회중의 극심하게 비판적인 요소는 소수였다.[54] 그러나 그의 연구는 개신교에서보다 설교를 덜 중요시하는 로마 카톨릭을 대상으로 수행되었다. 후자(개신교)를 대상으로 했다면 비평의 퍼센트는 더욱 컸으리라고 가정할 수 있을 것이다. 어쨌든 설교에 대한 기본적인 반대는 그것이 독백이며, 또한 지루하다는 것이다. 이에 대한 해결책은 설교에 대한 더 많은 대화 속에서, 그리고 본문과 (실제 삶의, 현대의)상황 사이의 믿을 만한 대화 속에서 찾아져야 할 것이다.

개혁주의 권내에서 설교를 대화와 대안적인 예배 형식들로 대체하려는 생각은 강한 반대를 받았다. 원리상 대안적인 방법의 실험이 수세기에 걸쳐 내려온 말씀과 성례 예배의 특성을 대체하는 것은 결코 허용될 수 없다고 느껴졌다.[55]

하나님 자신의 권위에 대한 선포로 이루어진 설교가 토론 내지 회중적인 대화에 의해 내쫓길 수 없다는 것이다. 이것은 설교의 선포적인 성격을 침해하는 것이 된다.[56] 결국 대화는 본질적으로 설교와 다르다. 비록 각각 서로를 전제하기는 하지만, 전자가 후자를 대체할 수는 없다.[57] 이러한 관점과 설교는 성격상 대화적이라는 사실의 관점에서 "내재된 대화"라는 점이 고려되었다. 설교에서 목사는 반드시 회중의 물음, 문제, 그리고 욕구를 다루어야 하며, 또한 성경적인 답변을 해주어야 한다.

몇몇 개혁주의 설교학자들은 대화를 이러한 내재된 다양성에만 한정

---

54) J. G. M. Sterk, 앞의 책, 230쪽.
55) H. Jonker, *En tóch preken*, p. 18 참고.
56) J. J. de Klerk, *Prediking*, pp. 71, 86.
57) K. Runia, *Heeft preken nog zin?*, p. 43.

하고자 하며, 예배의 한 부분으로서 설교 중에 그러한 대화를 갖는 것으로 충분할 것이라는 입장을 고수한다. 회중이 예배 의식의 틀 밖에서 만나는 경우 그들에게 필요한 것은 단순히 설교를 더 토론하는 것뿐이다. 비일스마(Bijlsma)는 단순히 대화적인 스타일만을 주장하는 실천적인 대화의 아이디어를 거부한다.[58] 설교자는 하나님을 대신하여 말하며, 또한 회중은 이와 같이 하나님의 말씀에 의해 선포되는 것에 순종하여야 한다.

그러나 내재된 대화가 단독으로 설교에 대한 대화의 욕구를 충분히 만족시킬 것인가의 여부는 의심스럽다. 게다가 내재된 대화가 실제의 설교에서 적절하게 실제화되는가? 내가 설문에서 V를 포함시킨 것은 바로 이러한 이유에서이다. 연구 그룹의 105편의 설교에 적용된 빈도 조사의 결과는 내재된 대화가 실제로는 거의 드문 현상이라는 것을 나타낸다. 불과 27.6%의 설교들이 회중의 상황에 기초한 질문들을 제기하며, 또한 그것에 대답하려고 애쓰고 있다. 72.4%의 설교에서는 그러한 질문을 다루려는 어떠한 시도도 이루어지지 않았는데, 회중이나 전체적인 사회의 중요한 이유에 대한 문제뿐만 아니라 심지어 신앙에 대한 물음조차도 없었다. 그러므로 이것은 내재된 대화가 실제에 있어서는 그렇게 많이 보여지지 않는다는 것을 나타낸다.

이것은 우리에게 하나의 문제를 야기시킨다. 목사들은 자기 스스로 그러한 문제들을 끄집어내기가 어렵다고 여겨진다는 것이다. 회중은 자기들의 문제를 가지고 설교자와 대면하지 말아야 하는가? 뮬러(J. C. Müller)가, 대화적인 설교 그 자체가 적절한 해결책인 것은 아니므로 우리는 대화적인 스타일과 대화적인 실천 모두를 채택해야 한다고 주장한 것은 지극히 옳은 것이다.[59] 나는 또한 뮬러(B. A. Müller)의 요지에 동의

---

58) R. Bijlsma, *De preek*, pp. 38~41 참고.
59) J. C. Müller, 앞의 책, 116쪽 참고.

하는데, 즉 만약 우리가 모든 대화 속에 잠복해 있는 힘을 풀어내어야 한다면, 대화를 설교 원고의 스타일 혹은 작문에 제한할 수 없다는 것이다.[60] 이러한 논점이 제 3장에서 다루어지게 될 것이다.

(6) 설교의 형식

설문의 VIII(설교 형식 내지 타입)과 IX(예배 형태)에 관해 말하자면, 그 결과는 세가지 설교 스타일에 유의적이지 않았으며, 또한 아무런 관계를 가지지 않았다. 그러나 빈도 조사는 연구 그룹에 의해 선택된 설교 형식과 관련하여 다시 한 번 흥미로운 결과를 산출하였다.

설교학의 긴 역사는 오늘날도 여전히 설교를 위해 사용되고 있는 어떤 기본적인 형식들을 산출해왔다. 가장 초기의 형식은 교훈적 설교(homily)였는데, 뮬러(J. C. Müller)에 따르면 이것은 비록 그 인기가 오르내리기는 했지만 여러 시대를 통해 지속되었다.[61] 본문 설교와 주제 설교 형식은, 때때로 본문-주제 형식으로 결합되기도 하지만, 특색 있고 분명히 구별이 되는 설교 타입들이다.[62] 최근에는 내러티브(narrative) 설교가 많은 관심을 끌고있는데, 이것은 2차 세계 대전 이래로 소위 내러티브 신학의 발전과 설교의 커뮤니케이션 능력에 대한 당혹감에서 기인된 것이다. 또 다른 두 개의 최근 형식들로 묵상(meditation)과 시적인(poetic) 설교가 있다.

105편의 설교에 대한 연구는 설교 형식과 관련하여 굉장한 일방성

---

60) B. A. Müller, *Kontak en Kommunikasie in prediking*, p. 85.
61) J. C. Müller, 앞의 책, 20~21쪽 참고.
62) J. E. Massey, *Designing the sermon*, pp. 20~21 참고.

(one-sideness)을 나타내었다. 즉, 99%의 설교들이 본문–주제적인 종류의 형식이었으며, 불과 1%의 설교만이 내러티브 양상 내지 요소를 가지고 있었다. 교훈 형식, 묵상 형식, 그리고 시적인 형식의 설교는 전혀 없었다. 우리는 본질적으로 단지 한 종류의 설교, 즉 본문–주제적 종류만을 선포하고 있다는 것을 추측할 수 있다. 형식에 대한 전체적인 문제는 제 4장에서 다루어 질 것이다. 왜냐하면 이것은 분명히 한 편의 설교를 작성하는데 있어서 매우 중요하고, 적절한 양상을 구성하고 있기 때문이다.

(7) 경험적으로 증명된 이론적인 개념들

데이터를 처리한 후에 우리는 설문의 III항에 있는 3.1, 3.3, 그리고 3.8의 범주들에 대한 요인 분석을 실시하였다. 그 목적은 본 연구에서 적용된 두 가지 개념, 즉 타원적인 설교학 이론의 두 초점으로서 성경적인 면과 상황적인 면(현대의 상황)의 유효성을 경험적으로 테스트하기 위한 것이었다. 이러한 데이터는 표 2.8에서 나타난다.

표 2.8의 요인들의 상관 관계에서 우리는 요인 1과 요인 3, 즉 성경적인 것과 상황적인 것에 강한 상관 관계를 관찰할 수 있다. 이것은 비록 이 요인들이 개념적으로 독립적이지만 통계적으로는 서로 관련이 있다는 것을 의미한다. 요인 2에서의 빈약한 상관 관계는 다른 두 요인들이 독립적인 개념을 표현하고 있다는 것을 증명해 준다. 그러므로 우리는 본 연구에서 사용된 성경성과 상황성의 개념이 경험적으로 유효하다고 결론지을 수 있다.

① 요인들의 패턴

설교 내용에 따른 범주	상황성 요인1	요인2	성경성 요인3
서론			
성경성(성경적인 면)	-0.05446	0.99715	0.05257
상황성(상황적인 면)	-0.03851	-0.92612	0.04765
주제적 분할			
성경성	0.37812	0.25015	0.29021
상황성	-0.57010	-0.18997	-0.16678
성경의 이해			
성경성	-0.04843	-0.04843	0.98702
상황성	-0.83640	-0.65038	0.00379
중심 메시지			
성경성	0.11085	0.10638	0.77792
상황성	-0.91684	-0.02893	0.02338
청중에 대한 설교의 목적			
성경성	-0.06083	-0.00094	0.94797
상황성	-0.92452	0.03354	0.08423
결론			
성경성	0.24014	-0.04835	0.54021
상황성	-0.60001	0.17203	-0.18095
전체적인 설교내용			
성경성	-0.01355	0.02754	0.98448
상황성	-0.92612	0.00845	-0.01561

① 요인들 간의 상관관계

요인 1	1.00000	0.21246	0.70856
요인 2	0.21246	1.00000	0.25552
요인 3	0.70856	0.25552	1.00000

표 2.8 성경성과 (현대의) 상황성에 대한 요인 분석

(8) 결 론

실제적으로 정확히 세 가지 설교 스타일이 있으며, 그것은 각각 이상적인 타입들로 간주되는 것으로서 주제 지향적, 성경 지향적, 그리고 상황 지향적인 스타일이 있다. 연구되어진 설교 중에서 대략 39%가 주제 지향적인 타입에 가깝다. 해석학적으로 볼 때 주제적인 방식으로 본문과 상황을 효과적으로 통합하지 못한 설교들은 두 가지 스타일로 묶여지는데, 즉 압도적으로 많은 성경 지향적인 스타일(31.4%)과 상황 지향적인 설교 스타일(17%)이 그것이다. 이것은 연구의 가설을 확증해 주었다.

연구 그룹의 대부분의 설교들은 대략 주제 지향적인 스타일에 가까웠는데, 이론적으로 이것은 이상적인 것이다. 이것은 목사들이 주석과 적용, 본문과 상황을 주제적인 방식으로 조합하려고 애쓰고 있으며, 이로써 회중의 실생활의 상황 속에서 성경의 참된 메시지를 선포하려고 한다는 것을 함축한다. 그러나 실제로 목사들이 항상 이러한 목적을 달성하는 것은 아니었다.

이런 신학적–이론적 이상을 성취하는 데 실패한 설교들 가운데 다수는 성경 지향적인 극단을 향하는 경향이 있으며, 따라서 목사들은 교인들이 실생활의 상황에서 겪는 상세한 일들에 밀접하게 다가가지 못하고 있음을 암시한다. 비록 주석 과정에 상당한 수고를 들이고 있긴 하지만, 그들은 성경의 메시지를 분명히 설명하는 데 이렇다할 성과를 거두지 못하고 있다. 따라서 그들의 설교는 익숙한 성경의 진리들을 반복할 뿐, 현대인과 현대 사회의 이슈들을 성경의 조명아래 창의적이고 대담하게 굴복시키지 못하고 있다.

또한 목사들은 회중의 언어와 용어로써 자신의 설교를 작성하는데 어려움을 겪고 있다. 이것 역시 회중의 삶의 세계에 대하여 적절한 친밀감을 보이고 있지 못함을 의미한다.

목사가 훈련받은 장소와 그가 목회하는 회중의 유형은 그의 설교 스타일에 영향을 끼치지만, 반면에 연령이나 경험은 그렇지 않았다. 세 가지 설교 스타일 모두가 모든 연령 그룹과 목사들에게서 나타났으며, 또한 이것은 특정한 회중에 대하여 지속적으로 목회한 기간과는 무관하였다.

그러나 전체적인 추세는 비주제적인 설교보다 주제적인 설교 스타일 쪽으로 향하고 있었는데, 이것은 바람직한 전조이다.

세 가지 스타일 모두가 매우 성경적으로 바람직한 경향을 띄고 있었으며, 비성경적인 설교는 한 편도 없었다.

세 가지 스타일 모두에서 교회의 교리가 압도적인 특징을 이루고 있었으며, 따라서 이것은 신앙 고백적인 교회를 나타내고 있다.

모든 설교가 객관적이기보다 주관적인 경향을 띄고 있었는데, 이것은 의도적이건 그렇지 않건 간에 설교자의 인격이 그의 설교 속에 배어 나와 설교에 인격적인 특성이 실리게 되는 것을 암시한다.

대체로 설교들은 특별히 혁신적이지는 않았다. 메시지를 구체화하는 데 있어서 너무나 창의성이 결여되어 있었다.

신학은 설교에서 커다란 역할을 감당할 수 있을 것이다. 그런데 신학이 설교자를 인도하는 데 충분히 적절하지 않았거나, 또는 목사들이 스스로 신학적인 통찰을 충분하게 이용하지 않았다.

우리의 설교는 보다 하나님 중심적일 수 있을 것이다. 그런데 어떤 설교 스타일도 매우 하나님 중심적이지는 않았다.

또한 설교자는 사회적인 문제들에 너무나 관심을 기울이지 않았다.

설교에서 내재된 대화가 드물었는데, 이것은 우리에게 설교에서 대화적인 특성에 대한 관심을 촉구하고 있다.

설교의 설교학적 형식은 분명히 주목 받아야만 한다. 왜냐하면 본문-주제적인 형식이 지배적으로 사용되었기 때문이다.

이 연구를 끝마친 후에 연구 그룹들이 그 결과들에 대하여 토론을 하기 위해 초대되었다. 이 자리를 통해 서로에게서 뿐만 아니라, 이 연구 결과들로부터 배울 수 있는 기회를 마련하기 위한 목적이었다. 결국 이 마지막 분석에서 설교에 대한 전체적인 연구 과제는 보다 의미 있는 실천으로 겨냥되었다. 게다가 적절한 실천적-신학적 방식으로 연구 그룹의 개개인은 실험 재료로서가 아니라 동역자로서 대우되었다.

제3장

커뮤니케이션 설교

서론

『권위없는 자』(*As one without authority*)라는 뛰어난 저서에서 프레드 크래독(Fred B. Craddock)은 어떠한 설교자도 말의 본질과 말이 어떤 역할을 할 수 있는지를 알기 전에는 설교할 수 없다[1]고 주장한다.

말(words)은 하나의 사건으로서 커뮤니케이션이다. 그러므로 하나님의 말씀(Word)이 설교자의 말을 통하여 진정으로 역사할 때 설교는 하나의 말씀 사건이 된다. 이때 말이 그 기능을 수행하면서, 인간 전 존재에 영향을 끼치는 굉장한 일들이 일어난다. 이 말씀 사건의 본질은 하나님과 인간 사이의 커뮤니케이션이다. 무엇인가를 공유하며, 무엇인가를 나누어 가지며, 믿음의 관계에서 최절정에 이르는 만남의 교제라는 통쾌한 의미에서의 커뮤니케이션이다. 이렇게 본다면 설교는 대화의 성격을 띤 커뮤니케이션 사건이다.[2]

---

1) F. B. Craddock, *As one without authority*, p. 6 참고.
2) S. G. A. Golden, *Dialogies-kommunikatiewe prediking*, pp. 110~12 참고.

우리는 앞의 제 1장 2항 3절("설교의 커뮤니케이션 특성")에서 설교에서 이 커뮤니케이션의 비밀은 교인들의 삶에 하나님의 살아계시는 말씀의 거하심이라는 것을 지적하였다. 교회가 설교를 통하여 복음을 선포하도록 이끄는 추진력은 회중 안에서 행하시며 내재하시고, 통제하시는 하나님의 말씀과 성령이시다. 우리는 룻츠(P. J. C. Loots)의 말에 동의하는데, 그는 성령이, 믿음 안에서 절정을 이루는 커뮤니케이션 사건의 보이지 않는 대리인이라고 말한다.[3]

이리하여 우리가 설교의 커뮤니케이션을 고찰할 때는 넓은 구조 즉, 성령이 역사하시는 활동 영역 안에서, 그리고 하나님 말씀의 선도적인 과정 안에서 그렇게 하는 것이다. 말씀과 성령을 통해 구원하시는 하나님의 임재 없이는 설교는 한낱 쓸데없는 중얼거림이고, 뜨거운 공기를 내뿜는 지루함, 그리고 거부감만을 낳는 허풍에 불과할 뿐이다. 실리어스(J. H. Cilliers)는 모든 설교의 알파와 오메가는 우리가 설교할 때 외치는 이름인 삼위일체 하나님의 임재라고 주장한다.[4] 이것은 설교의 능력 있는 커뮤니케이션에 있어서도 마찬가지이다.

그럼에도 불구하고 설교가 한 인간 존재의 다른 인간 존재들을 향한 선포를 통하여 일어나야 한다는 것을 하나님은 기뻐하신다. 설교에서의 커뮤니케이션은 일상적인 인간 커뮤니케이션에서 작용하는 것과 똑같은 규칙과 힘을 따라야 한다. 그것은 학습되고 경험적으로 연구되어야 할 관찰 과정이다. 이 과학적인 활동은 설교자와 회중의 노력과 활동을 더욱 증진시키기 위하여 설교학자들이 수행해야 할 신성한 임무이다. 이 목표를 추진함에 있어 우리는 이 장에서 뱀(G. Bam)이 말한 신학적인 교

---

3) P. J. C. Loots, *Die radio as kommunikasie-medium in diens van die prediking*, p. 57; J. S. Kellerman, *Vormgewing van die prediking as kommunikasie-probleem*, p. 260.

4) J. H. Cilliers, *Soos woorde van God*, pp. 171~177.

리를 우리의 전제로 삼을 것이다. 즉, 우리의 목회 활동의 사건은 어느 때, 어느 순간에나 인간의 실재에 관여하는 하나님의 성령에 의해 둘러싸여 있다는 것이다.[5] 그보다도 우리의 설교 활동은, 우리의 활동이 그분의 활동이 되게 하는 방식으로 우리의 활동을 지지하는 하나님의 역사에 의해서만 수행된다. 요점은 설교의 커뮤니케이션에 관하여 경험적으로, 과학적으로 말할 때 우리는 하나님만이 커뮤니케이션 사건을 진정한 말씀 사건으로 변하게 하실 수 있다는 지식 안에서 그렇게 한다는 것이다.

실제 연구에 의하면 실제로 수행되고 있는 설교들이 회중이 실제로 메시지를 받아들이게 하는 데 있어서는 뚜렷한 결핍이 있음이 드러났다. 주된 문제는 설교자들이 그들의 회중의 필요와 사상, 의견 등이 무엇인지를 정확하게 알지 못한다는 것이다. 그들의 세계는 회중의 세계와 너무 멀리 떨어져 있다. 더욱이 설교자들은 회중이 어떤 특정한 본문에 대해서 어떻게 생각하는지를 정확하게 알지 못한다. 실제 연구 결과에 의하면 주석이 적절할지라도 본문이 충분히 구체화되지 못하여 교구민들의 삶에 적용되지 못했음도 보여주었다. 이 모든 것은 설교자와 회중 간에 커뮤니케이션이 이루어지지 않는다는 것을 지적해준다. 이 실제적인 문제가 바로 내가 커뮤니케이션에 관한 확실한 통찰들과 관련하여 논의하고자 하는 것이다. 회중이 메시지를 듣고 이해하고 실천하는 방법과 실제로 관찰한 교구민들 사이에 일어난 믿음의 사건이 이 장에서 상세하게 논의될 것이다. 여기서는 경험적으로 이미 검증되었고 꽤 잘 확립된 커뮤니케이션의 여러 통찰들을 다룬다.

제 1장 2절 (3)항("설교의 커뮤니케이션 특성")에서 이론적인 관점에서 설

---

5) G. Bam, *Diakoniologie-met' n kort verwysing na genesing as diens van die kerk*, p. 14; T. F. J. Dreyer, J. J. van *Oosterzee as homileet*, pp. 138~139.

교의 커뮤니케이션 특성을 다루었을 때 우리는 커뮤니케이션 과정의 여러 가지 요소를 묘사하고 설교의 커뮤니케이션 모델의 기본적인 구성 요소를 설명했다. 여기에서 우리는 커뮤니케이션 개념의 여러 가지 양상들을 설명할 필요가 있다.

1. 커뮤니케이션의 양상

(1) 커뮤니케이션의 단계

설교는 물론 인간 커뮤니케이션의 문제이며 항상 관계의 망(network) 안에서 일어난다. 특정한 상황(교회 예배나 공공 예배)과 구체적인 시스템에서 설교가 전파된다. 그러나 커뮤니케이션 시스템(설교 사건의)은 설교자와 회중, 회중과 그들이 존재하는 세계 사이의 관계의 전체적인 망에 얽혀 있다. 이러한 다양한 커뮤니케이션 관계 내에서 커뮤니케이션은 여러 가지 단계로 일어나는데, 그것이 간접적일지라도 설교 사건에 영향을 준다. 그러므로 우리는 커뮤니케이션이 일어나는 여러 가지 단계를 정의해야 한다.[6]

모든 커뮤니케이션의 첫 번째 기본적인 단계는 인간의 정신 내부에서 일어나는 **인간 내적인**(intrapersonal) 커뮤니케이션이다. 각 사람은 그 자신의 내적인 세계가 있다. 그의 연상, 그가 말에 갖다 붙이는 의미, 개념, 사건, 그의 경험, 태도, 동기, 필요, 그리고 그의 주변 세계를 인식하고 해석하는 방법 등이 그것이다. 이 커뮤니케이션은 자기 숙고와 자기 자신과의 논의 뿐만 아니라 내부적이고 외부적인 메시지의 처리를 포함한다. 커뮤니케이션의 모든 형식은 내적인 커뮤니케이션에서부터 비

---

6) M. R. Chartier, *Preaching as communication*, pp. 22~23 참고.

롯된다.

개인 상호간의(interpersonal) 커뮤니케이션은 커뮤니케이션 관계를 포함한 사람들 간의 상호작용을 말한다. 차티어(Chartier)는 스튜어트(Stewart)와 댕겔로(D' Angelo)의 말을 다음과 같이 인용한다. "대인관계성의 질은 커뮤니케이션을 하고 있는 사람들이 기꺼이 서로를 사물이 아닌 인간으로서 알고자 하며, 또한 그들 자신의 인간성에서 어떤 것을 드러내거나 공유하고자 할 때 나타난다."[7] 인간 상호간의 커뮤니케이션은 가장 좋은 커뮤니케이션 형식이다. 왜냐하면 대화를 통하여 인간은 오해를 풀고 인간적인 수준에서 다른 사람들에게 다가갈 기회를 충분히 가지기 때문이다.

소그룹(small group) 안에서의 커뮤니케이션은 또 다른 단계이다. 이것은 얼굴을 직접 맞대는 인간 사이의 상호작용이 따른다. 그러나 인간 상호간의 커뮤니케이션과는 다르다. 왜냐하면 그룹의 정체성, 그룹의 역동성, 그룹의 크기, 그룹의 목표와 기준과 같은 새로운 요인들이 존재하기 때문이다. 이것은 두 번째로 좋은 커뮤니케이션 형식이다.

또 하나의 단계는 **조직체**(organisation) 안에서의 커뮤니케이션이다. 그것은 고도로 조직화된 상황에서 커뮤니케이션이 일어나기 때문에 다른 것들과 다르다. 차티어는 그것을 다음과 같이 정의한다: "조직은 활동과 내적, 외적 자원들의 이용을 조직화하여 공통의 목표를 달성하는 사람들의 시스템이다. 조직체의 활력의 원천은 커뮤니케이션이다. 상호 작용은 모든 활동에 베어있으며 조직과 그 환경 사이에서 일어날 뿐만 아니라 조직체 내에서도 일어난다."[8] 그러한 커뮤니케이션은 또한 조직체인 교회 안에서도 일어난다.

---

7) 같은 책, 22쪽.
8) 같은 책, 23쪽.

대중(mass) **커뮤니케이션**은 한 사람이 많은 사람들을 대상으로 메시지를 전달하는 것이다("대중"이란 50 또는 100명의 사람으로도 이루어진다). 청중들은 두 가지 유형으로 이루어진다. 즉, 공중 연설, 설교, 강의의 청중과 매체(신문, 라디오, 텔레비전)의 청취자와 독자들이 그것이다. 대중 커뮤니케이션은 원래 정형화된 것이지만, 연구에 의하면 청중들이 비정형적인 것으로 그것을 경험할 때 가장 효과적이라는 것이다. 이것은 개인 상호간의 커뮤니케이션이나 그룹 커뮤니케이션보다 좋지 않은 형태이다. 그러므로 우리는 설교에 적용할 때 이 사실을 기억하는 것이 좋을 것이다. 즉, 설교는 대중 커뮤니케이션의 형식이므로 커뮤니케이션의 가장 낮은 형식이라는 것이다.

문화 상호간의(intercultural) **커뮤니케이션**은 최근에 많은 각광을 받고 있다. 교회에 있어서 이것은 매우 중요하다. 왜냐하면 다른 문화 그룹이 그들 자신의 상황에서 복음을 읽고 이해하기 때문이다.[9] 이러한 이유 때문에 복음의 이해에 대한 문화 그룹들 간의 커뮤니케이션은 극히 필요하다. 문화 상호간의 커뮤니케이션은 "사람들이 시간을 보는 방법, 그들이 사용하는 언어, 그들이 구애하고 결혼하는 방법, 그들이 입는 옷, 그들이 예배하는 방식과 같은 것들을 조정한다. 언어와 비언어적인 요소가 문화 상호간의 커뮤니케이션에서 작용한다. 그러나 비언어적인 요소의 사용은 문화 상호간의 문제에서 가장 어려운 것 중의 하나이다. 왜냐하면 사람들은 말로 하는 실마리를 이해하기 위하여 비언어적인 실마리에 많이 의존하기 때문이다. 문화 상호간의 커뮤니케이션의 원동력에 관한 연구는 다문화적인 회중을 목회하는 설교자들에게 큰 잠재력을 준다."[10] 다인종적이거나 다문화적인 회중에 대한 설교의 커뮤니케이션에 관한 연

---

9) H. J. C. Pieterse, *Contextual preaching*, pp. 4~10.
10) M. R. Chartier, 앞의 책, 24쪽.

구는 매우 중요하다. 그것에 대한 몇 가지 관점들이 각주 9번의 인용에서 다루어진다. 그러나 그러한 회중을 목회하는 목회자들을 돕기 위하여 많은 연구자들이 이 주제에 관한 논문을 작성할 필요가 있다.

(2) 말하기와 듣기

사람들이 입으로 하는 커뮤니케이션은 **말**(speech)을 통해서 일어난다. 그러나 말하기 위해서는 입을 열기 전에 무엇인가 말할 것이 있어야 한다. 그러므로 커뮤니케이션은 어떤 확실한 내용을 가진 메시지를 전하는 것에 대한 사안(事案)이다. 이 내용은 사상이나 생각, 또 이런 것들이 개념화된 것, 조직된 방법, 사상을 지지하기 위해 인용된 증거들, 내용을 구체화시키려고 사용된 예시나 비유들로 이루어진다. 내용은 커뮤니케이션의 극히 중요한 부분이다. 내용이 없게 되면 커뮤니케이션은 무의미하고 말들은 과장되어서 의미와 신뢰성이 상실되는 것이다.

내용은 커뮤니케이션에서 전달되는 정보에 관한 것이다. 정보의 전달은 커뮤니케이션의 목적 가운데 하나이다. 배스티안이 시사한 바와 같이, 설교를 통하여 복음을 전할 때 바로 그 정보(모든 인간 생활에 심오한 영향을 주는 좋은 소식에 대한 보고)의 전달이 자연히 커뮤니케이션의 제일가는 양상인 것이다.[11] 그러나 정보가 기독교와 교회의 커뮤니케이션의 주요한 관심사일지라도 커뮤니케이션의 유일한 목적은 아니다. 좋은 소식의 메시지-복음-를 전하는 것은 신앙의 문제이며 이것이 교회의 핵심적인 기능이다.[12]

이 핵심적인 기능을 표현하기 위해서 여러 단어들이 사용될 수 있다.

---

11) H. D. Bastian, *Kommunikation: wie christliche Glaube funktionier*, p. 81.
12) J. Firet, *Evangelische informatie via de media*, in Kerk en massamedia, p. 11 참고.

그 중 가장 좋은 것은 아마도 성경적인 전도(*evangelizomai*, 복음을 가지고 가는 것)일 것이다. "복음"은 단순히 소식, 정보를 의미한다. 그러나 그것은 단순히 그 당시의 여러 다른 뉴스(news)들 가운데서 추적되는 하나의 뉴스 항목에 불과한 것은 아니다. 그것이 인간 생활에 있어서 너무나도 중요한 것이기 때문에 단순히 그렇게 여길 수는 없는 것이다. 오히려 그것은 본질적으로 뉴스이고 정보이며, 변화, 즉 인간 상황의 변화에 대한 보도(report)인 것이다.

이 변화는 총체적이고 모든 것을 포괄하는 것이다. 그것은 어둠에서 빛으로, 적의와 미움에서 사랑으로, 죄인됨에서 하나님의 아들됨으로, 혼란에서 평화로, 옛것에서 새것으로, 죽음에서 생명으로의 변화이다. 인간 상황에서 발생한 이러한 총체적이고 포괄적인 변화의 기록으로서 이 정보는 그 청중에게 원대한 의미를 갖는 것이다. 성경에서 이것은 두 가지 낱말로 나타난다. 그것은 보통 "회심"이나 "회개"로 번역된다. 에피스트로페(*Epistrophe*)는 방향전환 혹은 돌아오는 것을 의미한다. 메타노이아(*Metanoia*)는 정신이나 마음의 완전한 변화, 영적으로 방향을 정하는 것을 의미한다. 따라서 복음은 그것을 듣는 사람들을 이제 다른 실재—초현실적이거나 초월적인 실재라기보다는 똑같이 경험되는 실재이지만 이제 새로운 방식으로 경험되는 실재—로의 관계성 속에 위치시키는 정보인 것이다.

복음의 선포인 케리그마는 이 새로운 사태를 알린다. 그것은 여기에서 지금 당신과 나를 위해 예수 그리스도를 통하여 하나님께서 행하신 일을 알린다. 이것은 뉴스이다. 하나님의 존재가 아니라 하나님이 행하신 일과 오늘날 하나님이 행하고 계시는 것을 알리는 소식이다. 그리고 하나님이 오늘날 행하고 계시는 일은 그분이 예수 그리스도를 통하여 결정적으로 행하신 일에 비추어 해석될 수 있다. 이 뉴스는 진리에 관한 것이고 진리란, 죄로 우리의 삶이 무너졌으며 우리는 하나님과 대화할 수 없는 상태에 놓여 있고, 그리하여 우리는 인간의 진정한 목적을 성취할 수 없다는 것이다. 믿는 자들을 향한 구원의 여명인 이 케리그마를 우리가 듣는 순간, 우리 스스로가 새로운 생명을 얻어내지는 못하지만, 하나님께서는 우리를 새롭게 하시는 역사를 시작하시는 것이다. 그때 인간은 비로소 원래 의도된 대로의 존재로서 인간이 되며, 그의 진정한 인간성을 회복하고 인간의 목적을 성취하는 것이다. 이 정보를 우리는 전해야 하며 커뮤니케이션 해야만 하는 것이다.

커뮤니케이션 분야에서 "정보"라는 말은 매우 구체적이고 한정된 의미로 사용된다.[13]

그것은 예상할 수 없는 것, 기대하지 못한 것과 직접적으로 관련되어 있다. 새로운 관용어, 관용구의 새로운 전환, 새로운 낱말은 정보를 전달한다. 즉, 이런 것들은 우리가 전에는 알지 못했던 것을 우리에게 말해주는 것이다. 복음은 이러한 종류의 소식이다. 그러므로 설교에서 "오래된, 옛것들"이 새로운 용어로 표현되는 것은 중요한 일이다. 이것이 바로 설교를 작성할 때 가장 요구되는 조건들 가운데 하나이다.

정보는 구체적이고 실제적인 진술과 직접 관련된다. 보편적이고 진부한 표현은 정보를 거의 전달하지 못한다. 실제 연구에 의하면 분석된 설교 중에서 특별히 혁신적인 것은 거의 없었으며 대부분 꽤 상투적인 방법으로 익숙한 잡음을 만들어낸다는 것을 보여주었다(제 2장 2항 4절 참고). 제 2장 2항 8절의 결론 중 하나는 이러한 점을 확증해 준다. 즉, 대체로 설교들이 특별히 혁신적이지 못하며, 메시지를 구체화하는 점에서도 거의 창의력이 결여되었다는 것이다.

오크 야거(Okke Jager)는 진부한 표현을 일종의 욕설로 여긴다.[14] 판에

---

13) J. M. Cronje & J. A. van Wyk, *Van mens tot mens*, p. 10.
14) O. Jager, *Eigentijdse verkondiging*, pp. 105~122.

박힌 말은 피해야 한다. 설교자들이 게으르고 창의력이 충분하지 못할 때 진부한 표현에 지나치게 의존하는 경향이 있다. 여기서 필요한 것은 자신의 개성에 따라 자신의 마음에서 우러나오는 설교자 자신의 말이다. 그의 말은 명쾌하고 삶과 진리에 충실해야 한다. 그는 상상력을 발휘하고 말이나 용어를 정하기 전에 주의 깊게 생각해야 한다. 설교자는 항상 이 사실을 기억해야 한다. 즉, 특별하고 직접적이고 명쾌하고 구체적인 말이 희미하게 대충 말하는 것보다 더 많은 정보를 전달한다는 것이다.

할 말이 있을 때 이 내용이나 정보를 코드화(encode)하여야 한다. 즉, 언어로 만들어져야 한다. 각 개인은 실제 생활에서의 각자의 경험, 즉 그가 부모와 사회로부터 물려받은 언어를 통하여 코드화 한다. 사실상 우리는 언어를 통하여 우리에게 드러난 실재에 의해 살아간다. 우리는 언어라는 큰 보물을 물려받았으며 그것으로부터 우리 자신의 언어를 만들어낸다. 언어는 인간 마음의 구현이다. 우리가 경험하는 실재는 언어화되어야 한다. 다시 말해, 다른 사람들에게 메시지로 코드화되어야 한다. 그러나 설교에 있어서, 조상들이 말했던 것을 우리가 들은 것만을 말할 수 있다는 점을 기억해야 한다. 우리의 전통, 과거 세대가 말한 것(또한 종교에 관하여)과 우리가 우리 자신의 지식과 경험으로부터 말해야 하는 것은 언어와 말의 생활이 일어나는 두 기둥이다.[15]

말은 구두 커뮤니케이션이다. 차티어(Chartier)는 이것을 다음과 같이 정의한다: "구두 커뮤니케이션이란 음파를 통하여 한 사람에게서 다른 사람 혹은 여러 사람들에게 전달되는 메시지를 말한다. 그것은 원래 말로 하는 것이지만 말로 하지 않는 메시지의 요소도 포함한다. 구두 커뮤니케이션의 분명한 구분점은, 그것이 인간 음성의 산물과 전달 체계와

---

15) H. J. C. Pieterse, *Skrirverstaan en predikicg*, pp. 44~45.

관련되며 한 사람 혹은 그 이상의 다른 사람들의 청취 체계를 향하고 있다는 것이다."[16] 설교를 할 때 우리는 성경의 저작으로 기록된 지나간 시대의 구두 커뮤니케이션에 관심을 가지고 있다. 성경 본문에는 다시 선포되기를 요구하는 내재적인 역동성-말씀 사건-이 있다. 구두 설교에서 옛날에 성취된 선포는 현재의 선포로서 다시 한번 성취된다. 따라서 기록된 것에서 말로 하는 언어로의 전환이 필요한 것이다.[17] 바로 이러한 이유 때문에 언사(speech)가 설교의 커뮤니케이션에서 그토록 중요한 양상이 되는 것이다. 설교학에서 이 언어화는 종종 "화술"(delivery)을 의미한다. "화술이란 내용이 제시되는 방법을 말한다. 설교에서 화술은 설교자의 몸짓 언어-다양한 음성, 억양, 음조, 크기, 몸짓, 동작, 얼굴 표정 등등-를 포함한다."[18]

이와 같이 말이나 구두 커뮤니케이션은 언어적, 비언어적으로 일어난다. 인간은 인간 내적인 단계에서 발생한 생각이나 사고를 말로 표현한다. 그러나 이 표현은 단순히 입술을 움직이는 것이 아니다. 그 전체 구조는 감정과 생각의 표현과 관계한다. "언어적," "비언어적"이라는 용어는 말과 말이 아닌 것을 구별하기 위해 사용된다. 이야기에서 동작 언어는 비언어적인 신체적 표현과 결부된다. 사람의 눈, 얼굴 표정, 신체적인 태도, 몸짓 등과 같은 것은 말과 같이 많은 것을 말한다. 태도, 성실이나 불성실, 분노나 친절은 비언어적인 수단에 의해 분명히 전달된다. 설교자들은 한 가지를(예를 들어, 사랑)말하면서 비언어적으로는 다른 것(분노와 같은)을 전달하기도 한다. 몸짓 언어는 말보다도 사람의 실제 감정이나 태도를 더 많이 말해준다. 『말없는 메시지』(*Silent messages*)라는 저서에서 알버트 메라비언(Albert Mehrabian)은, 감정과 태도가 말보다는 몸짓 언어

---

16) M. R. Chartier, 앞의 책, 18쪽.
17) *Skrifverstaan en prediking*, p. 66 참고.
18) M. R. Chartier, 앞의 책, 17쪽.

를 통하여 더욱 효과적으로 전달되는 것을 보여주었다. 감정의 경우에 말은 7%만을, 억양은 38%, 얼굴 표정은 55%를 전달한다.[19] 그러므로 **진정한** 전달자라면 언어적인 수단과 비언어적인 수단 모두에서 의사소통을 잘 성취할 것이다.

오늘날의 설교에서는 소리 언어에 동반되는 영상과 시각 자료, 예를 들어, OHP와 슬라이드가 매우 중요시되고 있다. 이러한 사실은 커뮤니케이션(사람이 말하는 것)의 가장 자연스러운 방법이 귀에다 말로 하는 것뿐만 아니라 몸을 통하여 시각적으로도 소통하는 것이라는 점이다. 이와 같이 교회 예배에서 구두 설교를 하는 설교자는 사실상 말과 이미지로 의사를 소통하는 것이다. 그러므로 우리는 강단에서 좀더 우리의 몸동작들을 사용하도록 해야 한다. 훌륭한 마임을 본 적이 있는 사람은 내가 무슨 말을 하고 있는지 알 것이다. 강단에서의 약간의 신체적 움직임이 커뮤니케이션을 상당히 많이 향상시킬 수 있다. "손과 머리, 발과 몸의 사용이 비언어적인 커뮤니케이션의 핵심이다."[20]

훌륭한 커뮤니케이션에는 침묵이 필요하다. 사람이나 동물이 원기를 회복하기 위하여 잠잘 필요가 있듯이 말에도 환기를 위하여 침묵이 필요하다. 우리 시대에는 매체에서 나오는 말이 범람하고 있고 이러저러한 이야기와 강연이 쇄도하고 있다. 지나치게 말이 과장되고 있으며 그 영향력마저 잃어가고 있다. 사람들은 그것이 늘 진실되다고 할 수 없는 말들을 하고 지키지 않을 약속(예를 들어, 광고에서)을 한다. 그러므로 설교자는 말을 하기 전에 고심해야 한다. 그가 전해야만 하는 말은 새 삶과 미래, 소망의 약속을 지녀야 한다. 이러한 것들은 너무나 중요한 말이므로 설교자는 단순히 부질없는 말로 실수하지 말아야 할 것이다. 설교 후에,

---

19) 같은 책, 83쪽.
20) 같은 책, 84쪽.

가능하면 오르간 음악에 맞춰 잠시 조용히 묵상하는 시간은 회중이 마음 속으로 말씀의 사상들을 소화하는 데 도움이 될 것이다. 이것은 성찬 예배 동안 빵과 포도주가 상징하는 것을 나눌 때 많은 사람들의 경험에 의해 증거된 것이다. 사람들에게는 마음 속으로 연상하고 생각들을 소화하고 그들 자신의 창의성을 적용하기 위해 때때로 침묵이 필요하다. 설교에서 주어진 사상들은 특정한 방향으로 그들을 고무시킬 것이다. 명상을 위하여 조용한 시간을 가질 때 그들은 창조적인 명상에 열중하게 된다. 실제 연구는 사실상 이것이 설교나 담화가 진행되는 동안 자발적으로 일어난다는 것을 보여주었다. 연구에 의하면 연사는 평균적으로 1분에 125개 단어를 말하지만 사람은 1분에 500단어를 생각할 수 있다는 사실이 제시되었다. 이렇게 설교 중에도 청중은 항상 생각할 시간을 가지며 앞서 생각하기도 한다.[21] 더욱이 설교를 듣고 있는 매 60초 동안 그는 약 45초 동안 침묵으로 생각하는 시간을 가진다는 점이다.

외모와 옷도 커뮤니케이션에 영향을 준다. 바로 이것이 목사와 당회원들이 회중석에 있는 성도들과는 다른 옷(검정색)을 입고 회중석 앞의 그들 지정석에 앉아서 예배를 드린 경우에 설교 직후 바로 회의를 진행하기가 어려운 이유이다. 마치 높은 강단이 그러하듯이, 당회원들의 좌석 배치와 의복이 거리감과 권위감을 드러내는 것이다. 이 모든 것들은 회중에게 예배당의 앞자리는 말하는 장소이며 그러므로 그들은 조용히 있어야 한다는 것을 말하는 것이 된다. 당회원들이 토의를 위해서 회중과 합류하고 목회자가 강단에서 내려온다면 한층 좋은 대화 분위기가 될 것이다.

듣는 것 없이 말하는 것은 무의미하다. 듣는 것은 커뮤니케이션의 필수적인 요소이다.[22] 듣는 기술이 없을 때 커뮤니케이션의 기술도 완전히

---

21) W. D. Thompson, *Listening on Sunday for sharing on Monday*, p. 36.
22) M. R. Chartier, 앞의 책, 44~59쪽 참고.

실패한다. 설교자는 말하기 전에 회중과 본문에 귀를 기울여야 한다. 반면 회중은 설교 동안 기본적으로 듣는 임무를 맡는다. 사실, 커뮤니케이션은 한 사람이 듣고 있는 다른 사람에게 말을 함으로 일어난다. 그런 다음 그 역할이 바뀐다. 차티어는 [바커(L. L. Barker), 홀츠만(P. D. Holtzman), 코일(E. Koil), 위버(C. H. Weaber)의 연구에 기초하여] 듣는 것을 다음과 같이 정의한다. "효과적인 커뮤니케이션 과정으로서의 듣기는 의미와 이해에 대한 탐색으로 정의될 것이다. 듣기란 그 신체적인 과정 이상으로 사람이 적극적이고 뚜렷하게 의미를 탐색하는 데 신체적, 감정적, 지적인 능력을 통합하는 지적이고 감정적인 과정이다."[23] 이 정의는 듣기를 총체적인 커뮤니케이션 과정의 고유한, 필수불가결한 요소로 전제한다. 듣는 자의 임무는 발신자의 메시지 코드를 해독하는(decode) 것이다.

듣는 과정은 다섯 가지 요소로 구분할 수 있다.[24] 그 첫 번째는 청취이다. 그것에는 설교자의 몸짓 언어를 보는 것과 마찬가지로, 청취의 신체적인 행동이 따른다. 두 번째는 주의력이다. 수많은 지각이 듣는 사람에게 동시에 도달하기 때문에 그는 주의력을 어디에 기울여야 할지를 결정해야 한다. 설교가 진행되는 동안 아기가 울기 시작하거나 자동차나 비행기가 바깥에서 지나갈지도 모르며 앞사람의 목에 파리가 기어올라가고 있을지도 모른다. 그러므로 설교자의 말씀과 같은 어떤 특정한 것에 주의를 기울이는 것은 의지의 의식적인 결정이다. 우리는 어떤 자극에 주의를 기울여야 할지를 계속해서 선택하고 있는 것이다. 설교를 듣는 동안 사람의 주의력은 때때로 흐트러지기도 하며, 때로는 정신 집중이 되지 않을 수도 있는 것이다.

여러 가지 단계로 설교를 들을 수 있다.[25] 수동적인 듣기는 화자가 전

---

23) 같은 책, 51쪽.
24) W. D. Thompson, 앞의 책, 41~43쪽 참고.
25) M. R. Chartier, 앞의 책, 49~51쪽 참고.

하는 생각의 고리를 따라서 거기에 참여하거나 관여하지 않고 말을 듣는 것을 의미한다. 그렇기에 그 말들은 그저 지나가 버린다. 능동적인 듣기는 화자가 말하고자 하는 것에 열심으로 집중하는 것이다. 그것은 설교자의 관점으로 설교를 이해하려는 시도이다. 비평적인 듣기는 의도적으로 귀를 기울이며 내내 집중하지만 듣는 것을 비평적으로 평가하는 것을 의미한다.

듣기의 세 번째 요소는 듣는 것에 의미를 부여하는 것이다. 이것에는 메시지를 해석하는 것이 따른다. 여기에서 청취자는 자기 마음 속의 영상과 연상 관념, 경험과 주장을 자기가 들은 것에 관련시킨다. 설교자가 사랑에 대해 이야기할 때 청취자는 자신의 경험이나 사랑의 이미지-아이를 끌어안는 것, 배우자의 보살핌 혹은 그러한 종류의 어떤 것-를 회상한다. 그러므로 설교를 할 때는 예시적인 비유와 이미지를 말하고 이 이미지들을 매우 구체적으로 회중에게 제시해야 한다. 이렇게 함으로 회중으로 하여금 같은 이미지로 그 생각을 접하게 하고, 오해의 위험을 줄이게 될 것이다.

듣기 과정의 네 번째 요소는 반응이다. 청취자는 자기 나름으로 동의하거나 동의하지 않는다는 반응을 할 것이다. 그는 고개를 끄덕이고 미소를 짓거나 입술을 오므리는 몸짓 언어로 반응할 것이다. 그는 또한 설교 후 질문과 토론에 참여함으로써, 메시지를 인지한 것에 따라 살거나 그렇지 않음으로써 반응할 것이다.

듣기의 다섯 번째 요소는 메시지를 기억하는 것이다. 실제 연구의 결과는 청취자들이 들은 모든 메시지를 기억하지 못한다는 것을 보여주었다. 그들은 나중에 설교를 회상하지는 못하지만 그것에 많은 주의를 기울인다. 스터크(J. G. M. Sterk)는 연구를 통해 다음과 같은 사실을 발견했다. 60%가 설교를 청취하고, 34%는 부분적으로 주의를 기울이고, 6%는 거의 주의를 기울이지 않았다. 대조적으로 22%만이 들은 것을 잘 회상할 수 있었고, 35%는 대체로 회상할 수 있었으며, 43%는 거의 회상하지 못했다.[26] 이러한 자료는 설교자가 그의 사상을 단순하고 명료하며 가능한 조직적인 방법으로 전달해야 함을 강조한다. 그는 청취자들이 쉽게 청취할 수 있도록 도와야 한다.

(3) 상호작용

이 책의 전제를 따라 여기까지 오는 가운데 혹시 커뮤니케이션이란 역동적이고 복합적인 과정인 것으로 보여졌다면[27] 그것의 명백한 근거는 상호작용(reciprocity)이라는 것임이 틀림없다. 이것은 수신자가 메시지를 해석하고 그것에 반응할 때에만 커뮤니케이션이 일어난다는 의미이다. 뮬러(B. A. Müller)는 이것을 설교 원리로 지적했으며[28] 드 클러크(J. J. de Klerk)는 이것을 훌륭한 설교의 전제조건으로 본다.[29] 상호작용은 근본적으로 대화를 의미한다. 진정한 대화가 있는 곳에 커뮤니케이션이 있다. **신학적으로** 설교의 본질적 구조는 물론 대화적이라는 것을 의미한다. 설교의 대부분이 형식상 독백으로 이루어질지라도 본질에 있어서 그것은 대화적이다. 신약성경에서 설교로 사용된 헬라어인 '호밀리아' (*homilia*)는 끊임없이 이야기로 해석된다(고전 15:33/ 눅 24:14, 15/ 행 24:25/ 20:11). 획스트라는 사도행전 20:11에 있는 교회에서의 독백적 설교는 '호밀레인'(*homilein*)[30]이라는 말로 지칭된다고 생각한다. 유두고가 창문에서 떨어지기 전에 바울은 대화(헬라어로 *dialegesthai*)를 인도하고 있었다.

---

26) J. G. M. Sterk, *Preek en toegoorders*, p. 227.

27) J. S. Kellerman, *Vormgewing van die prediking as kommunikasieprobleem*, p. 112.

28) B. A. Müller, *Kontak en kommunikasie in die prediking*, p. 91 참고.

29) J. J. de Klerk, *Prediking*, pp. 87~91 참고.

30) T. Hoekstra, *Gereformeerde homiletiek*, pp. 10~11 참고.

유두고가 교회 회중으로 되돌아온 후에 바울은 설교를 계속했는데, 이번에 사용된 동사는 호밀레인(*homilein*)이다. 그러나 주의 깊게 이 구절들을 해석해 보면 여기에서 '디아레게스타이'와 '호밀레인'은 동의어로 사용되고 있다. 그러므로 여기서도 설교는 대화로 여겨지고 있다.

우리 시대에 일반적으로 행해지고 있는 지배적인 설교형태인 독백적인 설교에 우리 시대에 주어진 여건에 따라 상호간의 대화라는 의미에서의 커뮤니케이션이 시급히 필요하다는 압력이 점차 증가하고 있다. 현대인들은 어린 시절부터 상호작용 과정에 참여하는 환경에서 사회화된다. 사람들은 자기 주장을 가지며 그들의 삶에 관한 결정을 공유하는 사회가 되었다는 것이다.

이것은 우리 교육과 함께 시작된다. 교육학자들은 활동과 참여가 가르침을 위해 필수적인 것으로 여긴다.[31] 학습자가 수동적이면 배움이란 전혀 가능하지 않다. 활동과 아이의 표현력 사이에는 밀접한 관계가 있으며, 어떠한 형태의 자기 표현이든지 그것은 활동으로 간주될 수 있다. 이것이 바로 팀 교육과 그룹 학급이 유행하는 이유이다.[32] 팀 교육은 두 명 이상의 학생 그룹과 두 명 이상의 교사들의 참여가 필요하다. 교사와 학생들 모두는 어떤 선호도와 능력과 소질을 가진 개인으로 인식된다. 대학과 다른 교육 기관들에서 그룹 학급과 토론이 널리 사용된다. 이러한 교육 방법은 모두 상호작용과 능동적인 커뮤니케이션의 특징을 가진다. 이것이 오늘날 아이들이 사회화되는 방법인데, 그러나 그들이 설교에 참여하는 것은 거의 허용되지 않고 있다.

세속 세계에서는 사람들이 그룹 안에서 보조를 맞추어 함께 문제를

---

31) 예를 들어, F. van der Stoep & O. A. van der Stoep, *Didactic orientation*, pp. 53~72; N. T. van Loggerenberg & A. J. C. Jooste, *Verantwoordelike opvoeding*, pp. 164~167 참고.

32) L. Cohen & L. Manion, *A guide to teaching practice*, pp. 112~117 참고.

토의하는 것은 일반적인 운용 방법이다. 이러한 접근법은 주로 사업계, 사회 활동과 심리학에서 찾아볼 수 있으며 점차 교회에서도 발견되고 있다. 현대인들은 토의에 참여하는 데 익숙하다. 그리고 그들은 그렇게 하기를 좋아한다. 그들은 교회에서 단지 수동적으로 듣기만 해야 될 때 이상하게 생각한다. 그러므로 설교의 커뮤니케이션 능력을 보강하기 위한 대화가 긴급히 요구된다.

(4) 공통적인 준거틀(frame of reference)

커뮤니케이션이 성공하려면 발신자와 수신자가 분명히 공통적인 준거틀을 가져야 한다. 그들은 같은 언어를 말하고 동일한 낱말과 개념에 똑같은 의미를 부여해야 한다. 그러므로 우리는 기호와 의미에 다소 주의를 기울여야 한다.[33]

기호란 보통 어떤 유기체가 어떤 상황 아래서 특별한 방법으로 반응하려는 경향을 부추기는 자극물로 묘사된다. 기본적인 의미에서, 언급되는 문제와 어떤 방식으로 관련을 맺고 있는 기호들이 있다. 그러한 기본적인 기호는 신호라고 하는데, 예를 들어 비의 신호인 구름이나 불의 신호인 연기 등이 있다. 더욱 추상적인 의미에서 신호는 상징이다. 상징은 언급하는 것과 거리감이 있는 것이 특징이다.

상징은 직접적이거나 기본적인 신호를 대체하는 기호이다. "구름"이라는 말은 시각적인 기호인 구름을 대신한다. 상징의 장점은 언급되는 문제의 상황에 의존하지 않으며 쉽게 "전환된다." 그리고 다른 상황에도 적용된다. 이렇게 그들은 다른 환경, 상황, 시간과 적용으로 전환된다. "전쟁의 먹구름"이라는 표현에서처럼 말이다.

---

33) J. M. Cronje & J. A. van wyk, 앞의 책, 34~72쪽 참고.

상징에는 여러 가지 분류가 있다. 공통적인 분류는 언급되는 것의 속성과 완전히 구분되는 "순수한" 상징(예, 수학 기호)과 그리스도의 십자가와 같이, 언급되는 것의 어떤 요소를 묘사하는 "조상"(이미지) 상징간의 분류이다. 더욱이 한 극단에 있는 가장 추상적인 수학 기호에서부터 다른 극단의 비언어적인 진리를 표현하는 음악과 다른 모든 종류의 상징에 이르기까지 상징의 범위는 넓다.

상징은 그것이 사용되는 공동체와 밀접한 관련이 있다. 하나의 공동체에는 이러 이러한 상징은 어떤 특정의 것을 의미하는 것이라는 일종의 관습이 있다. 그러므로 상징들은 상호관계적이다. 어떤 상징들은 언어 공동체 내의 언어나 특정한 문화 집단 내의 음악(특별히 서구적인 음악, 특별히 동양적인 음악)과 같이 특정한 공동체 내에서만 알 수 있는 것들이다. 한편, 상징들은 또한 인간의 내적인 과정에도 밀접한 관련이 있다. 각 사람은 그가 사용하고 듣고 보는 상징들을 해석한다. 상징들은 그가 그들에 대해 내적으로 묘사하는 것과 일치한다. 그러므로 상징은 그것에 대한 인간의 내적인 이미지와 일치하는 의미를 자아낸다.

커뮤니케이션 과정에서 기호는 두 가지 것을 의미한다. 첫째로, 그것에 대한 우리의 이미지를 의미한다. 이와 같이 "인간"이라는 말은 첫째로 인간에 대한 우리의 이미지를 말한다. 그것은 다른 사람의 이미지와 자주 다르다. 우리의 이미지는 우리의 환경, 종족, 사회 계급 등등의 경험에 의해 형성된다. 둘째로, "인간"이라는 상징은 실제적인 사람을 의미한다. 그러나 실제적인 사람을 언급하지 않고서도 완전한 대화를 시행하는 것이 전적으로 가능하다. 이는 언급된 것에 대한 수신자의 이미지를 허용하는 것이 중요함을 강조한다.

물론, 기호는 어떤 것을 가리키고, 언급하여, 커뮤니케이션에 있어서 의미를 전달하기 위해 존재한다. 몇몇 연구가들은 네 가지 질문으로 기호의 네 가지 기능을 부여한다. 무엇을? 왜? 어떻게? 어디에서? 이렇게 기호는 정보적이고, 평가적이며, 고무적이고, 체계적이다. 말은 지식을 전달하고(정보적), 선호도를 표현하고(평가적), 사람들이 행동하도록 고무하고(고무적), 사물 사이의 관계를 지적하기(체계적) 위해 사용된다. 다른 접근법을 사용하여 다섯 가지 기능으로 구분할 수도 있다. 첫째는 정보 기능이고, 둘째는 표현 기능(감정과 태도, 좋아하는 것과 싫어하는 것을 표현하는), 셋째는 지시 기능(사람들의 행동과 태도에 영향을 주는), 넷째는 심미적 기능(사물의 아름다움을 표현함—여기에서 언어의 모든 가능한 형식을 시험하는 시에서처럼 상징의 모든 가능성이 발휘된다), 그리고 다섯째로 단지 커뮤니케이션을 진행하기 위하여, 대화를 열어두기 위하여 의도된 상징의 사용이 있다. 이 마지막 것은 국면 기능이라고 불리는 것으로, 예컨대 인사 관례와 같은 인간 관계를 조정하는 데 도움이 되는 기능이다.

교회 상황에서 어떤 것들은 커뮤니케이션 기호의 가치를 지닌다. 그러한 기호의 하나는 인접한 예배 건물과 함께 그 건물 자체이다. 그것의 건축술, 장식, 시설들, 이 모두가 기호이다. 마찬가지로 강단 위와 집에 놓여 있는 책인 성경책, 빵과 포도주, 물, 헌금 접시에 있는 돈 모두가 기호이다.

공(共) 예배에 참석한 교구민들의 태도, 그들의 옷, 그들의 얼굴 표정도 마찬가지로 기호이다. 교회 회의실에 있는 훌륭한 교인들의 사진들도 하나의 이야기를 말한다. 때로는 얼굴들이 굉장한 열정과 엄숙함, 정직함, 혹은 주 안에서의 너무 적은 기쁨을 말하기도 한다. 때로는—다행스럽게도— 그 얼굴이 주 예수님 자신의 온유함을 반영하기도 한다.

우리는 기호의 기능에 관하여 말했다. 우리는 기호와 언어가 다양한 기능을 가지고 있으며, 우리가 이 다양성을 이해하기 전에는 그들의 가치를 적절히 평가할 수 없다는 것을 보았다. 모든 기호가 똑같은 것을 말하지는 않는다. 우리는 기호의 다섯 가지 기능(정보적, 표현적, 지시적, 심미적, 국면적 기능)을 언급하였다. 교회의 기호는 이 모든 관련 기능을 성취한다. 기호가 완벽하려면 다섯 가지 기능 모두가 성취되어야 한다. 왜냐하면 사실상 그들은 완벽한 커뮤니케이션 과정을 대표하기 때문이다.

정보적인 기능은 메시지의 내용—전달되는 자료와 정보—을 함축한다. 그것은 커뮤니케이션이 "무엇인가"하는 것과 관계가 있다. 설교자는 항상 과거와 현재의 하나님의 위대한 구원의 사역을 언급해야 한다. 모든 설교는 소식과 새로운 지식, 회중을 가르치고 하나님에 관한 지식을 확장시키는 통찰력을 포함해야 한다.

커뮤니케이션의 표현적인 기능은 메시지를 전하는 데 있어서 발신자/화자의 자기 계시의 참여를 포함한다. 설교자는 그가 말하는 것의 한 부분이다. 일어난 일들에 대해 이야기하는 동안 목격자/설교자는 이러한 것들에 대하여 그 자신이 소화한 것과 그 자신의 경험을 표현한다. 이렇게 전달자는 자기 메시지에 스스로 속한다.

커뮤니케이션의 지시적인 기능은 메시지가 수신자를 향한다는 것을 함축하는 것인데, 수신자는 커뮤니케이션 과정의 부분을 형성한다. 수신자 역시 말할 것이 있다. 기호들은 지시적이고 설득력이 있어 사람들을 감동시킨다. 커뮤니케이션을 통하여 우리는 듣는 자에게 영향을 끼치려고 하며, 우리가 경험한 대로 그가 사건을 경험하고 보도록 설득하려고 한다. 그러나 우리의 메시지나 믿음을 수신자에게 강요해서는 안 된다는 것을 주의해야 한다. 우리가 경험한 그대로 메시지를 취해서 인생을 다르게 경험한 사람들에게 그것을 전달한다면, 우리는 수신자가 그것을 흡수할 수 있기 위해서는 해석의 전 과정을 통과해야만 할 것이라는 사실을 허용하지 않고 있는 것이다. 그는 존중되어야 하며 메시지를 스스로 받을 자유가 있어야 한다. 그러므로 우리는 수신자에 대하여 인내하고 사려 깊어야 하며 그가 자신의 방법으로 메시지에 반응하도록 하며 그의 반응을 통하여 기여할 자유를 허용해야 한다.

커뮤니케이션의 심미적 특징은 어떤 학자들이 기호의 체계적인 기능이라고 일컫는 것과 관련된다. 여기에서 기호는 전체 메시지의 가치와 아름다움을 가리킨다. 교회의 커뮤니케이션은 진리의 아름다움과 웅장함에 골몰하는 순전한 즐거움의 자유를 허락해야 한다. 그러한 진리를 표현하는 찬송, 음악, 예술적인 문자 작업과 같은 상징의 개발 영역이 있어야 한다. 기독교의 삶의 심오함과 진실됨의 공정한 기준은 믿음의 아름다움에 대한 새로운 표현이 예술가와 음악가에 의해 만들어지는지 않는지에 있다. 동시에 그러한 창작은 기독교의 커뮤니케이션에 의해 표현된 진리는 삶의 모든 면을 포용하는 총체적인 진리임을 보여준다. 오직 모든 것을 포함하는 총체적이고 궁극적인 진리만이 경외와 놀라움으로 인간을 감동시킬 것이다. 그리고 이것 또한 기독교 기호와 상징의 기능 부분이다.

국면적인 기능은 커뮤니케이션 과정을 지속시키고 커뮤니케이션의 통로를 열어서 계속 존속시키는 커뮤니케이션의 국면이다. 많은 사람들이 긴장감을 풀기 위해서 소란스러운 분위기나, 음악이나 음성 등을 필요로 한다. 커뮤니케이션은 보통 아늑한 분위기에서 더 잘 된다. 복음을 전달하고자 할 때 더 깊은 내용에 관한 커뮤니케이션을 위한 통로를 열기 위해서 상당히 국면적인 커뮤니케이션이 필요하다. 이것은 먼저 접촉을 확립해야 한다는 것을 의미하는 것이다.

커뮤니케이션에서 기호와 **상징의 목적**은 의미이다. 기호는 다양한 것들을 지시(refer)하며 또한 다른 기능들을 가진다. 지시(referring)의 기능은 많은 것들을 포함한다. 그것은 해석하고 이해하는 어떤 사람을 전제한다. 어떤 것을 지칭하고 듣는 자는 그 지칭하는 것을 인식하거나 기억한다. 이와 같이 "구름"은 특정한 자연 현상을 지칭한다. 말과 현상 간의 고정된 관계는 없다. 그것은 단지 특정한 공동체의 관습으로서 공동체의 구성원들이 "구름"이라는 말이 의미하는 것을 알 수 있게 한다. 상징들은 외적이지만 그들의 의미는 내적—인간 내부에 일어나는 것—이다. 상징은, 그것이 화자에게 대하여 갖는 것과 똑 같은 지시(reference)를 듣는 자에게도 불러 일으킬 때 잘 표현된 것이다.

그러므로 의미는 인간의 내적인 활동, 즉 개념 세계와 관련된다. 우리는 우리가 보고 듣는 것, 상징과 기호에 의미를 부여한다. 우리가 어떤 상징이 지칭하는 바를 이해할 때, 우리는 그것의 의미를 알게된다. 그러므로 의미는 기호와 우리의 이해 사이의 관계이다. 그것은 사물 자체보다는 그것의 개념에 관련이 있다.

그러나 의미는 우리의 개념 이상의 것이다. 그것은 해석하고 이해하는 우리의 통찰력과 우리의 능력에 의존한다. 그러나 그것은 또한 객관적이다. 그것은 우리 **안에**(in) 있을 뿐만 아니라 우리 **주변**(around)에도 있다. 고양이는 고양이로 남아 있으며, 구름은 구름으로 남아 있다. 우리가 그것을 이해하든 않든 상관 없이 말이다. 그러므로 그것은 인간 외부에도 존재한다. 비록 그것의 객관성이 낱말이나 상징이 하는 것처럼 물리적인 실체를 가리키지 않고, 사회적인 실체를 가리킨다 할지라도 말이다.

우리가 지적했듯이, 기호와 개념 사이의 관계를 확립하고 그리하여 의미를 부여하는 것은 사회적인 관습이다. 우리는 이렇게 미리 정해진 의미 속에서 성장한다. 그리고 자라면서 우리는 점차 기호와 상징이 의미하는 바를 이해하게 된다. 우리는 또한 점점 풍성하게 사물과 상징들을 사용하기를 배운다. 이러한 관점에서 볼 때 의미는 어떤 사물을 가리키기 위해 기호가 어떻게 사용되어야 하는가에 대한 사회적인 규칙이다.

인간 정신은 상징 사이의, 그리하여 사물 사이의 더 넓은 관계에서 의미를 찾고자 하는 경향이 있다. 어떤 시스템을 향하는 이러한 경향이 의미의 특징이다. 이러한 점에서 의미는 사물의 더 넓고 의미 있는 총체를 가리키는 것이며, 또는 인간이 관여하고 있는 세계는 단순히 여러 가지 단편적인 의미로 이루어진 것이 아니라 하나의 의미 있는 전체를 구축한다는 가능성을 적어도 가리키는 것이다. 인간은 그의 세계에 반영된 그의 인격적인 총체를 보고 싶어한다. 이렇게 인간이 사물 사이의 의미 있는 관계를 찾을 때 그는 사실상 모든 구성 요소 안에서 자신의 삶의 의미 있는 전체를 찾고 있는 것이다.

의미는 해석과 관습, 후천적인 그리고 심지어는 선천적인 자세들에도 상당히 의존한다는 것을 고려한다면, 사람들이 실제로 어떻게 서로를 이해하는가 하는 것이 퍽 의아해 질 것이다. 이 대목이 바로 커뮤니케이션 중에 그 많은 오해가 발생하는 곳이기도 하다. 이 가운데 어떤 것은 현대 커뮤니케이션학이 그것에 눈을 띄워주기까지 설교학이 미처 인식하지 못했던 것이다. 바로 이러한 이유에서, 순수하고 효과적인 복음의 전달을 위해서는 우리의 설교와 교회 커뮤니케이션의 커뮤니케이션 능력을 강화해야만 하는 것이 그렇게 중요한 것이다.

이것은 어떻게 의미가 전달되는가 하는 질문으로 우리를 이끈다. 의미는 전달될 수 없다. 우리가 전달하는 것은 기호와 상징, 그리고 이러한 것들을 전하기 위해 사용되는 매체, 즉 소리, 글, 사진의 이미지와 같은 것들이다. 이러한 것들을 전달할 때 발신자가 할 수 있는 일은 거의 없으며 단지 기호가 목표를 맞추어 의도했던 결과를 나타내기를 기다리고 바랄 뿐이다. 의미는 사람들에게서 일어나므로 매우 개인적이다. 사회적 상황에서 이것이 함축하는 바는, 올바른 상징들이 그 사회에서 수용되는 방식으로 그 사회의 관습에 따라 사용될 때에야 의미가 발생한다는 것이다. 우리가 상징이라고 말할 때 그것은 화자의 마음속에 있는 것과 유사한 것들을 청중들에게 일으킬 때 효과적인 것이다. 농담은 어떤 공동체 안에서 커뮤니케이션의 뉘앙스가 외부 사람들에 의해 제대로 음미되지 못하는 한 예이다. 어떤 사람이 당신이 즉석에서 말하는 농담을 이해한다면 커뮤니케이션이 잘 이루어진 것이며 그는 당신의 공동체가 지닌 상징의 가치와 뉘앙스를 파악하고 있는 것이다. 그것이 바로 목회자와 같은 발신자가 청중들의 세계 속으로 들어가야 하는 이유이다. 그는 자신을 그들의 위치에 놓고 그들의 내적인 자아를 꿰뚫어야 한다. 이러한 전위와 통찰력이 커뮤니케이션 과정의 중요한 부분이다. 그리고 이것은 그가 커뮤니케이션의 문제와 기능을 인식할 때에만 가능한 일이다.

같은 상징에 다른 의미를 부여하는 것은 종종 무의식적으로 일어나며, 우리의 통제를 벗어나는 일이다. 그것은 상황과 환경에 의해 또는 종종 문화에 의해 영향을 받는다. 한 공동체에서 "인간"이라는 말의 의미는 사람이 무엇인가에 대한 그 사람들의 경험 – 사실은 자기 자신들에 대한 자기들의 경험에 의존할 것이다. 인간에 대한 그들의 이미지는 무엇이 훌륭한 인간을 이루며, 어떤 사람이 되어야 하는가 하는 그들의 가치를 형성할 것이다. 한 사회에서 미덕으로 여겨지는 것–예를 들어 개인주의나 진취적 기상–이 다른 사회에서는 의심스럽게 여겨질지도 모른다. 기억해야 할 점은 수신자는 그 자신의 공동체의 전통적인 의미와 그 자신의 상황 안에서의 경험에 따라 우리 말에 의미를 부여할 것이라는 사실이다.

메시지를 이해하는 한 가지 문제점은 "의미"라는 용어의 불확정성 때문이다. 결과적으로 그것은 선입견과 편견 없이는 메시지를 듣거나 전달하지 못한다는 의미이다. 편견, 선입관, 문화적 상황적으로 결정된 해석의 숲을 뚫고 나가기란 극히 어렵다. 커뮤니케이션 학자들은 이러한 것의 해결책으로서 커뮤니케이션은 그것의 객관적인 의미–그 문제의 사실들(the facts of the matter)–에 정박되어야 한다고 제안한다. 우리의 경우 이것은 중심적인 진리, 성경의 객관적인 메시지이다. 이것이 우리가 우리의 설교에서 추구해야 하는 것이며, 특별히 "하나님의 완전한 상담"을 전한다는 관점에서 추구해야 하는 것이다. 그것은 우리가 단지 똑같은 한줌의 진리를 거듭거듭 반복해서는 안되며, 성경에 계시된 진리의 전체적인 넓은 범위를 찾아야 한다는 것을 의미한다.

모든 사람이 "앞으로는 …… 하지 않는다"[34]는, "마술적인 7가지"로 알려진 7가지 기본적인 생각을 가지고 있음이 연구조사 결과 밝혀졌다. 사람이 7가지 기본적인 생각 이상을 개발할 수 없다는 것은 인간 본성의 부분이다. 그리고 이것에 대해 그가 개발하는 변수가 무엇인지에 상관 없이 그는 이 7가지를 능가하지 못할 것이며, 어쩌면 이 최대한의 7가지에 도달하지도 못할 것이다. 일정 기간 동안 설교들을 살펴보고 그 설교들이 담고 있는 기본적인 생각들이 무엇인지를 결정하는 것도 하나의 좋은 아이디어이다. 우리는 때때로 자기가 좋아하는 것과 하찮은 주제들을 반복적으로 다루는 경향이 있다는 사실을 발견하고 놀라게 된다. 이러한 사실은 우리의 의식적인 주의를 요한다.

기독교회의 커뮤니케이션은 성경의 중심 주제에 메시지를 정박시킬 필요가 있는데, 그것은 십자가의 역사다. 이것은 모든 기독교 커뮤니케이션에 있어서 근본적인 언급이며, 그리스도인들이 모든 문화 언어 집단과 커뮤니케이션 시스템 속에서 서로를 이해하는 방법이다. 십자가의 기호를 통해서 말이다. 물론, 십자가 자체는 하나의 상징, 즉 조형적인 상징이다. 그것은 교회 커뮤니케이션의 핵심인 역사의 한 토막을 지칭한다.

교회를 세우는 일과 일상적인 목회 활동에서 드 클러크(J. J. de Klerk)가 말한 사고의 틀(frames of reference)[35]에 주의를 기울이는 것이 중요하다. 회중은 모든 단계의 사역에서 건전한 개혁주의 교리로 훈육되어야 한다. 이러한 사고의 틀(frames of reference)-기독교 용어와 개념에 부여된 의미라는 점에서-은 요리 문답, 설교, 목회 사역, 그리고 회중 그룹 안에서 구축되어야 한다. 회중은 구원, 의로움, 화해, 세례, 성찬, 언약

---

34) J. Nichols, *Building the Word*, pp. 52~58 참고.
35) J. J. de Klerk, *Prediking*, pp. 93~95 참고.

등과 같은 신앙의 용어들을 배워야 한다. 설교자와 회중의 사고의 틀이 점차적으로 겹쳐져야 한다.

이것은 또한 설교자가 그러한 용어들로 복음을 선포한다는 관점을 가지고 회중의 언어를 배워야 한다는 것을 의미한다. 그러나 이 면에 대해서는 이 장 "(7) 발신자와 수신자에게 영향을 끼치는 요인들"에서 살펴볼 것이다.

(5) 시스템(system)

커뮤니케이션학에서는 커뮤니케이션의 참여자들을 시스템으로 본다. 개인, 가족, 그룹과 국가가 그러한 시스템의 예이다. 또한 교회, 회중, 교회 예배와 설교도 그러하다. 이렇게 우리가 커뮤니케이션 시스템에 대해서 말하는 것은 그러한 접근법이 커뮤니케이션의 역동성을 밝히는 데 도움이 되기 때문이다.[36] 시스템은 뼈대나 망(network)으로서 커뮤니케이션 과정에서 발전하고 부드럽고 질서정연한 커뮤니케이션을 허용한다. 주일 예배와 특정한 회중에서의 설교에서처럼 사람들 사이의 규칙적인 커뮤니케이션은 지속적인 상호 관계의 시스템를 형성하는 경향이 있는데, 그 안에서 더욱 심도 있는 커뮤니케이션이 일어날 수 있다.

설교가 그 부분을 이루는 예배는 전체로서의 회중의 커뮤니케이션 망에 중심이 되는 커뮤니케이션 시스템이다. 그것 주변에서 이루어지고 유지되는 관계들은 이 예배 자체의 사건에 중요하다. 설교에서 효과적으로 커뮤니케이션을 수행하기 위해서는 개인적인 접촉과 신뢰와 올바른 분위기가 요구된다.

개인적인 접촉은 설교자와 회중 간의 규칙적인 방문과 사회적인 교류

---

36) H. D. Bastian, 앞의 책, 13쪽 참고.

를 통해서만 이루어질 수 있다. 예배를 인도하는 사람은 예배자들을 개인적으로 알 필요가 있다. 그러므로 심방과 그룹 모임에서 설교자와 회중간의 만남은 설교 중의 커뮤니케이션을 향상시키는 데 핵심적이다. 교회 예배 밖에서의 개인적인 접촉은 예배의 커뮤니케이션 가능성을 풍요롭게 한다. 교구민들 자신도 이러한 목적을 위해 마련된 회중의 조직을 이용하여 서로간의 교제를 향상시켜야 할 것이다.

청중들이 갖는 설교자에 대한 신뢰감은 더욱 마음 문을 열고 그의 메시지를 받아들이게 한다. 그들이 그를 신뢰하면 할수록 커뮤니케이션의 가능성이 커진다. 목회자를 그렇게 신뢰하는 것은 회중과 끊임없이 적극적으로 교제하는 것을 통해서만 이루어질 것이다. 설교자는 가령 회중의 문제를 외부인들과 논의함으로써 그 신뢰감을 저버려서는 안 된다. 설교자는 또한 자신을 내어줄 준비가 되어 있어야 한다. 자신을 완전히 털어놓을 때 다른 사람들과 매우 깊은 수준으로 대화할 수 있다.[37] 그러기 위해서는 단순히 역할을 맡는 것이 아니라 그들에게 자신의 인간적인 자아를 드러내려는 의지가 있어야 한다.

설교에 있어서 분위기도 설교가 깊이 있게 선포되어 이루어지는 커뮤니케이션에 영향을 준다. 오르간 음악, 노래, 예배 중 회중들 사이에 넘쳐나는 영성 등 경건한 분위기가 커뮤니케이션 분위기를 조성하는 데 도움이 된다.

그러므로 설교는 여러 단계의 커뮤니케이션과 관계 망 안에서, 예배의식의 시스템 안에서 일어난다. 이것이 바로 랑게(Lange)가 말하는 설교 상황이다.[38]

우리는 시스템에 관해서 더 많은 점을 거론할 필요가 있다. 시스템간

---

37) M. R. Chartier, 앞의 책, 29~43, 63쪽; W. Bartholomaus, *Communication in the Church: Aspects of a Theological Theme*, pp. 101~104 참고.

38) J. Thomas, *Het luistert nauw*, pp. 18~22 참고.

에 커뮤니케이션이 일어나는 순간이 중요하다. 그것은 실제로 그 순간의 시스템 상태의 문제이다. 우리는 모든 인간 상호간의 커뮤니케이션이 시스템 간의 커뮤니케이션임을 보았다. 그룹들은 과정의 피드백에서 추론한 유용성이나 위협에 따라 커뮤니케이션에 반응한다. 그룹들이 대화할 때 그들의 삶의 세계가 하나로 일치할 때까지 겹쳐지는데, 그것은 마치 두 원이, 더 크거나 더 작은 하나의 공통 영역을 만들 때까지 서로를 통과해 가는 것과 같다. 커뮤니케이션이 증가하면 공통 부분도 늘어난다. 만일 어떤 그룹이, 커뮤니케이션이 그 안정성을 위협한다는 것을 발견한다면 그 그룹은 내적인 평형을 유지하기 위하여 커뮤니케이션을 유연하게 변경시키거나 심지어 그것을 회피해 버릴 것이다. 이러한 경우는 발신자 그룹이나 수신자 그룹에 적용될 수도 있다. 그래서 메시지는 이 둘의 길을 차단하게 된다. 설교 메시지가 주일날 설교 후 곧바로 설교자와 회중에 의해 논의될 때 똑같은 일이 일어날지도 모른다. 회중과 설교자는 자기들의 상황에 맞도록 성경의 메시지를 해석하려한다는 점에서 같은 배를 타고 있으며, 양쪽 모두에게 그들의 마음을 조명하시는 성령이 계신다. 그러나 회중은 물론 설교자 자신도 만일 자기의 관점이 비난을 받고 그리하여 그의 권위가 손상되는 것을 발견한다면 커뮤니케이션을 회피하려고 할 수 있다. 설교자와 회중이, 하나님께서 성경을 통하여 그들에게 계시하신 메시지에 복종할 수 있는 지점에 함께 이르기 위해서는 그들 양쪽에 상당한 솔직함과 성숙이 요구된다.

커뮤니케이션의 성공은 그것이 **열린 시스템**(open system)인가 **닫힌 시스템**(closed system)인가에 달려 있다. 열린 시스템은 상호작용이 이루어지며 그것의 환경과 그룹과 개인과 더불어 정보를 교환하는 시스템이다. 다른 사람들과의 관계가 현재의 관계에 의해서보다 과거에 의해서 영향을 받을 때 닫혀진다. 열린 시스템은 최초의 상황에 훨씬 덜 의존적이며 현재의 관계와, 현재의 상호작용의 요구조건을 충족시키는 그들의 능력에 더 의존한다.

닫힌 시스템은 그들 자신의 평정에 중요성을 둔 나머지 커뮤니케이션을 어렵게 여기는 경향이 있다. 그러한 평정에 대한 대가는, 시스템 자체가 자신의 편협성을 탈출하기 위하여 커뮤니케이션을 스스로 추구하기 시작하는 단계가 올 때까지 커뮤니케이션을 점차로 상실한다는 것이다. 열린 시스템은 안정성에 가치를 두는 동시에 유동적이며, 변화와 성장을 위한 여지를 더 많이 남겨두면서 다른 사람들을 향해 열려 있다. 열린 시스템은 격변하고 무기력하게 만들 수 있는 충격에 대해 자신을 보호하고, 반면에 그 환경과 다른 그룹들에게 계속해서 성공적으로 반응하기 위해서도 자신을 보호할 것이다. 이러한 한계 내에서 열린 시스템은 다른 시스템과의 커뮤니케이션에 들어가며, 또한 이러한 방식으로 하나가 다른 것을 파괴하는 의미에서가 아니라 진정한 커뮤니케이션이라는 의미에서 시스템들을 동화시켜 나간다. 당신은 당신 자신의 교단을 평가하고 그것이 닫힌 시스템인지 아니면 열린 시스템인지를 평가해 봐야 할 것이다. 범 교단적으로 그것은 다른 교단들에게 어떻게 반응하는가? 그것은 사회와 다른 교회의 발전에 어떻게 반응하는가?

이러한 동화 현상, 즉 삶의 세계가 겹치는 현상은 개인에게도 적용된다. 모든 사람은 자기 주관성의 부분으로서 그 자신의 삶의 세계를 가지고 있다. 즉, 모든 사람은 자신의 지평안에서 살고 있는 것이다. 사람들이 커뮤니케이션에 들어갈 때 각 사람이 가진 지평들이 서로 중첩되기 시작하여 점차 융합되고 이렇게 해서 그들은 서로의 세계에 참여하게 되는 것이다. 그들은 무엇인가, 공통적인 요소를 얻게 되는 것이다.

그러한 일이 일어날 수 있다는 것이 일종의 기적이다. 커뮤니케이션 관점에서 볼 때, 인간의 삶에서 중요한 것은 개인의 주관성이 아니라 사람들이 서로간의 교제를 확립할 수 있는 상호교제의 영역을 가질 수 있는 가능성이다. **상호교류적인 주관성**의 영역은 단순히 각개인의 차원을 능가하는 것이며 그것은 더 위대한 것을 불러 일으킨다. 그것은 사람들이 일치하는 단계에서 이해를 낳는다. 신자들의 교제(*koinonia*) 또한 그것에 속한다. 진정한 **코이노니아**는 진정한 커뮤니케이션을 통해서만 가능하다.

열림이 없이, 서로의 삶과 인생 세계에 참여함이 없이 커뮤니케이션이란 있을 수 없다. 동시에 우리는 시스템들-개인, 그룹, 공동체, 국가-은 성장하고 또 성숙할 수 있다고 생각한다. 하나의 시스템은 마치 유기체와 같이 어린 시절부터 출발하여 성장하다가 성숙하기도 하고 정체하기도 하며 결국 나이가 들어 죽게 된다.[39] 이것은 교회에서도 마찬가지로 적용될 수 있다. 커뮤니케이션은 항상 일종의 모험이다. 그래서 자신을 노출시키고 상처를 입기도 하며 평정이 위태로워지기도 한다. 그러나 하나의 시스템이 일단 그 안정성과 아울러 유동성을 결합시키는 것을 배우게 되면 그 커뮤니케이션은 더욱 풍성해지고 건설적인 것이 된다. 따라서 당신의 삶에 모험을 무릅쓰게 하는 커뮤니케이션은 당신에게 더 풍요롭고 충만한 삶을 보상해 줄 것이다.

(6) 소음과 조정

소음은 사람들간의 커뮤니케이션을 방해하는 모든 것을 포함하여 말하는 것이다. 가장 명백한 소음들은 음향 상태가 좋지 않다거나 설교자의 목소리를 들리지 않게 하는 소음과 같은 것들이다. 그러나 설교에서 소음의 더욱 근본적인 특성은 심리적인 것이다.

어떤 의미에서 설교자와 청취하는 교구민들간의 관계의 질이 소음이 있는지 없는지를 결정한다. 목회자의 화술, 태도, 외모가 어떤 사람들에

---

39) E. M. Pattison, *Pastor and parish: A systems approach*, pp. 1~12 참고.

게 있어서는 성가시거나 방해하는 것일 수 있다. 이것이 강론의 태도와 관련되는 것이긴 해도 그것은 그 이상의 것이다. 이러한 것들을 성가시게 생각하는 사람들이 목회자와 좀더 친밀한 관계를 갖게되면 그 소음은 감소할 것이다. 바로 이런 보다 나은 관계성, 즉 두 당사자가 서로를 인간으로서 친밀히 알게 되는 이러한 더 좋은 관계성은 소음을 조정하는 수단이 되는 것이다.

설교자와 그의 메시지에 대한 편견은 또 다른 소음으로, 커뮤니케이션을 방해할 뿐만 아니라 바로잡기도 매우 어려운 것이다. 사람들이 다른 사람을 좋아하거나 싫어하는 것은 대개 이성적으로 설명할 수 있는 성질의 것이 아니다. 관점, 기대, 과거 경험 등 이 모든 것이 사람들의 태도에 영향을 준다. 그러한 경우에는 새로운 정보와 정확한 사실들이 이런 소음을 바로 잡을 수 있다.[40] 그러나 여기서도 설교자와 그 교구민들 당사자의 관계성이 다시금 이 문제를 결정짓는 역할을 한다. 그룹의 역동성(Group Dynamics, 그룹의 의견에 의한 설득)이 유용할 것이다. 그리고 회중 안의 그룹 모임도 마찬가지로 중요하다. 이러한 종류의 소음에는 갈등도 포함하는데, 여기에서 조정이란 그 갈등의 적절한 조절을 포함하는 것이다.[41]

설교자의 행동, 교구민들의 행동과 서로에 대한 그들의 태도, 그리고 커뮤니케이션의 주제가 소음을 일으키고 커뮤니케이션을 방해할 수도 있다. 이런 경우 조정은 양쪽에 의해서 도입될 수 있다. 각자가 스스로 그리스도인의 태도를 점검함으로써 설교자와 회중 양쪽이 모두 지지하는 대의명분을 위해서 다른 사람들을 향해 적극적으로 변화함으로써 소음을 조정할 수도 있다.

---

40) J. J. de Klerk, *Prediking*, p. 95 참고.

41) Praktische Theologie, *Nederlands Tijdschrift voor pastorale wetenschappen*, 1984/2 참고.

설교 도중에도 설교자가 어떤 소음들을 발견하게 되면 조정을 도입할 수 있다. 그리하여 청중의 반응에 따라 마이크를 조정하거나 메시지의 관점을 조정할 수도 있다.

(7) 발신자와 수신자에게 영향을 끼치는 요인들

커뮤니케이션 시스템으로서의 설교에서 발신자와 수신자 모두에게 영향을 끼치는 것들이 많이 있다.

설교자의 커뮤니케이션 자료, 그의 태도, 지식, 문화적 배경, 그가 살고 있는 사회적 상황 이 모두가 그의 메시지를 코드화하는 방법에 영향을 준다.[42] 이것은 수신자에게도 똑같이 적용된다. 청중으로서 그들의 능력, 태도, 설교 주제에 대한 지식, 그들의 사회적, 문화적 상황이 그들이 메시지를 듣고 해석하고 이해하는 방법에 영향을 준다.[43]

더욱이 우리가 앞에서(제 1 장 4절) 지적했듯이 청중이 듣는 것에 부여하는 의미는 사람마다 크게 차이가 보이는 그들 자신의 연상 작용에 의존하고 있다. 더구나 사람들은 일련의 여과 장치를 통하여 메시지를 해석하고 있어서 결국에는 그 여과 장치에 적합한 것만을 "취하는" 것이다. 이 선별 과정에 영향을 주는 요인들에는 개인적인 기준, 그 자신의 관점을 확인하고자 하는 청중의 바램, 그가 최초로 속한 그룹의 정신과 설교자에 대한 그의 이미지 등이 있다.[44] 우리는 이러한 것들에 대해서 이 장(10)에서 살펴볼 것이다.

이러한 요소들이 모두 설교에서도 커뮤니케이션을 복잡하게 만든다. 우리는 이러한 사실들을 회피할 수 없으며, 성공적인 커뮤니케이션에 대

---

42) M. R. Abbey, *Communication in pulpit and parish*, pp. 31~35 참고.
43) 같은 책, 35~37쪽.
44) J. S. Kellerman, 앞의 책, 94~99쪽 참고.

한 책임을 오직 성령님께만 지울 수 없다. 결국, 성령께서는 우리의 사역을 통해서 역사하신다. 하나님의 대의가 위기에 처하였으므로 우리는 복음을 더욱 효과적으로 전달하기 위하여 우리가 할 수 있는 모든 일을 해야 할 특별한 임무가 있다.

이러한 목적을 위해서 설교라는 커뮤니케이션에 따르는 여러 가지 오해를 없애기 위한 실질적인 방법이 필요하다. 우리는 이 장 후반부에서 이 문제를 살펴볼 것이다. 그러나 여기에서 필자는 설교 커뮤니케이션에 더욱 미묘한 영향을 주는 다른 문제를 제기하고 싶다. 이것은 현대 사회의 교구민들 사이에 있는 전문화 현상과 그 결과적인 다양성이다.

주로 다양한 전문직업을 통하여 이루어진 **전문화**로 인하여, 현대 사회는 사회적 다원주의라는 말로 특징지워 진다. 여기에서 사회적 다원주의라는 용어는 하나의 공동체에서 서로 다른 그룹들 속에서 발견되는 다양한 삶의 방식, 관점, 은어, 규범, 가치관 등을 가리킨다. 모든 교회 안에는 이 모든 것들에 의한 복잡한 다양성이 존재하고 있다.

따라서 연구결과에 의하면, 현대인들은 그들의 직업에 관하여는 방대하고 선명한 어휘력을 갖고 있지만 반면에 다른 분야에 대해서는 제한된 어휘만 갖고 있으며 그 개념들을 희미하게 파악하고 있다는 것이다. 주일날 교회에는 여러 가지 다양한 직업을 갖고 있는 사람들이 나와 있다.

이러한 다원주의는 교회 회원들의 교회 **교리**에 대한 그들의 관점의 변화를 야기한다. 한 연구 그룹에서 알랜트(Alant)가 발견한 사실은, 대학을 졸업하지 않은 사람들이 교회 교리에 동의를 잘하는 반면 대학을 졸업한 사람들 중의 동의 비율은 70%로 떨어진다는 것이다. 그리고 전문직업과 경영진에 있는 사람들의 동의 비율은 더 낮다고 지적한다.[45] 하

---

45) C. J. Alant, *'n Sosiologiese studie van die betrokkenheid van lidmate by die Nederduitse Gereformeerde Kerk*, Pretoria: C. J. Alant, 1972.

스마(F. Haarsma)는 그의 권위있는 연구를 통하여 네달란드의 카톨릭교도 가운데서 똑같은 현상을 발견하였다.[46] 교리 수용에 있어서 그러한 차이는 당연히 커뮤니케이션을 상당히 복잡하게 한다.

또 한 가지 커뮤니케이션의 문제점은 교회 구성원들이 갖고 있는 **신앙 체험**의 차이이다. 현대의 대도시는 따뜻하고 인간적인 사회화에 대한 필요를 강하게 하였다. 사회학적으로 볼 때, 교회의 기능은 특별히 사회적이다. 그것은 마치 다른 맥락에서 교회의 기능이 특별히 신앙적인 것과 같다. 이와 같이 종교는 신앙적 욕구이자 동시에 사회적인 욕구를 충족시켜야 한다.[47] 봐스나르(Wassenaar)에 의하면 새롭게 형성된 카리스마 교회가 따뜻하고 친밀한 분위기에 도움이 되는 일종의 신앙 체험을 제시하는 것이 대다수의 사람들이 기성 교회에서 나와 이 교회에 합세하는(58.9%) 주요한 이유라고 한다. 이 교회에 합류한 사람들 중 81.2%는 처음 방문했을 때 그 분위기에 깊이 감동 받았다. 이처럼 분위기가 성공적인 커뮤니케이션에 있어서 매우 중요하기 때문에 이것에 대한 사람들의 제각기 다른 기대가 커뮤니케이션을 복잡하게 만들 수 있다.

(8) 첨언(添言)

설교에서 복음의 정보를 전할 때 첨언이 커뮤니케이션에 큰 도움이 될 수 있다.[48] 첨언은 가외 것(superfluity)을 의미한다. 우리의 일상적인 말은 완곡한 표현, 부연 설명, 여러 가지 변형으로 가득하다. 사실, 이러한 종류의 첨언은 여러 다른 각도에서 한 가지 요점을 분명히

---

46) F. Haarsma, *De leer van de kerk en het geloof van haar leden*, pp. 11~14.

47) C. J. S. Wassenaar, *Die trek-en stootfaktore wat' n rol speel by die aansluiting van lidmate by die Hatfield Baptiste Kerk*, pp. 33~75 참고.

48) J. M. Cronje & J. A. van wyk, 앞의 책, 37~38쪽 참고.

해준다.[49] 이러한 방법으로 우리는 의미를 전달한다.

누군가가 새로운 것을 말할 때(결국 그것이 정보라는 것이다) 그가 이해하지 못할 수도 있다는 것을 염두에 두어야 한다. 대체로 교구민들은 보수적이어서 어떤 새롭거나 낯선 개념은 의심을 받게 된다. 그들이 정보를 이해하고 소화하기 위해서는 상당한 양의 익숙한 자료가 동반되어야 한다. 말하자면 익숙한 정보는 새로운 용어를 밝혀주고 그들을 익숙한 상황에 놓아 그들로 알기 쉽게 한다. 여분의 자료는 새로운 자료를 수송하는 차량 내지 그것이 회중에게 전달되게 하는 가교인 것이다. 그것은 앞서 말했던 것을 단순히 반복하는 중복과 같은 것이 아니라 개요나 요약이다. 그것은 둘 사이의 연결 고리를 유지하면서 알려진 것에서 알려지지 않은 것으로 전환하는 익숙한 자료이다. 한 가지 예를 들자면, 누군가가 고전적인 수사학에 의존하는 설교자들에게 현대 커뮤니케이션학을 이용하도록 설득하고자 할 때이다. 그때 그는 앞의 제 1장 2절과 제 1장 3절에서 사용한 방법에 따라 진행한다. 즉, 고전 수사학의 익숙한 커뮤니케이션 모델로부터 현대적인 것(우리가 신뢰하는 것으로 당신에게 새로운 정보이다!)으로 진행하는 것이다.

익숙지 못한 낱말이나 개념을 익숙한 것과 연결시키면 커뮤니케이션을 알기 쉽게 만드는 데 도움이 된다. 아주 생소한 낱말들도 익숙한 용어에 확고히 묻혀지면 의미 있는 것이 될 것이다. 연결의 힘이 알려진 것에서 알려지지 않은 것으로 의미를 전환하는 데 도움이 된다.

또 다른 형태의 첨언은 양식이나 구조이다. 이것은 그 자체가 정보를 전달하는 것이 아니라 단지 그것을 알기 쉽게 하는 데 도움이 된다는 의미에서 부연적인 것이다. 이리하여 문법의 규칙은 주어진 새로운 낱말을 동사로 알아보게 하는 데 도움이 된다. 그것은 익숙한 양식에서 그것의

---

49) J. S. Kellerman, 앞의 책, 93~94쪽 참고.

위치를 지적하고 그리하여 그 말이 (알려진 구조에 의해서) 그것의 의미를 쏟아내기 쉽게 만든다. 순서나 규칙은 지식을 전달하는 데 중요한 요소이다. 그것은 정보를 대신하지는 않지만 그것에 대한 매우 필요한 구조를 제시한다. (비구조적인 설교에서) 전적인 혼동 상태는 정보의 성공적인 커뮤니케이션을 방해한다. 그러므로 질서가 정연하면 할수록 성공적인 커뮤니케이션이 된다. 이렇게 새롭고 예상할 수 없는 것과 더불어 설교에는 상당히 정형적인 순서와 규칙이 필요하다. 이것은 설교에서의 사상의 구조화와 예배에서의 어떤 확정된 순서를 포함한다. 교회 예배의 의식은 정보를 전달하는 데 이상적인 구조를 제시하는 규칙적인 양식(융통성의 특징에도 불구하고)이다. 정보가 일단 예배와 하나님에 대한 언급에 관련되면 이 구조 안에서 소화되고 이해된다.

교회는 천상의 언어로 메시지를 전하지 않고 이 세상의 일상적인 언어로 메시지를 전한다. 그러므로 설교의 언어는 신비하거나 모호하지 않아서 초보자들(어떤 교회에도 등록하지 않은)도 이해할 만큼 직접적이다. 첨언은 과다함을 포함하는데, 어떤 사람이 낱말이나 개념이 이해되지 않는다는 것을 인식할 때 그는 그 의미를 전달하기 위해 하나나 둘, 혹은 세 가지의 다른 낱말을 사용하리라는 것이다.

우리가 이 세상 언어로 말한다면, 혹자는 우리는 이야기 할 새로운 것이 아무 것도 없다고 생각하게 될런지도 모른다. 교회의 설교라고 하는 것이 흔히 이데올로기, 세속적 관점이나 익숙한 미덕, 일상적인 도덕을 재확인하거나 재강조하는 것과 같지 않은가? 많은 경우에 그것은 단순히 미덕에 대한 항변이나 악에 대한 비난이 아닌가? 혹은 현재의 공공 도덕에 관한 보수적인 논평이 아닌가? 참된 기술은 사회에 존재하는 커뮤니케이션의 틀 안에 머무르면서, 새로움과 그 외의 것이 통찰력과 새로운 가능성을 열면서 사람들의 삶에 천둥처럼 부서지는 방법으로 복음의 정보를 전하는 것이다.

(9) 성실과 정직

드 클러크(J. J. de Klerk)는 적절한 답변을 할 수 없는 질문을 받을 때는 신실한 태도와 정직함으로 대하는 것이 불성실과 꾸며대는 것이 지배하는 시대에는 매우 환영을 받는다고 평가한다.[50] 설교자 쪽에서의 성실함은 훌륭한 커뮤니케이션의 주요한 요건이며 설교자의 메시지에 대한 신뢰성을 높여 준다.

여기에서 자기 노출이 중요하다.[51] 설교자는 회중에게 자기의 인간성, 내적인 갈등, 동료 신자로서의 신앙 체험 등을 스스로 노출하는 데 주저하지 말아야 한다.

설교자의 몸짓 언어야말로 특별히 신실함을 드러내준다. 사람들은 본래 어떤 사람이 말하는 것을 들을 때 그가 무엇을 말하는가를 주목하지 않고 어떻게 말하는가를 주목한다. 마음으로부터 말하는 신실한 사람은 그가 특별히 유창하지 않을지라도 의사를 잘 전달한다. 여러 연구들은 목회자의 말이 더 이상 자기 체험을 표현하지 않을 때 청중과의 교제를 상실하고 그럼으로써 사실상 자기 자신과의 교제를 상실한다는 것을 보여주었다.[52] 그러므로 설교자는 강단에서 자기 노출과 자기 정체성이 커뮤니케이션에서 중요하다는 원리에 충실하여 자기 자신이 될 필요가 있다. 바톨로모스(W. Bartholomäus)는 설교자들이 그들의 교회에서 받아들여지는 전형적인 모습을 취하는 경향이 있으며 그리하여 그들의 정체성을 상실한다는 사실을 보여주었다.[53] 그 결과는 설교자의 진정한 인격 둘레에 껍질을 형성하는 인위적인 설교 방식이다. 설교는 당신 자신을 드

---

50) J. J. de Klerk, *Prediking*, p. 91.
51) M. R. Chartier, 앞의 책, 30쪽 참고.
52) B. A. Müller, *Kontak en kommunikasie in die prediking*, p. 91.
53) W. Bartholomäus, 앞의 책, 101~104쪽.

러내는 것이며 당신이 전하는 메시지를 위해 당신의 인생을 거는 것이다.

(10) 피드백(Feedback)

커뮤니케이션의 역동성에 있어서 중요한 현상은 피드백인데,[54] 이것
은 아마도 커뮤니케이션 과정에 대한 연구의 가장 독특하고 영향력있는
발견들 가운데 하나일 것이다. 인간의 교제는 일련의 끊임없는 일상사의
원인과 결과에 따라서 진행되지 않으며 또한 싫든 좋든 추구하는 목표를
향한 본능에 의한 것도 아니다. 그 과정은 피드백의 원리에 의해서 이루
어진다. 인간 교제의 결정적인 모델이 직선적인 것에 반해 피드백 원리
는 원의 양식으로 이루어진다. 인간 사회는 원의 과정으로 작용하는 피
드백 공동체이다. 피드백은 커뮤니케이션 과정에 속한 모든 모임이 계속
적으로 참여하고 그것에 반응할 것을 의미한다. 이것은 커뮤니케이션의
상호관계의 주요 원리이다.

여기에서 우리는 피드백이 함축하는 것들 가운데 하나를 알게 되는
바, 커뮤니케이션은 원의 과정으로 진행된다는 것이다. 커뮤니케이션은
두 사람 혹은 그 이상의 참여자들의 작용이다. 그러나 커뮤니케이션이
이리저리 그 움직임을 고대하는 식으로 이루어지는 방식에 대해서는 문
제가 되지 않는다. 오히려 그것은 참여한 사람들 간의 계속적인 상호작
용이다. 행동과 반응의 고전적 양식은 커뮤니케이션을 적절히 묘사하지
못한다. 그 행동과 반응의 대부분은 동시에 일어나기 때문이다. 과정 중
에 그 과정에 관한 정보가 참여한 사람들에게 계속적으로 피드백 된다.
그들은 그 과정의 진행을 변경시키고 강화하거나 막는 방법으로 이 정보

---

54) J. M. Cronje J. A. van Wyk, 앞의 책, 76~82쪽; J. J. de Klerk, *Prediking*, 92쪽; S.
 G. A. Golden, 앞의 책, 225~227쪽; P. J. C. Loots, 앞의 책, 87쪽 참고.

에 반응한다. 이런 식으로 발신자가 수신자가 되고 수신자가 발신자가 된다. 그리고 이 모든 것은 동시에 진행된다. 이 상호작용은 그 과정을 영속시키며 그것이 싹트는 우정이든 점점 커가는 악의이건 간에 나선형과 같이 올라갈 것이다.

피드백을 기계에 비유한다면 엔진이 작동할 때 자동적으로 많은 연료를 필요로 하는 자동차나 트랙터의 조절 장치와 같다. 인체는 여러 가지 장치를 가지고 있는데, 예를 들어 체온을 조절하는 것과 같은 것이다. 인간 상호 작용에서 피드백이 주요한 역할을 하며 모든 인간 커뮤니케이션에 주요한 원리이며 필요조건이다. 임금 인상에 관하여 상사에게 접근하는 사무원은 그의 안건을 제시하면서 상사의 반응을 관찰하기 위하여 그를 면밀히 주시할 것이다. 이 반응에 따라 그는 이야기를 수정하거나 어떤 관점을 자세히 말하기도 하며, 강하게 부정적인 반응을 보게 되면 이야기를 중단하기도 할 것이다. 이러한 통찰력은 제 3장 1절 (6)항에 언급된 개입과 조정에 속한다.

피드백의 원리는 커뮤니케이션이 기계적인 것이 아니라 **지극히 인간적**이라는 사실을 우리에게 상기시킨다. 우리는 발신자와 수신자가 둘 다 그 과정에 필수적이라고 말한 바 있다. 수신자는 생각보다 더 큰 범위까지 커뮤니케이션의 과정을 결정한다. 이것은 어떤 사람이 전화 통화할 때 관찰할 수 있다. 그의 억양과 어형 변화, 단어 선택을 보면 그가 부하에게 말하는지, 낯선 사람이나 적, 상사나 친족에게 말하는지를 알 수 있다. 사람들은 자신이 대화하는 사람에 맞추어 적합한 말을 하는 데 익숙해 있다.

수신자는 커뮤니케이션 과정에서 조절하는 기능을 맡는다. 그는 주로 발언 **형식**과 메시지의 **액센트**를 조절한다. 그리고 그것에서 그의 필요가 어느 관점이 강조되는가를 결정한다. 발신자는 수신자의 필요를 택해서 진행하고 그에 따라 그의 강조점을 조절한다. 목회 사역이 설교에 영향을 주는 방법이 목회의 피드백의 한 가지 예이다. 그리고 우리가 지금 논의했던 관점의 예이다.

수신자는 **메시지** 뿐만 아니라 **발신자 자신**과 그의 개인적인 태도에도 영향을 준다. 마찬가지로 **발신자**는 **메시지**와 **수신자**에게 영향을 준다. 친구가 전달한 메시지는 수신자를 싫어하는 어떤 사람이 전달하는 똑같은 메시지와 다른 영향력을 가질 것이다. 바꾸어서 발신자는 만일 수신자가 친구라면 메시지를 다르게 전달할 것이다. 그러한 메시지와는 별도로 사람들은 커뮤니케이션 과정에서 서로를 "읽고" 개인적인 태도와 내면적인 동기 등등에 대한 끊임없는 피드백을 얻는다. 이것은 커뮤니케이션에 강력한 영향력을 가지며, 전달자의 태도가 나쁘다면 훌륭한 메시지를 전달하거나 받는 것은 사실상 불가능하다. 텔레비전에서 사랑에 관해 설교하고 있었던 한 목회자에 대한 이야기를 들은 적이 있다. 잠시 후 그 이야기를 전해준 사람의 딸이 그에게 물었다. "아빠, 저 사람은 왜 저렇게 화가 났죠?" 그 설교자의 말없는 커뮤니케이션이 그의 말과 일치하지 않았던 것이다.

피드백은 커뮤니케이션이 성공하는 데 필요하다. 그 점에서 그것은 커뮤니케이션의 목표와 관련이 있다. 중요한 목표는 사람들에게 영향을 주는 것이다. 그 목적을 위해 발신자는 수신자의 흥미를 끌고 열중시키려 한다. 이 과정에서 청중을 면밀히 관찰함으로써 피드백이 이루어진다. 화자는 모든 반응을 관찰하고 반응이 호의적인 부분이 어디인지를 주목할 것이다. 그리고는 진행하면서 그의 말을 조절할 것이다. 노련한 설교자는 청중이 듣고 있는지, 그들이 설교에 참여하고 있는지, 아니면 설교가 끝나기만을 기다리고 있는지 매우 잘 알 수 있다. 분별력이 없는 설교자는 안달이 나있는 청중들을 외면한 채 그의 설교를 강행한다. 분별력이 없는 설교는 청중에 대한 일종의 모욕이다.

우리가 제 3장 1절 (2)항에서 보았듯이 훌륭한 화자는 또한 훌륭한 청중이다. 이것은 일상적인 대화뿐만 아니라 설교에도 적용된다. 어떤 사람의 말을 듣지 않고 그를 존중하지도 않으면서 그에게 말하는 것은 모욕하는 것이며 수신자의 인간적 권리와 존엄성을 침해하는 것이다. 수신자는 커뮤니케이션 전달의 동반자이므로 고려의 대상이 되어야 한다.

그러므로 피드백은 이야기하는 동안 들어야 하는 필요성을 강조한다. 듣는 것은 수신자와 발신자 모두에게 커뮤니케이션의 가장 중요한 활동 가운데 하나이다. 설교자와 같은 직업적인 화자는 듣는 기술을 잊어버릴 가능성이 많다. 그들은 말을 할 때는 편안함을 느끼고, 들어야 할 때는 안절부절 못한다.

피드백은 긍정적일 수도 있고 부정적일 수도 있으며, 호의적일 수도 있고 그렇지 못할 수도 있다. 긍정적인 피드백은 그 순간의 메시지 전달 방식을 강화하는 반면, 부정적인 피드백은 더 나은 피드백을 얻기 위해 필요한 수정이 도입되도록 한다. 부정적인 피드백을 피하고 긍정적인 반응(박수갈채, 미소, 고개를 끄덕임)을 추구하는 것이 인간의 본성이다.

항상 부정적인 피드백에 주목하고 긍정적인 반응에 눈멀지 않도록 할 필요가 있다. 부정적인 피드백은 경보등의 역할을 하며, 우리가 커뮤니케이션 과정에 더 잘 기여하는데 도움이 된다. 우리는 성공적인 커뮤니케이션에 더 적합하게 참여하기 위해 우리 자신의 어떤 부분을 포기해야 할 필요성에 직면한다.

커뮤니케이션은 사람들에게 영향을 주는 것만을 목표로 삼지 않는다. **또 다른 목표는 사람들에게 정체성을 소유한 인간으로서 자신의 존재 의식을 강화하는 것이다.** 커뮤니케이션을 통하여 한 사람의 정체성이 형성되고 발전된다. 상호 커뮤니케이션이 없이는 정체성을 상실하게 될 것이다. 정체성의 상실은 알려진대로 고립의 결과이다. 사람들은 그들의 정체성을 형성하고 유지하기 위하여 다른 사람들과 상호작용할 동기가 필요하다. 더욱이 커뮤니케이션은 사람들의 관점을 강화하는 것을 목표로 한다. 예를 들어, 예수 그리스도에 대한 믿음을 강화함으로써 그들의 정체성을 강하게 한다. 커뮤니케이션은 긍정적이거나 부정적이기 때문에 그것은 인간의 정체성을 양성하고 세울 수도 있고, 그것을 손상시키고 파괴할 수도 있다. 이것은 커뮤니케이션이 총체적인 인간성을 필요로 하며 매우 깊은 수준에서 일어난다는 사실에서 확실히 알 수 있다. 이렇게 피드백은 메시지를 성공적으로 전달하는 것에만 영향을 끼치는 것이 아니라 커뮤니케이션에 참여하고 있는 사람의 정체성을 확실히 하는 데에도 영향을 끼친다.

피드백은 단지 메시지의 수용에 관한 정보의 제공에서 그치는 것이 아니다. 그것은 또한 발신자와 수신자의 인격에 관해서도 말해준다. 그들의 정체성이 인정되고 강화되었는지 아니면 부정되고 파괴되었는지를 말해준다. 메시지의 내용—복음의 진리—이 훌륭해도 참여한 사람들의 정체성과 존엄성이 모욕되고 내팽개쳐졌다면 아무 소용이 없다. 그러한 경우에는 메시지 자체가 거부될 것이다. 이것은 메시지의 수신자에게 적용된다. 예를 들어, 그가 발신자와 다른 문화나 사회 그룹에 속하여 그의 정체성이 존중되지 않는다고 느낄 때 그렇다. 그러나 그것은 또한 발신자에게도 적용될 수 있다. 교사가 그의 가르침 때문이 아니라 인격적으로 학급에 의해 거부당한다고 느끼는 경우에 그렇다. 그러므로 피드백과 그 과정에 대한 조정은 수신자에게 국한된 것이 아니라 발신자에게도 관련된다. 이것은 커뮤니케이션의 상호작용을 다시금 강조한다. 즉, 청중들이 말로써 설교에 참여할 수 있도록 하기 위해 설교에 청중을 포함시키는 것은 필수적인 일임을 의미한다.

이것은 또 다른 중요한 점을 제기하는데, 즉 모든 커뮤니케이션은 또한 **대결**(confrontation)이며 갈등의 가능성을 포함한다는 것이다. 참여자들이 자기 자신의 정체성을 가지고 같은 수준에서 만나는 사람들이라는 바로 그 이유 때문에 대결과 갈등의 가능성이 있는 것이다. 이것이 커뮤니케이션의 모험이다. 커뮤니케이션이 항상 갈등을 해결하는 것은 아니다. 문제를 이야기함으로 태도를 굳게 만들기도 하고 길을 갈라놓기도 한다. 메시지의 정확한 의미에 관한 오해를 없애버린다면 한쪽이나 다른 쪽이 그가 메시지를 거부한다고 결정할지도 모른다. 그러나 복음 메시지는 또한 양날이 선 칼이 아닌가? 그것을 분명히 듣고 믿는 사람이 있는가 하면, 특별히 모든 의미에서 낱낱이 설명되는 것을 듣고도 거부하는 사람이 항상 있기 마련이다.

사람들이 교회에서 그들 모두를 하나로 묶어주는 믿음과 같은 어떤 요인을 놓고 이야기 하는 상황에서도 다른 사람의 정체성을 인식하고 인정하는 진정한 커뮤니케이션에 대한 요구가 있게 될 수도 있다.

그러므로 피드백은 우리의 정체성과 그 결과적인 반응에 대한 커뮤니케이션 과정의 **효과**에 관한 정보를 제시한다. 그러나 커뮤니케이션은 사람들의 정체성을 형성하는 데(위의 두 번째 목표) 영향을 주기만 하는 것이 아니다. 그것은 또한 그 정체성의 **안정**과 그것의 **변화**에도 영향을 준다. 인생관의 붕괴는 두려움과 저항을 일으키기 때문에 인간에게 있어 안정성은 매우 중요하다. 안정성을 강화하는 커뮤니케이션은 보통 호의적으로 받아들여지지만, 그것이 안정성을 위협할 때는 거부되거나 조정된다. 커뮤니케이션은 발신자와 수신자 모두의 정체성과 안정성에 영향을 준다.

커뮤니케이션의 주요한 특성에 관한 이전의 논의에서 두 가지 점이 분명히 드러난다. 첫 번째는 모든 설교자가 주목해야 하는 것으로, 커뮤니케이션이 없는 것은 불가능하다는 것이다. 교회 예배 중에 그가 행동하는 모든 것을 통하여, 그리고 설교를 수행하는 동안 그는 의사를 전달하고 있는 것이다. 삶의 모든 순간에서 행동할 때, 그가 회중들 사이에서 어디를 가든지 그는 의사를 전달하고 있는 것이다. 산다는 것은 커뮤니케이션하는 것이다. 이것은 모든 커뮤니케이션이 상호작용이며 그 상호

작용은 말뿐만이 아니라 말에 동반하는 모든 것–음조, 말의 급함이나 느림, 쉼, 웃음과 한숨, 태도, 제스처 등등을 통하여 일어난다는 것을 의미한다. 혼자일 때라도 사람은 자신과 대화한다. 그가 생각하기를 멈추고 가만히 앉아 있기만 한다 해도 말이다. 지각 있는 삶은 항상 어떤 식으로든 커뮤니케이션을 유발한다. 이것은 우리가 다른 사람들 사이에 있는 한 사람과 관련이 있을 때 특히 더 그러하다. 모든 인간 행동은–말뿐만 아니라 침묵까지도– 커뮤니케이션이라고 말할 수 있다. 이것이 우리가 말로 하는 커뮤니케이션과 말로 하지 않는 커뮤니케이션을 구분하는 이유이다. 한 사람이 복도를 걸어 내려가 대기실에서 기다리거나 승강기를 탄다. 그 동안 내내 그는 눈을 내리깔고 있다. 그는 무언가를 "말하고" 있는 것이다. 즉, 그는 혼자 있기를 원하는 것이다. 이것은 말을 하지 않았음에도 불구하고 커뮤니케이션이 된다.

교회 또한 커뮤니케이션이 아닌 것이 없다. 모든 기독교 교회의 행위가 커뮤니케이션이다. 교회는 그 존재 자체가 의사를 전달한다. 모든 동작, 제스처, 행동과 말이 커뮤니케이션이며 그렇게 인식되고 이해된다. 똑같은 것이 그리스도인 개개인에게도 적용된다. 세상과 우리 동료 그리스도인들이 들었으면 좋겠다고 우리가 생각하는 것을 항상 듣고 있는지가 논점이다. 교회의 그리고 형식적인 기독교인의 많은 제스처들이 달리 해석된다. 즉 위선, 공허한 쇼, 형식주의로 해석되는 것이다. 세상의 눈은 교회의 형식적인 위선을 놀랍게도 인식하고 있으며 참지 못해 한다.

목회자 화자들은 그들의 말에 관하여 비평적으로 질문을 받는데 익숙지 않아서 다른 사람들에게는 진부한 표현과 상투적인 상징들을 넘어서지 못한다. 앞에서의 실제적인 연구(제 2장 참조)에서는 설교의 이러한 진부한 표현에 주목을 하였다. 우리가 설교의 커뮤니케이션을 향상시키기를 원한다면 이러한 사실들을 열심히 살펴보아야 할 것이다.

우리의 논의에서 나타난 두 번째 점은, 설교의 커뮤니케이션은 여러 가지 많은 요인들이 역동적으로 상호 작용을 하는 뒤얽히고 복합적인 과정이라는 것이다. 우리는 단지 사람과 사물이 그 과정에 관련되며 영향을 준다고 언급할 뿐이다. 그들은 세 그룹으로 분류될 것이다.[55]

① 발신자와 수신자의 구체적인 특성. 발신자의 경우 다음의 것이 관련된다. 문화, 인격적 기준, 지적이고 감정적인 능력, 태도, 사회 시스템, 대화하는 문제에 대한 지식, 정신적이고 신앙적인 경향, 코드화 기술, 코드의 해석과 언어, 언어적, 비언어적인 능력, 청중에 대한 지식과 청중과의 동일시, 청중에게 받아들여짐, 관찰력. 같은 요인들이 수신자의 경우에도 적용되는데, 거기에 덧붙여 그들의 우선적인 그룹, 발신자에 대한 그들의 이미지, (현재의) 복음 선포에 대한 그들의 태도 등이 있다. 더욱이 발신자와 수신자는 계속해서 역할을 바꾸며 그들은 언어와 비언어적으로 서로에게 반응한다는 사실을 기억해야 한다.

② 메시지의 특성. 여기에서는 상징, 기호와 의미가 중요하다.

③ 커뮤니케이션 상황의 특성. 이것은 대화자들간의 관계의 질, 분위기, 시설, 시간, 준비, 동기 등등을 말한다.

커뮤니케이션은 역동적이며 발전하는 과정이며 계속적인 나선 운동이라는 사실을 하나 더 기억해야 한다. 무엇보다도 설교의 커뮤니케이션은 근본적으로 하나님 자신에 의해 시작되며 그분의 말씀과 성령에 의해 인도 받고 지시 받는다.

2. 설교는 대중(Mass) 커뮤니케이션 형식이다

설교는 분명히 일상적인 연설이지만 거기에는 명백한 특징이 있다. 공중 연설일지라도 공중 강연은 아니며 그것이 교훈적인 특징이 있을지

---

55) Vgl. J. C. Müller, 앞의 책, 84쪽.

라도 강의는 아니다. 그것은 대중 커뮤니케이션 형식이지만 독특하다. 이제 우리는 대중 커뮤니케이션의 몇 가지 특징을 살펴보겠다.

대중 커뮤니케이션의 첫 번째 특징은 설교에도 해당되는 것인데, 공중 가운데서 행해지므로 공중 커뮤니케이션(Public Communication)이다.[56] 설교는 모든 사람이 환영받는 열려진 교회에서 행해진다. 메시지는 특정한 한 사람을 향한 것이 아니고 모든 사람을 향한 것이다. 대체로 발신자 한 사람과 대다수의 수신자가 있기 때문이다. 이 일반적인 특징은 대중 매체의 현저한 특징이다. 그것은 가능한 많은 수신자들에게 도달하고자 하기 때문이다.

그러므로 설교 준비를 할 때 설교자는 개개인에게 말하려고 노력해야 한다. (대중 커뮤니케이션에 관하여) 논쟁중인 커뮤니케이션 원리는 개인에게 말하는 화자는 다수에게 말하고 있는 반면 다수에게만 말하는 화자는 개인을 놓치기 쉽다는 것이다.[57] 여기에서 설교자가 회중을 심방하는 것이 도움이 된다. 그가 회중들 사이에서 목회 활동을 하는 동안 목회적인 귀를 갖고 교구민 개개인에게 주의 깊게 귀를 기울여야 한다. 그러할 때에야 그의 설교는 개인을 향하게 된다.

대중 커뮤니케이션의 두 번째 특징은 커뮤니케이션 과정의 **균형**이 **같지 않다**는 것이다. 우리는 발신자와 수신자가 같은 보조를 맞출 때 커뮤니케이션이 효과적이라는 것을 보았다. 그런데 대중 커뮤니케이션의 경우에는 그렇지 않다. 왜냐하면 어떤 의미에서 발신자가 결론을 가지고 있기 때문이다. 신문의 예를 들어보자. 신문의 논평에 참여하고자 했던 사람은, 신문이 선호하는 기사를 쓰고 말하고 있으며 기고자의 글이나 설명에 대한 공간을 거의 허락하지 않는다는 것을 알게 될 것이다. 그때

---

56) J. Firet, in: C. J. Hamelink(ed.) *Kerk en massakommunikatie*, p. 12; M. van Schoor, *Bestaanskommunikasie*, p. 41 참고.

57) H. D. Bastian, *Kommunikation*, pp. 111 이하 참조.

조차도 신문은 즉시 논평할 기회를 갖는다. 보통 신문은 기고자를 위협하여 그의 경우를 말할 기회를 주지 않는다. 키에르케고르는 1세기 전에 이러한 경험을 하였다. 그가 신문과의 논쟁에 참여했을 때 그는 결과적으로 배척당한거나 다름이 없었다. 그러므로 매체는 수신자가 복종해야 하는 힘을 가지고 있으며 그에게 피드백에 기여할 동등한 기회를 주지 않는다.

설교에서는 보통 불평등한 입장에서 커뮤니케이션이 행해지는 데, 이렇게 되는 이유로서 설교자의 권위가 존재한다. 회중은 설교에 끼어들 수 없으며 나중에도 보통 토론의 기회가 없다. 이와 같이 커뮤니케이션에 균형이 없다.

대중 매체의 세 번째 특징은 **피드백이** 두 가지 이유로 **문제시되고 의심스럽다**는 점이다. 첫째로, 수신자들은 대중 매체를 자유롭게 사용할 수 없다. 왜냐하면 그것은 보통 조직이나 그것을 통제하는 데 필요한 뛰어난 정치적인 세력을 가진 개인의 소유이기 때문이다. 둘째로, 수신자가 매체에 접근하려고 해도 그것의 기술은 보통의 수신자가 이용할 수 없을 정도로 특별한 훈련과 전문 기술을 필요로 한다. 결국 방대한 수의 수신자들은 매체를 통한 대화자의 메시지에 효과적으로 반응하는 것은 불가능하다는 사실만을 발견한다. 물론, 수신자는 다른 매체와 방법들을 이용하여 발신자에게 도달할 수도 있다. 그는 출판사에 편지를 쓰거나, 프로그램에 대해 불평하기 위해 방송사에 전화를 걸 수도 있다. 혹은 수동적인 저항을 할 수도 있다. 정책이 마음에 들지 않는 신문 구입을 중단하거나 라디오를 꺼버릴 수도 있다. 그러나 이것은 참된 의미의 피드백이 아니다. 그것은 수신자가 참여하는 것이 아니라 단지 반응하는 것이기에 공허한 몸짓이다.[58] 설교에서도 마찬가지의 일이 벌어진다. 사람들

---

58) M. van Schoor, 앞의 책, 41~42쪽.

은 설교를 이해하지 못하면 단지 교회에서 떨어져 있을 뿐이다. (참여하지 않은 오랜 습관 때문에) 참여할 기회나 동기가 부족하다.

이러한 피드백의 부족은 우리가 지금 보았듯이 모든 커뮤니케이션의 특유한 특징이다. 결과적으로 독백 설교에는 여러 가지 한계가 있다.

3. 독백 설교의 한계

우리가 알고 있는 설교들은 독백이다. 목회자는 말하고 회중은 설교가 진행되는 동안 해명이나 반대할 기회도 없이 듣고만 있다. 그러나 설교는 설교자(발신자)가 회중(수신자)에게 메시지를 전달하고자 하는 커뮤니케이션 사건이다. **본질적으로** 커뮤니케이션은 대화이다. 발신자가 생각하고 있는 것, 그 의미가 무엇인지, 함축된 의미가 무엇인지를 수신자가 알 때까지 주고 받는 상호 작용이다. 그때에야 그는 그 메시지를 받아들일 것인지 아니면 거부할 것인지를 결정하는 위치에 놓인다. 메시지가 받아들여지는 과정은 발신자와 수신자 간의 인간 상호적인 관계와 대화를 포함한 복잡한 상호작용이다. 독백 설교는 발신자(설교자)에게서 수신자(회중)에게로 향하는 일방적인 커뮤니케이션을 대표한다. 이것은 오해와 잘못된 해석, 관심을 중단해 버리거나 무시하는 것 등등의 여지가 많다. 진정한 커뮤니케이션은 발신자와 수신자 간의 대화와 의견 교환을 포함하는 쌍방적인 것이다.

설교의 대화적 특성을 강화하기 위한 여러 가지 해결책이 제시되었다. 한 가지는 독백에 대화를 삽입하는 것이다. 설교자는 설교에 교구민들의 질문과 비밀, 필요와 문제를 도입하고 이들에 대한 성경적인 대답을 제시해야 한다. 또한 설교자는 회중의 얼굴 표정과 몸짓 언어(반응)에 반응해야 하며 이런 식으로 대화의 요소를 강화해야 한다는 것이다. 문제는 이러한 해결책들이 적절한가 혹은 대화가 있음을 보장하기 위해 더 많은 것이 행해져야 하는가 라는 점이다.

독백에서 말해지는 언어가 여러 한계들을 증명해주고 있다. 우리는 오늘날 텔레비전이 대체로 기존의 신념들을 확증할 뿐이라는 것을 안다. 윌버 슈람(Wilbur L. Schramm)에 의해 편찬된 주요 저서(인간 커뮤니케이션 과학: 커뮤니케이션 연구의 새로운 방향과 발견들, Basic Books, 1963)에 나타난 여론 조사에 의하면, 미국의 청취자들은 그들이 이미 믿고 있는 것에만 귀를 기울이는 경향이 있음을 보여주었다. 예를 들어, 정치적 캠페인에서 사람들은 그들의 확립된 신조를 반복하는 연설 부분에만 귀를 기울여 그 연설들은 이미 인식된 개념들을 확증하는 역할을 한다.[59]

연구자들은 또한 사람들이 그들의 기존 가치관과 신념과 조화되는 방법으로 메시지를 해석하는 경향이 있음을 보여주었다. 이리하여 인종 문제의 상황에 대한 한 설교가 어떤 사람에게는 전적인 인종 차별로 되돌아가야 한다는 의미로 해석 될 수도 있다. 위에서 언급했던 저서에서 조셉 클래퍼(Joseph T. Klapper)는 다음과 같이 쓰고 있다.

> 예를 들어 인종 차별을 비난하는 커뮤니케이션은 편견이 있는 사람들에 의해 그러한 차별을 선호하는 것으로 해석되어 왔다. 또 다른 예를 들자면 담배를 피우는 사람들은 담배가 실제로 암을 유발하는지 거의 확신하지 않는 것으로 발견되었다.[60]

이 여론 조사는 사람들이 그들의 입장이나 확신을 위협하는 메시지들을 회피하거나 무시하는 경향이 있음을 보여주었다. 이와 같이 사람들은 매 주일 흑인 동료 신자들을 향한 새로운 태도를 옹호하는 메시지에 귀

---

59) W. L. Schramm(ed.), *The science of human communication*, pp. 68, 128~137.
60) 같은 책, 68쪽.

를 막고 앉아 있을 것이다. 독백 설교는 그러한 장벽을 뚫는 대화 능력을 제한한다. 어떠한 오해를 막기 위해 우리는 마음을 변화시키고 부드럽게 하는 성령과 말씀의 역사를 전적으로 인정한다는 사실을 덧붙이자. 그러나 여기에서 우리는 다른 각도, 즉 순전히 인간 행동의 각도로 이 사건들을 보고 있다. 그 목적은 우리 행동을 개선하고 성령의 사역을 위한 더 좋은 도구로 만드는 것이다.

커뮤니케이션 과정의 다양한 단계 중에 커뮤니케이션을 중단시키는 여러 가지 다른 함정이 있다. 이것은 주로 일방 통행적인 독백 설교에 관련되어 있으며 청중이 메시지를 듣고 해석하는 방법에 관계된다. 우리는 이것을 이 장 10절에서 더 완벽하게 다룰 것이다.

우리가 여기에서 말한 것은 설교의 부정적인 발전을 지칭한 것인데, 이것은 회중이 목표물(target)로 여겨지고 설교 사건에 대화로써 참여하지 못 할 때 일어나는 것이다. 이 대화의 성격을 정당하게 다루고 그것의 커뮤니케이션 능력을 강화하기 위하여 우리는 이제 커뮤니케이션의 통찰력에 비추어 설교를 고려할 것이다.

4. 커뮤니케이션과 대화는 교회의 예배 전에 시작된다

이제까지 살펴본 바에 따르면, 신학적으로 설교는 대화로 구성되는 것으로 여겨진다. 겉으로 보기에는 독백 같지만 본질적으로 그것은 대화이다. 그러나 이것이 오늘날 우리 교회에서 항상 실현되는 것은 아니다. 주로—대부분의 우리 교회에서 실시되고 있는— 독백적인 설교에 압력이 가해지는 것은 현대 세계에서 커뮤니케이션(상호 작용과 대화의 의미에서)이 점차 중요해지고 있다는 사실 때문이다. 우리가 제 3장 1절 (3)항에서 지적했듯이 현대인들은 토론에 임하고 참여하는 세계에서 어린 시절부터 사회화된다.

우리는 또한 관계의 망 안에서 커뮤니케이션이 일어난다는 것을 보았다. 설교는 다른 곳에서 유지되는 관계들의 망에서 초점(회중의 핵심, 예배 의식)을 맞춘다. 결국 설교가 적절하게 전달되려면 교회 예배 밖에서의 일상적인 관계에서 설교자와 회중 간의 건전한 커뮤니케이션이 중요하다. 설교가 실제로 전달되기 전과 후, 전달되는 도중 그것은 대화로 둘러싸여야 한다.

커뮤니케이션의 두 가지 원리는 설교의 성공이나 그것의 부족을 미리 결정하는 데 중요하다. 이것은 인간적인 교제와 신뢰인데 이들은 오랜 동안 확립될 필요가 있다. 이 두 가지는 커뮤니케이션을 향상시킬 수 있다. 그렇지 않고 이 두 가지가 부족하면 커뮤니케이션을 방해한다.

대화가 커뮤니케이션의 기본적인 요소이므로 말하기와 듣기가 중요하다. 설교자와 교구민들간의 회중적인 삶 가운데서 두 가지 측면은 오랜 기간 동안 인간적인 교제를 확립하기 위하여 계속적으로 주의를 기울여야 한다.

> 대화의 관점에서 목회자와 사람들은 둘 다 설교 과정에 참여한다. 기독교 설교는 설교자가 예수 그리스도의 좋은 소식을 선포하는 시간일 뿐만 아니라 사람들의 상처와 필요, 기쁨에 귀를 기울이는 시간이다. 그것은 하나님의 백성들이 하나님 말씀의 해석에 귀를 기울이는 시간이며 또한 질문을 제기하고 말씀이 매일의 삶에 관여하는 방법에 대해 그들이 이해한 것을 나누는 시간이다.[61]

이 인용문은 설교자와 회중의 인간적인 관계에 대한 질문을 제기한다.

---

61) M. R. Chartier, 앞의 책, 45쪽.

분명히 교제는 설교자의 목회 활동이다.[62] 설교자와 교구민들간에 신앙의 깊은 관계를 형성하는 데 필요한 모든 요소들은 목회적 대화에 포함되어 있다. 문제가 되는 것은 목회자가 그러한 대화—그의 기본적인 목회적 접근—에 들어가는 방법이다. 여기에서 중요한 것은 진정함이나 조화, 무조건적인 존경이나 존중, 현저한 이해, 신뢰감 형성과 적극적인 듣기이다.[63] 목회 활동은 설교자가 이러한 중요한 관계에서 활동할 수 있는 사역 분야이다.[64]

필요한 것은 규칙적인 목회적 방문, 그룹 사역에의 참여,[65] 목회적 준비이다. 사람들은 목회자에게 자기 마음을 열고 인간성과 개성을 스스로 드러내기까지는 오랜 시간이 걸리므로 목회자가 오랜 기간 동안 같은 회중에 머물러 있어야 한다. 훌륭한 커뮤니케이션 관계는 오랜 세월에 걸쳐 이루어진다.

제 2장에서 논의했던 실제적 연구는 설교자들이 회중의 구체적인 상황에서 본문을 선포할 수 없음을 보여주었다. 설교자는 회중의 실제 상황과 필요, 그들이 빠지는 애매한 문제와 그들의 생각을 알아야 한다. 목회 활동을 포함하여 설교자와 교구민들의 교제가 그러한 지식을 얻을 만큼 원활하다면 그에게 새로운 전망이 열릴 것이다.

일상적인 생활 중에, 모임이나 회중의 행사에서 자연스런 만남은 설교자에게 좋거나 나쁜 인상을 줄 것이다. 온정과 언행의 일치, 그의 소명에 헌신하는 태도 등이 회중 사이에서 좋은 이미지를 주는 데 중요하

---

62) D. W. de Villiers, *Prediking en pastoraat*, pp. 5~15; Catharina J. M. Halkes, *De horizon van het pastorale gesprek*, pp. 73~77 참고.

63) H. J. C. Pieterse, *Huwelikspastoraat*, pp. 62~64; S. I. du Toit. *Ondersteunende kommunikasie*, in: Van mens tot mens, pp. 156~162 참고.

64) S. I. du Toit, *Die helende verhouding*, pp. 1~46 참고.

65) H. J. C. Pieterse, *Bedieningstrukture*, in: A.C. Barnard(ed.), *Die Kerd se werk*(1981~1982), pp. 75~87 참고.

다. 즉, 물론 그의 행동과 태도와 일반적인 행실이 그의 메시지를 확증하고 그것과 모순되지 않는다면 말이다.[66]

예배 전에 발생하는 대화와 커뮤니케이션에서 중요한 또 다른 요소는 교구민들 사이의 관계이다. 그들이 서로를 잘 알면 알수록 그들의 신앙적 관계와 대화의 관계가 깊어지고, 설교 시간 전과 후 그리고 설교 중에 설교자와 회중 사이뿐 아니라 회중들 서로간의 대화가 더 잘 이루어지게 된다. 그들은 회중 안에 주님으로 인한 셀 수 없이 많은 국면들에서 동역해야 한다. 사람들이 한 팀으로 동역할 때 커뮤니케이션이 풍성하게 된다. 그러므로 활력이 있고 헌신된 회중은 설교의 커뮤니케이션에서 결정적으로 중요하다.

주의를 기울여야 할 마지막 측면은 교회 예배 영역과 예배 의식의 배치이다. 그것은 둘 다 설교의 커뮤니케이션에 결정적인 영향을 끼친다. 의식의 배치는 교회 건축 양식과 교회의 여러 가지 장소를 잘 고려하여 오랜 기간 동안 계획해야 한다. 그러나 다음 주일 예배를 예상하고 계획해야 한다. 계획은 예배 의식의 순서, 찬송과 시편, 오르간 연주자의 배치 등등을 포함한다.

실천 신학의 본질에 맞게 우리는 커뮤니케이션을 두 가지 면, 즉 신학적으로, 경험적으로 다루어야 한다. 신학적인 각도에서 예배 의식에 관해서 간단히 논해보자.

예배 의식에서 커뮤니케이션의 기원과 본질, 그리고 목적은 하나님께서 말씀하시고 인간은 그분께 대답하는 것에 있다. 결과적으로 **대화**는 공공 예배의 중요한 특징이다.[67] 그것은 행동과 참여, 추진력과 재치로 가득 찬 살아있는 대화이다. 하나님은 말씀과 성령을 통하여 언어와 상

---

66) B. A. Müller, *Kontak en kommunikasie in die prediking*, p. 91; J. J. de Klerk, *Prediking*, p. 90 참고.
67) A. C. Barnard, *Die erediens*, pp. 422~427, 492~493, 566~571 참고.

징으로써 말씀하시고 인간은 대답하는 것이다. 그것은 하나님이 끝까지 말씀하시고 그 후에 인간이 대답하는 대화가 아니다. 오히려 그것은 끊임없이 주고받는 진정한 대화이며 시작하고 결론을 맺는 분은 하나님이시다.

따라서 커뮤니케이션의 구조는 예배 전체를 통해서 반영되어야 한다. 대화, 상호작용, 참여, 행동, 말과 응답-간단히 말해 커뮤니케이션이 예배 의식의 핵심적인 구조를 형성하는 것이다. 교회의 대중적인 개념과 관례는 집행자가 모든 것을 행하고 회중은 단지 수동적으로 받는다는 것인데, 바로 이것이 잘못된 것이다.

우리가 말해 온 것에 의하면 예배 의식은 커뮤니케이션 사건, 즉 대화 구조에 기초를 둔 커뮤니케이션 시스템으로 설명할 수 있는 것이다.

예배의 각 부분들은 **대화**가 그 예배 과정에서 핵심적인 것이 되도록 구성되어야 한다. 대화의 목적은 하나님과 교회간의 만남이며 교제이고 커뮤니케이션이다. 대화가 진정한 것이 되기 위해서는 양쪽이 진정으로 참여해야 한다. 이러한 이유 때문에 적절한 커뮤니케이션이 그토록 중요한 것이다.

이러한 점에서 중요한 커뮤니케이션 원리는 **동참**(involvement)이다. 회중은 예배의 진행에 진정으로 동참해야 한다. 이것이 우리 교회 예배의 큰 문제점 가운데 하나이다. 회중이 동참하기를 그만두는 순간 그 과정은 초점을 잃게 되고 그들에게는 죽은 것이나 다름없다.[68] 문제의 일단은 각 행동이 의미하는 바에 관해서 무시하는 것이다. 회중의 동참과 참가가 도모되는 만큼 예배 의식에서의 대화적 커뮤니케이션이 깊어질 것이다.

예배에서 정확하게 무슨 일이 일어나는가를 회중에게 교육하고 **가르**

---

68) 이것의 예는 루터가 라틴어로 계속한 저녁 기도와 개혁 전통에서의 교리 문답식이다.

침으로써 청중의 동참이 강화될 수 있을 것이다. 이것은 일련의 예배 의식 과정에서 행해질 수 있는 바, 그것은 주기적으로 반복되어야 할 것이다. 동시에, 요리문답, 청년 활동, 회원을 준비시키는 프로그램과 같은 교회의 다른 유용한 채널을 통해서도 행해질 수 있다.

회중이 마음을 다해 헌신하게 되면 진심에서 우러나는 결과를 초래하게 된다. **전심**을 다한 참여는 동참을 의미하며 이것은 우리가 붙들고 있는 믿음 안에서 진정으로 회중을 강화함으로써 이룩될 수 있을 것이다.

찬양은 동참에 중요한 역할을 한다. 그것은 진정한 커뮤니케이션 사건의 주요한 반응 요소이기 때문에 예배 의식에 매우 중요하다. 회중은 몸으로서 말씀에 반응한다. 이것이 마음으로부터의 반응일 때, 수신자가 진정으로 대화에 들어갈 때 그곳에 커뮤니케이션이 있다. 일단의 사람들이 같은 목소리로 말하는 가장 좋은 방법은 노래하는 것이다.

예배 의식에서 회중이 찬양하는 근본적인 이유는 그리스도를 통한 구원에 대한 감사이다. 구원의 노래를 하고 싶은 이러한 욕구는 마음으로부터 솟아난다. 이러한 일이 일어날 때 회중은 진행되는 대화에 참여하게 되며 예배는 삶에 맞춰 진동한다. 찬양을 통하여 회중은 그들의 마음에 살아계신 하나님께 마음을 토로한다. 그때 커뮤니케이션의 모든 요건이 충족된다. 참여, 반응(대답, 찬양, 고백이나 중재와 같은 응답), 자기 토로가 그것이다.

노래는 인간에게 말보다 더 강력한 영향을 끼친다.[69] 그것은 메시지의 말씀을 더욱 깊이 통과하게 한다. 그것은 인간의 마음, 그들의 존재를 감동시킨다. 그것은 또한 심오하고 가슴 깊이 느끼는 반응을 불러 일으킨다. 이 모든 것은 공공 예배의 커뮤니케이션 사건에 회중이 참여하는 것에 극히 중요하다. 이것이 훌륭한 찬양−끊임없는 연습을 통하여 성취

---

69) A. C. Barnard, 앞의 책, 602~603쪽.

된다-이 의식에서 매우 중요한 이유이다. 전 회중이 마음으로부터 찬양한다면 또 하나의 커뮤니케이션 요건이 충족되는데 그것은 수신자가 보조를 맞추어 발신자와 연합한다는 것이다. 여기서 우리는 성숙한 회중의 원리로 행해야 한다.

커뮤니케이션의 관점에서 볼 때, **오르간**과 다른 악기들은 중요한 역할을 한다. 오르간은 장엄한 분위기를 자아내는데, **분위기**는 커뮤니케이션에서 중요한 요소이다. 음악에 의해 분위기가 조성되고 교회의 건축 양식과 시설이 긍정적이라면 그것은 커뮤니케이션에 좋은 분위기를 제공한다. 우리는 방의 분위기가 딱딱하면 커뮤니케이션이 얼마나 긴장되는가를 관찰해 볼 필요가 있다. 마찬가지로 부적절한 음악은 예배 분위기에 지장이 될 수 있으며 그럼으로써 하나님과 회중 간의 진정한 대화를 손상시킬 수 있다. 이러한 관점에서 오르간 연주자의 기준은 그의 연주가 진정으로 그것을 통하여 하나님께서 교회와 대화할 수 있는 찬양의 제사인가 하는 것이다.

참여에 관한 마지막 점은 혹시 회중의 예배 **밖에서**의 행동이 예배 과정에 의미 있게 도입되지 않는 것이 아닌가 하는 것이다. 예배 의식은 회중의 중심, 즉 모든 것이 그곳으로 모아지는 지점이며, 또한 모든 것이 그곳에서 나아가는 지점이기도 하다. 예전(禮典, celebration)이 바로 그런 경우이다. 예배 주보를 읽기 전에 그룹들이 때때로 그들 자신의 주간 계획을 큰 소리로 읽고 간단하게 논의하고 회중이 그들을 위한 중보를 노래한다면 그것은 회중의 참여를 풍성하게 하지 않을까?

경험적으로 보면, 공예배의 커뮤니케이션을 고찰할 때는 기본적인 인간 언어인 **의식**을 연구할 필요가 있다. 어떤 의미에서 의식은 커뮤니케이션 언어로서 그 자체의 어법을 가지고 있다. 여기에서 우리는 상징과 성찬식, 세족식, 기도하는 자세 등등과 같은 상징적인 행위에 대해 말하고 있는 것이다.

의식은 인간의 사회적 본능에 근거한 것이며 그의 사회적 환경을 탐구하는 수단이다. 의식이 진행되는 곳에서 우리는 커뮤니케이션의 실용주의와 기호나 상징과 해석자(의식에 참여한 사람들) 간의 관계를 구분하고 연구할 필요가 있다. 커뮤니케이션의 의미론이 이것에 도입된다. 왜냐하면 상징적 표현은 신앙적인 내용 이상의 것을 반영하기 때문이다. 즉, 그들은 **사회적** 상황(문화, 정치, 경제적 실제 등)을 반영한다. 예를 들어 서구 사회에서는 현대 예배의식과 수퍼마켓 문화, 젯트 비행기와 텔레비전 간에 어떤 연계성이 있다. 그러므로 우리는 우리 예배의식의 틀을 어느 정도까지 현대 문화와 조화시켜야 할지 고려해야 한다.

누군가 "고전적" 예배 의식에 관하여 질문할 수 있다. 즉, 그것은 어떤 문화를 반영하는가? 그것은 인간이(의식 집행자) 의식의 주인처럼 그 진행 과정을 조정하는 지나간 문화를 반영하지 않는가? 그러한 고전 문화에 맞게 고안된 교회 건축 양식은—앞에 예배 장소가 있고 뒤에 "청중"석이 있는— 사람들이 적극적으로 참여하는 우리 현대 문화에 부적합하지 않는가? 교회 건물이나 복합 구조물은 진정으로 참여하는 예배를 위하여 중앙에 강단이 있도록 배치되어야 하지 않는가? 토르 홀(Thor Hall)은 그와 같은 예배 장소를 제안했다.[70]

이것이 너무 과격하게 들린다면 우리는 적어도 강단의 높이를 생각해 보아야 한다. 강단이 높을수록 그것의 높이가 독백적인—즉, 대화없는—접근법으로 의사전달을 하게 된다. 높은 강단이 있는 옛 교회 건물에서는 목회자가 토론할 때는 바닥 높이에 놓여 있는 성경 낭독대에 선다. 이러한 위치에 서는 것이 이 거대한 교회 건물 안에 있는 회중 가운데에 얼마나 신뢰감을 형성하는가를 보면 놀랍다.

분명히 교회 내부 장식과 예배 장소의 배치에 대해서 많은 연구가 필

---

70) T. Hall, *The future shape of preaching*, pp. 134~137 참고.

요하다. 예배 의식에서의 커뮤니케이션은 매우 다양하므로 모든 각도에서 연구되어야 한다. 경험적인 측면에서 특히 위에서 언급한 분야에 고려할 부분이 많이 있다.

우리는 이제 설교 연구 그룹의 대화로 돌아가자.

실제적인 연구에 의하면 설교자들은 특정한 본문에 관한 교구민들의 지식과 이해 수준, 관념과 해석에 대해 확신하지 못하고 있다. 그러므로 그들은 회중에 맞게 본문을 적용하고 구체화하는 데 어려움을 겪는다[위의 제 2장 2절 (1)항 참고].

특정한 본문을 설교할 때 교구민이 이해하고 해석하는 평균 수준으로 시작하는 것이 중요하다. 사람들이 본문을 어떻게 해석하며 그 본문에서 그들은 어떤 연상을 하는지, 그들은 그것을 일상적인 현대 생활 상황에 어떻게 적용하는지를 안다면 우리는 말씀이 그들의 삶을 꿰뚫도록 적절하고 민첩하게 말씀을 전할 수 있다.

그러므로 설교자는 설교를 위해 그가 선택한 본문을 회중들이 어떻게 느끼고 생각하는지를 알기 위해 노력해야 한다[본문을 선택하는 것에 대해서는 제 1장 2절 (2)항에서 논의되었다.] 그가 선택을 한 후 다음 단계는 회중들이 어떻게 이해하며 무엇을 연상하는지 확실히 알아야 한다. 그러므로 설교에 앞서 회중에게 무엇을 전할 것인지를 타진해 보아야 한다. 이 목적을 위해서 설교 연구 그룹이 매우 유용하다.

실제적인 연구에 의하면 설교자들이 회중의 구체적인 상황에 익숙지 않을 때 설교가 성경 편향적인 경향을 띠는 것으로 보인다. 교구민들과 함께 앉아서 설교 준비의 부분으로서 본문을 토론함으로 설교자는 그들의 실제 상황에 대해서 더 잘 알 수 있다. 이것은 그가 연구 중에 사람들이 목사관을 방문하면 거실에서 차 한 잔 마시면서 비공식적으로 행할 수 있다. 그러나 그것은 또한 공식적으로 행하기도 한다. 설교자가 특정한 설교를 위한 특정한 본문에 관한 대화를 위해 회중의 대표 그룹을 만나는 기회를 계획할 수 있다.

그러한 그룹에서는 궁극적으로는 그룹이 아니라 설교자가 설교를 작성할 것이라는 전제를 두어야 한다. 결국 설교는 그룹의 생각을 단순히 전달하는 것이어서는 안 된다. 그렇게 되면 설교자는 회중의 대변자밖에 되지 않는다. 근본적으로 하나님이 설교의 주제이시다. 설교자와 회중은 둘 다 말씀에 귀를 기울여야 한다. 그리고 이러한 교제를 통하여 성령께서 이해하게 하시는 사람이 이해할 것이다. 이렇게 협력적인 설교 연구 그룹에서 회중은 주석과 이해에서 적극적인 역할을 한다(엡 3:18). 더욱이 그 그룹은 설교자와 회중이 서로를 잘 이해하고 있는지 시험해 볼 유용한 기회를 준다. 그것은 설교자가 회중을 이해하고 있는지, 그들이 그를 이해하고 있는지를 알기 위한 집중적인 대화 영역을 제공한다. 또한 그것은 본문에 관한 그들의 반응, 유보조항, 다루기 힘든 부분, 이해도에 대해서 알게 해준다. 그러한 연구 그룹은 10~12명으로 구성되어야 하며 설교 일주일 전날 밤과 설교 후에 만나야 한다. 처음에는 설교의 커뮤니케이션 능력을 높이기 위해서, 나중에는 그것을 평가하기 위해서이다. 이러한 방법으로 설교자와 교구민들은 메시지의 전달과 관련하여 서로에게서 많은 것을 알 수 있다.

교구민들의 필요에 따라 메시지를 잘 전하기 위하여 설교자는 그들의 상황에 익숙해야 한다. 이 목적을 위하여 그는 상황 분석을 해야 하는데, 여기서도 회중의 설교 연구 그룹이 설교 일주일 전에 설교자를 만나 그것을 묵상하여 크게 기여할 수 있다. 그들은 설교를 작성하지는 않는다. 그것은 설교자의 임무이다. 그러나 그들은 설교자가 그들을 이해하도록 도움을 줄 수 있다. 그 그룹은 전체 회중의 대표들로 이루어져야 하는데, 청년, 여성, 여러 가지 직업 그룹과 노년층을 포함해야 한다. 대화하는 중에 참석자들은 설교자가 청중들에 관하여 가지고 있는 잘못된 개념을 고쳐줄 것이다. 그들에게 본문이 제시되고 그 본문에 대한 그들의 관점은 본문을 밝히는데 지극히 유용할 수도 있다. 그것을 바탕으로 설교할 때 설교자는 이 관점을 설명할 수 있으며 수정하면서 나아갈 수 있다. 이러한 사람들과 대화에 임함으로 그는 본문에 관한 그들의 생각과 개념을 알 수 있다. 그런 다음 그는 설교 후에 그 그룹을 다시 만나서 그가 어떻게 전달했는지를 확인 할 수 있다. 그러한 그룹은 정기적으로 재편성되어야 할 것이다. 또한 매주일 이 과정을 따르는 것은 불가능할 것이므로 한 달에 한 번 정도 하는 것이 좋을 것이다. 설교 연구 그룹은 토마스(J. Thomas)에 의해 처음 제안되었으며,[71] 루니아(Runia)는 그것이 시간의 검정을 거쳤으며 분명히 설교 커뮤니케이션을 향상시키는 유용한 도구라고 생각한다.[72]

커뮤니케이션 학자들에 의하면 사람들은 선별적으로 듣는다는 것이 밝혀졌다. 사실상 교구민들은 그들이 줄곧 생각해왔던 것을 듣고 싶어한다. 그들은 설교자가 그들 자신의 생각과 관점을 확인해주기를 기대한다. 그러나 설교는 또한 **선지자적인 임무**를 띤다. 즉, 설교는 하나님의 말씀을 전해야 하며 그때 사람들의 생각을 **바로잡는** 역할을 한다. 설교는 회중이 소중히 여기는 신앙을 위로하고 격려하며 인정해줄 뿐만 아니라 때로는 **비판적으로** 행해져야 한다. 실제적으로 이것은 설교가 때로는 기독교 고유의 어떤 더 넓은 관점에 대한 개인적인 신앙의 필요를 충족시키는 것 이상이 되어야 할 것을 의미한다. 사회적, 정치적 문제, 교회 일치 운동 등등에 대한 필요를 강조하는 것이 설교에서 거론되어야 한다.[73] 설교는 문제의 핵심인 그리스도 안에서의 화해와 더불어 전체적인 복음을 선포해야 한다. 그리고 이것은 개인과 하나님간의 화해뿐만 아니라 한 사람과 다른 사람, 모든 지역에 있는 모든 사람 간의 화해를 의미한다.

---

71) J. Thomas, *Het luistert nauw*, pp. 71~90.
72) K. Runia, *Heeft preken nog zin?*
73) 같은 책, 68~80쪽.

이러한 종류의 설교는 사람들이 아직 믿지 않는 사실에 대하여 그들을 설득해야 한다. 미국에서 최근의 연구가 그러한 설득이 얼마나 효과적인가를 보여주었다. 이러한 점에서 제 1차 집단의 중요성을 다시 한번 언급해야 한다. 그것은(연구가 이를 확증하였다) 인간이 메시지를 듣고 반응하는 방법에 깊은 영향을 끼친다. 1차 집단은 비공식적이거나 조직적이고 서로 밀접한 인간적인 접촉을 유지하는 사람들로 구성된다. 특히 그들은 서로의 관점과 태도에 강력한 영향을 준다. 그룹 밖에서도 그들은 이러한 관점들을 가지고 있으며 이것은 다른 상황에서도 그들에게 계속 영향을 준다. 가족이 그러한 1차 그룹이며 집단 이익을 공유하는 직장 동료나 테니스를 하거나 그 외 다른 운동을 같이 하는 그룹들이 여기에 속한다. 그러므로 어떤 사람은 몇 개의 1차 그룹에 속할 것이다. 불행히도 교회는 거의 1차 그룹이 되지 않는다. 그렇게 되어야 함에도 불구하고 말이다. 그러므로 어떤 사람이 복음의 메시지를 들을 때 그것을 수용할 것인가 아니면 거부할 것인가를 의식적으로나 다른 방법으로 결정할 것이다. 즉, 그것이 가족에게 어떤 영향을 끼칠 것인가, 그들이 어떻게 생각할 것인가, 그것이 직장 동료들을 복잡하게 만들지는 않을까, 혹은 스포츠클럽의 친구들이 그것을 어떻게 생각할 것인가와 같은 생각들을 함으로써 결정할 것이다. 어떤 사람은 비평적, 선지자적 요소를 포함하고 있는 복음 메시지를 지적으로 받아들이고는 월요일에 공장에 있는 동료들 사이로 돌아갈 때는 그것을 거부할지도 모른다. 그들의 이익이 이 복음 말씀에 의해 위협받기 때문이다. 설교 후 꽤 직접적인 피드백이 없이는 설교자는 회중이 그것에 어떻게 반응하는지 알지 못할 것이다.

1차 그룹의 영향력에 밀접하게 관련되어 있는 것은 회중 가운데 의견 형성자들, 교회의 경향을 주도하는 사람들, 그리고 교회가 존재하고 있는 사회의 영향이다. 교구민들의 관점과 확신을 바꾸기를 원한다면 우리는 1차 그룹과 여론 주도자(혹은 여론 형성자들–"여론 주도자"는 국제적인 용어이다)들을 상대해야 할 것이다. 이러한 목적을 위해 나는 우리가 상황 분석을 다루었을 때 논의했던 종류와 다른 형태의 설교 연구 그룹을 제안하고자 한다. 이 그룹은 회중이 새로운 관점을 채택하도록 원활하게 설득할 것이다.

먼저 여론 주도자들에 대한 개념을 생각해 보자. 『확산과 혁신』(*Diffusion and innovations*, New York: Free Press, 1962)이라는 저서에서 로저스(E. M. Rogers)는 여론 주도자들을 혁신이나 그것의 필요를 제일 먼저 발견하고 공동체의 나머지 사람들이 그들의 관점을 보도록 설득하는 영향력을 지닌 사람들이라고 정의한다. 그들은 공동체의 나머지 사람들보다 더 나은 지위를 가지고 있으며 더욱 적극적으로 사회에 참여하며 공동체의 기준에 더욱 헌신적인 사람들이다. 그 사회의 보통 구성원들보다 사회 기준에 더욱 헌신적이면서도, 그들은 외부 세계와 접촉을 가지는 사람들이다. 그들은 공동체의 나머지 사람들보다 삶과 그들의 명분, 사회에서 일어나는 사건들에 더욱 흥미를 가지고 참여한다. 그들은 공동체의 신뢰를 받으며, 사람들에게 상당한 영향력을 발휘하는 지도자들이다. 대개 그러한 여론 형성자들은 공동체의 지도자들 가운데서 발견될 것이다.

"여론 주도자"라는 용어는 라자르필드(P. F. Lazarsfield) 등에 의해 만들어졌는데, 그들은 1940년의 미국 대통령 선거에서 대중 매체의 역할에 대한 연구 보고서인 『사람들의 선택』(*The people's choice*)을 출판했다. 그들은 정보의 흐름이 두 국면으로 나아간다는 사실을 인정했다. 그것에서 대중 매체는 소그룹의 사람들에게 영향을 끼치는데 그때 그들은 공동체의 나머지 사람들을 좌우하는 여론 주도자들의 역할을 한다. 이 가정은 그 이후 포기되었으며 그 과정은 이제 다각적인 것으로 보여진다. 그 과정에서 여론 주도자들은 정보를 전달할 뿐만 아니라 다른 공동체의 구성원들에게 영향을 끼치는 다른 여론 주도자들에게도 영향을 준다. 이러한 여론 주도자들은 원래 매체 지향적이지 않다. 상호 영향력은 주로 개인적인 수준에서 일어나기 때문이다. 그러므로 목회자와, 설교를 형성하고 그것의 결과를 논의하는 1차 집단 형태의 회중에서의 여론 주도자들 간의 인간적인 접촉이 커뮤니케이션 과정을 진행시키고 여론 주도자들 사이에서 참된 변화를 가져오게 하는 뛰어난 수단이 된다. 그들은 차례로 나머지 회중들에게 영향을 끼칠 것이다.

여기에서 내가 제안하고 싶은 것은 회중 내의 여러 그룹에서 여론 주도자들로 구성된 설교 연구 그룹이다. 그 그룹은 오랜 기간—1차 집단이 활동하게 하고 그 등급에서 참된 변화를 가져올 만큼 오랜 기간—에 걸쳐 만나야 한다. 그때 이들은 나머지 회중들에게 영향을 끼치는 사람들이 될 것이다. 이것은 설교에 관해 대화하는 다른 모든 기회를 포기해야 한다는 말은 아니다. 대부분의 경우 여론 주도자들로 이루어진 설교 연구 그룹의 활동이 나머지 활동에도 더불어 계속될 것이므로 매번 설교하기 전에 이 그룹이 모일 필요는 없다.

이렇게 교회에서 전체 복음의 넓은 관점을 선지자적으로, 비평적으로 선포하고, 여론 주도자들로 이루어진 설교 연구 그룹의 도움으로 설교의 커뮤니케이션 능력을 강화함으로써 "능히 모든 성도와 함께 지식에 넘치는 그리스도의 사랑을 알아 그 넓이와 길이와 높이와 깊이가 어떠함을 깨달아 하나님의 모든 충만하신 것으로 너희에게 충만하게 하시기를 구한다"(엡 3:18, 19).

5. 여러 가지 해석학적 관점을 통해 본 본문

설교 준비 과정의 어떤 시점에서 목회자는—회중의 상황과 본문에 대한 그들의 반응에 대한 지식으로 무장한 후— 설교를 작성하기 위하여 서재에 혼자 있어야 한다. 이러한 여러 가지 활동들–본문을 선택하고, 본문에 관하여 회중들과 대화하고, 현재 상황에 맞게 본문을 주석하고 해석하는 것–은 모두 해석학적 행위이다. 그것은 모두 묵상을 통하여 이루어지며 그러는 가운데 이해 과정은 세심한 조사를 계속한다.

이해 과정을 통하여 설교자가 그 자신의 회중에 맞게 본문을 해석하는데, 그것은 매우 복잡하며 함정으로 가득차 있다. 설교자가 본문에 대한 책임있는 해석을 하려면 여러 가지 주석 요건을 충족시켜야 하며 이해 과정에 의식적으로 참여해야 한다.

이러한 주석의 요건들 중에 첫 번째는 **언어 능력**이다. 본문은 우리에게 언어로 전해지며 그것의 메시지의 암호를 풀기 위해 우리는 그것을 이해해야 한다. 그것은 몇 가지 원어–히브리어, 아람어, 헬라어–로 기록되어 있다. 이러한 언어들에 대한 건실한 지식과 끊임없는 연습이 중요하다. 언어의 특징들 가운데 고려되어야 할 것은 다음과 같다.[74] 관용어는 그것이 외견상 말하는 것과는 꽤 다른 것을 의미하는 표현이다. 성경의 원어를 포함한 모든 언어는 그것의 관용적인 특유의 표현법이 있다. 이러한 것들에는 문자 그대로 해석할 수 없는 방법으로 언어를 사용하는 비유법, 예를 들어 직유법, 대조법, 풍자, 은유법이 포함된다. 낱말과 문장이나 표현이 있는 전후 문맥이 그 의미를 결정한다. 한 낱말의 의미는 문맥에 따라 급격히 다를 수 있을 것이다. 더욱이 표현들에는 본문의 문맥이 있는데, 그런 의미에서 우리는 특정한 주제가 전체 본문에 얼마나 적합한지를 보아야 한다. 또한 유사한 발음이지만 다른 의미를 가진 낱말들도 있다. 그러므로 언어의 발음도 주의 깊게 구분해야 한다.

주석가로서 설교자에게는 **문학적인 전문 지식**이 필요하다. 그는 시, 이야기, 격언과 담화를 구분할 수 있어야 한다. 시나 내러티브의 기능 방

---

74) F. E. Deist & J. J. Burden, *'n ABC van Bybeluitleg*, pp. 15~30 참고.

식과 그것의 구조는 극히 중요하다. 모든 문학적 장르는 특별한 방법으로 의사를 전달하며 장르의 해석은 일상 담화의 해석과 같지 않다.

본문을 해석할 때는 전후 **문맥**이 결정적이다. 본문에는 전후 문맥이 있으며 성경 기자는 기사를 말하고 쓸 때 구체적인 전후 문맥에서 그렇게 한 것이다. 그는 어떤 사람들 사이에 주어진 시간에 어떤 역사적 상황에서 그렇게 했다. 더욱이 그것은 분명한 목적을 위해서 기록되었으며 특정한 형식(시, 내러티브, 편지 등)으로 전해졌다. 본문을 이해하기 위해서 우리는 우리의 능력을 다해 재구성하여 첫 번째 청중 혹은 이상적인 첫 번째 청중을 설명해야 한다. 이 사람들이 본문이나 메시지를 이해한 방법은 그것이 우리에게 말하고자 하는 바를 우리가 이해할 수 있도록 돕는다. 본문의 이 첫 번째 청중은 그들의 시대 상황에서 살고 있었다. 그것은 그들의 사회적, 정치적, 경제적 상황, 종교적 관습과 관점, 지적인 분위기와 삶의 세계를 포함한다. 우리는 그들이 이미 성경 기자에 의해 전달된 메시지를 그들의 당대 상황의 여과장치를 통하여 해석했음을 기억해야 한다. 아무도 메시지를 "중립적으로" 받아들이지 않는다. 그의 선입견, 정신 세계, 개인적인 상황에 의해 그것을 듣는다. 이것은 선별적으로 작용하는 여과 장치인데, 청중의 기준과 목적에 적합한 메시지의 부분을 해석한 것만을 받아들이는 것이다. 우리 상황의 여과장치로 인해 우리는 무의식적으로 우리의 이상과 목적에 맞는 메시지를 선택하고 차단하며, 수정하고 제외하며 재형성하는 것이다.

세 번째로, 주석가인 설교자는 그 자신의 상황 안에서 본문을 해석한다. 주석가이자 설교자인 그는 어떤 선입견을 가지고 있다. 그것에는 그의 성경관, 교회 전통(개혁, 루터파, 카톨릭 등), 사회-경제적 배경, 이념적인 신조(인본주의, 여권용호, 흑인 의식 등), 도덕 기준 등등이 포함된다. 여기에서 다시 메시지는 개인적인 상황의 여과 장치를 통과한다.

그리고 설교자의 메시지(그의 본문 해석)를 그들 개인 상황의 여과장치를 통과시키는 당대의 설교 청중들이 있다. 사실, 메시지의 원래 의도가 보존된다면 그것은 일종의 기적이다.

본문의 메시지가 회중에게 전달되기 위해서는 이해의 과정이라는 먼 길을 통과한다는 관점에서 볼 때, 주석가인 설교자는 그의 전제를 검증하고 조절할 필요가 있다. 우리의 전제를 검증하면 더욱 과학적인 결과를 얻게 되며 진리에 더욱 근접할 것이다. 우리는 우리의 전제들을 깨달을 필요가 있는데, 이는 본문에 대한 우리 자신의 이해의 한계를 인정해야 한다는 것을 의미한다. 이것은 다른 관점들을 고려하고 다른 해석들을 관찰할 여지를 남기며 그리하여 그것이 함유한 진리를 더 잘 이해할 수 있게 한다.

우리가 여기에서 간략하게 묘사한 설명적, 해석적 과정의 복잡함을 고려하면 어떤 사람은 주석가인 설교자가 그의 본문에서 진리를 어떻게 끌어낼 수 있을지 궁금해 할 것이다. 여기에는 더 중요한 문제가 있다. 즉, 본문을 침해하지 않고 회중에게 의미 있는 방법으로 그들에게 이 진리를 어떻게 전할까 하는 것이다. 이것은 설교자에게 직면한 딜레마이며 도전이다. 그는 그 과정의 복잡성과 위험을 깨달아 할 수 있는 한 본문을 주의 깊게, 전문적으로 다루어야 한다. 이러한 이유로 본문을 해석할 때 단 한 가지 방법이나 접근법을 사용하는 것은 위험하다. 여러 가지 주석 방법이 있으므로 설교자는 몇 가지 해석학적인 관점을 통하여 그의 본문을 고찰해야 한다.

본문의 형식에 대해서 생각한다면 우리가 한 가지 이상의 해석학적 관점에 초점을 맞추어야 한다는 것이 더욱 명백해진다. 어떠한 성경 본문이든 적어도 두 가지 각도에서 연구될 것이다. 하나는 그것의 **발전**이고 다른 하나는 **최종 형태**이다. 본문의 기원을 연구할 때 주석가는 그것의 역사적 시기, 전승, 본문 자체의 역사와 하나님의 계시와 같은 문제들을 고려한다. 최종 형태를 연구할 때 그는 그것의 구조, 문법, 문학 형식

등을 살펴볼 것이다. 본문이 연구되는 두 가지 각도는 주석에 대한 두 가지 주요한 접근법, 즉 역사적이고 구조적인 해석을 가져온다.

분명히 주석에 대한 설명이 해석학 연구의 부분을 형성하지는 않는다. 나는 설교자가 구약과 신약성경을 연구하면 주석학적으로 자질을 갖추게 될 것이라고 생각한다. 여기에서 내가 시도하는 것은 독자가 주석 과정의 복잡함을 깨닫도록 하는 것이다. 객관적이고 과학적인 주석을 위해서 우리는 훌륭한 비평들을 이용한다. 다른 곳에서도 언급했듯이 비평가들은 특정한 방법에 의해 본문에 접근한다. 그 방법은 비평들 간에 매우 다양하다. 현명한 설교자는 본문을 해석할 때 몇 가지 방법을 이용할 것이다. 그러나 이것에 대해서는 다음 부분에서 다룰 것이다. 여기에서 나는 본문을 연구하는 여러 가지 관점을 가볍게 언급하고 싶다. 설교자는 본문을 체험하고 명료하게 하기 위하여 여러 가지 각도로 그것을 연구해야 한다는 것을 다시 한번 반복한다.

해석학적인 관점이라고 할 때 내가 의미하는 바는, 그것이 이해하는 데 적용되는 여러 가지 주석 방법들이라는 점이다. 설교자는 이들 관점을 하나씩 차례로 본문에 초점을 맞추어 보아야 한다. 그것이 어떻게 반응하는가를 보기 위해서이다. 왜냐하면 주석은 근본적으로 우리의 질문에 대한 본문의 반응이기 때문이다.[75] 우리는 본문에 질문을 제기하고 그것은 대답하거나 대답하지 못한다.

주석과 해석에서 설교자의 궁극적인 목적은 본문을 체험하는 것이다. 체험에서 본문은 명료하게 되며 또한 그에게 실존적으로 말하게 되는 것이다. 다른 해석학적인 관점을 통하여 본문을 살펴보는 것은 그것이 명료해질 것이라는 바램으로 여러 가지 각도로 본문에 질문을 시도하는 것이다. 그것을 연구하는 첫 번째 각도는 본문의 기원과 역사이다.

---

75) J. E. Barnhart, *Every context has a context*, p. 505.

그러므로 첫 번째 관점은 주석의 **문법적-역사적** 방법이다. 개혁자들은 본문의 역사적 설명을 매우 중요시하였다.[76] 그들은 그것이 본문이 첫 번째 청중들에게 의도했던 바를 설명한다고 생각했다. 그러한 방법을 위해서는 성경 원어에 능통해야 한다. 이것은 개혁자들이 매우 강조한 바 있다. 본문의 첫 번째 청중들의 역사적 상황을 이해하고 성경 원어로 그것을 읽고 해석하고자 하는 이러한 바램은 문법적 역사적 방법을 가져왔다. 그것은 본문에 분명한 질문을 던졌다. 그것은 무엇을 말하는가? 그것은 본문이 말하거나 기록된 시대의 상황 배경에 견주어 본문의 문법과 언어(히브리어나 헬라어)를 이해하려는 시도를 대표했다. 이것은 본문의 의미를 발견하는 방법으로 여겨졌다. 이 개혁자들의 접근법은 여전히 인정되고 있으며 설교자가 본문에 그러한 질문을 제기하는 것은 좋은 생각이다.

두 번째 관점은 **역사적-비평적** 방법이다. 역사에 관한 우리의 관점은 르네상스 이후에 출현한 사실 해석에 의해 깊은 영향을 받았다. 이는 새로운 역사적 자각과 역사학의 새로운 발전을 포함하는 것이다. 그 결과 어떤 기록의 본질은 주의 깊은 연구를 거쳐서 역사적으로 신뢰할 수 있다고 여겨지는 것만이 받아들여지게 되었다. 그러므로 어떤 의미에서 주석 방법으로서의 역사적 비평주의는 문법적-역사적 방법에서 발전한 것이다. 이 방법은 본문의 역사적 시기, 전승(예를 들어 출애굽 전승, 시내산 전승, 족장 전승), 본문의 역사, 편집 역사와 신적 계시 등을 포함하여 본문의 기원을 연구하는 것이다. 역사적 비평주의는 본문과 현대 독자간의 거리를 의식하여 해석 과정에서 그것을 연결하려고 노력한다. 이렇게 해서 현대 해석학이 출현하였다.

오늘날 이 방법은(부정적인 의미에서) 비평적이라기보다는 분석적이다.[77]

---

76) F. E. Deist & J. J. Burden, 앞의 책, 83쪽.
77) 같은 책, 88~89쪽.

분석은 다양한 수준에서 이루어진다. 특정한 본문의 기원 역사가 고찰된다. 그것은 어디에서 발생했는가? 누가 언제 기록했는가? 그것의 문학 형식은 무엇이며, 실제-상황에서 그것은 무엇을 제시하는가? 여기서 실제-상황이란 그것이 기록된 역사적 상황(충분한 맥락)과 그 당시에 그것이 성취한 역할을 의미한다. 또 한가지 질문할 점은 그 기사의 사실성(史實性)이다. 그것은 실제 생활에서 일어난 실제 사건을 이야기하는가, 아니면 단순한 사실 이상의 다른 어떤 것을 전달하려고 하는가? 만일 그 이야기가 역사적인 것이 아니라면 역사적 비평가의 다음 질문은 이것이다. 이 문학 형식은 그 당시에 무슨 의도로 사용되었을까? 그것이 그 사회에서 성취한 역할은 무엇일까?

이런 식으로 성경을 다루는 것은 또 다른 한가지 반응을 불러 일으켰으며 문법적-역사적 접근법으로부터 이 두 번째 방법이 일어나게 되었다. 이의 주창자들은 단순히 성경 본문의 역사적 사실성과 본문의 저자들에 대한 교회의 전통을 받아들이고 옹호하였다. 우리는 이것을 **역사적-문학적** 방법이라고 부를 수 있을 것이다.[78] 문법적-역사적 방법과 마찬가지로 그것은 원래의 청중들과 현대 독자간의 거리 그리고 현대 상황에 대한 본문의 적합성 등과는 무관하게 현대 청중에게 직접 말할 수 있다는 것을 인정한다. 그러므로 해석이라는 의미에서의 번역은 실제로 필요하지 않다. 우리는 과거와 현재 사이에 해석상의 다리를 놓을 필요성에 대해 진지하게 생각해야 한다. 이것이 필요하다고 인정한다면 말씀 사역, 그것의 해석과 적용은 직접적인 전환이 아니라 위에서 개관한 이해의 복잡한 과정을 통합하는 것이다.

역사적-문학적 방법에 의하면 한 본문의 의미는 흔히 그 본문의 교리적 가치에 속하게 되며, 교회 교리는 사실 이러한 종류의 주석에서 중요

---

78) 같은 책, 85쪽.

한 요소가 된다. 물론 이것이 주석자를 한쪽에 편중되게 치우치지 않게 한다면 이것은 완벽하게 정상적이다. 신학적인 구조가 신중하게 채용될 필요가 있지만, 역사적–문학적인 주석가들에 의해 일반적으로 채택된 방식에서는 그렇지 않다. 이 접근법의 예로서 영(E. J. Young)의 주석들을 인용할 수 있을 것이다.

내 생각에 주석에서 신학적인 구조를 관찰하는 가장 좋은 방법은 **구원 역사**의 방법이다. 그것은 본문에 적용될 세 번째 관점이다. 우리는 문법적–역사적 방법을 역사적–비평적 방법과 역사적–문학적 방법의 기초로 인용했었다. 유사한 방법으로 구원 역사의 방법은 이들 파생적인 방법들의 기초가 된다.[79] 본문의 의미는 더 넓은 신학적인 구조 안에 놓여야 한다. 개혁파에서 구원 역사의 방법은 하나님이 인간에게 구원을 약속하셨으며 예수 그리스도를 통하여 그것을 실현하셨다는 전제에서 나아간다. 이와 같이 여기에는 성경 전체를 꿰뚫는 계시된 구원의 끊임없는 선이 있다. 그것은 예수 그리스도의 구원 사역에서 절정에 이른다. 그 이후 말씀의 선포와 관련하여 성령에 의해 똑같은 사역이 계속된다.

특히 구약성경 본문에 그러한 구조를 놓았을 때는 매우 주의해야 한다. 본문은 그 자체의 문맥에서 독특한 의미를 지닌다. 그것은 오늘날의 우리에게도 하나님의 뜻과 말씀을 똑같이 잘 전달한다. 우리는 구약성경 본문을 "성취된" 것으로 종결시키기 위해 구원 역사의 접근법을 사용하지 않을 것이다. 여기에서도 해석학적인 접근법이 필요하다. 즉, 그것은 이해의 복잡한 과정에 참여하는 것이며, 또한 본문과 우리 시대간의 거리를 연결할 해석학적인 다리를 열심히 그러나 조심스럽게 건설하는 것이다. 그러나 구원 역사의 선과 같은 신학적인 구조를 허용하면서 하나

---

79) 같은 책, 111쪽.

님 나라의 메시지와 언약의 개념은[80] 본문에 대한 우리의 해석에 또 하나의 주요한 해석학적 관점을 제시한다.

네 번째 관점은 오늘날 우리가 보는 본문의 최종적인 형태에 관한 것이다. 이것은 대부분 언어와 구조의 문제이다. **구조적-분석적 방법**은 최근에 개발된 것이며 본문에 매우 중요한 새로운 각도를 제시한다. 비교적 새롭기 때문에 이 방법은 아직 넓게 수용되지는 않았다. 여기에는 또한 주로 내러티브 본문에 적용되는 내러티브 분석과 같은 여러 가지 형태의 구조 분석이 있다. 이 방법은 구절의 의미를 확립하기 위하여 본문의 거시구조(macrostructure)와 미시구조(microstructure)를 연구한다. 구문론과 의미론의 연구가 명시된 구조 안에서 낱말과 의미론 단위의 의미를 결정하기 위하여 실시된다.

우리가 언급했던 두 가지 방법론적 접근법, 즉 역사적이고 본문 내재적인(구조적) 접근법은 결합될 수 없다고 말하는 사람들이 있다. 나는 설교의 좋은 효과를 위해 둘 다를 사용할 수 있다는 견해를 반복하고 싶다. **언어의**(of) 이해는 언어를 **통하여**(through) 이해하는 것이라는 관점과 형식적인 본문(그것의 기원과 최종 형태)의 관점에서 나는 두 가지 접근법이 설교 작성시 서로를 보완하는 것이라고 생각한다.

본문을 바탕으로 설교하기 위하여 그것을 이해하는 데 쏟은 모든 노력과 활동은 본문을 **체험**하는 것에서 절정을 이루어야 한다. 그것은 명료하게 표현되어야 한다. 그것의 메시지는 해석하고 비평하며, 격려하고 알려주며, 설교자의 삶과 생각에서 그를 권고하고 강화시키는 것이어야 한다. 하나님과 그의 구원에 관한 이야기가 설교자의 삶을 만나고 관통해야 한다. 그러면 그의 삶을 조명하고 새로운 목적과 목적지를 제시할 것이다. 이렇게 그는 본문과의 만남-종종 열정적인 대면-에 몰입한다.

---

80) J. J. de Klerk, *Prediking*, pp. 128~129.

그 과정에서 그는 자기의 존재적인 한계를 살펴보는 경험을 하게 된다. 설교할 때 그는 본문을 이해하는 과정에서 본문과 만난 체험을 간증한다. 그는 그 본문이 회중에게 똑같은 경험을 줄 수 있기를 바라면서 그의 만남과 체험을 증언한다. 그 증거 모델은 현대 설교에도 가능한 것으로 보인다.[81]

6. 설교 준비의 여러 단계

이 장은 커뮤니케이션으로서의 설교에 관한 문제를 다룬다. 이해와 주석 과정은 근본적으로 커뮤니케이션의 하나이다. 설교자는 **본문의 메시지**를 발견하기 위해 청중이나 수신자로서 본문과 씨름한다. 이것은 그와 본문간의 커뮤니케이션 사건을 나타낸다. 해석 과정이 성공적이라면 그 본문은 메시지를 명료하게 설명할 것이다. 즉, 그 메시지를 전달할 것이다. 주석 또한 커뮤니케이션 사건이다.

설교를 목적으로 하는 주석 과정 중에 일어나는 커뮤니케이션은 두 단계로 일어난다. 첫째는, 성경 저자의 그의 첫 번째 청중과의 커뮤니케이션, 즉 오래 전 특정의 상황-광범위한 옛날 세계의 상황- 에서 그의 첫 번째 청중들과의 커뮤니케이션이다. 덧붙여 말하면, 저자는 그들 자신의 상황을 가지고 있는 독자나 청중들에게 말하면서 자기 자신의 상황을 기록 한 것이다. 저자-예를 들어 바울이나 몇몇 구약성경 저자-는 **수신자**(고린도 교회나 이스라엘의 신자 공동체)에게 **메시지**를 전달하는 **발신자**이다. 발신자는 문어체, 예를 들어 히브리어나 헬라어로 그의 메시지를 **암호화**(encode)해야 했다. 그리하여 첫 번째 청취자들이 **해독**(decode)하도

---

81) J. R. W. Stott는 그의 책, *The preacher's portrait*에서 설교자의 다섯 가지 이미지를 논의한다. 즉, 청지기, 전령관, 목격자, 아버지, 종의 이미지가 그것이다. 목격자 모델은 말씀 사건으로서의 설교의 원동력을 표현하는 매우 유용한 모델이다.

록 본문을 제시하였다. 주석가가 해야 하는 첫 번째 일은 그 자신의 상황을 염두에 두면서 원래의 커뮤니케이션 과정을 **참관하는 것**이다. 그 목적을 위하여 그는 발신자와 (첫 번째) 수신자들의 상황을 이해하고 본문의 구조와 문장론, 문학 형식을 분석하고 발신자의 의도―그가 메시지로 성취하고자 했던 목적―를 이해하려고 노력해야 한다. 그는 또한 첫 번째 청취자들이 그 메시지를 어떻게 해석했을 지를 확실히 알고 파악하려고 노력해야 한다. 주석가의 결정 자료는 주로 그 자체의 내적인 상황을 만들어내는 기록된 본문이다. 그는 이것에 접근한다. 이것은 성경 본문이 설교의 관점을 지니고 주석하는 데 있어 아주 중요하기 때문이다.

이와 같이 서재에 앉아서 설교를 준비하고 있는 설교자이자 주석가가 직면하는 첫 번째 임무는 그 자신의 상황을 적절하게 고려하여 첫 번째 청취자들이 이상적으로 행했던 **오래 전 커뮤니케이션의 메시지를 해독하려고 하는 것**이다. 이렇게 한 후 그는 **회중을 위하여 메시지를 풀이한다.** 이것이 주석의 두 번째 단계이다. 그런 다음―여기서 우리는 설교의 언어화에 이른다― 그는 **회중을 위하여 메시지를 암호화**해야 한다. 이것은 설교자에게 엄청난 책임을 지우는 복잡한 임무이다. 교회의 설교를 향상시키려면 설교자들이 이 책임을 잘 완수할 수 있도록 스스로 훈련해야 할 것이다.

다행히도 유용한 도움들이 있다. 신구약 신학과 입문서들이 우리에게 발신자, 수신자, 그리고 당대의 상황에 대한 시각을 제시해준다. 그것은 또한 성경 기자의 의도와 여러 책들의 세분화나 거시구조를 다루어 준다. 게다가 사전, 성구사전, 주석 등이 있다.

여기에서 우리가 설명했던 과정―오래 전의 커뮤니케이션 메시지의 암호를 푸는 것, 그것을 우리 자신의 세대에 맞게 푸는 것, 그것을 회중을 위하여 암호화하는 것―은 세 단계 혹은 세 국면으로 나뉘어질 것이

다. 즉, 준비 단계, 중심 단계, 결론 단계이다.[82]

준비 단계는 설교의 논거로 선택된 구절을 잠시 살펴보는 때를 말한다. 나는 그것을 큰 소리로 읽을 것을 권하고 싶다. 그 당시의 설교는 말로 하는 것이었다. 그 이후 문서로 기록되었다(간접적인 커뮤니케이션). 그리고 이제 다시 한번 말로 설교해야 한다. 그러므로 그것을 큰 소리로 읽고 어떻게 들리는지 **들어보라**. 단락이나 근접 단위 또한 **구별되어야 한다**. 소리가 나지 않는 단위, 예를 들어 결합어(특별한 낱말, 한 구절을 한 단위로 나타내는 개념이나 방법)와 쉼표를 구별하는 방법이 있다. 주석들은 이러한 점에서도 도움이 된다.

통합된 구절이 구별되면 그것이 어떤 의미 있는 방법으로 그렇게 되었는지를 확실히 알기 위해 **본문 비평**을 적용해야 한다. 이것이 본문의 문법과 의미를 설명하는 데 도움이 되기 때문이다. 준비 단계 동안 스스로 그것을 해석할 수 있기 위해 본문을 더욱 세밀히 살펴야 한다. 그것은 다음 단계에서 확증되거나 수정될 것이다.

중심 단계는 본문을 실제로 해석하는 것이다. 우리는 설교자가 주석의 훈련을 충분히 받았다고 생각하고 그가 조직적으로 나아가야 한다는 사실만을 지적하고자 한다. 그렇지만 주석의 다른 면들을 간과해서는 안 된다. 그러므로 장, 일련의 장, 그리고 전체 책 내의 미시구조(설교의 본문으로 선택한 구절)의 기능을 정의함으로써 거시구조를 분석해야 한다. 책의 이 부분은 어떻게 다루는가? 그리고 그것은 전체 메시지와 저자의 의도에 얼마나 적합한가?

전체 개요를 이해하기 위해 그것이 기능하는 거시구조를 아는 것이 중요하다. 그런 다음 미시구조를 분석해야 한다. 그러한 점에서 구조적

---

82) 나는 구약성경과 신약성경의 연구에서 현대 주석을 바탕으로 가진 수많은 논의에 대하여 내 동료들에게 감사하고 싶다.

분석이 매우 도움이 될 것이다. 이것에 속하는 것은 본문이 어떤 **문학 장르**에 속하는가 하는 질문이다. 내러티브를 담화와 똑같은 방법으로 분석해서는 안 되기 때문이다. 문학 장르(*Gattungen*)는 내러티브, 편지, 시, 애가, 시로 된 개인적인 애가, 선지 문학, 지혜 문학, 논쟁, 비유, 담화, 송영, 운명의 예언 등등을 포함한다. 각 장르는 그 자체의 전달 방법이 있으며 상황에 따라 다른 방법으로 기능한다. 그리하여 애가는 어떤 상황에서는 회개라고 말할 수 있으며 다른 상황에서는 운명의 예언이라고 할 수 있다. 장르는 또한 문학 작품이 존재하거나 발생한 실제 삶의 상황과 관련되며 그리하여 역사적, 사회 문화적, 종교적 상황에 대한 역사—비평적 연구가 유용할 것이다. 그러나 우리는 우리가 읽기까지의 본문 발전의 몇 가지 단계 동안 특징적인 사실을 단순히 소개하는 것으로 끝나지 않도록 주의해야 한다. 본문에 관한 전체적인 유용한 정보가 상황과 잘 관련하여, 그것의 기원 배경에 비추어서 평가되어야 한다.

미시구조가 분석되면 특정한 부분의 구조가 드러난다. 본문의 대강은 문법적, 문체적, 존재 기준을 적용함으로써 더 작은 단위로 나누어진다. 그리고 이러한 단위의 상호작용이 결정된다. 그러한 본문 개요의 구조적 분석은 그것이 얼마나 잘 들어맞는지, 중요하고 부수적인 강조점이 무엇인지를 보여준다. 그것은 설교자가 설교의 근간이 되는 주요 구절—전체 개요의 중요한 점이나 그것을 조명해주는 것, 혹은 메시지의 요점을 표현하는 것—을 선택할 수 있게 한다. 그러므로 그것은 설교자가 전체 개요 안의 주요 구절의 기능을 활용할 수 있게 한다. 그가 설교의 바탕을 전체 개요에 두기 원한다면 —그때 이것은 주요 본문을 구성한다 — 구조적 분석이 주요 강조점에 이르도록 도와줄 것이다.

성경 저자들은 특정한 문학과 신학적 분위기나 전승에서 책을 기록했다. 전승은 이스라엘의 구원 역사의 절정들이 전수되고 적용된 전통적인 형식이다. 주요한 전승에는 창조 사건, 족장들, 출애굽, 광야 생활, 시내산, 다윗과 시온의 전승이 포함된다. 그들 모두는 고정적인 표현들로 특징지워진다. 성경 기자들은 그들 당대의 청중들에게 말하기 위하여 역사에서 하나님의 사역 가운데 가장 극적인 요소를 사용하면서 이들 전승을 자유롭게 이용했다. 주석에서 설교자는 본문에 있는 이러한 전통들을 명시하고 그들이 전후 문맥에서 어떻게 사용되었는지를 결정해야 한다. 이것은 본문의 **편집 역사**와 마찬가지로 그의 이해를 깊게 할 것이며 **그 중에서도** 특히 문제의 책의 저자와 연대를 확립할 것이다.

중심 단계에서 시행되는 여러 가지 기능은 본문의 내용이나 메시지를 확립하려는 관점으로 상세하고 강도 높게 그것을 주석하는 것이다.

그런 다음 세 번째 **결론 단계**가 뒤따른다. 주석을 행한 후에 설교자는 교리나 그가 선택한 단위(가령, 하나의 단락)에 대한 메시지(*kerygma*)를 형성해야 한다. 이것은 모든 주석의 목적이며 절정이다. 이 지점까지 설교자는 암호를 풀거나 받아들이고 있었다. 결론 단계에서 그는 제시하거나 암호화하기 시작해야 한다. 그는 매우 주의 깊게 나아가야 한다. 그는 여전히 설교를 위한 주요 본문을 (전체 개요로부터) 선택해야 한다.

그 다음에는 매우 중요한 단계―주요 본문의 관점 혹은 경향을 결정하는 단계가 따른다. 그것은 무엇을 염두에 두고 있는가? 그것은 어떤 방향으로 청중을 움직이려 하는가? 그 메시지는 어떤 방향으로 기우는가? 이것은 본문의 목적을 가져오므로 이것 또한 확립할 필요가 있다. 여기에서 설교자는 주요한 결정에 부딪힌다. 즉, 본문의 관점을 유지하면서 **설교의 목적**을 형성하는 결정이다. 그는 이 설교나 메시지로 회중에게서 무엇을 성취하고 싶은가? 관점을 확립한 후에 그는 이제 주요 본문의 메시지를 요약하는 한두 문장을 써야 한다. 그런 다음 본문과 그 메시지의 관점을 적절히 고려하여 그는 설교의 목표를 정해야 한다. 목표로 나아가기 전에 메시지가 어떻게 결정되는지에 대해 먼저 잠깐 살펴보기로 하자.

주요 본문의 메시지를 확립하기 위해서는 위의 제 1장 2절 (2)항에서 논의했던 대로 성경과 그것의 해석에 관한 전제가 필요하다. 또 하나의 요소는 설교자의 상황인데, 그것은 대화를 통하여 회중의 상황과 융화된다. 마지막으로 전체 과정은 묵상에 잠기게 된다. 그것에서 모든 요소가 본문 메시지에 의미를 부여하는 데 활발하게 참여하게 된다. 또한 주석 과정에서 본문은 몇 가지 해석학적 관점을 통하여 살피게 된다는 것을 기억하라. 그리하여 마침내 본문이 설명하게 되고 설교자에게 말하여 그가 그것을 체험하게 된다.

본문의 메시지를 확립할 때 본문의 중심 사상이 명시되어야 한다. 그런 다음 중심사상이 설교의 주제가 될 때까지 상세히 설명해야 한다. 우리는 중심 사상, 본문 고유의 활동성이 지향하는 중심에 대해 말하고 있다. 모든 주요 본문은 복음에 대해서 말할 것이다. 본문이 한 가지 측면일지라도 중심사상도 전체 복음을 이야기한다. 그리고 중심사상은 본문의 메시지에서 나와야 한다. 그러므로 그 메시지나 중심 사상은 그리스도 예수를 통한 구속을 표현하는 구원의 메시지일 것이다. 그것은 이 중요한 점, 이 확실한 것을 확신시킬 것이다. 그 메시지는 설교가 전체 성경과 복음의 모든 면을 함유하기 위해 지나치게 늘어나지 않도록 작성되어야 한다. 설교는 단순히 본문이 전달하고자 하는 한 가지를 명확하게, 할 수 있는 한 명료하게 해야 한다. 다음 주일날 또 다른 메시지가 다른 본문에서 채택될 것이다.

우리는 **설교의 목표**가 주요 본문과 그 메시지의 관점과 관련하여 형성되어야 한다고 말했다. 설교자는 성경 본문에서 끌어낸 구체적인 목적을 매주일 회중과 함께 성취하고자 노력하는 것이 중요하다. 하나님의 온전한 계획이 선포되어야 한다. 회중의 필요와 회중의 소명과 운명의 전체 영역이 차례로 주목되어야 한다. 연구에 의하면 보통 사람이 논의

---

83) J. R. Nicholls, *Building the Word*, pp. 52~58 참고.

할 수 있는 주제는 기껏해야 7가지라고 한다.[83] 그리고 많은 사람들은 그보다 더 적게 가지고 있다. 그 결과로 사람들은 모든 경우에 −무의식적으로− 과시하는 장난감 말(hobby horse)을 가지고 있다는 것이다. 그러므로 설교자는 외부 자료로부터 아이디어들을 구할 필요가 있는데, 이 경우에는 성경과 모든 주요 본문의 특정한 의도와 메시지이다.

물론, 설교자가 특정한 시각을 가지고 회중을 접근하거나 설교의 목표에 대하여 특정한 관점을 지니고 있음으로 말미암아 늘 똑같은 말을 읊조리는 경향이 있을 것이다. 이리하여 어떤 설교자들은 그들의 유일한 목적이 회심케 하는 것이라고 생각한다. 그들은 회중을 구원받지 못한 영혼들이라고 생각하고 매주일 그들에게 회개하라고 촉구한다. 다른 설교자들은 설교의 목표가 순전히 교훈적이라고 생각한다. 회중은 교훈을 필요로 한다. 그래서 매주일 또 다른 교리가 제시된다. 그리고 설교의 목표를 회중에게 증거하는 임무를 부추기는 것으로 보거나 교구민들의 필요를 충족시키는 것으로 보는 설교자들이 있다. 이렇게 한쪽 방향으로 기울어진 것과는 꽤 다르게 설교자가 회중을 근본적으로 제도화된 조직체로 볼 위험성이 있다. 스테이믈(Steimle), 니더텔(Niederthal), 그리고 라이스(Rice)는 다음과 같이 기록한다.

> 제도적인 관점으로 볼 때 설교자들은 조직적인 사람들이며 그들의 설교는 근본적으로 선동이나 설득이다. 설교자들은 사람들이 정규적으로 교회에 참석하는지, 회중의 활동에 충실하게 참여하는지, 교회 왕국의 사역에 관대하게 임하는지를 살피면서 당(party)의 노선을 설교한다.[84]

많은 교회들에서 중심된 본체는 회중에게 계속해서 헌신을 요구하는

---

84) E. A. Steimle, M. J. Niederthal & C. L. Rice, *Preaching the story*, p. 6.

것이다. 그 결과 조직화된 제도 경영이 우선 순위 목록에서 높은 위치를 차지하고 있다. 설교자들이 본문을 적용할 때 이러한 종류의 호소로써 얼마나 자주 함정에 빠지는가?

본문의 의도는 다양하게 선포되어야 하는 하나님의 말씀의 풍요로움에 마음을 열고 충실하게 그것을 설명하는 사람들을 늘 인도할 것이다. 본문의 메시지와 의도를 기초로 하여 설교의 목표를 설정하는 설교자는 거의 저절로 각 설교에서 회중에게 하나님의 뜻의 다른 면을 보여줄 것이다.

결론 국면에서 다음 두 단계는 주제를 설정하고 설교의 계획을 작성하는 것이다. 앞의 단계들은 최종의 설교에서 명백히 드러나지 않지만, 주제는 회중에게 명백해야 한다. 한편, 계획은 설교에 골격을 제공하고, 골격은 설교를 연결하여 지탱하게 한다.

주제란 설교의 주요 사상이다. 이 주제를 단 하나의 문장으로 압축하려고 할 때 설교자는 본문의 메시지를 실제 청중의 상황에 관련시켜야 한다. 그러므로 그것은 매일의 생활에서 주제를 포개어놓는 문제가 아니라—그것은 주제별로 설교하는 것이리라— 본문의 메시지가 특정한 회중에게 그것을 지적하고 관련시키면서 직접 말하게 하는 것이다. 우리는 이것을 본문-주제 설교라고 부를 수 있을 것이다.

주제의 설정은 해석학적, 주석적 노력의 실제적인 초점이다. 이것은 설교자가 메시지와 본문의 의도를 회중의 구체적인 상황과 해석상으로 통합해야 하는 곳이다. 진정한 메시지와 의도는 한 줄기 빛으로 상황을 조명하면서 직접적이고 실수 없이 회중을 향해야 한다. 이와 같이 주제를 설정할 때 본문은 실제 회중을 향해야 한다. 성경 본문이 설교에서 기능을 다하는 범위까지 우리는 하나님의 말씀이 그것에서 말씀하고 있다고 말할 것이다.

결국 주제는 단 하나의 문장으로 간결하게 설정되어야 한다.[85] 그 문장은 전체 설교의 방향을 지시해 주며 밝은 빛줄기처럼 주제를 관통해야 할 것이다. 그 설정은 간단하고 효과적이어야 한다. 주제문장은 선포적이고 개인적이고 직접적이어야 한다. 그리고 그것은 설교의 전체 메시지를 전하는 것이어야 한다.

설교의 계획은 소재를 구성하고 배열하는 것이다. 구조는 설교 작성의 중요한 부분이다. 구조의 질이 설교를 얼마나 잘 전달할 수 있는가를 결정하기 때문이다. 구조는 모든 인간 커뮤니케이션의 필요조건이다. 현대 언어학은 복잡한 언어를 사용하는 사람은 그것을 의식적으로 구성해야 한다고 가르친다. 더욱이 형식이 없이는 내용도 있을 수 없다-두 가지는 필수적이다. **무엇**을 말하느냐는 대부분 **어떻게** 말하느냐에 달려 있다. 구조는 골격을 제시한다. 그리고 그러한 것은 보이지 않는다. 설교에서-그것은 마찬가지로 메시지의 커뮤니케이션을 가장 적절하게 만든다- 구조는 배경에서 주제넘지 않게 있어야 한다. 그의 모든 관점(관점 1, 관점 2, 관점 3, 관점 1 아래 속하는 관점 1, 2, 3, 4, 5 등등)을 이야기하는 설교자는 청중들을 지루하게 하며 혼란스럽게 한다. 건전한 구조는 메시지의 커뮤니케이션의 흐름을 지시하지만 커뮤니케이션을 지배하지는 않는다.

이 단계에서는 설교 계획에 관해서 더 이상 논하지 않겠다. 왜냐하면 제 4장에서 다시 다룰 것이기 때문이다. 그러나 내용과 형식에 관해서 조금 더 논하고 싶다. 우리가 지적했듯이 그것은 통합적이다. 이것은 우리에게 설교 형식을 가져다주는데, 그것으로 우리는 본문-주제 설교, 교훈적 설교(Homily), 내러티브 설교나 그와 같은 장르 같이 꽤 급진적인 것을 의도한다. 사실은 계획이 특정한 형식으로 전개될 것이라는 것이

---

85) 예를 들어, H. *Gray Davis, Design for preaching*, pp. 79 이하 참고; J. J. de Klerk, Prediking, p. 110 참고.

다. 그러므로 이 시점에서 설교 작성시 설교자는 그 계획을 전개시키기 전에 형식을 결정해야 할 것이다. 이것은 설교 작성에 매우 중요하다. 우리는 제 4장에서 그것을 따로 다룰 것이다. 그리고 또한 설교의 언어에 대해서도 자세히 설명할 것이다. 이것은 책상에서 설교를 작성하는 부분이다. 그러므로 주제와 계획을 전개하는 더 나아간 단계이다.

(1) 설교 작성의 여러 단계에 대한 실제적인 예

필자는 설교 준비의 여러 단계에 대한 실제적인 적용을 매우 간략하게 논하고 싶다. 이 예시의 목적을 위해서 주요 본문은 시편 13편에서 채택될 것이다.[86]

이 시편을 큰 소리로 읽을 때 우리는 시를 다루고 있다는 것을 즉시 깨닫고 그 안에 있는 세 가지 변화에 주목하게 된다. 첫째 연은 애가이다. "어느 때까지니이까?" 둘째 연은 기도로 전환한다. 셋째 연은 바로 그 행에서 울리는 기쁨의 신앙으로 울려퍼진다.

시의 내용과 구조는 논리적인 통일체를 형성하며 그럼으로써 그 주위의 다른 시들과 분명히 구분된다. 본문 비평은 다양하게 읽는 것이 대체로 내용에 영향을 주지 않는다는 것을 보여준다.

거시구조로 볼 때, 시편은 예를 들어 호세아나 로마서와 같은 한 책의 장이나 단락과 다르다. 그것은 본문의 나머지 부분과 서로 얽혀있지 않다. 대체로 시편은 그 자체로 구조적인 실제를 형성한다. 그러므로 우리는 시편 기자의 신학을 살펴보아야 하는데, 우리가 살펴보고 있는 시와 관련하여 볼 때, 그것은 다양한 전통의 존재를 지적하고 있다. 과거 하나님의 구원 사역과 언약에 대한 그분의 신실성이 이스라엘의 현재 신앙의

---

86) 이 설교는 장로 교회에서 설교한 것이다.

토대를 형성한다. 애가와 감사와 신앙을 반영하는 시편들이 개별적으로 해석되어서는 안 된다. 구약성경에서 개인의 애가는 사실상 개인적인 일이 아니라 언약의 전체 교회 앞에서 일어난 것이며 전체 교회에 의해서 이루어진 일이다. 개인적인 애가는 주로 의인이 온갖 재난에도 불구하고 여호와의 은혜로운 중재를 얼마나 의지하며 신뢰하는가를 기록한다. 온갖 위기 상황에도 주님의 신실하심과 언약의 사랑에 대한 호소가 있다.

개인의 애가는 개인적인 경험을 증거하는 것이 아니라 구원하신 하나님을 찬양한다. 종종 하나님은 시편 기자의 번뇌로부터 숨겨지지만 그분의 신실한 사랑은 인간이 진정으로 의지할 수 있는 모든 것이다. 이렇게 시편 기자의 신학은 우리의 특정한 시편에서 추적할 어떤 경향을 드러낸다.

우리는 이제 이 시편의 미시구조로 나아갈 수 있다. 1절과 2절은 밀접하게 연결되어 있으며 네 번이나 반복되는 "어느 때까지"라는 말로 통합된다. 3절은 새로운 연의 시작을 알린다. 1, 2절의 애가를 표현하는 질문들과는 대조적으로 3절은 권고적인 명령어로 시작한다. 두 가지의 명령어가 따르는데, 그것은 모두 여호와에게 말하는 것으로 세 가지 일이 일어나지 않도록 위기 상황에 주의를 기울여달라고 열정적으로 요구하는 것이다(3절 후반부와 4절). 처음 두 연은 같은 동작자(인물)가 등장한다. 즉, 여호와, "나" 그리고 원수이다. 세 번째 연은 5절에서 시작한다. 연을 시작하는 "나"는 앞의 연들과는 대조적으로 처음에 위치함으로써 문장론적으로 강조되어 있다. 더욱이 5절의 첫 번째 문장은 시편 기자의 여호와에 대한 신앙을 강조함으로써 그 점을 핵심적으로 제시하는 X자형 교차법(chiasm)으로 되어 있다. 마지막 연에서는 동작자인 원수에 대한 언급이 없다. 이렇게 시편은 세 연으로 구성된다. 1, 2절, 그리고 3, 4절, 그다음 5, 6절은 절정이자 대단원을 나타낸다.

장르에 관해서, 시편은 개인적인 애가인데 이 장르의 기본적인 요소,

즉 애가, 기도, 신앙과 찬양의 표현을 모두 갖추고 있다. 내용은 시편 기자가 극심한 재난이나 어떤 위기에 처해 있다는 사실과는 별개로 실생활에 관해서는 거의 말하지 않는다. 우리가 확신할 수 있는 한, 시편은 저자가 불분명한 앞 부분을 제외하고는 단 한 사람의 저자에 의해 기록되었다.

일반적인 의미에서 여기에는 전승이 없다. 시편은 하나님의 언약적인 사랑에 기초를 두고 있으며, 1절에서 하나님이 얼굴을 숨기신다는 것과 3절의 전승적인 기도 형식-"생각하사 응답하시고"-과 같은 몇몇 전승적인 요소들을 지니고 있다.

세밀히 분석해 보면 다음과 같은 주석의 통찰력을 얻게 된다. 시편 기자는 위기 상황에 놓여 있다. 첫째 연이 "언제 까지"를 반복하는 것은 그의 참을 수 없음과 그의 고통과 재난이 견디지 못할 정도임을 보여준다. 그는 하나님이 자기를 잊으셨으며 곤궁과 비참함에 처해 있는 자기를 보시지 못한다고 불평하면서 하나님께서 그를 버리신 것으로 위기를 경험한다. 이 위기는 시편 기자에게 긴장감을 조성하며 그를 끊임없이 괴롭힌다. 그의 원수들이 고소한 듯이 바라보는 것을 고난의 부분으로 경험한다.

두 번째 연은 시편에 새로운 동기를 가져온다. 애가는 기도로 바뀐다. 그는 자기를 주목하여 응답하며 자기 눈을 밝혀 달라고 여호와께 열렬히 간청한다. 이 후반부의 기도는 하나님의 은혜가 모든 삶의 근원이라는 지식에 관련된 것이다. 세 가지 명령어가 기도의 긴박함을 강조한다. 제1연에서 하나님은 "여호와"로 불려졌는데 여기에서는 "여호와 내 하나님"이 된다. 이는 시편이 진행되고 있음과 시편 기자와 여호와 사이의 개인적인 관계를 보여준다. 여호와의 중재가 시편 기자를 죽음과 적들의 승리에서 구원시키며 그를 보호해야 한다고 말하는 것이다. 죽음이란 시편 기자와 여호와 사이의 결정적인 분리를 의미할 것이다. 더구나 여호와의 명예가 적들의 문제에서 위기에 처해 있다. 즉, 그들의 승리가 곧 그의 패배를 의미할 것이기 때문이다.

시편은 세 번째 연에서 절정에 도달한다. 기도를 통하여 애가는 즐거운 기대로 바뀐다. 시편의 이 부분에서 그것은 분명한 전환이다. X자형 교차법으로 시편 기자의 신앙심을 강조한다. 그는 여호와의 신실한 사랑을 신뢰하며 그의 마음이 여호와의 구원을 기뻐한다. 즉, 여호와는 구원의 약속에 충실하신다. 여기에서 시편 기자는 기도를 신뢰한다. 그는 하나님을 전적으로 믿으며 구원의 기대(예언의 완성, 확신의 완성)로 여호와를 찬양하고 있다. 믿음이 강하여 그는 육신적인 상태는 변하지 않음에도 이미 구원을 맛보고 있다. 그 변화는 그의 마음에 있다. 참을 수 없는 애가가 믿음의 승리로 바뀐 것이다.

이와 같이 시편의 선포는 재난의 때에 하나님이 계시지 않음의 문제에 관한 것이다. 극심한 상황에 있는 시편 기자의 애가는 기도를 통하여 기쁨에 넘치는 신앙적인 확신으로 바뀐다. 믿음의 승리는 여호와의 구원에 대한 믿음에 근거한 것이다.

누군가 주요 본문을 선택해야 한다면 나는 이 시편 전체를 택하는 것이 가장 좋다고 말할 것이다. 그것은 짧으므로 목적에 맞다. 더욱이 그것은 한 가지 점에서 절정으로 나아가게 구성되어 있다. 어떤 사람은 주요 본문을 5, 6절로 정할 수 있을 것이다. 그러나 필요에 처해 있는 교구민들을 만나기 원한다면 설교가 전체 시편의 구조나 전개를 추적하는 것이 좋을 것이다. 이러한 이유로 나는 전체 시편을 주요 본문으로 택할 것이다.

시편의 영역은 또한 이동을 제안한다. 위기의 애가에서 기도를 통하여 씨름하면서 신앙적인 믿음으로 나아가는 것이다. 그 진행은 다음과 같다. 하나님의 버림을 받았다고 한탄하고 있는 인간, 기도로 씨름하는 인간, 하나님에 대한 믿음으로 충만한 인간. 이와 같이 시편은 신앙적인 믿음으로의 결정적인 방향 전환이 일어나는 주요한 위기(시점)에 처해 있는 신자 개인이나 신자들의 고뇌와 재난으로 해석되어야 한다.

시편의 메시지(주요 본문)는 다음과 같이 설정될 수 있다. 하나님이 저 버린 것으로 인해 씨름하는 인간에게 하나님은 그 안에 새로와진 믿음의 기쁨을 주신다는 것이다.

다음으로 설교자는 설교로 성취하고 싶은 목표가 무엇인지 스스로 물어보아야 한다. 이것은 회중의 필요가 묘사되기 시작하는 곳이다. 다음 주일, 계속되는 가뭄으로 농장을 잃을 위험에 처해 있는 많은 사람들을 만나게 될지도 모른다. 또는 회중 가운데 사랑하는 사람을 잃은 사람들도 있다-사고로 아들을 잃은 가족. 한 부부의 결혼관계가 표류하고 또 다른 가정에서는 아들의 다리가 부러졌다. 시편을 택하여 그들 옆에서 멈추어 그들과 함께 말씀을 나누고 그들을 하나님을 향한 믿음과 신뢰로 이끌어 가는 것은 적절한 일일 것이다.

설교를 위한 이러한 목표는 동시에 간결하게 읽을 주제를 만들어낸다. 즉, 하나님을 향한 새로운 믿음이 당신의 상황에서도 가능하다는 것이다.

아래에서 묘사하는 것은 회중을 위하여 시편 13편의 메시지를 표현하는 나의 겸손한 시도이다. 그것은 완전히 기록된 것은 아니다. 설교 과정에는 관용어, 전개, 회중에 대한 반응, 사상 등에 몰두하는 영역이 있다. 나는 여기에서 실제상의 설교 언어로 기록할 수는 없다. 말로 하는 설교를 산문으로 기록하기란 매우 어렵기 때문이다. 설교의 기록을 위하여 나는 완전한 문장으로 가능한 한 간결하게 만들었다.

"당신의 상황에서도 하나님을 향한 새로운 믿음이 가능하다."

오늘 아침 주님이 우리에게 말씀하시는 본문은 시편 13편입니다. 모든 인간은 인생의 어느 단계에서 위기를 통과하게 됩니다. 재난이나 사고는 밤중의 도둑처럼 우리에게 닥칩니다. 아이가 아프고, 어떤 재정적인 문제가 발생하고, 결혼이 깨어지고…… 서로를 사랑하는 사람들 간의 고통스러운 오해로 결국 헤어지게 되는 것입니다. 죽음이 잔인하게도 갑작스럽게 다가옵니다. 혹은 걱정, 근심으로 우리를 말리면서 무자비하게 우리에게 휘몰아치는 가뭄이 있습니다. 이것은 수평선에 다른 검은 구름을 일으킵니다. 많은 사람들에게 경제력의 약화와 기근이 다가옵니다. 밤중에 많은 노인들은 1933년의 기억에 시달립니다. 그리고 젊은이들은 그 일이 도대체 무슨 일이었는지 평가하기 시작합니다.

오늘 아침 성경이 우리에게 말하고 있는 것은 이 모든 일이 하나님과 관련이 있다는 것입니다. 그분은 그 일들에서 제외되지 않고 관련이 있습니다. 더구나 신자들의 삶과 운명도 마찬가지로 하나님과 관련이 있습니다. 하나님은 우리의 고통, 우리의 슬픔, 우리의 걱정과 염려, 우리의 원인과 이유 등 모든 것에 관여하십니다. 우리 모두가 결국 처하게 될 비참한 상태-우리 대부분은 부분적으로는 가뭄으로 인해 지금 당장 그러한 상태에 있지만-는 하나님의 태도의 직접적인 결과입니다. "여호와여 어느 때까지니이까 나를 영영히 잊으시나이까?"(1절) 마치 하나님이 우리를 더 이상 사랑으로 대하지 않으시고 그의 얼굴을 돌려버리는 것처럼 우리는 재난을 당합니다. 그분의 사랑이 가득한 얼굴이 우리를 외면한 것입니다. 매일 낮에는 작열하는 태양의 열기만이 있고, 밤낮으로 잃어버린 우리 가족에 대한 고통이 우리를 파고듭니다. 매일 우리는 빈자리가 뇌리를 스쳐 괴롭습니다. 하나님은 우리를 버리셨을까요? 왜, 왜 그러셨을까요?

이것이 우리가 느끼는 감정이라면, 사랑하는 형제 자매 여러분, 여러분은 오늘 아침 수세기 전의 한 신자와 만납니다. 여러분은 우리 믿음의 초기 역사의, 오늘날 우리가 직면한 유사한 딜레마에 빠져 있는 신자들의 공동체를 만납니다. 여러분이 하나님이 여러분을 버리셨다고 느낀다면 여러분은, 이 시편의 기자가 느꼈던 것을 느끼는 것입니다. 사실, 모든 신자는 하나님이 버리신 것 같은 비참함을 경험합니다. 수세기 저너머 이 시편에서 나온 어떤 것이 우리들 각자의 마음을 파고듭니다. 신자들의 경험의 불꽃, 믿음과 믿음의 접촉입니다. 여러분은 이교도가 아닙니다. 여러분은 구원받지 못한 존재들이 아닙니다! 여러분은 마침내 하나님께 선택되고 그분의 부름을 받고 구속된 하나님의 교회입니다. 지금 당장은 그분이 우리에게서 멀리 있는 것 같습니다. 그분은 우리말을 듣지도 대답하지도 않습니다. 또 하나의 실패한 수확이 우리 뒤에 있습니다. 얼마나 이 일이 계속될까요? 우리는 허위적거리고 있습니다. 그리고 하나님은 침묵하십니다. 그분은 대답하지 않으십니다. 그분은 아무 일도 하지 않으십니다.

우리는 이 가뭄을 자연에서 일어나는 요인들의 탓으로 돌리려고 애를 썼습니다. 그러다가 다시 주저앉고 모든 것이 정상으로 돌아옵니다. 엘니뇨(El Nino)가 그랬습니다. 그것이 가라앉고 있다고 했었지만 이제 다시 힘을 모으고 있습니다. 그리고 몇 년간 우리 해안을 따라 여러 번 일어나는 태풍이 다가옵니다. 심지어 어떤 것은 우리 대륙의 아래 부분을 지나갔습니다. 기상청은 또 다른 태풍이 가까이 다가올 것이며 우리 기후에 악영향을 끼칠 것이라고 합니다. 언젠가는 모든 것이 분명히 정상으로 돌아와야 합니다. 우리의 머리에 이렇게 말하십시오. 그러나 우리의 마음은 다르게 말합니다. 우리 존재의 핵심에서 우리는 극도로 걱정하며 고민합니다. 그리고 우리 마음의 심연에서 우리는 하나님께서 이 모든 일이 일어나도록 허락하셨다는 것을 압니다. 그분은 우리에게서 얼굴을 돌리셨습니다. 그것이 우리가 존재 깊은 곳에서 울부짖기만 할 수밖에 없는 이유입니다. "언제까지?" "어느 때까지?" 우리는 울고 기도합니다. 당신이 우리를 기억하기까지 얼마나 기다려야 합니까? 주님, 우리는 죽어가고 있습니다! 우리는 죽음의 끝에서 방황하고 있습니다.

사랑하는 형제, 자매여, 우리는 어디로 향해야 합니까? 이 상황에서 어떻게 벗어납니까? 우리의 믿음을 위한 해결책은 무엇입니까? 교회인 우리가 전체 국가를 소집하고 어떤 특별한 일이 실제로 일어나도록 하는 어떤 극적인 일, 어떤 위대한 기회는 없습니까? 아니면 몇몇 농부들이 그러하듯이 우리의 믿음을 포기해야 합니까? 지금은 1966년과 같습니다. 농부들은 비를 내리지 않고 지나가는 구름과 하늘을 저주하면서 다음과 같이 외칩니다. "하나님은 어디에 계시는가?" 농장 노동자들은 해고당하여, 절망적인 사람들의 무리가 낯설고 냉혹한 도시로 쏟아져 들어갑니다. 우리는 이 절망적이고 소망없는 상황에서 어디로 가야 합니까?

시편은 우리에게 방향을 제시합니다. 기도로 하나님께 가라고. "여호와 내 하나님이여 나를 생각하사 응답하시고 나의 눈을 밝히소서…… 내가 사망의 잠을 잘까 하오며"(3절). 나를 보십시오, 여호와 나의 하나님! 나를 주목하십시오! 당신의 얼굴을 더 이상 돌리지 마십시오. 여러분은 말할지도 모릅니다. 뭐라구요, 또 기도하라구요? 우리가 얼마나 기도했습니까! 그리고 고통이 얼마나 계속되었습니까. 기도하는 것은 소용이 없어요, 더 이상 도움이 되지 않아요. 시편은 우리에게 기도하라고 말할 뿐만 아니라 기도하는 방법도 말해줍니다. 고백에 매달리십시오. 당신의 기도로 믿음의 고백을 하십시오. "여호와 내 하나님"이라고. 하나님이 여러분을 버렸다고 느낄지라도, 그분이 응답하시는 데 얼마나 오래 걸릴지에 상관 없이, 아무런 응답이 없을지라도, 하나님에게서 아무런 동요가 없을지라도 나는 믿습니다. 그분이 나의 하나님이라는 것을. 이러한 믿음으로, 우리와 한 그분의 언약에 기초한 이 견고한 확신으로 우리는 기도를 잊지 않아야 합니다. 우리는 믿음으로 기다려야 하며 계속해서 그분을 기다려야 합니다. 이렇게 믿음의 조상, 아브라함도 기다렸습니다. 언약을 세울 때 그는 동물을 반으로 잘라 두 부분간의 계약 혹은 언약이 이루어졌습니다. 만일 언약자가 불충실하다면 하나님은 마찬가지로 그를 산산히 흩으실 것입니다. 셈즈(A.van Selms) 교수는 아브람에 관해서 다음과 같이 기록했습니다. −우리는 그것을 자유롭게 번역합니다. "그는 여전히 희생동물을 도살하여 그것을 나란히 놓는다. 그러나 죽은 동물들 사이에서 그와 함께 서 있어야 할 하나님은 어디에 계신가? 오직 독수리들만이 모인다. 아브람은 그들을 내쫓는다. 언약이 성립되기 전에 그들이 고기를 먹는가? 하루종일 그는 작열하는 태양 아래 서 있다. 땅거미가 내릴 무렵 그는 땅바닥에 쓰러진다. 그리고는 두려운 공포가 그를 엄습한다. 하나님은 어디 계신가? 하나님을 기다리면서 서 있는 것은 바보 같은 짓이 아닌가? 이제 어둠이 내리고 아브라함은 시체처럼 뻣뻣하게 누워 있다."[87]

여호와 나의 하나님. 신약시대의 교회인 우리는 얼마나 확실하게 우리 주 예수 그리스도의 이름으로 이것을 고백하며 매달릴 수 있습니까? 재난 동안, 깜깜한 밤에, 모든 것이 우리를 저버릴 때 주 나의 하나님이라고 고백하십시오.

그러면 −이것이 신자들의 삶에 일어나는 일입니다− 기도로 씨름함으로 여러분의 삶에서 비탄이 믿음의 승리로 바뀝니다.

> 나는 오직 주의 인자하심을 의뢰하였사오니
> 내 마음은 주의 구원을 기뻐하리이다
> 내가 여호와를 찬송하리니
> 이는 나를 후대하심이로다(5,6절)

믿음은 하나님이 버리셨다는 느낌을 정복합니다. 시편 기자는 새로운 믿음이 싹틀 때까지 하나님의 "견고한 사랑"(언약)과 그분의 구원에 매달

---

87) A. van Selms, *God en de mensen*, p. 18.

립니다. 하나님은 그를 구원하실 것입니다. 그리하여 그는 구원으로 인하여 하나님을 찬송합니다.

그러면 여러분은 어떻습니까? 이와 같이 여러분도 그분의 견고한 사랑과 구원에 매달립니까? 그렇습니다. 여러분도 그럴 것입니다. 성령께서 여러분의 기도와 간청에 여러분을 돕는 자로 오십니다. 그분은 우리에게 믿음을 주시고 그것으로 우리를 강건하게 하십니다. 그리고 이제, 오늘 아침, 재난 가운데서 하나님을 향한 믿음이 부서질 때 땅을 바라보면 그대로일 것입니다. 믿음의 눈으로 그것을 보십시오. 언덕 위에 한번 더 물결치는 풀꽃들을 보십시오. 곡식이 자라고 완전히 추수할 때까지 무르익어 모든 사람의 양식이 되는 것을 보십시오. 여러분을 사랑스럽게 보시는 하나님의 얼굴을 바라보십시오. 그리고 오늘 아침 여러분의 온 마음을 다해 노래하십시오.

> 그러나 나는 기대에 차서
> 당신의 은혜를 의지합니다.
> 나의 마음은 당신의 구원을
> 여전히 기쁘게 신뢰합니다.
> 위에 계신 하나님을 찬양하리라.
> 그분은 큰 관대함으로,
> 사랑으로 나를 대하십니다.

7. 설교의 언어

설교 준비에서 주제 설정까지의 단계를 거친 후에 그것을 말로 나타낼 형식을 선택해야 한다. 설교 작성에 대한 문제는 제 4장에서 논의할 것이다. 형식을 선택한 후에는 계획을 작성해야 한다. 그런 다음에 설교자는 설교를 쓰게 될 것이다. 실제적인 연구로부터 나는 위의 제 2장 2절 (1)항의 끝부분에서 다음과 같은 결론을 내렸다. 설교의 82.9%가 해석상 매우 성경적이며(목록 3.2), 38.1%만이 회중의 실생활을 설명하는 것이었다. 이 사실로부터 우리는 설교자들이 주석에는 신경을 쓰는 반면 설교를 현대 용어로 잘 전달하기 위해서 기록하거나 언어화하는 데는 별로 관심을 갖지 않는다고 추론할 수 있었다.

현대 도시에서 우리는 복잡하고 다양한 관점, 삶의 방식, 관용어, 가치와 기준들을 가진다. 주로 많은 직업들의 다양성 때문에 현대 사회는 제 3장 1절 (7)항에서 보았듯이 다원화되었다. 다원화란 앞에서 언급한 삶의 방식, 관점, 전문 용어, 다양한 공동체에서 발견되는 가치와 기준의 다양성을 말한다. 일반적으로 이 다원화는 교회–같은 종파와 같은 회중 안에서조차–에서도 명백하게 나타난다.

어떤 큰 도시에서건 이제는 더 이상 같은 설교를 중간 계층의 교외와, 도시 중심과 판자촌에서 행하여 같은 성과를 거둘 수 없다. 아마 어떤 설교자는 교외 지역에서 효과적인 커뮤니케이션을 수행하여 복음을 그들의 정신 세계와 문제의 영역 안으로 가지고 갈 수 있을 것이다. 그것은 자기 자신의 생각과 언어, 정신 세계가 그곳 교외의 회중의 것과 일치하기 때문이며, 그것은 어쩌면 자기 자신이 그러한 종류의 그룹에서 성장했기 때문일 수도 있다. 한 개념에 의해 전달되는 뉘앙스는 거의 인식할 수 없을 정도로 아주 미묘하지만, 그러나 이것이 설교자와 청중이 자기들은 서로를 이해하고 있다고 생각할 때에도 커뮤니케이션을 방해할 수 있다. 여러 가지 과학적인 조사가 이 차이를 보여주었다.[88] 포우치 (Fouche)의 연구는 사람들은 그들이 무엇을 읽는가에 따라 달라진다는

---

88) B. Fouche, *Die vryetydse leesgedrag van Afrikaanssprekende volwassenes in Johannesburg*; C. J. Alant, *'n Sosiologiese studie van die betrokkenheid van lidmate by die Nederduitse Gereformeerde Kerk.*

것을 밝혀 주었다. 읽는 것이 그들의 개념, 생각과 정신 세계를 형성한다. 설교자는 사실은 교구민들이 전혀 알지 못하는 어떤 것을 익숙히 알고 있는 것으로 가정할 수도 있다. 혹은 문제를 너무 상세하게 설명하여 그들을 지치게 만들 수도 있다. 사람들이 생각을 형성하고 언어와 개념을 사용하는 방법 또한 그들이 읽는 것에 밀접하게 관련되어 있다.

이것은 언어의 문제-개념, 술어, 관용어의 의미에서의 언어-로 우리를 이끈다. 의사를 잘 전달하기 위해서 설교자는 청중들의 정신적, 언어적, 개념적 세계에 익숙해져서 그러한 용어로 그들에게 말해야 한다. 이와 같이 언어는 사람들이 스스로를 표현하는 방법에 관련되며, 그들이 말과 개념을 적용하는 그들에 관계된 것들과도 연관되어 있다. 오늘날 우리 도시에는 수많은 직업들이 있다. 우리는 사람들이 그들의 직업과 관련된 것들에 대해서는 많고 선명한 어휘력을 지니고 있으나 다른 분야에서는 어휘가 한정되어 있고 개념이 희미하다는 연구 결과를 제시한 바 있다. 이렇게 무역이나 전문직에 종사하는 사람들은 그들의 직업에 적용될 수 있는 것들에 대한 광대하고 생생한 어휘력을 지니고 있는 반면 일상적으로 사용하지 않는 것들(그것은 그들의 삶과 정신 세계의 부분이 아니다)에 대한 어휘력은 불분명하다.

사실, 설교에 대한 실제적인 연구에 의하면 설교자들은 회중의 언어로 메시지를 구사하는 데 어려움을 겪고 있다. 앞의 제 2장 2절 (8)항에서 제시한 필자의 발견들을 인용하면, 목회자들은 회중의 언어와 용어로 설교를 작성하는 데 어려움을 겪는다. 이것은 다시 회중의 삶의 세계와 잘 익숙하지 못함을 보여준다.

분명히 현대 도시에서 설교자가 그의 교구민들 모두의 업무와 직업 상황에 대한 지식을 갖기란 극히 어렵다. 기본적으로 그는 주거 지역에 국한되어 있는 반면, 교구민들은 여러 가지 다양한 직업 상황에 관련되어 있다. 옛날 시골에는 몇 가지 직업과 농업이 지배적이었다. 설교자들은 설교에서 그 언어를 어떻게 이용해야 하는지를 알고 있었다. 오늘날은 설교자가 그들의 용어를 배우려면 설교 연구 그룹에서 교구민들과 밀접하게 대화하는 것이 중요하다. 더욱이 설교자의 훈련은 신학적이고, 그의 개념은 신학적으로 형성되었고, 이것이 그의 생각과 삶의 세계의 언어이다. 그러나 비신학자에게 그것은 때때로 다소 추상적인 것일 수 있다.

우리가 앞서 인용한 줄리안 뮬러(Julian Müller)의 논문에서, 그의 연구 그룹에서 어떤 분야에서 전문적으로 훈련을 받은 사람들은 한 설교의 중심 메시지를 정의하는 데 다른 사람들보다 덜 성공적이라는 사실을 확증하였다. 그의 관점에 의하면 대부분의 설교가 구사하고 있는 지적이고 학문적인 요소는 그러한 사람들에게는 상대적으로 접근하기 어렵게 만든다. 우리는 주일날 설교에 귀를 기울이는 사람들이 매우 다양하다는 사실을 잊어서는 안 된다.

그러므로 설교가 사용하는 언어는 커뮤니케이션이 잘 되는 것이어야 한다. 회중의 다양성 때문에 설교자는 모든 사람이 이해하는 공용어를 사용해야 한다. 여기에서 우리가 말하는 것은 영어나 혹은 줄루 말을 의미하는 것이 아니라 용어, 개념, 관용어에 대해서 말하는 것이다. 설교에 선택되는 언어는 **일상 용어**, 즉 가정이나 가족 생활에서 주로 사용되는 언어이어야 한다. 이것은 전체 회중에게 접근할 수 있는 관용어이며 이러한 배경에서 나오는 이미지와 비유들일 때 일반적으로 이해될 것이다. 에른스트 푹스(Ernst Fuchs)는 예수님이 일상적인 가정 생활의 언어와 이미지로 말씀하셨다는 것을 지적하였다. ―이것이 바로 그분이 오늘날도 여전히 의사 전달을 최고로 잘하는 이유이다.[89] 기독교 신앙 용어―거듭남, 구원, 의, 속죄, 언약 등과 같은 낱말―는 회중의 일상 회화에서 익숙

---

89) E. Fuchs, *The New Testament and the hermeneutical problem*, pp. 124~126.

한 예로써 명시될 필요가 있다. 이렇게 해서 회중이 이 낱말들을 알게 되면 보렌이 제시했듯이[90] 그들 자신의 언어 세계에서 그들의 언어가 넓어질 것이다. 그러나 설교자가 먼저 이러한 용어들을 회중의 일상적인 관용어로 번역해야 할 것이다. 이와 같이 설교는 회중의 특정한 그룹의 일상 언어로 하나님에 관하여 말할 것을 요구한다. 이것은 설교를 일상 용어로 하기 위하여 요구되는 임무인 반면에 그것은 또한 종교 언어의 특별한 형식이다.

일상 용어의 주제에 대하여 우리는 문어체가 아니라 구어체로 설교해야 한다고 지적하는 것이 좋을 것이다. 설교를 가능한 한 완벽하게 작성하는 것이 좋다. 왜냐하면 이로 인해 낱말과 이미지와 표현을 선택하고 설교를 적절하게 구성하게 되기 때문이다. 그러나 설교는 구어체로 쓰여져야 한다. 짧고 직설적인 문장이 중요하다. 설교 원본 없이도 설교할 수 있게 되면 그것을 놔두고 강단에 올라가도 된다. 강단에서는 주요 사상이나 주요 구절을 적은 간단한 메모가 도움이 된다. 그 메모를 가지고 자유롭게 전달할 수 있다.

설교에는 언어학적 창의력이 요구된다.[91] 회중의 일상 용어로 메시지를 표현할 때 설교자는 그 언어를 창의적으로 사용해야 한다. 결국, 설교는 이해하는 사람의 말이며 이제 다른 사람이 그 말을 **통하여** 하나님의 말씀을 이해하도록 하는 것이다.

오크 자거(Okke Jager)는 진실되고 생생한 의미에서 시적인 언어를 옹호한다.[92] 회중의 일상 언어로 복음을 선포하기 위해서는 우리의 말이 선명하고 진실되어야 한다. 우리는 상상력을 발휘해야 하며 낱말이나 표

---

90) R. Bohren, *Predigtlehre*, pp. 131 이하 참고.

91) W. Schutz, *Probleme der predigt*, pp. 105~110; H. O. Wolber, *Die predigt als kommunikation*, p. 360; M. Metzger, *Die anleitung zur predigt*, p. 383; R. Bohren, 앞의 책, 74쪽 참고.

92) O. Jager, *Eigentijdse verkondiging*, pp. 105~122.

현을 결정하기 전에 두 번 생각해야 한다. 우리는 회중의 일상의 용어로 메시지를 전달할 이미지를 의식적으로 찾아야 한다. 이것은 회중의 상황에 이 메시지를 통합하기 위하여 우리 존재 안에서 이것을 이해하고 소화하는 것을 의미한다. 설교자는 소위 본문을 흡수하고 그것을 설교의 말로 되뿜어야 한다. 일단 그것이 그의 존 재의 부분이 되면 창의력은 더 이상 문제가 아니다. 연구한 설교가 창의력이 부족하다는 제 2장 2절 (8)항의 결과를 보면 이 문제에 있어 진지한 주의가 필요하다.

설교를 작성하거나 말하는 것은 구성의 문제이기도 하다. 유선형 구조를 가진 설교는 지리멸렬하고 뒤죽박죽인 설교보다 훨씬 잘 전달된다. 우리는 이것을 나중에 더 상세하게 논할 것이다.

제 2장 2절 (8)항에서의 또 다른 발견은 설교에서 신학이 더 우세한 특징을 이룰 수 있다는 것이었다. 문제는 신학이 행동의 전열에서 설교자들을 안내할 만큼 충분히 적합한가 하는 것이다. 복음의 선포에 관한 실제적인 문제들로 씨름하는 설교자는 신학자들, 특히 조직신학자들에게 그 문제들이 묵상에 관여할 때 갖게되는 자기의 갈등에 어떤 생각을 제시해주며, 현대 상황에서 복음을 형성하는 데 있어서 자기를 도와주도록 요청해야 한다. 결국, 신학의 임무는 성경에 귀를 기울이고 듣는 것이요, 그것이 듣는 바를 반복하는 것이요, 그러나 이렇게 반복할 때에 메시지를 그 시대의 관용어로 해석하는 것이다.[93] 이렇게 신학은 언어의 창의적인 사용에서 설교자들에게 큰 도움이 될 수 있다.

설교의 언어에 관해서 우리가 말한 모든 것과 그것의 구조에 관해서 말한 것과 함께 기억되어야 할 것은 최종적인 분석에서 메시지가 전달되어야 한다는 것이다. 그러므로 메시지의 내용이 회중의 실제 생활에서

---

93) J. A. Heyns & W. D. Jonker, *Op weg met die teologie*, pp. 135, 220, 243~248 참고.

의미를 지니고 핵심을 찌르도록 설교 준비 과정에서 정해져야 한다. 이것이 전체적인 목표이며 해석과 작성 과정을 멀리까지 추적하는 목적이다. 루니아는 건전한 성경 내용이 설교의 주요한 커뮤니케이션 요소로 남는다고 확신한다.[94] 내용이 복음의 구원을 전달하지 못하면 사람들은 흥미를 잃게 될 것이다. 우리는 결코 이 사실을 잊어서는 안 된다.

8. 설교 중의 커뮤니케이션과 대화

우리는 설교의 커뮤니케이션 능력을 보강하기 위하여 설교가 실제로 행해지기 전에 많은 일들이 선행되어야 한다는 것을 보았다. 오랜 기간에 걸쳐 개인적인 교제가 진행되어야 하며, 다음 주일의 설교 본문을 논의하기 위하여 회중을 대표하는 설교 연구 그룹과 대화하는 조직적인 시도가 있어야 하며, 주석을 포함하는 해석 활동이 있어야 하며, 본문은 분명히 명시된 구조 내에서 일상 용어로 표현되어야 한다. 그리고 항상 복음의 구원 메시지의 중요성이 드러나고 또한 소통되어야 한다.

그러나 이 모든 것이 이루어졌어도 설교가 시행되어야 한다는 사실이 여전히 남아 있다. 설교문은 회중을 향하여 선포되고 전달되어야 하며, 회중이 실감하게 해야 한다. 설교는 또한 청중 가운데서 이루어져야 하는데, 그렇게 할 때에만 설교가 완수되는 것이다. 용커(W. D. Jonker)는 설교가 주석 없이는 존재할 수 없지만, 그러나 설교는 사람들에게 전달되어야 한다는 점에서 단순한 주석 이상의 것임을 지적하고 있다.[95]

우리가 지금까지 설교에 관해서 말한 모든 것이 이제 역할을 수행하기 시작한다. 선포되는 사건(spoken event)은 설교에서 위대한 순간이다.

---

94) K. Runia, *Heeft preken nog zin?*, p. 50.
95) W. D. Jonker, *Die Woord as opdrag*, p. 39 참고.

설교에 관한 모든 논의는 사람들 즉, 우리 주님의 교회 가운데서 이루어지는 이 선포되는 사건에 목표를 둔 것이다. 설교자는 설교에서 그와 회중 간에 선포되는 말에 관해서 자신 없어 할 필요가 없다. 선포되는 말은 굉장한 힘이 있다. 언어가 우리 마음의 본체라면, 말은 행동이다. 결혼예식이나, 혹은 평결을 내리는 재판관에 의해서 사용되는 말들을 생각해 보라. 주어진 상황에서 적합한 말을 발견하여 말할 수 있는 사람은 혼돈으로부터 의미를 창출하는 것이다. 그의 말씀을 통하여 하나님은 혼돈으로부터 창조를 하셨다. 그리고 인간은 이 창조 과정의 부분을 형성한다(아담이 모든 피조물의 이름을 지었다). 설교자와 회중이 성경에 관한 대화에 참여할 때 그들의 말 가운데서 하나님의 말씀이 들린다면, 그때 신적인 말씀이 현실화되는 것이며 사물은 이제 더 이상 설교 이전과 같은 상태가 아니다.

설교의 대화적 성격은 설교의 전달에서 매우 분명히 나타나는데, 비록 설교자가 가만히 서 있는 순간일지라도 그렇다. 이 대화의 성격에는 여러 가지 측면이 있는데, 우리는 그것을 간략하게 논하고자 한다.

준비 단계에서 설교는 이미 대화적으로 계획되어야 한다. 이것은 사용되는 언어의 문제이지만 또한 내재된 대화(built-in dialogue)로 알려진 것의 문제이기도 하다. 우리의 실제적 연구는 분석된 설교 가운데 27.6%만이 논의가 분분한 사회적 논점과 회중의 문제를 다루었다-즉, 내재된 대화를 함유하였다-는 것을 보여주었다. 이 문제는 설교를 준비할 때 주목해야 한다. 설교자와 회중 간에 건전한 대화가 있다면-또한 설교 연구 그룹에서- 교구민들의 질문이 설교자에게 던져질 것이다. 이러한 것이 설교에서 제기되어야 하며 성경으로부터 대답되어야 한다.

더욱이 대화는 회중의 삶의 세계가 설교 안으로 끌어들여져서 교구민들이 말씀의 호소에 반응하게 해야 하는 것을 의미한다. 이것은 분명히 예수님의 설교 방식이었다. 선한 사마리아인의 비유에서 그의 청중들의 삶의 세계가 그의 "독백"에서 생생하게 묘사되고 있으며, 그 호소력이 너무나 강렬히 목적을 향하고 있으므로 그들은 반응하지 않을 수 없었다.

그러나 설교 준비 중에 형성된 이러한 대화는 그것이 대화적 성격을 지닐 것이라는 확신을 주기에 충분치 않다. 실제로 설교하는 동안, 특히 설교자와 청중들 간에 계속해서 일어나는 비언어적인 커뮤니케이션을 통하여 이 성격이 유지되어야 한다. 그러나 그들 간의 그러한 비언어적인 대화의 상호작용은 몇 가지 조건에 의존한다.

설교자는 설교를 하는 동안 회중의 눈이나 얼굴, 그들의 자세 등의 표현에서 그들의 반응을 인지하는 방법으로 회중과 접촉해야 한다. 이것들은 회중에게서 설교자를 향하여 가는 메시지들이다. 사람은 늘 무언가를 전달하고 있기 때문이다. 설교자 쪽에서도 또한 몸짓 언어를 사용한다. 설교자는 사람들의 반응에 열려 있기와 그들에게 반응하기를 배워야 한다. 이 목적을 위하여 그는 매우 자발적으로 설교를 전해야 하며 눈을 설교 원고에 고정시켜서는 안 된다.[96]

자발적인 전달은 개인적인 분위기를, 그럼으로써 대화적인 분위기를 조성한다. 세밀하게 준비된 생각을 자발적인 방법으로 전달하는 설교자는 마치 대화를 주도해 나가는 사람과 같이 말한다. 그의 태도, 몸짓 언어, 적절한 말을 찾는 것조차 대화의 특징이 되는 풍부함을 나타낸다. 풍부함 혹은 다른 각도로 문제에 접근하는 것은 설교 준비 과정에서 수립되는 것이지만 또한 커뮤니케이션이 대화적으로 진행될 때도 성취된다.

설교 중에 비언어적인 대화가 효과적이기 위해서는 설교자가 진실되고 일관성이 있어야 한다. 사람들은 우리가 무엇을 말하는가가 아니라 우리가 어떻게 말하는가에 주로 주의를 기울인다. 마음으로부터 진실되게 말하는 사람은 그가 비록 유창한 연사가 아닐지라도 의사를 잘 전달

---

96) 같은 책, 99~108쪽.

한다. 설교자가 자신이 전달하고 있는 메시지에 진정으로 사로잡혀 있다면 그는 청중에게 분명하게 다가갈 것이다.

설교자의 인격이 당연히 설교 중의 비언어적인 대화에 중요한 영향을 끼친다. 그러므로 그는 항상, 말하자면 그의 인격이 설교 안에 들어가 있어야 한다는 의미에서 인격적으로 설교해야 한다. 이것은 더 많은 연구가 필요한 주제이다. 이 분야의 첫 번째 시도가 한스 반 더 기스트(Hans van der Geest)의 책이다. 이것은 독일어에서 번역된 것인데, 『강단에 선 존재: 인격이 설교에 미치는 영향』(*Presence in the pulpit: The impact of personality in preaching*, Atlanta: John Knox, 1981)이라는 제목이다.

설교자가 강단에서든지 강단 밖에서든지 완전한 자기 자신의 모습에서 움츠려들 필요는 없다. 설교에서 당신 자신을 준다는 것은 당신 자신이 되라는 의미이다. 그리고 강단의 설교자는 여전히 다른 인간들 사이에 있는 한 인간이다. 그는 자신도 그들처럼 살고 갈등하며 믿는다는 사실을 느끼도록 회중에게 말해야 한다. 훌륭한 설교자는 최대한으로 인생을 사는 사람이다. 암스테르담에 있는 레이드스 스퀘어의 매혹적인 옛 레스토랑의 함석 창틀에는 다음과 같은 네덜란드의 옛 속담이 새겨져 있다.

> Hy lyckt wys
>
> maer is het niet
>
> Die wysheid gaert
>
> en de Son niet siet.
>
> (그 사람은 현명한 것 같지만 그렇지 않다.
>
> 그는 지혜를 품고 있지만 태양을 보지 못한다.)

키에르케고르는 설교자에 대해서 이렇게 썼다. "그는 산책과 그의 이웃들을 즐거워한다. 그는 저녁 식사와 담배를 기다린다. 그는 이 세상을 사랑하고 허세부리지 않는 삶을 즐기는 것을 부끄러워하지 않는다"(『내러티브 설교』, p. 33에서 인용)

설교자의 인격은 그의 몸짓 언어-그가 자기 몸을 사용하는 방법-와 일부 관련이 있다. 설교는 순전히 청력적인 것 뿐만이 아니라 시각적인 요소도 있다. 회중의 눈은 설교자의 몸을 응시하고 있다. 손을 사용하고 몸을 움직임으로써 그가 하는 말은 매우 구체화되는 것이다. 이것에는 연습이 필요하다. 집에서 아이들에게 이야기를 해주면서 적절한 동작을 통하여 몸이 말을 하도록 해보라. 일단 몸짓 언어를 익히게 되면 그것으로 많은 것을 할 수 있다. 직접적인 말과 대화의 방식을 사용하면서, 몸짓을 통하여 누가 말하고 있는가를 보여주는 것은 대화적으로 의사를 소통하는 매우 효과적인 방법이다.

설교가 진행되는 동안 회중에게도 큰 요구사항이 있다. 듣는 것은 활동이며, 커뮤니케이션의 기본적인 행동 가운데 하나이다. 그리고 설교자(발신자)의 듣는 행위만큼 중요하다. 훌륭한 청중은 설교자 못지 않는 노력과 열정을 설교에 기울일 것이다. 듣는 것 또한 기술이며 듣는 회중은 이 기술을 훈련해야 한다. 사실, 회중의 듣기와 반응 행위의 실제를 위한 이론을 개발하는 것이 실천신학의 임무 가운데 하나이다. 이 분야는 더 연구되어야 한다. 나는 설교에 관한 다음 책에서 그것을 시작해 보고 싶다.

설교자의 일련의 사고를 따라 설교자와 **함께 함**으로써 청중은 몸짓 언어를 통하여 반응을 할 수 있게 된다. 이리하여 피드백을 제공하게 되는 것이다. 설교 과정에서 설교자와 청중 간의 그러한 적극적인 커뮤니케이션이 없다면 실제적인 대화가 있을 수 없다.

9. 설교 후의 커뮤니케이션과 대화

설교 후에는 피드백의 기회가 온다. 설교 과정에서는 대화를 나누었다. 설교자와 회중 간의 실제적인 상호작용이 그들의 비언어적인 커뮤니케이션을 통하여 표현된 설교자의 말과 회중의 듣기에서 실현되었다.

설교 후에 피드백은 교구민들 사이에서, 또 교구민들과 설교자 간의 **언어적인 대화**로 바뀐다. 이것은 설교 후 즉시, 혹은 예배 후 교구민들이 질문을 하고 그들의 생각을 표현하는[97] 기회가 이루어지는 것을 의미한다. 그것은 메시지를 의심하는 문제가 아니다-케리그마의 선포적 성격이 논점이 될 필요는 없다. 잘못된 생각이 밝혀지고, 이러한 방법으로 커뮤니케이션의 소음이 제거될 것이다.

그러나 여기에는 그것 이상의 것이 있다. 거기에는 또한 말씀을 통한 대화가 있어야 한다. 다행스럽게도 설교자는 성경에 기초를 둔 그러한 상호 학습과 대화에 의해 그의 권위가 손상당할까봐 두려워할 필요가 없다. 선포의 권위는 모든 선포의 위대한 주체이신 하나님의 것이다. 우리는 열린 대화로 우리가 복음에 실망할까봐 두려워할 필요가 없다. 이러한 지식은 설교자를 자유롭게 하여 긴장을 풀고 토의에 참여하게 하며 그의 실제적인 임무-가르침의 임무-를 완수할 기회를 갖게 해준다. 회중이 질문과 의심을 가지고 다가올 때 그는 말씀의 보물함을 그들에게 열어 성경으로 그들을 훈육할 기회를 갖는다.

설교를 논의할 때 두 가지 극단이 있는 것 같다. 한편에서는, 회중이 설교의 내용에 대해 공동 결정하고 어떤 의미에서는 공동 책임을 진다. 그들은 설교자를 그들 회중에게 초청하였으므로 책임이 있다. 그리고 그의 선포가 순수한지 지켜보아야 한다. 더욱이 그들은 설교 전에-목회적

---

97) A. C. Barnard, *Die erediens*, pp. 566~567 참고.

방문과 다른 접촉, 즉 성경 공부와 설교 연구 그룹을 통하여- 대화를 나누었다. 어떤 의미에서 그들은 설교의 내용을 공동 결정한다. 왜냐하면 어떤 설교자든지 설교 준비를 하고 설교를 전달할 때 의식적으로나 무의식적으로 청중을 고려하기 때문이다. 그러므로 급기야 그들은 설교자가 커뮤니케이션을 설정하는 방법과 메시지의 적용을 결정한다(그들의 상황에 비추어). 그러나 더욱 중요한 것은 회중에게도 말씀과 성령이 있다는 것이다. 그들은 그리스도의 몸이다. 이러한 이유로 그들은 성경에 근거한 대화에 참여할 수 있으며 말씀을 선포하고 서로를 가르칠 수 있다. 그러므로 설교 후의 토론은 설교자 자신의 관점만을 기초로 한 논쟁이 되어서는 안 된다. 그것은 하나님의 말씀 안에서 하나님의 말씀을 통한 풍성함이어야 한다.

다른 한편에서는-이것은 두 번째 극단이다- 회중은 설교하지 않고 케뤽스(keryx), 즉 하나님의 사자에게 귀를 기울인다. 설교자의 임무는 부분적으로는 하나님의 말씀을 회중을 가르치는 비평적인 도구로 사용할 것을 의미한다. 이들 극단은 둘 다 중요하므로 그들 간의 균형을 유지하기 위하여 노력해야 한다.

토론이 결실을 맺기 위해서는 목회자가 그것을 인도하고 조직해야 한다. 그는 단지 강단에 머물러서 한 몸인 청중에게 질문이 있는지 물어서는 안 된다. 그러면 아무 일도 일어나지 않을 것이다. 그는 회중을 혼동 가운데 몰아넣는 설교를 하고서는 그들이 참여하기를 기대해서도 안 된다. 생각을 불러 일으키는 어떤 화제적 논점에 관한 짧고 고무적인 설교가 토론의 훌륭한 서곡이 될 것이다. 회중이 더욱 유능해질 때-설교자가 그의 역할에 대해 가지는 것처럼 그들에게는 실제를 위한 이론이 없다는 것을 기억하라- 그것은 더욱 부드럽게 진행될 것이다. 당신은 회중이 교리 문답을 지각있게 토의하는 것을 보게 될런지도 모른다.

토론은 어떻게 조직되어야 하는가? 가장 좋은 방법은 회중들이 앉아

있는 그대로 그들을 그룹으로 나누어 그룹 토론을 하도록 한 뒤에 보고
를 하게 한다. 그런 다음 마지막으로 설교자와 상호작용을 하는 것이다.
그룹 토론의 다른 형태들도 마찬가지로 효과적이다. 교회 건물 내의 다
른 방들에서 그룹 모임을 갖게 한 후 피드백을 위해 다시 교회로 돌아오
게 하는 것도 고려해볼 만하다. 때때로, 예배 후에 토론회를 가질 때 여
러 가정 교회의 구성원들이 정기적으로 그들이 보통 모이는 장소로 나오
게 할 수도 있다. 가정 교회 제도가 잘 이루어지는 회중에서는 이 방법이
실행 가능하며 다른 피드백 방법-어떤 관점이 지적되어 있는 짧은 보고
서나 질의서-이 채택되기도 할 것이다. 설교자는 설교가 그것의 목적을
성취했는지, 그것의 중심 메시지가 파악되었는지 평가를 시도해야 한다.
이 정보는 교구민들에게 나누어준 카드에 기록되어 뒤이은 분석을 위하
여 돌려받아야 한다. 이러한 성격의 토론은 매주일 행해질 필요는 없으
며 좀더 긴 간격을 두고 행해질 수 있을 것이다. 이 방법은 또한 성인 교
회를 세우는 것에 대한 칼빈의 이상으로 나아가게 한다.

설교 연구 그룹에서 예배 전에 이루어진 대화는 예배 후(되도록이면 다
음 주간 중에) **회상 토론회**(retrospective discussion)에서 계속되어야 한다.
이 피드백은 본문의 메시지가 핵심을 찔렀는지, 그것이 교구민들의 일상
생활에 도움이 되었는지 보여줄 것이다. 그것은 또한 설교자가 설교의
커뮤니케이션을 향상시키는 방법과 청취자들이 설교에서 무엇을 기대하
는지를 발견하는 데 도움이 된다.[98]

그러한 회상적 대화는 목회 심방시 교구민들의 가정에서, 주중 교회
모임과 교회 협의회 모임에서도 실시되어야 한다.[99] 이러한 모든 것이
교회 내에 존재하는 통로이며 설교에 관한 커뮤니케이션의 기회로서 사

---

98) K. Runia, *Heeft preken nog zin?* p. 48 참고.
99) J. J. de Klerk, *Prediking*, pp. 96~98.

용되어야 한다. 다시 말하지만, 이것은 매주일 행해질 필요는 없지만 그러한 토론을 위한 정기적인 시간은 가져야 한다.

10. 설교에 대한 청중의 이해와 해석

커뮤니케이션 과정의 핵심은 다섯 가지 요소로 이루어진다. 전달자(발신자, 설교자), 수신자(전달을 받는 사람, 회중), 매개체(통로, 말, 언어), 메시지(정보, 커뮤니케이션), 그리고 피드백이다. 우리는 이러한 요소들을 이미 다루었다.

우리는 이제 설교 청중들이 메시지를 어떻게 이해하고 해석하는지, 그 과정에서 어떤 점을 확인하는지 그리고 메시지가 빗나가서 목표점을 맞추지 못하는 곳이 어디인지 간단하게 생각해 보고자 한다. 우리는 교구민이 설교에 귀를 기울이는 과정과 나중에 그가 메시지로 무엇을 할 것인지에 대한 과학적인 지식이 거의 없다. 이 분야에 상당한 연구가 필요하다. 왜냐하면 우리는 설교에 관한 실제 이론을 회중에게 제시해야 하기 때문이다. 이것은 설교 과정의 세 번째 단계에 관련된다. 나는 장차 어느 시점에 이것을 다루기를 바란다.

분명히 청중의 듣기, 이해, 해석과 행동의 과정에 영향을 주는 많은 요인들이 있다. 우리는 이미 그것들-문화, 사회적 상황, 개인적인 환경, 심리적 육체적 건강, 교육 수준, 제 1차 집단, 설교자의 이미지 등등-을 언급했다. 우리는 또한 이것이 하나의 학습 과정임을 염두에 두어야 한다.[100]

우리의 관점에서 중요한 것은 커뮤니케이션 과정의 연속적인 단계이

---

100) E. Henau, *Inleiding tot de praktische homiletiek*, pp. 52~60; P. J. Roscam Abbing, *Predikantswerk in verband met communicatie en leertheorie*, pp. 273 이하 참고.

다. 그것은 어떤 진정한 태도의 변화가 일어나기 전에 이루어져야 한다. 각 개별적인 단계가 효과적이지 못하면 어떤 지점에서든지 커뮤니케이션은 깨질 수 있다는 것을 유의하라. 단계를 구분하는 것은 커뮤니케이션 학의 중요한 새 통찰력에 근거한 것이다. 즉, 접촉과 커뮤니케이션의 구별이다. 인간 내면적인 커뮤니케이션은 사람들 간의 접촉과 생각과 인격에 대한 상호 노출이 있을 때에만 일어난다. 진정한 커뮤니케이션은 대화하는 당사자들이 서로를 이해하고, 어떤 관점에 대해서 서로를 동일시할 때, 태도와 행동을 변화시키는 방법으로 의미가 전달될 때 일어난다.

다음의 7가지 단계는 설교 및 관련 사건들의 커뮤니케이션 과정에서 구분될 수 있을 것이다.[101] 첫 번째는 메시지의 **전달**(transmission)이다. 회중이 듣는 가운데 설교자가 설교를 시작하고 메시지를 전달하는 때이다. 때때로 사람들은 우리가 말하는 것을 듣지 않으면서도 우리를 바라볼 수 있다. 이것은 아무도 라디오를 켜지 않았을 때도 방송을 진행하고 있는 방송인과 흡사하다. 진행 과정의 첫 번째 단계가 실현되기 위해서는 사람들이 **들어야** 한다.

두 번째 단계는 **접촉**(contact)이다. 이것은 회중이 메시지를 들었을 때 존재한다. 우리는 교구민들이 메시지를 들었음을 보여주는 몇 가지 종류의 피드백을 설교자에게 주었을 때 비로소 접촉이 이루어졌다는 것을 확신할 수 있다. 사람들은 여러 수준으로 듣는다. 그들의 마음이 다른 것에 분주하면 표면적으로 들을 것이다. 또는 드문드문 들을지도 모르며 혹은 주의 깊게 듣기도 한다. 어떤 단계의 접촉 없이는 메시지가 들리지 않는다.

세 번째 단계는 **피드백**(feedback)이다. 청중은 발신자(설교자)에게 정보

---

101) Merill R. Abbey, *Communication in pulpit and parish*, pp. 43~47 참고.

를 되돌려준다. 청중이 설교에 관한 질문을 할 때, 그것에 대한 논평을 하거나 그의 반응을 설명할 때 피드백이 이루어진다. 그것은 잘못된 개념이나 잘못 해석한 것을 밝혀주는 대화의 기회를 제공한다. 피드백이 없으면 커뮤니케이션이 무너지고 만다. 사람들은 계속 변하지 않을 것이며 잘못 해석하거나 메시지를 듣지 않을 것이기 때문이다. 피드백은 온전한 커뮤니케이션의 더 깊은 단계로 나아가는 첫걸음이다.

네 번째 단계는 **이해**(comprehension)이다. 여기에서 교구민은 설교자의 메시지의 의도를 참으로 이해한다. 이해는 설교자가 대화를 통하여 잘못 이해한 것이나 잘못된 해석을 없애고 자신의 의도를 명백하게 밝힌 후에야 일어난다. 이제 청중은 메시지를 정확하게 듣고 이해한다. 많은 교구민들이 매주일 설교를 이해하지 못한 채 듣고 있다. 많은 경우에 그들은 설교 후 자기들이 잘못 이해한 것을 밝혀줄 대화의 기회를 얻지 못했다. 물론, 설교가 직설적이고 명료하여 사람들이 그것을 완전히 이해하도록 해야 할 것이다. 그러나 어떤 잘못된 이해가 종종 있다 하더라도 피드백과 대화가 그것을 없애는 데 도움이 된다.

그 과정에서의 다섯 번째 단계는 **수용**(acceptance)이다. 교구민은 설교를 듣고, 이해하며, 설교자의 정확한 의도를 파악한다 하더라도 그럼에도 불구하고 메시지를 거절할 수 있다. 예를 들어 이러한 문제는 설교자가 흑인 동료 신자들에 대한 백인 신자들의 태도를 변화시키려고 노력할 때 일어난다. 여기에서 그것은 불신자들의 문제가 아니라 어떤 논점에서 복음의 명백한 의미를 수용하기를 거부하는 거듭난 신자들의 문제이다. 물론, 우리는 이것을 죄로 인한 것으로, 설명되지 않은 인간의 죄된 상태와 영육 간의 갈등으로 인한 것으로 설명할지도 모른다. 혹은 성경이 여러 가지 해석에 열려 있다고 말할지도 모른다. 그러나 실천신학에 대한 질문은 이것이다. 이러한 거부는 어떤 역할을 하며 사람들은 왜 메시지 수용을 거부하는가?

과학적인 연구에 의하면 인간이 메시지를 듣고 반응하는 방법은 대부분 제 1차 집단에 의해 영향을 받는 것으로 밝혀졌다. 이것은 제 3장 4절에서 논한 바 있다.

커뮤니케이션 과정의 여섯 번째 단계는 **내면화**(internalisation)이다. 이것은 메시지를 수용할 때 그러한 동의가 순전히 지적일 뿐만 아니라 동시에 그 사람이 전심을 다해 동의하는 관점으로서 인격 속에 통합되는 것을 의미한다. 대화와 설명 후에 메시지를 수용하였을 때에도 그 수용이 매우 표면적일 수 있으며 교구민의 행동, 예컨대 다른 인종에 대한 태도와 행실에 영향을 주지 못할 수도 있다.

마지막 단계는 태도나 **행동**(action)이다. 커뮤니케이션 학자들은 메시지가 행동으로 이끌어지기 전까지는 커뮤니케이션은 불완전한 것으로 남아 있다는 사실에 동의한다. 설교자와 회중(설교를 듣는 사람들)은 메시지에 대한 공통적인 이해와 관점을 가지고 이에 따라 행동해야 한다. 그때 전달된 메시지는 잘 이해된 것이리라.

이것은 하나님의 말씀에 대한 적절한 이해는 각 구성원이 하나님의 뜻을 잘 알고 하나님의 뜻에 의해 교정받을 때 그룹이나 회중에서 일어난다는 것을 의미한다. 그 말씀을 올바르게 듣고 순종하게 된다. 그것이 이해이며, 성령의 능력으로 선포된 말씀을 파악하고 정복하는 의미에서의 커뮤니케이션이다. 이것은 몸으로서 완전히 이해하는(엡 3:18) 해석 공동체로서의 회중의 조직 내에서 이해가 일어나는 때이다.

메시지가 회중의 행동에서 보여질 때만이 그것이 완전히 이해되고 커뮤니케이션이 성공한 것이다. 우리는 데살로니가전서 2:13에서 한 예를 발견한다. "이러므로 우리가 하나님께 쉬지 않고 감사함은 너희가 우리에게 들은 바 하나님의 말씀을 받을 때에 사람의 말로 아니하고 하나님의 말씀으로 받음이니 진실로 그러하다 이 말씀이 또한 너희 믿는 자 속에서 역사하느니라." 말씀이 데살로니가 교회에서 효과적이었던 역사를 지닌 사실은(1:2, 6; 2:1, 14, 19; 3:6, 7~10; 4:10을 보라) 하나님의 말씀이 선포되었으며 잘 이해되었다는 것을 증명한다. 건전한 커뮤니케이션과 성령의 역사를 통하여 말씀이 전달 과정에서 왜곡되지 않고 잘 이해되어 실천되도록 주의를 기울여야 할 것이다.

회중의 행위로 나타난 설교의 효과는 진정한 이해와 참된 말씀을 받았는지에 대한 시금석이다. 이 말씀은 마음을 움직일 뿐만 아니라 그 때문에 듣는 자가 행동으로 옮기게 한다.

잘 전달된 설교는 회중에게 전망을 열어주며 어떤 방향으로 그들을 고무시킨다. 성령의 인도를 받아 회중이 세상으로 나아가 하나님이 말씀하신 것을 그들의 삶에서 구체화할 때 설교의 영향력이 분명해진다. 그때 이해가 이루어진 것이며 본문의 의도가 성취되고 실현된 것이다.

각 단계에는 설교에서 주로 행해지는 독백적인 강론의 결과로 커뮤니케이션이 무너질 수 있는 기회가 늘 존재한다. 우리가 설교자로서 진정한 메시지를 잘 전달하려면 이 문제에 대한 해결책을 찾아야 한다.

그 해결책은 우리가 앞에서 제시했던 **대화**의 개념에 놓여 있다. 설교는 설교 전, 후와 설교 중의 대화로 둘러싸여야 한다. 이것이 커뮤니케이션의 능력을 강화할 것이다.

설교 형식

서론

　앞장에서 우리는 주제 설정에 이르기까지의 설교 준비 과정과 설교 도중과 후의 커뮤니케이션 및 대화에 관하여 논의하였다. 이제 남은 것은 설교의 구조와 형식이다. 1장에서 필자는 설교학의 이론은 단순히 "무엇"을 선포할 것인가 뿐만 아니라, "어떻게" 선포할 것인가 하는 문제와도 관련이 있다는 것을 분명하게 언급했다. 왜냐하면 형식과 내용은 밀접하게 연결되어 있기 때문이다.

　특히 칼 바르트(Karl Barth)에게서 보는 바와 같이 변증법적 신학은 설교의 내용에 지나치게 강조를 둠으로써 수사법이나 커뮤니케이션 원리 등 설교의 형식에 관한 전반적인 문제를 뒤로 처지게 하였다.[1] 이것은 격렬한 반응을 불러 일으켰는데, 바스티안(H. D. Bastian)이 그의 유명한 논문인 "말씀에서 말씀으로. 칼 바르트와 실천신학의 과제(*Vom Wort zu*

---

1) J. C. Müller, *Die homilie as wyse van eietydse prediking*, p. 76; E. Henau, *Inleiding tot de praktische gomiletiek*, p. 20 참고.

den Wortern. Karl Barth und die Aufgaben der Praktischen Theologie)"를 통하여 주도하였다.[2] 바스티안은 설교를 단순히 여러 수사학적 형식들 가운데 하나로 본다. 뢰슬러(D. Rössler)와 랑게(E. Lange)는 청중과 그의 상황을 강조함으로서 이러한 접근을 더욱 진전시켰다.[3] 설교에 적용할 수 있는 형식과 수사학적 원리의 인식을 위한 노력에서 이루어진 주요한 발전은 게르트 오토(Gert Otto)의 『설교와 말』 *(Predigt als rede)*의 출현이었다. 그륀베르크(W. Grünberg)의 『설교학과 수사학』*(Homiletik und Rhetorik)*이 그 뒤를 따랐다. 이 작품은 코퍼슈미트(J. Kopperschmidt)의 『일반 수사학』*(Allgemeine Rhetorik)*에 크게 의존하고 있다.

필자의 생각에 이것은 중요한 발전이라고 여겨진다. 왜냐하면 신학적으로—그리고 주석적으로— 건전한 많은 설교들이 작성이 잘 이루어지지 않음으로 인해 강단과 회중석 사이 어디에선가 실종되어 버리기 때문이다. 동시에 개혁자는 형식에서만 해답을 찾아서는 안 되며 형식과 내용의 일치에서 해답을 찾아야 한다. 형식과 내용 두 측면이 모두 합당한 관심을 받아야 하는 것이다. 그러므로 설교에서 형식의 문제는 복음 메시지의 전달에 관한 신학적 성찰의 대상이 되어야 한다.

메시지를 잘 전달하기 위해서는 설교가 **적절하게 구성되어야** 한다. 우리 마음의 생각들은 특정한 형식을 취해야만 다른 사람들에게 전달될 수 있다. 어떤 종류의 형식이 없이는 인식할 내용도 없는 것이다. 일단 본문이 설교자에게 말을 하고 그를 감동시키고 변화시켰다면— 일단 설교자가 본문을 경험하였다면— 그는 그 메시지를 회중에게 전달하기 위하여 말하기를 시작해야 한다. 언어는 특정한 형식과 구조를 준수해야만

---

2) H. D. Bastian, *Vom Wort zu den Wortern. Karl Barth und die Aufgaben der Praktischen Theologie*, p. 29.

3) D. Rosler & E. Lange, *Zur Theorie und Praxis der Predigtarbeit. Bericht von einer homiletischen Arbeitstagung.* September 1967-Esslingen.

기능을 할 수 있다. 가장 단순한 문장이라도 낱말이 구조를 이루고 특정한 순서로 배열되어야만 의미를 지닌다. 다음의 기본적인 예를 들어보자. Dam is John towards the walking. 이것은 아무 의미가 없다. 적절한 구조를 이루면 다음과 같이 된다. John is walking towards the dam.

여기서 우리는 현대 학문의 중요한 통찰력을 얻는다. 즉, 사람이 말하는 **것**(what)은 그것이 **어떻게**(how) 말해지는가에 상당히 의존한다는 것이다. 마샬 맥루한(Marshall McLuhan)의 책은 그의 유명한 격언, "매체는 메시지이다"[4]에서 절정에 이른다. 크래독은 이것을 다음과 같이 말한다.

> 사람이 어떻게 전달하는가 하는 것이 듣는 사람에게는 무엇을 전달하는가 하는 것으로 다가오는 것이다. 그러면 그들은 화자가 그 자신과 그의 본문, 그의 설교, 그의 회중, 그리고 세계에 대해서 생각하는 것이 무엇인지 매우 분명한 인상을 받는다. 매체가 메시지 자체(*the message*)는 아니라 하더라도 그것이 일종의 메시지(*a* message)라는 사실은 회피할 수 없다.[5]
>
> 설교를 작성하는 일과 설교의 형식에 세심한 주의를 기울이는 것은 필수적이다. 우리가 성경 본문에서 발견한 메시지 자체가 어떤 형식을 취한다. 성경 기자 또한 메시지를 효과적으로 전달하기 위한 관점에서 구조를 사용한 것이다. 성경 기자이든 설교자이든 복잡한 언어를 사용하는 사람은 누구든지 의식적으로 그것을 조직해야 한다.[6]

잘 짜여진 구조와 배열 그리고 형식은 설교의 청중을 위하여 매우 중

---

4) M. McLuhan, *The medium is the message*(1967); Thor Hall, *The future shape of preaching*, pp. 3~19; Walter J. Ong, *The presence of the Word*(1967).

5) F. B. Craddock, *As one without authority*, p. 145.

6) J. P. Louw, *A semantic discourse analysis of Romans*, Vol. II, pp. 3~31; P. J. Roscam Abbing, *Preadikantswerk*, p. 204.

요하다. 말의 선포는 순간적으로 일어난다. 낱말이나 문장은 일단 말해진 다음에는 사라져버린다. 기록되어 있는 본문처럼 돌아가서 그것을 다시 읽을 수 없으며, 테이프나 비디오 테이프처럼 재생해서 듣거나 볼 수 없다. 그러므로 잘 구성된 구조는 듣는 자가 메시지를 기억하고 이해하는 데 핵심적이라는 클러크(J. J de Klerk)의 주장은 옳은 말이다.[7] 구조는 기억을 위한 버팀목이다.

설교자도 구조를 필요로 한다. 그것은 그가 생각을 조직하고 불필요한 반복을 피하게 해준다. 그것은 그를 서두와 결론-특히 결론-에 붙잡아 매어준다. 그것은 그가 완전한 메시지를 분명하고 체계적으로 전달하여 듣는 자에게 적절한 영향력을 지니도록 해준다. 그것은 그가 자연스럽게 설교할 수 있게 한다. 설교의 **개요**(scheme)를 분명히 파악함으로써 설교의 연속성을 잃지 않게 되기 때문이다. 제 3장에서 필자는 완벽하게 씌어진 설교 원본을 강단에 들고 가지 않는 것이 낫다고 말했다. 주요 아이디어, 아마도 요점이 되는 말만을 담은 간단한 메모가 강단에서는 도움이 될 것이다. 왜냐하면 이것이 자연스러운 전달을 허용하기 때문이다. 여기가 바로 설교의 개요(scheme)가 중요한 문제로 대두되는 부분이다.

설교의 개요란 사실상 설교 주제의 전개 혹은 연속이다. 당신은 주제란 본문과 듣는 자의 상황을 통합한 산물로서 설정되는 것이라는 사실을 기억할 것이다. 주제를 설정할 때 설교자는 메시지와 본문의 의도 그리고 회중의 구체적인 상황을 해석적으로 통합해야 한다. 이러한 주제는 설교 안에서 중요한 사상으로 다듬어진다. 그것은 **본문 구조의 배열**과 그것의 의도를 관찰하면서 분명히 명시된 진행으로 전개된다. 그때 주제에 내포된 더 넓고 서로 관계 있는 복잡한 사상들이 차례로 배열된다. 설

---

7) J. J. de Klerk, *Predikantswerk*, p. 108.

교 과정에 대한 지침으로서 그러한 **뼈대**를 형성한 후에 설교자는 강단에 오를 준비가 된다. 그 **뼈대**는 완전히 언어화된 설교를 구성하는 데 채워질 틀을 마련한다. 그러나 그 구조는 단지 연속성에 **도움이 되는 것**이어야지 설교의 진행을 방해할 정도로 두드러진 것이어서는 안 된다.

보통, 사람과 마찬가지로 설교에서 골격이 보이는 것은 기형이나 영양실조의 표시이다. 설교의 진행은 설교의 효과에 너무나 중요하므로 진행을 방해하기보다는 촉진하는 구조가 제시되어야 한다.[8]

1. 설교 형식의 결정

설교자가 설교 안에서 주제를 전개시키려 할 때 그는 청중에게 본문의 의도를 가장 잘 전달할 수 있는 특정한 **형식**을 의식적으로 정해야 한다. 보통 설교 형식은 어린이를 위한 설교, 특별한 경우(장례식, 결혼식과 같은)를 위한 설교, 혹은 요리문답 설교와 같은 여러가지 형태를 나타내기 위하여 취해진다.[9] 그러나 전통적으로 서구 문화에서 모든 설교들은 그리스-로마 문화로부터 전해진 수사적 모델을 준수한다. 그러나 내가 설교 형식을 말할 때는, 그 안에서 메시지가 구성되고 언어로 표현되는 형식을 의미한다. 그것은 각기의 독특한 커뮤니케이션 특징을 가진 장르(논술, 내러티브, 시 등)와 형식의 문제이다. 그것은 설교가 억지로 주어진 형태로 빚어져야 한다는 것을 의미하지 않는다. 그것은 체계화일 것이다. 게다가 표현의 어떠한 형식도 최종적이거나 완벽한 것이 아니다. 화자는 살아 있는 자요, 활동적인 사람이요, 자라가는 인간이다. 그는 미래에 대

---

8) F .B. Craddock, 앞의 책, 145쪽.

9) F. Poggeler, *Konkrete verkundigung*, pp. 105 이하 참고; C. E. Fant, *Bonhoeffer: Worldly preaching*, pp. 161 이하 참고.

하여 열려 있다.[10] 그러므로 나의 목표는 메시지가 취할 수 있는 가능한 형식을 제시하고 각각의 독특한 커뮤니케이션 성격을 정의하는 것이다.

실제 연구를 실시한 결과, 분석된 설교의 99%가 본문-주제 형식이었음이 밝혀졌다(제 2장 참조). 왜 한 가지 형식만이 설교에서 복음 메시지를 전달하기 위하여 사용되는지 의아하지 않을 수 없다. 왜 본문-주제 형식을 설교의 기준으로 자동적으로 받아들이는가? 그 대답은 우리의 서구 문화와 지적인 전통에 있다. 스테펜 크라이트(Stephen Crites)는 사회의 표현 형식이 그 문화의 특성을 띤다고 말한다.

> …… 문화적 표현의 끊임없는 형식. 그것은 역사적 존재의 조건이다. 그것의 표현은 특정한 문화의 분명한 산물로 역사적 과정에서 형성된다.[11]

우리의 전통은 그리스-로마 문화에서 유래한다. 우리의 수사학은 고전 시대의 것에 뿌리를 둔다. 이러한 사고 방식에 의하면 진실은 전제나 진술로 단정되며 논리적으로 구체화되거나 증명된다. 그러므로 수사학의 형식은 논쟁적이다.

수사학의 아버지 아리스토텔레스는 적절하게 실증된 논쟁을 매우 중시하였다. 그는 수사학을 매 경우에 다른 사람을 확신시키는 논점을 확인하는 능력으로 정의했다.[12] 로마 시대에 키케로(Cicero)와 퀸틸리안(Quintilian)이 아리스토텔레스의 접근법을 발전시키고 확장시켰다.

초대 교회(2, 3세기)의 설교자들은 처음에는 고전 수사학의 영향력을 거부했다. 그들의 설교는 간단한 연설, 교훈의 형식을 취했다. 4세기 무

---

10) H. R. Müller-Schwefe, *Die praxis der verkundigung*, pp. 142 이하 참고.
11) S. Cretes, *The narrative quality of experience*, p. 291.
12) T. Hoekstra, *Gereformeerde homiletiek*, p. 34 참고.

렵 변화가 일어났다. 동부, 서부 교회의 설교자들이 수사학파에 참여하고 있었다. 크리소스톰(Chrysostom)과 어거스틴(Augustine) 같은 선두적인 인물들이 그리스-로마의 수사학의 이점을 지적하고 있었다. 자연히 부정적인 요소는 경감되고 긍정적인 요소들이 설교에 가치를 발휘하였다.13) 종교개혁 당시 멜랑히톤(Melanchthon)이 고전 수사학을 매우 좋아하였다. 개혁 설교의 아버지, 안드레아스 히페리우스(Andreas Hyperius)는 더욱 조심스러웠지만 여전히 구술 형식 설교의 기본적인 모델로 그것을 사용하였다. 이러한 노선이 우리 시대에도 계속된다. 근본적으로 오늘날 우리 나라에서 설교의 수사학적인 성격은 우리가 알다시피 고전 수사학에서 유래한 것이다.

이러한 설교 방식의 특징은 논쟁이다. 그것은 또한 우리 신학의 특징적인 방식이기도 하다. 사실, 우리 아이들은 어린 시절부터 학교에서 그들의 학과 문제를 다룰 때 논쟁 방식을 채택하도록 교육받았다. 학교와 대학에서 주어지는 모든 질문들은 이러한 방식으로 대답된다. 인류학에서도 그러하다.

미국 교회 역사는 이 점에서 흥미로운 발전을 보여준다. 내러티브 방식은 종교개혁 이후 영어권 교회 설교의 꾸준한 특징이다. 그러나 대각성 이후에 그것은 새로운 강조점으로 제시되었다. 스테판 크라이트(Stephen Crites)는 모든 경험이 내러티브 성격을 띤다고 생각한다. "나는 시간을 통한 경험의 정형적인 성격은 본래 이야기라고 주장하고 싶다."14) 청교도 전통의 정통적인 경향으로 인하여 종교 체험은 논쟁의 대상이 되었다. 종교 체험의 필요는 내러티브 방식을 다시 유포시켰다. 프린스톤 신학교의 토마스 롱(Thomas G. Long)은 미국 설교에서 요즘 내러티브를 강

---

13) 같은 책, 37쪽.
14) S. Crites, 앞의 책, 291쪽.

조하는 것은 세속화로 인한 신앙 체험 부족의 결과라고 말한다. 체험이 무시될 때마다 이 필요를 충족시키기 위하여 내러티브 설교가 나타난다. 이것에 관하여 게하르트 에벨링(Gerhard Ebeling)은 현재의 세속주의적 경향에 관하여 중요한 점을 지적하였다. 그는 "신학에서의 경험의 부족 (das Erfahrungdefizit in der Theologie)"[15]을 지칭하는 것이다. 유럽 교회의 정치 활동에 대한 충동에 대해 말하면서 그것은 체험을 덜 강조한 결과 일 수 있다는 제안을 한다.

앞서 말한 것으로부터 우리는 **논쟁과 체험** 둘 다 신앙과 설교와 신학 에 중요하다고 추론할 수 있다. 현대 신학자들이 성경에서 내러티브가 차지하는 범위를 발견한 것을 보면 이 점이 강조된다. 필자는 헤나우(E. Henau)의 말에 동의한다. "이야기 없이는 모든 체험이 불분명하다. 그리 고 체험은 이야기 언어로 그 자체를 표현한다. …… 이야기 없이는 신앙 의 언어도 들리지 않는다"(번역본). 그는 계속해서 다음과 같이 말한다.

> 물론, 이야기가 논쟁의 자리를 대신할 수 없다. 실로 이야기의 범위를 늘리기 위하여 논쟁을 희생하는 신학은 그것의 비판력을 상실하고 만 다. 논쟁의 중요성 때문에 이야기를 잊어버리는 신학은 그것의 체험적 기초를 상실할 것이다(번역본).[16]

우리가의 설교에서는 이 체험적 기초가 형식의 면에서 확실히 덜 강 조되고 있다.

우리가 **성경의 문학적 형식**을 살펴보면 여러 다양한 장르들이 있다는 것을 발견한다. 역사—비평적 주석이 이것을 분명히 해준다. 성경은 내러 티브, 비유, 전기, 서신, 시, 논쟁, 담화, 격언 그리고 성경 기자들이 메시

---

15) G. Ebeling, *Wort und Glaube, Dritter Band*, pp. 3~28.
16) E. Henau, *Inleiding tot de praktische homiletiek*, pp. 65, 66.

지를 전달하기 위하여 사용한 여러 가지 다른 문학 형식을 포함한다. 오래 전인 1958년에 그레이디 데이비스(H. Grady Davis)는 다음과 같이 관찰하였다. "우리 설교의 9/10가 말로하는 주석과 논쟁이다. 그러나 복음의 1/10도 주석이 아니다. 복음의 사상은 주로 내러티브 형식으로 되어 있다."[17] 루돌프 보렌(Rudolf Bohren)은 그의 『설교학원론』(*Predigtlehre*)의 몇 페이지를 성경 본문과 설교 형식에서 발견되는 여러 가지 형식에 할애한다. 그는 성경의 문학 장르가 설교자들로 하여금 설교의 형식을 다양하게 하도록 고무한다고 생각한다.[18] 크래독(F. B. Craddock)은 문제를 더욱 심도 있게 다룬다. 어떤 사람이 성경의 문학 형식에 관계없이 모든 본문을 설교의 본문-주제 형식으로 말한다면,

> …… 설교의 내용과 형식 간에는 내적인 갈등이 존재한다. 목회자는 그 갈등에 의해 심각한 영향을 받는다. 내용은 노래를 필요로 하지만 형식은 꽤 산문적이다. 메시지는 날개를 달았지만 구조는 발이 묶여 있다.[19]

그의 관점으로 볼 때 설교자들은 특정한 본문의 메시지의 본질에 더욱 민감해져야 하며 형식과 내용이 어울리는 설교 형식을 정해야 한다.

나는 크래독의 이러한 관점에 동의한다. 그것은 또한 언어학 연구에 의해 지지를 받는다. 의미는 형식과 내용의 일치를 통해서만 이루어진다.[20] 게다가 메시지의 의도 자체가 형식과 통일을 이룬다. 메시지가 우리에게 전달되는 형식은-그것이 내러티브이든, 담화나 시이든- 의도된

---

17) H. Grady Davis, *Design for preaching*, p. 157.
18) R. Bohren, *Predigtlehre*, pp. 135~141 참고.
19) F. B. Craddock, 앞의 책, 144쪽.
20) W. S. Vorster, *'n Ou boek in 'n nuwe wereld*, p. 13 참고.

메시지가 정확하고 가장 적합하게 전달되도록 함께 결정한다. 형식과 내용이 일치하면 형식은 메시지와 그 메시지가 추구한 목표를 전달하는 데 있어서 중요한 요인이 된다. 예를 들어, 시편은 어떤 분위기를 자아낸다. 그러므로 시편을 근거로 한 설교가 논쟁 형식이라면 본문의 목적이 좌절될 것이다. 분위기를 자아내는 위로의 시편을 택하여 논쟁으로 그것을 말할 수 있겠는가? 논쟁이 위로할 수 있는가?

이것에서 우리는 설교의 **형식**은 또한 **확실한 커뮤니케이션의 가치를** 지니고 있다고 결론지어야 한다. 그 관점은 켈러먼(J. S. Kellerman)의 논문에서 제기되었다. 그는 설교의 효과적인 커뮤니케이션은 바로 형식의 문제라고 지적하고 가장 적절하게 의사를 전달하기 위해서는, 특정한 주제에 대한 가장 적합한 형식을 찾는 것이 중요하다고 결론을 내리는데 이것은 전달되는 의미가 형식과 내용의 일치를 통해서 존재하기 때문이다.[21] 설교의 커뮤니케이션을 생각할 때 설교 형식의 선택은 중요한 면이며 설교 커뮤니케이션에서 분리할 수 없는 요소이다.

설교 형식과 관련하여 중요한 점은 **각 형식이 의사 전달의 독특한 방법을 지니고 있다**는 것이다. 이것은 아주 분명히 이해되어야 한다. 설교 형식을 선택할 때 설교자는 그가 특정한 청중에게서 성취하고자 하는 목적을 인식하고, 그 형식의 커뮤니케이션 본질에 주의를 기울여야 한다.

이 책에서 나는 네 가지 주요한 설교 형식만을 논의하고자 한다. 물론 다른 것들도 있지만 이것으로 회중을 향한 설교에 대한 일반적인 흐름에 충분할 것이라고 생각한다.

본문-주제 설교 형식(text-thematic sermon form)은 주로 청중을 설득

---

21) J. S. Kellerman, *Vormgewing van die prediking as kommunikasieprobleem*, pp. 44, 257; J. Firet, *Evangelische informatie via de media*, p. 15 참고.

하고 확신시키기 위해서 고안된 것이다. 청중은 논쟁과 증거에 의해서 설교자의 메시지에서 드러난 관점을 받아들이도록 설득된다. 그것은 마음과 뜻과 감정에 말한다. 이 목적을 위하여 여러 가지 수사학적 표현들—예시, 직유법, 은유법, 수사학적 질문들 등등—이 사용된다. 청중에게 호소력을 발휘하는 목적은 그를 설득하고 감동시키기 위해서이다. 설교 형식의 분류에서 브리짓 프랭크 뵈링거(Brigitte Frank Böhringer)는 설교를 각성, 호소, 설득을 말하는 개념인 "선동적 설교"[22]의 범주에 넣었다. 물론 본문—주제 설교는 위로와 격려와 권고를 주는 것 외에도 설명과 가르침에도 많은 관심을 갖는다. 그러나 그것의 참된 커뮤니케이션 능력은 설득과 각성, 호소에 있다.

내러티브 설교 형식은 매우 다른 방식으로 의사를 전달한다. 사람들의 진정한 경험—신앙 체험을 포함한—만이 이야기될 수 있다. 다스터펠드(Düsterfeld)는 우리 시대에 신앙 체험이 부족한 것을 대응하기 위하여 내러티브 설교 형식의 사용을 추구한다.[23] 이 설교 형식은 인간 경험을 전달하기 때문에 마음을 사로잡으며, 큰 영향력을 지닌 진리를 확신시키는 데 매우 적합하다. 구약성경은 하나님의 언약의 위대한 진리와 언약의 성취를 통한 구원 사역을 확신시키기 위하여 내러티브를 사용한다.[24] 더욱이 이 설교 형식은 특정한 인물과의 동일화를 통하여 의사를 전달한다.[25] 그것은 청중이 이야기에 의해 전달된 진리와 경험, 호소나 결정을 받아들일 것인지 스스로 결정할 자유를 남겨둔다. 바로 이러한 이유로 유럽인들이 이 설교 형식에 관심을 기울이기 시작했다. 1980년에 유럽

---

22) J. Müller, *Die homilie as wyse van eietydse prediking*, pp. 86~87.

23) P. Düsterfeld, *Predigt und kompetenz* 참고.

24) J. N. M. Wijngaards, *Communicating the Word of God*, pp. 82 이하 참고.

25) Thomas G. Long, *Narrative structure as applied to biblical preaching*, pp. 223~224 참고.

대륙에 있는 개혁주의 동료들과 함께 내러티브 형식을 논의했을 때 그들은 매우 부정적이거나 그것에 낯설어했다. 그러나 1984년 현재 그들은 이것에 꽤 관심을 갖고 있다. 에른스트 헤나우(Ernst Henau)는 어떤 권위적인 주장을 더 이상 받아들이지 않는 사회에서 내러티브는 뛰어난 커뮤니케이션 방편이라고 말한다. 이러한 이유로 내러티브 설교는 독일과 네덜란드 지역에서도(예를 들어, 어떤 카톨릭 회중들에서도) 꽤 잘 통용되고 있다.

초기 기독교 설교에서 널리 사용된 **교훈적 설교**(homily)는 주로 회화체였다. 그 방식은 단순하고 비정형적이었으며, 지나치게 조직적이지도 않고 그렇다고 전혀 조직되지 않은 것도 아니었다.[26] 어떤 사람은 그것의 두드러진 회화적 성격 때문에 그것을 강론이라고 부르는 것을 꺼릴 수도 있다. 피레(Firet)는 초대 교회의 단순한 설교를 다음과 같이 묘사한다.

> 성경이 읽혀질 때마다 어떤 사람은 그 읽은 것을 설명하고 그것을 관련시키면서 몇 가지 논평을 덧붙이곤 했다. 그러나 그는 유일한 화자가 아니었다. 회중의 무리로부터 더 나은 생각이나 반박의 형태로 설명과 기여를 위한 요청들이 있곤 했다.[27]

이와 같이 설교의 원래의 형태는 방식에서 대화적일 뿐만 아니라 설교자와 회중 간의 효과적인 대화였다. 이와 같이 그것은 독특한 커뮤니케이션 성격을 띄고 있으며, 논쟁적이거나 이야기도 아닌 대화를 목표로 하고 있었다.

시적 설교 형식은 앞의 세 가지 형식과는 완전히 다른 커뮤니케이션 영역을 제시한다. 시는 그 자체의 세계를 창출한다. 두 가지 세계로 말할

---

26) J. Müller, 앞의 책, 3, 4, 250쪽 참고.
27) J. Firet, *Sterft de preek?*, p. 151.

수 있는데, 실제나 산문의 세계와 시적인 세계이다.[28] 그로우브(Grové)
는 시의 세계를 상상의 땅이라고 부른다. 시는 여러 가지 익숙한 것들을
사용하여 새로운 세계를 만들어낸다. 이것은 다음과 같이 쉘리(Schelley)
가 묘사한 바와 같은 세계이다.

> 그는 지켜보리라. 새벽부터 어둠이 질 때까지
> 호수에 반사된 해가
> 담장이꽃 안의 노란 벌을 투영하는 것을,
> 그것들이 어떤 것인지를 주의도 않고 보지도 않는다.
> 그러나 이것으로부터 창조할 수 있다 그는
> 산 사람보다 더 진실한 형상들을,
> 영원불멸의 아이들을! [29]

쉘리의 시는 실재의 두 가지 영역을 언급한다. 한 영역에는 "노란 벌"
과 같은 원래의 일상적인 것들이 모여 살고 있고, 다른 영역에서는 이것
이 "영원불멸의 아이들"로 전환된다. 이러한 세계들 각각은 그 자체의
법이 있다. 한 세계에서 거짓된 것이 다른 세계에서는 뛰어난 진리를 불
러 일으킨다. 실제 세계에서는 적용할 수 있는 영역이 상상의 땅에서는
타당성을 잃고 만다.

시에서는 물질과 언어 모두가 바뀌고 재배열되어야 한다. 시인은 사
람들이 전에는 보지 못했던 방법으로 사물을 보도록 독립적이고 독특한
구성물을 만들어낼 때까지 배열하고 결합한다.[30]

그러므로 시는 우주적이고 보편적이고 영원한 세계를 다른 영역에서

---

28) M. Nijhoff, *Lees maar, er staat niet wat er staat*, pp. 10, 13; A. P. Grove, *Woord en wonder*, pp. 1, 2 참고.
29) A. P. Grové, 앞의 책, 2쪽에서 인용.
30) 같은 책, 5쪽.

일으킨다. 이것이 쉘리의 시가 말하는 것이다. 마르티누스 니호프 (Martinus Nijhoff)의 관찰에 의하면, 과학과 역사 분야에 있는 사람은 일상적인 사람들 사이에서 일상적인 것들을 다루지만, 시의 영역에서 사람은 다른 사람들 근처에 있지도 않다. 그는 우주적인 영역으로 옮겨진 것이다.[31] 시는 또한 인간의 내면적 자아를 탐구한다. "세익스피어는 인간 마음의 깊이를 드러낸다. 그의 당대의 사람들의 우주를 품는 통찰력이 미치는 만큼 깊이 연구하면서 말이다. 인간은 내적으로 더 긴 여행을 하지 않는다면 인간은 감히 세상에 나아가지 못할 것이다."[32]

그러므로 현명한 커뮤니케이션에는 시가 관련된다. 그것은 사람들이 전에는 보지 못했던 방법으로 사물을 보게 하는 식으로 사물을 결합시키면서 다른 세계들을 통합한다. 그것은 상상력을 자극하면서 관념 연상을 통하여 작용한다. 시적인 진술의 힘(그리고 은유적인 언급의 힘, 시는 은유에 의해 생생해지므로)[33]은 감정적인 측면에 있다. 그것은 듣는 자가 어떤 경험을 하며 **살고 있는** 그 세계를 열어준다. 노래와 같이 시는 인간 존재의 깊은 내면을 뒤흔든다. 그리고 시는 실재의 **경험**-어떤 감동, 경험, 진리, 삶의 이야기-을 전달한다.

우리는 또한 특정한 회중에게 특정한 설교를 하기 위한 특정한 형식의 **선택에 영향을 주는 요인들**을 생각해 보아야 한다.

첫 번째 매우 중요한 요인은 **본문의 성격**으로, 장르와 구조가 그것이다. 본문에 낯선 구조나 형식을 취하는 것은 확실히 어리석은 짓이다. 뮬러(B. A. Müller)가 지적했듯이 본문의 구조에 어울리지 않는 설교안은 본문을 방해할 수 있을 것이다. 그러므로 그는 주장하기를, 본문의 주석을

---

31) M. Nijhoff, 앞의 책, 14쪽.
32) 같은 책, 15쪽.
33) Lina Spies, *Ontmoetings*, p. 7 참고.

통하여 설교의 구조를 결정해야 한다는 것이다.[34] 필자는 이 말에 전적으로 동의한다.[35] 크래독(F. B. Craddock)은 "메시지[설교]의 형식과 정신은 본문의 형식과 그 정신에 어울려야 한다"[36]고 강하게 주장한다. 뮬러(J. C. Müller)는 그것을 명백하게 제시한다.

> 설교 형식을 결정할 때 본문의 성격이 결정적인 요인이다. 설교자가 어떤 동떨어진 종류, 그의 생각에 보편적으로 적용되는 설교 형식을 사용하기 시작하는 순간, 그는 본문을 조작하고 있는 것이다. 아무도 채석장과 같이 본문에 접근할 수 없다. 거기에서 그는 자신의 취향에 맞는 돌을 골라 자신의 끌로 깎을 것이다.[37]

최근의 저서에서 쉬츠(W. Schütz) 또한 이 관점에 접근한다.[38] 우리는 본문이 설교하는 것을 믿기 때문에, 본문의 형식과 내용은 모두 존중되어야 한다. 주석가들도 본문을 해석할 때 그것의 문학 형식을 설명한다. 다이스트(F. E. Deist)는 이것을 해석이나 설명의 규칙 제 1번으로 생각한다.[39] 그러므로 설교 형식을 결정할 때 설교자는 본문의 문학 형식을 참작해야 한다. 그것은 이야기인가, 논쟁적인가, 대화적인가, 아니면 시적인가? 설교가 그 상응하는 형식을 취할 수 있다면 단조로운 보통의 방식을 깨뜨리고 커뮤니케이션을 촉진시키는 신선하고 혁신적인 방법으로 메시지를 제시하는 데 도움이 될 것이다.

---

34) B. A. Müller, *Die eksegetiese onderbou van die struktuur van die prediking*, pp. 127, 129 참고.

35) *My sermon forms in Journal of Theology for Southern Africa* No. 36(September 1981) 참고.

36) F. B. Craddock, 앞의 책, 163쪽.

37) J. C. Müller, 앞의 책, 235쪽.

38) W. Schutz, *Problem der predigt*, p. 211.

39) F. E. Deist & J. J. Burden, *'n ABC van Bybeluitleg*, p. 7.

설교 형식의 선택에 영향을 주는 또 다른 중요한 요인은 **회중의 성격**이다. 설교자가 서로 다른 사회적 상황에 있는 회중들에 대해서 얼마간의 경험이 있다면 설교자는 회중들의 성격이 제각기 다르다는 사실을 알 것이다. 도시 지역의 교외에 사는 사람들은 대략 같은 사회 계층의 사람들로 이루어진다. 또 다른 한편으로서는 주로 회중이 광부들, 공장 노동자들, 시골 사람들로 이루어질 수도 있다.

바로 이러한 문제에 대하여 굉장히 흥미를 끄는 연구가 서독의 호르스트 알브레히트(Horst Albrecht)에 의해 실시되었다.[40] 알브레히트는 계층으로 분류하기에 적합한 서독 인구의 94%를 두 가지 넓은 계층, 즉 중간 계층과 하부 계층으로 나누었다. 중간 계층은 언어를 통한 커뮤니케이션이 필연적으로 따른다는 의미에서 지적인 종류의 직업을 가진 사람들, 즉 저널리스트, 교사, 보험 대리인, 은행 종사자, 관공서 관리 등등으로 이루어진다. 하부 계층은 육체적인 노동을 하는 사람들, 즉 수공업을 하는 사람들로 이루어진다. 하부 계층 출신들에서 추출된 표본에게 부분적으로 조직화된 인터뷰를 통하여 질문을 던졌다. 그들은 거의 교회에 나가거나 종교적 모임에 참여하지 않지만 많은 수가 텔레비전의 종교 프로그램을 시청하였다. 이러한 주제에 있어서 그 프로그램들의 **상징적인** 요소들이 주된 인기거리였다. 알브레히트가 발견한 사실에 따르면, 중간 계층은 정보적인 측면에서의 커뮤니케이션이 많은 반면, 하부 계층은 상징적 커뮤니케이션에 이끌린다는 점이다. 알브레히트의 관점으로 보면 하부 계층 상황에서의 커뮤니케이션은 설교가 이야기이거나 그것과 매우 관련되는 것일 때 더욱 효과적인 반면, 설교에서의 정보적 언어는 중간 계층의 회중에게 커뮤니케이션이 더욱 잘된다는 것이다.

---

40) H. Albrecht, *Arbeiter und symbol*(1982) 참고.

게르트 오토(Gert Otto)는 회중의 상황과 설교 언어에 상당한 주의를 기울인다. 『연설로서의 설교』(*Predigt als Rede*)에서 그는 듣는 자들의 상황이 설교 수사법의 전제가 된다고 단정한다.[41] 최근의 저서인 『설교는 어떻게 이루어지는가?』(*Wie entsteht eine Predigt?*) 에서 그는 듣는 자들의 상황을 깊이 있게 다룬다.[42] *Theologia Practica*(17, 1982)에서 그는 설교자들이 다시 한번 회중의 언어를 적절하게 고려하여, 설교의 메시지를 표현하는 언어의 다양한 형태에 더욱 민감해져야 한다고 주장한다.[43]

호르스트 알브레히트(Horst Albrecht)의 중요한 발견들과 설교학에서 거론되는 회중의 잠재 수용력에 대한 더 많은 통찰에 따르면, 설교 형식을 결정할 때 회중의 성격을 고려해야 한다는 점은 아주 본질적인 것이다. 여기서 물어야 할 질문은 다음과 같다. 이 특정한 회중에게 이 메시지를 가장 잘 전달해줄 형식은 무엇인가?

설교 형식의 선택에 영향을 주는 마지막 요인은 **설교자의 개성**이다. 나는 이미 설교자는 강단에서 자기 자신이 되어야 하며 그의 개성이 나타나게 해야 한다고 지적한 바 있다. 설교를 할 때 그의 개성은 스타일, 화술, 언어와 형식 등에 여지없이 새겨진다. 설교자들의 개성에 대한 연구에서 반 더 기스트(H. van der Geest)는 다음과 같이 그가 발견한 사실을 진술한다. "예배 의식과 설교에 대한 각각의 분석에서 나타난 뚜렷한 사실은 설교자의 구체적인 행동 양식과 그의 개성 사이에는 밀접한 관계가 있다는 것이다."[44] 벤터(H. J. P. Venter)도 마찬가지로 설교에는 설교자의 개성이 나타나고 그래서 그것을 인식할 수 있음을 발견하였다.[45]

---

41) G. Otto, *Predigt als rede*, pp. 50 이하 참고.
42) G. Otto, *Wie entsteht eine predigt?*, pp. 10 이하 참고.
43) G. Otto, *Predigt als sprache*, pp. 117~127 참고.
44) H. van der Geest, *Presence in the pulpit*, p. 143.
45) H. J. P. Venter, *Die prediker en die preekgebeure*, p. 7.

이와 같이 논쟁이나 이야기에 대한 설교자의 취향이나 시에 대한 친근감 같은 것이 그의 설교 형식의 선택에 영향을 미친다. 그러나 필자가 해외의 동료들 사이에서 발견한 사실은, 설교자들을 **가르쳐서** 그들이 다양한 설교 형식들을 사용하도록 하는 것이 가능하다는 데에 공감하고 있다는 것이다.

앞서 언급한 요인들 중 설교 형식을 결정하는 데 특별히 지배적인 역할을 하는 것이 있는가? 나의 견해로는 그 모든 요소가 지속적으로 중요하게 다루어져야 하며, 설교자는 특정의 설교 상황에 따라 의미있고 지적인 선택을 해야 한다고 본다. 근본적으로 중요한 것은 바로 본문의 **메시지**이며, 설교자는 그것이 회중의 마음에 전달되도록 최선을 다해야 한다.

하나의 문학 형식에서 다른 것으로 전환되어도 메시지는 여전히 효과적으로 전달되기도 한다. 세익스피어는 무용담과 중편 소설을 극으로 만들었다.[46] 그것은 전적으로 작가의 창의력에 달려 있다. 설교를 작성하는 것 또한 창작 과정이다.[47] 그러므로 설교의 형식은 본문의 형식을 고수해야 한다는 등 어느 하나의 특정한 구조를 고집하는 것은 어리석은 일일 것이다. 물론 가능하다면 본문 형식을 고수하는 것이 가장 좋을 것이다. 앞서 언급했듯이 이것이 아마도 본문을 가장 잘 전하는 길일 것이다. 더욱이 본문에서 설교로의 전환이 유기적이고 자발적인 방법으로 이루어짐으로서 본문의 형식과 내용이 함께 존중된다면 그것이야말로 진정한 본문 설교가 될 것이다.

독자들은, 필자가 단 하나의 표준적인 설교 형식보다는 더 넓은 영역에서의 가능성을 주목케 하려고 노력하고 있다는 점을 눈치 챘을 것이

---

46) R. Bohren, *Predegtlehre*, p. 141; P. J. Roscam Abbing, *Predikantswerk*, p. 224 참고.

47) G. Otto, *Wie entsteht eine predigt?*, p. 14; H. Arens, F. Richardt & J. Schulte, *Kreativitat und Predigtarbeit* 참고.

다. 필자는 이제까지 본문의 형식에 집착하는 하나의 설교 형식의 장점 들 뿐만 아니라, 또 다른 설교 형식을 채택할 가능성에 대해서도 지적해 왔다. 뮬러(J. C. Müller)는 다음과 같이 썼다.

그러므로 어떤 사람은 설교 형식이 메시지의 전달 효과에 결정적이지 않다고 결론내릴지도 모른다. 다른 요인들-설교의 화제, 그것의 관련 성, 설교자의 확신, 사상의 명료성과 전달의 단순함-이 설교 형식 자 체와 마찬가지로 메시지의 커뮤니케이션에 결정적일 것이다.[48]

설교형식을 선택할 때 설교자는-내가 제시했던 여러 가지 관점에 의 해 안내를 받을지라도- 일종의 자유를 가지고 있다. 근본적으로 말씀 사 건의 대리자인 성령을 통하여[49] 설교자는 성령의 자유 안에서 활동하는 것이다. 그러나 이것이 설교자와 회중이 단지 과거에 익숙했던 방법으로 전달하는 것에 대한 어떠한 구실이 되지는 못할 것이다. 설교자는 여러 다른 형식들을 사용하는 것을 배울 수 있고, 회중은 자신들의 어휘력 (*Spracherweiterung*)을 늘림으로써 도움이 될 수 있다.[50] 설교는 전적으로 본문에 묶여 있지 않음을 기억하라. 말씀 사건은 본문의 대행자를 통하 여 일어난다. 그가 그 사건의 방편이다. 사실상 우리가 설교하고 있는 것 은 그분 자신이 스스로 의사소통을 이루어내는 살아있는 분이다.[51]

이제 우리는 각 설교 형식을 차례로 고찰할 것이다. 어떠한 형식을 선 택하든지, 여러 가지 주석 단계를 충실하게 따라야 하며 본문의 메시지, 설교 목적과 설교 주제가 설정되어야 한다는 점을 기억하라. 또한 형식

---

48) J. C. Müller, 앞의 책, 210쪽
49) R. Bohren, 앞의 책, 139쪽 참고.
50) 같은 책, 131~135, 137~141쪽.
51) 같은 책, 142~144쪽.

이 일단 결정되면 설교개요가 그려져야 한다.

2. 본문-주제 설교

우리는 본문-주제 형식의 커뮤니케이션 능력은 설득과 각성과 호소에 있다는 것을 살펴보았다. 그러므로 이 설교 형식은 듣는 자들을 각성시키고 교훈이나 가르침, 혹은 권고와 같은 호소를 하기 위하여 고안된 논쟁적인 본문과 귀절에 매우 적합하다. 실제 설교에서 이 형식은 다양한 모습을 취할 수 있다. 피터 베일리(Peter Bayley)는 설득적이고 교훈적이라고 말한다.[52] 본문의 메시지와 설교 목적에 따라 본문-주제 설교는 설명의 형태를 취하거나, 교훈을 하거나, 위로의 목적으로 메시지를 토론하거나, 권고 또는 훈계하거나, 진술이나 진리를 증명하거나, 본문의 메시지를 다른 각도로 조명하여 전개하거나, 문제를 탐구하여 대답하거나, 정보를 제공하거나 설득하는 형태를 취할 수 있을 것이다.[53]

설교가 그 목적과 상황에 따라 매주일 형식을 달리할 수 있다는 사실은 가령 하나의 주제를 세 가지 제목 아래 다루는 것과 같이 오직 한 가지 설교 구조만을 사용하는 것을 방지한다. 중심 사상이나 목표는 같지만 그것이 전개되는 방법은 이번 설교와 다음의 설교에서 다양할 수 있는 것이다. 그러므로 토마스(J. Thomas)가 설교자 는 주일마다 특정한 주일날, 특정한 청중들을 대상으로 각 본문을 자유롭게 구성하는 창작의 자유를 가진다는 입장을 견지하는 것은 상당히 타당성이 있다.[54]

이것은 본문-주제 설교를 작성하기 위해서는 일종의 고정된 양식들

---

52) P. Bayley, *French pulpit oratory 1598~1650*, pp. 111~121 참고.
53) H. Grady Davis, *Design for preaching*, pp. 139~157 참고.
54) J. Thomas, *Homiletische hulplijnen*, pp. 112~118.

이 필요하다는 것을 부인하는 것이 아니다. 위에서 열거한 설교 방식들이 보여주는 바와 같이 그러한 다양한 양식이 사용될 수 있다. 그럼에도 불구하고 본문과 청중들의 상황을 적절히 고려하여 설교자는 이들 대안들 중에서 어떤 방식을 선택할 것인가 하는 창의적 자유를 발휘할 수 있어야 한다.

대중적 연설로서의 설교는 논리적 이어야 하며 어느 정도의 구조를 갖추어야 한다. 본문–주제 설교의 가장 **기초적인 구성 요건**은 그것이 시작과 중간과 끝을 갖추어야 한다는 것이다.[55] 이러한 것들에는 설교 주제에 대한 도입부, 설교 주제를 잘 다듬는 본체 혹은 중간 부분, 그리고 알맞은 결론이 따른다.

설교의 **도입부**는 매우 중요하다.[56] 설교자가 설교를 처음 시작할 때 회중은 그에게 주의를 집중하게 된다. 뮬러(J. C. Müller)는 실제 연구를 통하여 회중은 설교의 처음에 주의를 집중시키고, 중간 부분에서 집중력이 떨어지며, 끝 부분에서 다시 추스린다는 사실을 발견하였다.[57]

설교 도입부의 중요성에 대한 바르트의 견해와 몇몇 설교학자들의 회의적인 입장은 정당하지 않다.[58] 전체적으로 볼 때 도입부는 설교의 운명을 결정한다. 만일 설교자가 청중의 주의를 끌어들일 수 있다면 그 전쟁은 반쯤은 이긴 것이다. 설교의 성공은 도입부의 성공에 따라 결정된다. 그러므로 도입부에서 청중을 사로잡는 방법으로 설교에서 전달되어야 하는 주제–본문에서 하나님 말씀의 결정적인 테마–를 제시한다는 의미에서 훌륭한 도입부를 가지는 것이 중요하다. 그러므로 설교자는 주

---

55) 같은 책, 119~132쪽.

56) Ernst Lerle, *Die einleitung der predigt* 참고.

57) J. C. Müller, 앞의 책, 186~198쪽 참고.

58) Karl Barth, *Homilitik*, pp. 101~105는 서론을 생각하지 않는다. 논의를 위해서 다음을 참고하라. J. Thomas, *Homiletische hulplijnen*, p. 120; W. Schutz, *Probleme der predigt*, p. 217.

의를 흩뜨릴 수 있는 것은 생략하고 설교의 주제에 주의를 집중시켜야 한다.

도입부는 설교 커뮤니케이션 과정의 매우 중요한 부분이다. 그것은 단순한 서론이 아니라 그 과정에 절대 필요한 부분이다. 설교자와 회중 간에 존재하는 관계의 틀 안에서 이러한 특정한 설교에 관련한 접촉이 이루어진다. 그러므로 설교자의 태도가 중요하다. 그는 자신이 설교의 주제에 간여하고 있음을 느껴야 한다. 회중은 그것을 포착할 것이다. 더욱이 주제는 그것이 회중들에 관련있으며 그들을 위해 의도되었음을 느낄 정도로 도입부에서 제시되어야 한다. 또 다른 요인은 설교자와 회중 서로를 위한 호의와 그들에게 말해지는 말씀에 대한 호의이다.

본문의 주제와 듣는 자들의 상황으로부터 나아가서 설교자는 듣는 자들이 본문 주제와 동일시해야 한다는 의도로 그들에게 그것을 도입하면서 설교 주제를 말해야 한다.

이 목적을 성취하기 위하여 여러 가지 방법이 채택될 수 있을 것이다. 설교자는 듣는 자들이 직면하고 있는 특정한 문제를 주제로 택할 것이다. 그는 회중의 삶의 세계에 있는 어떤 사건이나 화제가 되고 있는 논점, 그들에 관련된 것이나 이목을 끌고 있는 것을 말할 것이다. 그는 본문의 어떤 관점이나 설교의 주제를 언급할 것이다. 때로 설교자는 예시, 일화, 이미지를 소개할 것이다. 그렇다면 그는 나중에 설교에서 그것을 살펴보고 적용하면서 똑같은 일화와 예시, 이미지를 재도입해야 한다. 듣는 자에게 일련의 예시와 이미지, 일화들을 설교를 통해서 퍼붓기보다는 단 하나의 확실한 예시를 드는 것이 좋다. 전자의 경우는 본문의 메시지를 분명히 하기보다는 오히려 흐리게 한다. 도입부는 항상 간명하고 단순하며 명료하고 목적이 있고 인상적인 것이어야 한다.

일생 동안 설교를 듣고 있었던 사람들에게 매 주일 설교해야 하는 목회자가 직면하는 주요한 문제는 그들이 복음에 관해서 알려진 모든 것을 알고 있다고 생각하는 것이다. 거기에는 더 이상 신선함이 없다. 그가 본문을 말할 때 회중은 그가 무엇을 말할지 이미 알고 있다고 생각한다. 그리하여 대부분이 관심을 꺼버린다. 불행히도, 제 2장에서 논의한 실제 연구에서 나타났듯이 사실상 대부분의 설교가 이렇게 판에 박힌 유형들이다. 커뮤니케이션 사건이 되기 위해서는 설교가 정보를 전해야 한다. 그것은 새로운 것이다. 좋은 소식은 모든 설교에서 신선함과 놀라움을 울려퍼지게 해야 한다. 배스틴은 도입부에서 사용될 어떤 것과 설교를 통하여 사람들이 익숙한 것을 새로운 방법으로 경험하게 하는 것을 '이질화(異質化)'라는 용어를 만들어 표현하였다.[59] 그것은 오래된 진리를 듣는 자에게 낯설고 새로운 것으로 다가가도록 제시하는 것을 의미한다. 그러므로 그 용어는 "생소하게 만들기"(alienation, 異化)를 의미한다. 배스틴은 아리스토텔레스 학파와 시극을 구분한 극작가인 베르톨트 브레히트(Bertolt Brecht)에게서 이 기술을 차용하였다. 그는 시극을 존재하는 관계를 재생시키는 것이 아니라 가능성을 보여주는 것으로—즉, 가상이 아니라 명상과 행동으로— 새로운 잇점을 도입하는 데 목표를 둔 것으로 보았다.[60] 브레히트는 현대인을 의사 전달자가 그 확신을 바꾸거나 흔들 수 없을 정도로 수많은 공리를 확신하고 있는 존재로 정의했다. 그러므로 그는 그것을 무너뜨리기 위해서 익숙한 것을 생소하게 하는 기술에 의지해야 한다.

　물론, 이 방법은 성경 기자들도 사용하였다. 배스틴은 예수께서 비유들, 특히 선한 사마리아인의 비유(눅 10:25~37)에서 그것을 사용한 것을 예시한다. 여기에서 이야기는 유대인 청중이 매를 맞고 길가에 누워 있

---

59) H. D. Bastian, *Verfremdung und Verkündigung. Gibt es eine Theologische Informationstheorie?; Verfremdung und verkündigung, in Handbuch der verkündigung.* Bd. I 참고.

60) E. Henau, 앞의 책, 62쪽.

는 유대인의 시각에서 지나가는 세 인물의 행동을 경험하도록 구성되어 있다. 동료를 어떻게 존중해야 하는가를 정확하게 안다고 믿었던 유대인 청중은 이제 다른 시각으로 그의 종족들의 행동을 보았다. 상처입은 여행자는 제사장과 레위인의 행동을 비인간적인 것으로 경험하지 않을 수 없었다. 그리고 청중은 이 시각으로 그것을 관찰한다. 이것은 눈을 뜨는 사건이었다. 동포이자 같은 종교를 가진 사람이 최상의 계명을 무시한 것이다. 그뿐만 아니라 유대인 청중은 또한 상처받은 사람의 시각으로, 그가 아무것도 기대하지 않았지만 그의 도움이 되기 위하여 와준 사람인 사마리아인의 행동을 경험한다. 유대인의 귀에 이것은 일종의 도발이다. "이웃"이라는 개념이 그것을 둘러싼 평범한 용어에서 들어올려져서 익숙한 것이 새로운 상황에 놓인다(alienation). 현대의 청중들은 지나친 익숙함으로 말미암아 이러한 생소함의 효과를 다시 상실하게 되었다. 그러므로 우리는 새로운 생소함을 고안해야 할 것이다.

생소함(alienation)과 혁신(innovation)은 익숙한 진리와 연관되어 작용한다는 것을 기억하라. 그 목적은 익숙하게 받아들인 것을 전복시키는 것이 아니라 그것의 진리를 인상적인 방법으로 신선하게 나타내는 것이다. 생소하게 함은 생기를 회복시키는 전통의 방법이다. 정보처럼 그것은 놀라운 것과 익숙한 것을 혼합한 것이다. 그러므로 신중하게 다루어야 한다. 생소하게 하는 것은 듣는 자들이 성경에 능통하지 않으면 사용할 수 없다. 그것을 적용한 뛰어난 예는 세리와 바리새인의 비유에 관한 헬무트 틸리케의 설교이다.[61] 익숙함을 바탕으로 생소하게 함은 익숙한 주제에 관한 일종의 "다른 시각"으로 적용됨으로써 그것을 한 번 더 감동되기 쉬운 것으로 만든다.

---

61) H. Thielicke, The waiting father. Sermons on the parables of Jesus, pp. 126 이하 참고.

설교의 본체는 일반적으로 설교 주제가 잘 다듬어지고 본문-주제 형식으로 전개되는 부분이다. 여기서의 주요 원리는 제기된 논점들-본문의 주요 논점-이 근본적으로 본문에서 나와야 한다는 것이다. 모든 가능한 부분에서 본문은 설교의 구조를 결정해야 한다. 이것은 우리가 본문의 자료에 어떤 고정적이고 인위적인 구조를 설정하지 못하게 한다. 그럼에도 불구하고 설교자는 다른 본문의 자료에 적합한 여러 가지 구조의 선택안들을 가진다.

주제는 여러 가지 **부분**들로 나누어질 것이다. 그리고 그 부분들은 여러 가지 다른 각도로 주제를 명백히 할 것이다. 모든 부분은 선포를 반영하는 단 하나의 문장으로 형성되어야 한다. 그리고 이 문장들은 여러 부분의 제목으로 사용될 것이다.

구조는 논리적 순서를 준수해야 할 것이다. 설교 본체의 부분들은 중요도에 따라 서로를 뒤따른다. 전체 주제의 가장 중요한 점이 끝에 제시될 때 그것은 절정에 이른다. 그러한 구조는 미결정 상태를 유지하여 점점 절정에 이르도록 하는 데 도움이 된다.

이른바 구조의 연역적인 순서는 일반적인 진리나 진술로부터 특정한 진리로 나아간다. 크래독은 이렇게 널리 수용되는 형식을 반대하고, 특정하고 구체적인 것에서 일반적인 것으로 나아가는 귀납적인 순서를 선호한다. 구체적인 것은 회중의 삶의 세계에서 나온 실제 상황이어야 한다.[62] 구조의 또 다른 순서는 회중의 실제 삶의 문제나 본문의 어떤 논점에 의해서 야기된 구체적인 일련의 질문을 추구하는 것이다. 설교는 해답을 찾는 것으로 구성된다. 지금까지 있어왔고 또 여전히 주어지는 잘

---

62) F. B. Craddock, *As one without authority*; E. Henau, 앞의 책, 89~90쪽; R. C. Hoefler, *Creative Preaching and oral writing*, pp. 45~80; W. Trillhaas, *Evangelische predigtlehre*, pp. 126~134; R. F. Verderber, *The challenge of effective speaking*, pp. 49~68; D. M. Walter & R. L. Scott, *Thinking and speaking*, pp. 61~92 참고.

못된 해답을 언급하고 반박할지도 모른다. 결론은 이제 막 도달한 해결책을 강화해야 한다.

출발점이 이미지라면 그 순서는 꾸준하게 넓어지는 원형이 될 것이다. 본문과 관련하여 이미지가 전개되고 그 후에 또 이미지로 돌아가며, 더욱 다듬어진 다음 또다시 이미지로 돌아간다. 이렇게 점점 넓어지는 원의 중심(이미지)으로 계속해서 돌아감으로써 주제의 진리가 발전되고, 전개되며 예시된다.

주제, 문제나 설교의 화제에 대한 다른 관점들은 이러한 관점들을 나란히 놓고 그들을 밝히는 구조의 방법으로 제시될 것이다. 궁극적으로 주제나 문제는 다른 각도나 관점으로 그것에 접근함으로써 설명된다.

설교 주제는 또한 앞선 구조의 각각의 특징들을 이용하여 설교의 본체에서 전개될 것이다. 설교를 구성할 때 본문의 위치를 침해하지 않고 그것의 의미를 밝히고 설명하는 데 주의를 기울여야 한다.

설교의 본체는 청취자들을 집중시키기 위하여 점점 고조되는 분위기로 구성되어야 하며 미결정 상태를 유지해야 한다. 설교자는 청취자들로 하여금 그를 따라오도록 해야 한다. 설교의 중반부에서 주의력이 흩어진다는 뮐러의 발견에 의하면 구조는 청취자의 관심을 보유하는 방법으로 이루어져야 한다. 불필요한 반복은 분명히 적합하지 않다.

전달하기 위하여 설교를 작성할 때 설교자는 구조적 골격에 낱말과 문장을 덧붙여야 한다. 그가 지닌 사상을 전달하기 위하여 그는 언어의 도구, 즉 어휘, 은유법이나 이미지, 비유나 이야기, 예시들을 마음껏 사용해야 한다.

설교자의 어휘력이 중요하다. 그것은 논의 중인 화제에 적절할 뿐만 아니라 청중이 알아들을 수 있는 것, 진실한 것일 뿐 아니라 커뮤니케이션이 잘 되는 것, 순수할 뿐 아니라 명료한 것으로 선택해야 한다.[63] 그러므로 그는 의미를 효과적으로 전달하고 또 동시에 청중들에게 분명하고 익숙한 낱말들을 선택해야 한다.

우리의 어휘는 강하고 약한 낱말들로 이루어진다. 강한 것은 명사와 동사로서 주로 의미를 전달한다. 명사는 사물과 사상의 명칭으로서 구체적인 실체를 표현한다. 동사는 움직이는 낱말로서 행동을 표현한다. 선택되는 명사들은 가능한 한 구체적이고 일상적인 것이어야 하고 동사는 행동을 표현하기 위하여 선택되어야 한다. 형용사와 부사는 의미를 전달하지는 않지만 말을 꾸미고 분명하게 묘사하기 위하여 사용된다. 그것들은 명사와 동사를 돕고 상세히 설명한다. 문어체에서 그것들은 읽는 것을 즐겁게 해주는 꾸밈말의 역할을 하고, 구어체에서는 안달나게 하고 주의를 산만하게 할지도 모른다. 그러므로 형용사와 부사는 주의 깊게 선택하고 아껴서 사용해야 한다.

강하고 명료한 언어로 표현된 짧고 간단한 문장이 설교의 구어체 수사법에 가장 좋다. 그러므로 우리는 청취자들의 주의를 끌고 청취자들을 향하여 말하며 그들을 고무시키고 감동시키는 구체적인 낱말과 표현들을 선택해야 한다. 설교를 말로 표현하는 것은 저절로 되는 일이 아니다. 그것은 본문을 해석할 때와 마찬가지로 많은 시간과 노력을 필요로 한다. 대부분의 설교자들은 일단 본문에서 메시지를 힘들여 얻으면 설교 작성의 전쟁에서 이긴 것으로 잘못 생각한다. 제 2장에 기록되어 있는 실제 연구는 설교의 주요 문제점이 주석이 아니라 특정한 회중의 실제 삶의 상황에서의 언어적 표현과 커뮤니케이션임을 보여주고 있다. 연구된 설교의 82.9%가 주석적으로 매우 성경적이지만 이들 설교의 38.1%

---

63) P. J. Roscam Abbing, *Predikantswerk*, p. 198; E. Henau, 앞의 책, 39~43쪽; H. Jonker, *Theologische praxis*, pp. 321~324; R. C. Hoefler, 앞의 책, 90~151쪽; W. Trillhaas, 앞의 책, 135~149쪽; R. F. Verderber, 앞의 책, 71~87쪽; G. E. Harris, *The sermon as a written artform*, pp. 69~96 참고.

만이 회중의 상황을 설명하고 있다. 우리는 설교자들이 회중의 상황을 잘 알아서 이 지식을 그들의 설교에 통합해야 한다고 지적했다. 이 과정에서 언어적 표현이 결정적인 요인이다.

은유법은 신앙적인 진리들을 구체적이고 알기 쉽게 전달하는 데 중요한 도움이 된다. 그들은 이미지와 상징과 비슷하며 비교나 유사성에 기초한 간접적인 비유법이다. 그것은 실제적인 것에 이미지를 대체하거나 비교되는 두 가지 사물 간의 유사성을 제안한다. 은유법의 예로 "돌의 마음"이라는 표현이 있을 것이다. 그것은 낱말이나 개념의 실례를 제시한다. 그것은 지각적인 것과 관련된다. 그것은 연상을 통하여 청중이 의도된 개념이나 사상을 "인식하고" 이해할 수 있는 방법으로 지각 이미지에 의해서 그의 상상력 속에 있는 추상적인 물질을 나타낸다. 누군가가 하나님과 인간 경험과 개념을 훨씬 초월하는 방대한 영적인 실체에 관해서 말할 때 그에게는 방대한 거리를 줄이고 그것에 관한 커뮤니케이션을 할 수 있는 언어가 필요하다. 구체적인 이미지가 추상 개념을 알기 쉽고 이해하기 쉬운 것으로 만든다. 예를 들어, 세익스피어가 은유법을 사용한 것을 관찰해 보라.

> …… 나의 풋나기 시절
> 그때 나는 싱싱한 판단을 했다 ……
> (… my salad days
> when I was green in judgement …)[64]

알레스테어 캠벨(Alastair Campbell)은 신학과 종교는 정확한 과학적인 언어로 쉽게 적용되지 않는다고 생각한다. 목회 활동에서-그리고 필자

---

64) S. TeSelle, *Speaking in parables*, p. 4의 인용.

의 생각으로는 이것이 설교에도 적용된다- 우리는 "직관적으로는 파악이 되지만 논리적 분석에는 반대되는 인간적인 노력으로" 해야 한다.[65] 은유법과 이미지에 관해서 그는 다음과 같이 쓴다.

> 이미지들은 성격상 제일 감각적이다. 그것은 시각적 자극에 대한 우리의 반응에 직접적으로 호소하기 때문이다. …… 이미지들은 단순한 모방보다 훨씬 강한 힘을 가진다. 그들은 원래의 경험에서 대부분 간과되기 쉬운 관념 연상들을 불러 일으킨다.[66]

그는 휴일날 찍은 스냅사진과 참으로 훌륭한 화가가 같은 장면을 그린 그림의 예를 인용한다. 스냅 사진은 그 특정한 휴일에 왔던 사람들을 연상시킬 것이다. 그러나 이것은 극히 개인적이다. 한편, 그림은 성격상 은유적이다.

> …… 그림은 더 깊고 더 보편적인 연상을 불러 일으키는 힘이 있다. 그림은 원래의 장면을 간단하게 재현함으로써 그것을 다른 방법으로 나타낸다. 그것은 사람들의 "눈을 뜨게 하여" 그렇지 않으면 놓쳤을 빛과 형태와 색깔의 특징들에 반응할 수 있게 한다. 그것은 그 안에 반응을 불러 일으켜서 그가 "아름다움"이나 "청명함" 또는 "깊음"과 같은 애매한 낱말들을 묘사할 수 있게 한다. 더욱이 그림은 원래의 장면을 보지 못했던 사람들에게서 그러한 반응들을 불러 일으키는 힘이 있다.[67]

은유법은 사상을 구체적이고 알기 쉽게 전달하기 위한 가장 기본적인

---

65) A. V. Campbell, *Rediscovering pastoral care*, p. 18.
66) 같은 책, 19쪽.
67) 같은 책, 20쪽.

도구이다.[68] 그것은 언어를 유연하고 생생하게 만들며 사상을 이해하기 쉽게 받아들이도록 해주는 관념 연상들을 불러 일으킨다. 그러므로 우리는 청중들의 실제 삶과 경험에 연관이 있는 비유법과 이미지를 사용해야 한다. 즉, 우리의 말이 실제 삶의 모습을 지녀야 한다. 성경은 그러한 이미지와 비유들로 가득하다. 하늘 나라에 대한 예수님의 여러 가지 이미지를 생각해 보라. 집 주인, 왕, 겨자씨, 누룩. 그러한 이미지들은 추상적이고 영적인 실체를 인간 경험의 범위 안으로 끌어들인다. 비유법에서 "……같이"라는 말이 나타날 때 그것은 비교나 직유법이다. 말하자면 전달되는 사상이 청중들에게 익숙한 것에 비유되는 것이다.

상징들도 유사한 기능을 한다. 그것은 언어적 표현인데[69] 그것의 주요한 기능은 더 큰 실체를 말하거나 상기시키는 것이다.[70] 상징들은 우리가 다른 존재, 하나님과 영적인 세계를 언급하는 데 도움이 된다.

> 우리는 그 큰 실체의 부분을 형성한다. 그리하여 우리는 많은 것을 안다. 그러나 얼마나 어느 정도까지 아는가? 그것에 대한 낱말을 거의 발견할 수 없다. 우리는 이 위대한 실체와 어느 정도의 관계를 가지고 있으며 상징들이 우리가 그 관계에 형태를 부여하고, 그것을 묘사하며 그것으로 향하는 우리의 길을 발견하는 데 도움이 된다.[71]

호르스트 알브레히트(Horst Albrecht)의 연구는 상징적으로 어떤 대상을 지칭하는 언어 구사가 서독 사회의 하부 계층을 상대로 한 설교에서 매우 잘 전달된다는 것을 보여주었다. 우리는 설교를 언어로 표현할 때

---

68) S. McFaque, *Metaphorical theology*, p. 35 참고.
69) Jos Zwetsloot, *De taal van symbolen*, p. 8 참고.
70) 같은 책.
71) 같은 책.

이 점에 주의를 기울여야 한다.

그림(graphic) 언어는 설교를 생생하게 한다. 아니 오히려 그림 언어로 인해서 설교가 살아난다. 은유법, 상징, 직유법 등 모두가 사상을 실제적으로 예시하는 데 도움이 된다. 헤나우는 현대인이 이미지에 굶주리고 있다는 것에 주목하였다.[72] 전달을 잘 하기 위하여 설교를 표현하는 데에는 그림(graphic) 언어가 필수적이다. 그러므로 설교의 예시는 쉬운 낱말 용법, 은유법, 상징과 직유법을 포함하는 그림 언어의 단순한 예이다. "직유법, 은유법, 비교법—이 모든 것이 예시이다."[73]

그러므로 "설교 예시"와 같은 것은 없다. 예시는 식물에서 싹이 나듯이 자연스럽게 사상에서 발아하여 그것의 유기적인 부분을 형성한다. 그것은 인공적으로 접붙여지지 않는다. 간접적인 일화, 꾸며낸 이야기, 일어났다고 전해들은 사건들은 좋은 예시가 되지 못한다. 가장 적합한 예시는 설교자와 회중의 삶의 세계의 부분인 실제 경험이다. 특정한 회중의 구체적인 상황에서 나온 은유법과 상징, 직유법이 사상을 구체적으로 나타내기 위하여 사상에서 자연스럽게 발아하는 새싹이다.

뮬러(J. C. Müller)는 설교의 결론 중에 설교자는 다시 한번 회중의 주의를 완전히 끌어야 한다고 주장했다. 수사학적으로도 결론은 중요하다.[74] 그것은 도입부 만큼이나 중요하다. 어떤 강론이든지 끝맺는 말은 중요한 것이다. 그것은 청중의 마음에 결정적인 인상을 남기며 청중의 태도를 결정한다. 종종 강력한 결론이 빈약한 설교를 회복시킬 수 있으며 반면에 빈약한 결론이 훌륭한 설교를 약화시킬 수도 있다. 결론은 증거 혹은 총 결산이다. 그러므로 설교자는 그것을 매우 주의 깊게 다루어야 한다.

---

72) E. Henau, *Praktische homiletiek*, p. 87.

73) H. Grady Davis, 앞의 책, 254쪽.

74) 결론으로 다음을 참고하라. H. Grady Davis, 앞의 책, 192~201쪽; E. Henau, 앞의 책, 91쪽; P. J. Roscam Abbing, 앞의 책, 205~207쪽.

마지막에 오는 올바른 낱말이 바람직한 결과를 가져온다. 그러므로 그것을 미리 구성해야 한다.

설교는 정당한 시간에 적절한 방법으로 결론을 맺어야 한다. 말로 하는 담화에는 진행이 있다. 그것에는 처음이 있고 확고한 계속성을 유지하며 적당한 순간에 끝을 맺어야 한다. 끝에는 많은 것을 반복할 시간이 없다. 그것은 간명하고 예리해야 하며, 몇 가지 쉽게 작성된 문장 속에 담겨져야 한다.

좋은 결론은 다음 형식들 중 하나를 취한다. 그리고 여기로부터 다양한 변형을 시도해보는 것은 좋은 연습이 된다.

어떤 사람은 전체 메시지를 짧게 요약할 수 있을 것이다. 그것은 반복이 아니라 핵심만을 선명하게 압축하는 것이어야 함을 주의하라. "그것을 말한 후 그 관점이 더욱 완전해져야 하며 그 전에 어떤 시점보다도 더욱 깊은 의미를 지녀야 한다."[75] 그러므로 설교자는 적용을 끝까지 남겨두어서는 안 되며 그것을 결론으로 만들어야 한다. 설교에서 주석과 적용은 하나이므로 중간 부분이나 본체에 속한다. 결론은 단지 간결한 요약이므로 새로운 어떤 사상을 도입해서는 안된다.

결론은 또한 회중의 삶에 호소하는 형식을 취하여 어떤 결정에 이르도록 권고할 수 있다. 이런 경우에 설교는 회중이 나가서 행동하도록, 사실상 말씀의 요구에 따라 **살도록** 호소하는 것이다. 이러한 호소는 설교의 전체 구성에 걸쳐 울려 퍼져야 하지만, 결론에 이르서는 그 절정에 도달해서 청중들이 어떤 결정으로 나아가도록 해야 한다.

다른 한편으로 결론은 그리스도에게 복종하도록 부르거나, 혹은 성경 말씀에 계시된 새로운 행동 방식으로서 적극적인 행위를 하도록 이끄는 초청이 될 수 있다. 결론은 어떤 경고를 포함하기도 하지만, 그러한 경우

---

75) H. Grady Davis, 앞의 책, 192쪽.

경고는 청중이 그 초청에서 포함된 약속들을 기꺼이 받아들이도록 작용해야 한다.

결론은 또한 청중의 실제 삶에 대한 그 메시지의 집중이나 초점이어야 한다. 그것이 함축하고 있는 것들이 청중의 삶의 상황에 직접적으로 향하도록 유도되어야 한다. 그 결론을 구체적으로 만들기 위해서 단 하나의 이슈만을 선택하는 것도 좋다.

결론은 또한 열려 있어서 청중이 자유롭게 스스로 사고 훈련을 계속하여 자기 자신의 결정에 이르도록 하는 것이다. 이것은 최종적인 질문이나 생각을 제시하고 자극하는 말에 의해 성취될 수 있을 것이다. 그것은 청중이 바다에 남겨지는 것을 의미하는 것이 아니라 결정의 가장자리로 가서 혼자 남겨지는 것이다. 이것은 예수께서 부자 청년에게 행하셨던 방법이다. 그분은 결정의 지점에까지 그를 데리고 가서 그에게 모든 것을 맡겼다(마 19:16~22).

결론은 절정의 형태를 취해야 한다. 그래서 영광의 찬가로, 성경으로부터, 찬송가로부터, 혹은 우리 문학의 유산으로부터 인상적인 문구를 인용함으로 끝을 맺을 수도 있다.

그러므로 좋은 결론은 간결하고 강력하다. 새로운 사상을 도입하는 것이 아니다. 설교의 나머지 부분과 메시지에 통합되는 것이다. 메시지로부터 나아가서 그것을 구체화하고 초점을 맞추며 종결시키는 것이다. 그것은 개인적이며 구체적인 것이다. 그리고 그것은 결정과 결단, 그리고 새로운 행동으로 이끈다. 결론은 미리 공표되어서는 안 된다. 그것은 청중이 결론에 몰입해 들어가는 것을 방해하고 어떤 사람들에게는 일찌감치 관심을 꺼버리게 하는 원인이 되기도 한다. 한편 설교는 제 시간에 끝나야 한다. 설교자는 반드시 너무 오랫동안 설교를 계속하지 않도록 해야 한다. 훌륭한 수사법과 신학적 원리에 따른 준비는 설교가 지나치게 길지 않도록 보장해주며 그것의 메시지를 20분 정도의 적당한 시간에 요점적으로 강력하게 전달할 것이다.

이제 **본문–주제 설교 형식의 예**로서 더글라스 백스(Douglas Bax)의 설교 전문을 보기로 하자.[76]

"거룩과 세속성"

"너희가 하나님의 성전인 것과 하나님의 성령이 너희 안에 거하시는 것을 알지 못하느뇨 누구든지 하나님의 성전을 더럽히면 하나님이 그 사람을 멸하시리라 하나님의 성전은 거룩하니 너희도 그러하니라"(고전 3:16, 17).

서론

오늘 아침, 브라이언과 다이 주교가 우리에게 긴급 상황 아래 동부 케이프에서 일어난 사건들을 보고하러 왔습니다. 나는 그들에게 홀에서 차를 마시면서 말하기보다는 교회 건물 내에서 말해달라고 요청했습니다. 왜냐하면 그때 여러분들 대부분이 남아 있으므로 가능한 한 많은 사람들이 그들이 말하는 것을 듣는 것이 중요했기 때문입니다.

그러나 여러분들 중 몇몇은 교회에서 이러한 일을 하는 것을 좋아하지 않았습니다. 몇몇 사람들은 교회 건물에서 정치적인 논점에 관한 보고를 하는 것은 적절하지 않다고 생각합니다. 누군가가 와서 내게 제시했듯이 우리는 성전에서 세속적인 것을 논하면 세속적인 것과 거룩한 것을 혼동할 것 입니다. 결국, 이 교회는 우리가 예배하는 장소입니다. 그러한 의미에서 이곳은 우리에게 거룩한 장소입니다. 우리는 이곳을 기도

---

76) *Journal of Theology for Southern Africa*, No. 53, December 1985, pp. 54~60.

의 분위기로 충만한 곳으로 생각하고 싶습니다. 이곳은 우리에게 거룩한 추억들로 가득합니다. 우리는 특별히 우리에게 축복이 되었던 예배들을 기억합니다. 아마 우리는 여기에서 그리스도께로 돌아왔을지도 모릅니다. 우리들 중 몇몇 사람은 여기에서 결혼을 했고 우리 자녀들 몇몇은 여기에서 세례를 받았고 우리 모두는 이 탁자에 둘러서서 성찬을 나누었습니다. ……

그러므로 오늘 아침, 거룩함과 세속성의 전체적인 문제를 성경에 비추어 생각해보고자 합니다.

거룩한 장소들

구약성경에서 우리는 이스라엘 백성들이 그들의 종교 의식에서 매우 중요하게 생각했던 거룩한 장소들이 있었음을 발견합니다. 예를 들면,

(i) 브엘세바가 있었습니다. 그곳에서 주님은 이삭에게 나타나셔서 일찍이 그의 아버지 아브라함과 맺었던 언약과 아브라함의 자손들을 축복하고 수를 많게 하여 결국에는 세상 만국이 복을 받을 것이라는 약속을 재확인하셨습니다(창 26:23 이하).

(ii) 벧엘이 있었습니다. 그곳에서 야곱은 그 유명한 꿈을 꿉니다. 그는 여행중에 돌을 베개삼아 누워 잠을 잤습니다. 잠을 자는 중에 그는 거대한 계단이 하늘까지 닿았고 그 계단 위에는 하나님의 천사들이 오르락내리락 하는 것을 보았습니다. 그가 잠에서 깨어 외쳤습니다. "여호와께서 과연 여기 계시거늘 내가 알지 못하였도다 두렵도다 이곳이여 다른 것이 아니라 이는 하나님의 전이요 이는 하늘의 문이로다"(창 28:16, 17). 그리고 성경은 우리에게 말해주길 그가 그곳을 벧엘이라고 이름을 지었다고 합니다. 벧엘은 히브리말로 "하나님의 집"을 의미합니다. 브엘세바에서처럼 벧엘에서도 마침내 성소가 세워져서 사람들이 원근 각처에서 그곳으로 예배드리러 왔습니다.

(iii) 또한 이스라엘 사람들이 성소를 세웠던 다른 거룩한 장소들이 있었습니다. 이들 중 가장 잘 알려진 곳은 물론 예루살렘의 시온 산입니다. 그곳에 그들은 가장 유명한 성전을 세웠습니다. 역대기에 의하면 하나님은 다윗이 예루살렘에 성전을 짓는 것을 허락하지 않으셨습니다. 그는 너무나 많은 전쟁을 치루었고 너무 많은 피를 흘렸기 때문입니다. 그는 성전을 지을 만큼 거룩하지 못했던 것입니다. 이스라엘은 그의 아들, 솔로몬이 왕이 되어 성전을 지을 때까지 기다려야 했습니다. 솔로몬은 성전이 거룩한 장소, 즉 성전 끝 휘장 뒤에 지성소, 옛 번역이 그것을 칭하기를 "거룩함 중의 거룩한 장소"를 두는 방법으로 성전을 설계하였습니다. 여기에서 하나님께서 특별히 임재하셨습니다. 그리하여 솔로몬이 건축을 끝냈을 때 그는 다음과 같은 기도로 그것을 봉헌하였습니다. "여호와 하나님이여 일어나 들어가사…… 주의 평안한 처소에 계시옵소서"(대하 6:41).

이후, 기원전 7세기에 위대한 유대의 왕, 요시아는 성전을 유대인들이 의식과 희생 제물로 회중과 함께 예배하는 유일하게 거룩한 장소가 되도록 명령하기도 하였습니다. 그는 가나안 신전이 있었으며 그곳에서 이스라엘 백성들이 계속해서 예배 의식을 거행했던 산들에 있는 모든 거룩한 장소들을 금지하였습니다. 왜냐하면 그들이 주님이신 여호와를 예배했던 이들 장소에서 고대 이교적 가나안의 몇몇 관습들이 이들 장소와 관련되어 있었으며 때로는 가나안의 신들을 예배하기도 하였기 때문입니다. 그러므로 요시아는 유대인들은 예루살렘 성전에서만 예배를 드리도록 법을 제정하였습니다.

여러분은 "내가 산을 향하여 눈을 들리라"로 시작하는 시편을 아십니까? 흠정역은 다음과 같은 말을 덧붙입니다. "거기서부터 나의 도움이 온다." 여러분이 현대역에서 보듯이 이것은 부정확한 번역임을 오늘날 우리는 압니다. 이 말은 질문의 형태로 되어야 합니다. "나의 도움이 어디에서 오는가?” 시편 기자는 묻고 있습니다. “나의 도움은 온갖 고대 종교 신전이 서 있는 산에 있는 거룩한 장소에서 오는가?” 그리고 그는 대답합니다. “아니다. 나의 도움은 천지를 지으신 주님, 여호와에게서 온다.” 이것이 시편 기자가 말하고자 하는 것입니다.

여러분은 시편 중에 가장 유명한 시편 23편이 다음과 같은 말씀으로 끝을 맺고 있음을 기억합니다. “내가 여호와의 집에 영원히 거하리로다.” 시편 기자는 다른 곳에서 이것을 다음과 같이 묘사합니다.

> 내가 여호와께 청하였던 한 가지 일
> 곧 그것을 구하리니
> 곧 나로 내 생전에
> 여호와의 집에 거하여
> 여호와의 아름다움을 앙망하며
> 그 전에서 사모하게 하실 것이라(시 27:4)

그때 예루살렘의 시온 산에 있는 성전이 거룩한 장소였습니다. 거기에 하나님이 특별한 방법으로 거하셨고 이스라엘 백성들이 그분의 임재를 체험하고 그분을 예배하기 위하여 그곳으로 갔습니다. 시편 기자는 또 다른 곳에서 다음과 같이 썼습니다.

> 악인의 장막에 거함보다
> 내 하나님 문지기로 있는 것이 좋사오니(시 84:10)

왜 그렇습니까? 그에게는 하나님이 그분의 집, 그분의 전에 특별히 임재하셨기 때문입니다.

바벨론의 왕, 느부갓네살이 예루살렘을 정복하고 유대인들을 바벨론으로 추방했을 때 그들 중 한 사람이 시편 137편을 썼습니다. 이 시편에서 그는 애타는 마음의 고뇌를 가지고 울부짖습니다.

우리가 바벨론의 여러 강변 거기 앉아서
시온을 기억하며 울었도다
그 중의 버드나무에 우리가 우리의 수금을 걸었나니
이는 우리에게 노래를 청하며
우리를 황폐케 한 자가 기쁨을 청하고
자기들을 위하여 시온 노래 중 하나를 노래하라 함이로다
우리가 이방에 있어서
어찌 여호와의 노래를 부를꼬(시 137:1~4)

시온은 하나님을 예배하는 장소였습니다. 그리하여 시편 기자와 대부분의 이스라엘 사람들에게 있어 처음에는 바벨론에서는 하나님을 예배할 수 없는 것 같았습니다. 이처럼 이스라엘 사람들은 그들이 예배했던, 그리고 그들이 성전을 세웠던 거룩한 장소의 거룩함을 심각하게 여겼습니다.

바벨론 포로시절 약 60년 이후에 몇몇 유대인들이 예루살렘으로 돌아가서 느부갓네살 군대가 파괴했던 성전을 대신할 새 성전을 건립하였습니다. 몇 백년 후 헤롯 대왕이 이 성전을 더 웅장한 것으로 바꾸었습니다. 그리하여 신약성경에서 우리는 유대인들이 여전히 도처에서 예루살렘에 예배하러 몰려오는 것을 봅니다. 또한 예를 들어 오순절날에 사도들 주변에 모여 있는 유대인 군중들에는 여러 민족들이 출현합니다.

유대교는 그것의 신앙의 중심지인 거룩한 장소를 만들었습니다. 이슬람도 똑같은 일을 했습니다. 여러분은 회교도가 적어도 일생에 한 번은 메카에 있는 그들의 성지로 순례여행을 떠난다는 것을 알 것입니다. 중

세에 그리스도인들도 그들의 대성당을 성지로 만들려고 했습니다. 그들은 각 성당의 제단 아래 유품이나 성골을 묻음으로 그렇게 했습니다.

문제의 거룩한 장소

그러나 성경에는 꽤 다른 사상의 노선이 있습니다. 예를 들어 아모스 선지자는 북 이스라엘 왕국 백성들을 격렬히 비난했습니다. 여러분은 그가 여러분이 하나님을 찾아 벧엘과 브엘세바와 같은 곳에서 그분을 예배하기 위하여 순례여행을 계속해야 한다고 말했다고 생각합니다. 그러나 여러분의 일상적인 삶에서 여러분은 "가난한 자의 머리에 있는 티끌을 탐내며 겸손한 자의 길을 굽게"(암 2:7) 합니다.

공법을 인진으로 변하며 정의를 땅에 던지는 자들아(암 5:7).

그러므로 아모스는 이것이 바로 주님이 이스라엘 집에 말씀하시는 것이라고 맹렬히 공격합니다.

나를 찾으라. 성지가 아닌 곳에서, 브엘세바나 길갈이나 벧엘에서가 아니다. 너희가 매우 경건한 척하지만 공허한 종교를 수행하는 곳인 너희들의 성지를 흩어버릴 것이다. 나를 예배하는 그곳에서 너희는 가난한 자와 궁핍한 자를 압제함으로 이들 장소를 더럽히고 거룩하지 못하게 하였다(5:4 이하, 7:9 이하를 의역함).

아모스의 예언은 성취되었습니다. 북왕국은 앗수르의 흉포한 군대의 침략을 받았습니다. 앗수르 인들은 이들 성지에 있는 성물함을 파괴하고 보물을 약탈하며 백성들을 포로로 끌고 갔습니다.

1세기 후 예레미야 선지자는 남왕국 백성들에게 경고했습니다. 그들의 우상 숭배와 부정으로 인하여 하나님께서 그들을 파멸시키실 것이라고 말입니다. 강력한 바벨론 군대가 쳐들어와서 예루살렘을 정복하였습니다. 그것은 성전을 파괴하고 유대인들을 포로로 끌고갔습니다. 약 60년 후 그들의 귀환 가능성이 어렴풋해졌을 때, 아니면 아마도 그 이후, 그들이 실제로 예루살렘으로 귀환했을 때 위대한 선지자가 유대인들 가운데 나타나 그들에게 선포했습니다. 이제 너희는 예루살렘으로 돌아가리라(혹은 너희가 예루살렘에 돌아온 지금). 너희는 성지를 회복하고 성전을 그곳에 다시 지으려느냐? 그러면 주님이 하신 말씀을 들어 보라.

> 하늘은 나의 보좌요
> 땅은 나의 발등상이니
> 너희가 나를 위하여 무슨 집을 지을꼬
> 나의 안식할 처소가 어디랴(사 66:1).

우리가 이제 신약성경으로 가보면 같은 취지가 표현된 것을 발견합니다. 우리는 사도행전에서 순교자 스데반이 공회에서 다음과 같이 말함으로 그를 심판하고 있었던 산헤드린 공회원들을 격분시켰음을 봅니다.

> 지극히 높으신 이는 손으로 지은 곳에 계시지 아니하시나니(행 7:48).

다른 말로 하면, 전능하신 하나님은 인간의 손으로 지은 작은 건물에 거하지 않으시고 그분의 임재로 온 우주를 채우십니다.

그리고 또한 예수께서 제자들과 함께 예루살렘으로 오셨을 때 제자들은 성전을 보고 그분께 말했습니다. "선생님, 보십시오! 얼마나 웅장한 건물입니까!" 여러분은 이 촌스러운 갈릴리 사람들이 남쪽 대도시로 와서 이 웅장한 건물을 경외스럽게 보고 있는 모습을 상상할 수 있을 것입니다. 그러나 예수님의 반응은 어떻습니까? 예수님은 말씀하십니다. "네가 이 큰 건물들을 보느냐 돌 하나도 돌 위에 남지 않고 다 무너뜨려지리라"(막 13:2). 유대인들이 매우 거룩하게 여겼던 바로 그 장소가 하나님의 심판 아래 놓여 있으며 파괴될 것이었습니다.

또 다른 때에 예수님은 사마리아를 지나가시다가 사마리아 여인에게 말했습니다. 그녀는 하나님이 그분의 백성들이 사마리아의 그리심산에 있는 성전에서 예배하기를 원하시는지 아니면 예루살렘 성전에서 예배하기를 원하시는지 예수께 논하려고 했습니다. 그러나 예수께서는 그녀에게 다음과 같이 말했습니다.

> 여자여 내 말을 믿으라 이 산에서도 말고 예루살렘에서도 말고 너희가 아버지께 예배할 때가 이르리라…… 아버지께 참으로 예배하는 자들은 신령과 진정으로 예배할 때가 오나니…… 하나님은 영이시니 예배하는 자가 신령과 진정으로 예배할지니라(요 4:21~24).

사실, 요한복음 11장에 의하면 예수님 자신이 십자가에 죽게 되었는데, 그 이유는 유대의 최고의 종교적 정치적 공회인 산헤드린이 그분의 사역의 결과로 성전이 위협받지 않기를 바랬기 때문입니다. 그들은 사람들이 그분을 따라서 그것이 정치적 위기가 될까봐 두려웠습니다. 로마인들은 메시아를 중심으로 모이는 움직임을 두려워하여, 정치적 잠재성이 있는 그 움직임을 진압할 필요가 있다고 느꼈을 것입니다. 그 과정에서 그들은 유대인 종교의 중심지인 성전을 파괴하는 것이 최선이라고 생각할 것입니다(요 11:48). 그리하여 한편으로, 성전을 매우 거룩한 곳으로 여겼던 사람들이 예수를 죽임으로써 성전을 지키기를 원했고 다른 한편으로, 예수님 자신이 성전이 파괴될 것이라고 예언했던 것 사이에 충돌이 일어났습니다. 그리하여 이 충돌로 예수의 체포와 심판, 결국에는 예수를 십자가에 못박히게까지 한 것입니다.

거룩한 사람

그러나 이제 나는 여러분이 매우 흥미로운 것을 주목하기를 바랍니다. 마가복음의 처음에서 우리는 예수님과 미친 사람, 귀신들린 자의 만남을 봅니다. 그 귀신이 외쳤던 것을 기억합니까? "나사렛 예수여 우리가 당신과 무슨 상관이 있나이까 …… 나는 당신이 누구인줄 아노니 하나님의 거룩한 자니이다"(막 1:24). "거룩한"(holy)이란 말은 원어에서 "신성한"(sacred)이라는 말과 같은 말입니다. "당신은 하나님의 거룩한 자"라는 말은 "당신은 하나님의 신성한 자"를 의미합니다. 다른 말로, 신약성경은 구약성경의 선지자들처럼 거룩한 장소의 전체 개념에 의문을 제기하는 한편, 거룩한 사람에 관해서 말합니다.

이것은 나중에 골로새인들에게 보내는 바울의 편지에서 설명되는데, 그리스도 안에는 신성의 모든 충만이 육체로 거하신다고 말합니다(2:9). 이렇게 신약성경은 하나님이 거하심으로써 어떤 건물을 거룩하게 만든다는 개념을 멸시하는 한편, 그분이 예수 그리스도 안에 육체적으로 거하신다고 주장합니다. 실제로 이러한 이유로 신약성경은 예수를 하나님의 전이라고 부르기에 이릅니다. 다른 말로 예수님은 하나님이 거하시고 우리가 하나님을 찾을 수 있는 거룩한 장소입니다. 요한복음은 예수님 자신이 "너희가 이 성전을 헐라 내가 사흘 동안에 일으키리라"(요 2:19)고 말씀하셨음을 보여줍니다. 그런 다음 요한은 계속해서 예수님은 성전된 자기 육체를 가리켜 말씀하셨다고 말합니다. 예수님은 하나님의 완전하심이 거하시고 그분 안에 육체적으로 거하시기 때문에 하나님의 전입니다. 그러므로 신약성경에서 그것은 나무와 돌로 만든, 서양삼목과 금으로 입혀진 건물이 아니라 살과 피로 이루어진 인간인 예수님이 하나님의 성전이 됩니다.

거룩한 사람들

그러나 이제 다른 것에 주의를 돌려봅시다. 신약성경은 하나님이 그리스도 안에 거하신다고 말할 뿐만 아니라 그리스도는 또한 우리 안에 거하신다고 계속해서 말합니다! 믿음으로 에베소 교인들에게 보내는 서신은 믿음으로 그리스도가 여러분의 마음에 거하시며 하나님 자신의 온전함이 여러분에게 거하신다고 말합니다(엡 3:17, 19). 그것은 또한 이렇게 말합니다. "너희도 성령 안에서 하나님의 거하실 처소가 되기 위하여 예수 안에서 함께 지어져 가느니라"(엡 2:22). 여러분은 하나님이 참으로 거하시는 참 성전으로 함께 지어져 가고 있다는 것입니다. 그러므로 또한 베드로전서 2장은 우리가 산 돌이 되어 신령한 집, 즉 하나님의 성전으로 함께 세워지라고 권합니다(벧전 2:4). 하나님의 백성인 여러분은 하나님의 성전입니다. 또한 고린도전서 3:16, 17에서 바울은 이렇게 말합니다.

> 너희가 하나님의 성전인 것과 하나님의 성령이 너희 안에 거하시는 것을 알지 못하느뇨 누구든지 하나님의 성전을 더럽히면 하나님이 그 사람을 멸하시리라 하나님의 성전은 거룩하니 너희도 그러하니라."

그러므로 여러분, 보십시오. 신약성경에 의하면 우리는 하나님의 성전입니다. 우리는 하나님이 임재하시고 우리 안에 거하셔서 거룩하게 된 장소입니다. 신약성경에서 거룩한 것은 장소가 아니라 사람들입니다.

이러한 이유로 초대 그리스도인들은 그들 자신의 거룩한 장소나 거룩한 건물이나 성지가 없었습니다. 하나님을 예배하기 위하여 그들은 다만 서로의 집에서 모였습니다. 그리스도인들이 대성당을 짓고 죽은 성인의 뼈를 가지고 와 제단 앞에 그것을 묻음으로써 이들을 거룩한 장소로 만들려고 했던 때는 그보다 훨씬 이후, 중세 때였습니다. 이러한 방법으로 그들은 그리스도인들을 거룩한 장소로 만들려고 했습니다. 그러나 성인들의 유품이 거룩함을 나눠줄 수 있다는 이러한 생각은 중세 교회가 신약이 아닌 이교도로부터 전수받은 것이었습니다. 초대 그리스도인들에게는 그러한 거룩한 장소가 없었습니다. 신약성경에서는 우리가 하나님의 성전이며 하나님이 보시기에 우리가 거룩한 존재입니다. 더욱이 우리가 하나님의 성전이고 그리스도가 우리 마음에 계시므로 하나님이 우리 안에 거하신다는 특별한 의미에서 거룩하다 할지라도 우리는 다른 사람들에 대해서도 이렇게 말할 수 있습니다. 즉, 그들이 그리스도를 영접하지 않았다 해도 하나님이 거룩한 성전으로 그들을 의도하시고 만드신다는 것입니다. 신약성경에 따르면 하나님이 전 세계를 너무나 사랑하셔서 그분의 독생자를 죽게 하시려고 보내셨으며, 예수 그리스도는 우리의 죄뿐만 아니라 전 세계의 죄를 위하여 희생 제물이 되셨습니다(요 3:16; 2:2하; 1:29; 롬 5:18).

결론

그러므로 오늘날 우리 땅에서 일어나는 일에 관해서, 사회적 정치적 논점에 관해서 말함으로 이 건물을 더럽힐 수 있다고 말할 근거는 없습니다. 오히려 하나님의 전, 하나님의 거룩한 전을 더럽히는 것은 신약성경에 의하면 꽤 다른 의미입니다.

우리 교회 로비에 잘 걸려 있는 사진이 있습니다. 여러분은 기억하십니까? 그것을 여러분께 다시 보여드리겠습니다. 그것은 억지로 정보를 얻어내기 위해 남서 아프리카의 쿠오벳 당원이 자행하는 불꼬챙이 고문을 당하고 있는 사람의 사진입니다. 그는 팔을 하나 잃었고 매우 심한 화상을 입었습니다. 이 사진을 찍은 후 그는 죽었습니다. 이 일을 저질렀던 쿠오벳 당원들은 각자 50루블의 벌금형에 처해졌을 뿐입니다. 이제 그러한 종류의 일을 어떤 사람에게, 그가 백인이든 흑인이든, 행하는 것이 신약성경에 의하면 하나님의 성전을 더럽히고 신성모독죄를 저지르는 것입니다. 바울의 말을 다시 한 번 상기해봅시다. "누구든지 하나님의 성전을 더럽히면 하나님이 그 사람을 멸하시리라 하나님의 성전은 거룩하니 너희도 그러하니라"(고전 3:17).

우리가 서로에게 악행을 행하면 우리는 하나님의 성전을 더럽히는 것이며 그분의 심판 아래 떨어집니다. 두두자(Duduza)의 장례식에서 흑인들이 밀고자로 예상되는 사람(그는 밀고자가 아님이 밝혀졌다)을 살해했을 때, 우리는 그 비극적인 암살 장면을 TV로 보았습니다만 바로 그것이 하나님의 성전을 더럽히는 것입니다. 경찰이 사람을 때리거나 면책이 보장된 긴급 상황이라는 미명 아래 불필요하게 그를 총으로 쏘는 행위도 마찬가지로 하나님의 성전을 더럽히거나 파괴하는 것입니다. 그러한 잔혹함은 어떤 일이든지, 그것을 누가 저지르는지에 상관 없이 그것은 하나님이 거룩하게 여기는 것에 대항하는 신성모독입니다.

그러므로 사람들에게 일어나는 일과 우리나라 주변에서 일어나는 일의 현실에 우리 마음을 닫으라는 거룩한 장소에 대해 주장되는 어떤 종류의 충절도 허락하지 마십시오. 그것은 신약성경과 복음을 그들의 입장에서 해석하는 것입니다. 교회 건물 내에서 "정치"에 관해서 말하는 것은 신약성경에 의하면 하나님이 보시기에 거룩한 것을 더럽히는 것이 아닙니다. 반면에 우리가 보았듯이 우리가 교회에서 모든 정치적인 것을 배제한다면 복음의 중앙에 있는 사건, 즉 그리스도의 십자가 사건조차도 언급할 수 없을 것입니다. 어떤 동료 그리스도인들에 대해, 혹은 동료 인간에 대해 잔혹 행위를 행하는 것—혹은 그러한 잔혹한 일이 행해질 때, 특히 권력과 배타적인 권위 안에서 우리에게 계속 행해질 때, 또는 압제에 굴복하여 다른 사람들에게 행해질 때 무관심한 것— 그것이 바로, 신약성경에 의하면 하나님이 보시기에 거룩한 것을 더럽히는 것입니다! 그리고 그러한 잔혹함으로 우리가 동료 그리스도인들을 파멸시킨다면 하나님께서 우리를 파멸시킬 것이라고 바울은 경고합니다(고전 3:17).

　내가 말하고자 하는 바를 요약해주는 최근에 읽은 이야기로 끝을 맺고자 합니다. 한 여인이 교회에 왔습니다. 그때는 구제의 달이었습니다. 그녀는 교회 로비에 붙어있는 굶주린 어린 소녀의 사진을 보았습니다. 그 소녀의 갈비뼈가 앙상하게 드러나 있었습니다. 그 사진이 그녀를 너무나 괴롭혀서 그녀는 예배에 집중할 수 없었습니다. 그녀는 주교에게 편지를 쓰기로 결심했습니다. 그녀는 그와 같은 그림이 교회 로비에 전시되어 있어 그녀가 하나님을 예배하는 데 방해가 되었다는 사실에 관하여 항의하는 편지였습니다. 내가 오늘 아침에 말한 것을 기초로 하여 여러분은 그 여자가 복음을 사실상 오해하고 있음을 알 수 있다고 생각합니다.

　우리가 예배하는 장소 대신에 그리스도를 중심에 모실 때 그분은 우리가 장소들에 그렇게 집중하는 것에서 떼어내셔서 우리가 자유롭게 사람들에게 관심과 동정을 가지도록 하십니다. 그러할 때 우리는 하나님의 성전을 거룩하게 여기는 것이 사람들(특히 우리 동료 그리스도인)을 사랑하는 것을 의미한다는 사실을 이해하기 시작합니다. 그리고 그것은 어려움에 처한 사람들을 돕고, 가난한 자들을 돕고, 굶주린 사람들을 먹이며, 잔혹함에 대항하고, 압제자들을 위한 정의와 자유를 추구하는 것을 의미합니다.

3. 교훈적 설교(Homily)

　교훈적 설교는 가장 초기의 설교 형식임에도 불구하고 그것에 관한 문헌은 단편적이다.[77] 다행스럽게도 뮬러(J. C. Müller)가 그의 논문에서 탁월한 논의를 통하여 거의 모든 것을 통합하였는데, 필자는 그것에 의존한다.

교훈적 설교(homily)를 하나의 설교 형식으로 구별짓게 하는 몇 가지 기본적인 특징이 있다.[78] 그것의 가장 전형적인 모습은 본문을 구절 구절 해석하는 것이다. 이 목적을 위하여 한 단락이 선택되고, 그 안에서 한 절 한 절 차례대로 꼼꼼하게 해석해 나가는 것이다. 두 번째 특징은 성경을 읽은 후 본문 구절을 단순하게 그리고 특별한 격식이 없이 해석해 나가는 것이다. 그 구조가 비정형적이어서 그 안에서 주제를 밝히거나, 몇 가지 독립된 요점아래서 본문을 다루지도 않는다. 세 번째 특징은 설교자와 회중 간의 커뮤니케이션을 확립하려고 하는 대화체라는 것이다. 교훈적 설교(homily)를 설교형식의 한 분야로 분류하는 우리의 논의는 개신교적 입장이다. 왜냐하면 카톨릭 전통에서는 모든 설교가 호밀리라는 말로 불려지고 있기 때문이다.

교훈적 설교는 회당설교에 그 기원을 두는데, 그것은 한 단락을 가장 단순한 형식으로 한 절 한 절, 한 문장 한 문장씩 해석해 나가는 것이었다.[79] 신약성경은 초대 기독교 설교가 주로 대화체였음을 보여준다. 바울의 설교는 대부분 *dialegesthai*라는 동사로 나타나는데, 이것은 청중들의 질문을 다루는 쌍방적인 대화, 토론과 논쟁을 가리키는 말이다. 신약성경에서 "교훈적"(homily)이라는 말이 이러한 설교 형식에 아직 적용되지는 않았다. 그것이 나중에 이 용어에 의하여 적시된 모든 속성을 가졌을지라도 말이다.

초대 교회 특히 2, 3세기에는 고전적인 교훈적 설교가 독특한 방식이

---

77) 설교의 역사에 관한 책에서 자료를 찾을 수 있다. 예를 들면, E. C. Dargan, *A history of preaching*, Vols. 1, 2; W. Schutz, *Geschichte der christlichern predigt*; A. Niebergal, *Leiturgia*, Band II; M. Pfleigler, *Kerygmatik*, pp. 177 이하 참고; C. Pohlman, *Wort und leben*, pp. 27 이하 참고; T. Hoekstra, *Gereformeerde homiletiek*, pp. 385 이하 참고; J. Hempel, *Die vergegenwartigung des wortes*; W. Trillhaas, *Evangelische Predigtlehre*, pp. 128~130.

78) J. C. Müller, 앞의 책, 2~3, 280쪽 참고.

79) A. Niebergal, *Leiturgia, Band II*, p. 190 참고.

었다. 그것은 위에서 언급한 세 가지 기본적인 특징을 나타냈으며 또한 두 가지, 즉 가르침과 권고를 아울러 갖추었다. 그것은 신앙을 전파하는 관점에서 일종의 의역으로 성경을 설명하고 회중들이 기독교 삶의 더 높은 경지로 오를 것을 권하는 단순한 강론이다. 4세기부터 수사학의 영향력이 현저해져서 설교가 점차 공식적인 담화로 바뀌었다. 그러나 교훈적 설교가 완전히 사라진 것은 아니었으며 종교개혁 당시 많은 설교자들이 이 초기 설교 형식으로 전환했다. 금세기 초기, 즉 변증법적 신학의 전성기에 그것은 다시 성행하게 되었다. 뮬러(J. C. Müller)는 하나님의 말씀(성경)이 무시되고 설교가 하나님의 말씀으로 인식되지 않았던 때에 교훈적 설교가 어떻게 해서 중요하지 않게 되고 사용되지 않게 되었는지를 관찰한다. 그 반대도 마찬가지이다. 말씀이 중요시될 때마다 교훈적 설교 형식이 되살아났다.[80] 그것의 형식은 시대를 걸쳐 동일하지 않았지만 그것의 기본적인 특징—성경 읽기의 체계적인 해석—은 사라지지 않았다.

실제 연구를 통하여 뮬러(J. C. Müller)는 **현대의 교회 출석자**의 교훈적 설교에 관한 취향을 시험해보았다. 이 목적을 위하여 뮬러는 그들에게 주제가 알려져 있고 몇가지 주요 관점 아래 논리적인 해석이 따르는 정형적인 설교와, 성경 공부처럼 시행되는 비정형적인 설교 중에 하나를 선택하라고 제안했다. 교인들은 18번의 예배에 참석한 후 설문지를 작성했다. 5명의 설교자와 4그룹의 다른 회중들이 참여했다. 그 결과는 다음과 같다. 교인들의 반 이상(56%)이 비정형적인 제안을 선호했다.[81] 이것은 우리 교인들이 성경 구절을 체계적으로 설명하고 적용하는 비정형적인 설교를 더 좋아한다는 것을 보여준다. 그러므로 교훈적 설교는 우리 시대에도 하나의 효과적인 설교 형식으로 사용될 수 있을 것이다.

---

80) J. C. Müller, 앞의 책, 61쪽.
81) 같은 책, 207쪽.

설교 형식으로서 그것은 **본문 설교**와 이상적으로 맞다. 해석하는 동안 본문의 독특한 리듬–또한 구조에 관해서도–이 확립되어야 한다. 그때 이 리듬은 교훈적 설교 형식의 구조를 결정한다. 그리하여 본문이나 저자의 일련의 사상의 실을 따라간다.[82] 그렇게 밀접하게 따라가는 것은 본문에 회중의 코를 문질러대는 부가적인 유익이 있다. 그것은 그들이 예배 후에도 본문의 내용에 자신들을 끌어들이도록 고무시킨다.

모든 본문이 설교의 흐름을 조직적으로 결정하는 데 사용될 수 있는 것은 아니다. 그러므로 본문의 성격이 교훈적 설교 형식을 통하여 성공적으로 커뮤니케이션이 될 수 있을지 여부를 판단해야 한다. 일련의 사상이나 대화가 끝에 절정에 이르는 단락은 교훈적 설교 형식에 잘 맞을 것이다. 교훈적 설교가 다양한 형태의 본문에 사용될 수 있지만, 실제 사실들을 다루고 있는 본문에 특히 적합하다. 이것은 본문 밖의 어떤 사건이나 상황, 그러나 본문이 직접적으로 지칭하고 있는 사건이나 상황에 대한 보고, 의사전달, 혹은 편지 등을 두고 말하는 것이다. 저자와 독자 간의 커뮤니케이션은 다음과 같은 때에 일어난다.

> 보고된 문제에 대한 독자의 견해가 저자의 것과 상응할 때;
> 저자가 사용하는 언어에 대하여 독자와 저자가 의미론적 경험을 공유하고 있어서, 독자가 저자의 언어를 이해하고 해석할 수 있을때;
> 주제가 독자와 관련된 것으로서 그것에 대한 그의 견해를 확장시킬 때;
> 그리고 보고된 문제가 독자와 상관이 있는 것일 때 독자에게 커뮤니케이션이 관심거리가 된다.[83]

신약성경의 서신들이 그러한 사실들을 다루고 있는 본문의 예이다.

---

82) 같은 책, 234쪽.
83) W. S. Voster, *'n Ou Boek in 'n nuwe wereld*, pp. 18~19 참고.

그러므로 교훈적 설교에서의 본문은 조직적으로 하나의 전체를 구성하거나, 혹은 절정에 이르게 하는 내재해 있는 통일성을 가지고 있어야 한다. 이것이 교훈적 설교를 담화와 대화, 시, 그리고 어떤 이야기들에도 적합하게 만든다. 폴먼(Pohlman)은 그것은 교훈적인 자료에도 역시 적합하다고 하는데, 그것은 매우 옳은 주장이다. 단락은 여러 구절이나 문장 단위로 이루어진다는 점에서 본다면, 본문이 꽤 길어질 수밖에 없다는 것은 분명한 사실이다.[84]

교훈적 설교는 극단적인 분석적인(네덜란드) 방법에 호소하지 않는다. 그것은 독창성 없는 문자주의와 모든 낱말의 분석을 요구하지 않는다. 적절한 의미에서의 주해가 전체 본문에 적용되어야 한다. 해석은 단편적이지 않고 상황 지향적이며 선포적이고 대화적이다. 어떤 설교 형식에서나 중심 메시지가 확립되어야 하는데, 이것이 교훈적 설교의 메시지이어야 한다. 이 중심 메시지는 설교의 구절, 구절 전개의 과정을 지시하고 목적을 향할수록 더욱더 분명히 나타나는 호소를 계속해야 한다.

교훈적 설교는 특히 설교 후에 토론을 고무시키게 되어 있는 설교 형식이다. 윈가드(Wijngaards)는 이 방법이 커뮤니케이션이 되지 않는 독백으로 인하여 깨어진다고 주장한다.[85] 질문, 반대, 공헌적인 아이디어들이 설교 후에 논의될 것이다. 그것은 더 많은 참여와 이해로 이끌 것이다.

이 설교 형식은 상당한 정도까지 **건전한 커뮤니케이션**의 요건을 충족시킨다. 제 4장 1절에서 우리는 훌륭한 커뮤니케이션은 형식과 내용에 관련되며 그 설교 형식에서 그것의 의미나 내용과 조화되어야 한다고 지적했다. 교훈적 설교는 본문의 리듬과 구조를 채택하며 이것이 설교의

---

84) C. Pohlman, *Wort und leben*, p. 29 참고.
85) J. N. M. Wingaards, *Communicating the Word of God*, pp. 62 이하 참고.

패턴을 이룬다. 그리하여 설교 형식으로서 그것은 본문의 내용과 조화를 이루며 커뮤니케이션을 촉진한다.

비정형적인 강론으로서 교훈적 설교는 지나치게 구조적이지 않다. 우리가 보았듯이 설교의 도식화를 부추기거나 혹은 억지적으로 강요하는 구조는 설교의 연속성을 방해한다. 구조는 지배적이기보다는 보조적인 것이어야 한다. 이러한 면에서 교훈적 설교는 뛰어난 설교 형식이다. 동시에 그것은 형태가 없다거나 전적으로 구조가 없는 것은 아니다. 본문의 구조는 설교의 척추가 된다. 훌륭한 커뮤니케이션에는 구조가 필요하다. 그리고 적절하게 잘 다루어진 교훈적 설교는 이 점에서 부족하다고 아무도 말할 수 없을 것이다.

뮬러(J. C. Müller)는 교훈적 설교가 독특한 설교 형식일 뿐만 아니라 또한 전달 방법에 있어서도 독특하다고 지적한다. 그것은 자발적이고 대화적인 전달과 관련된다.[86] 초기 이후로 이 설교 형식은 회중을 대화에 참여시켰고 참여를 유도했다. 그것은 대화의 분위기를 제공한다.[87]

물론, 설교자는 하나의 교훈에서 자유롭게 은유법, 이미지, 상징과 예시들을 사용한다. 여기에서도 중요한 것은 설교와 생생한 이미지를 위한 적합한 어휘 선택과 구어적 언어이다. 자연스러운 화술(원고 없이)은 자연히 필수 조건이다.

현대 설교에서 교훈적 설교는 분명히 동시대적인 것이다. 우리는 그것이 여러 시대를 걸쳐 항상 그 기본적인 성격은 보유한 채 개선된 형태로 시기적으로 되풀이 되었음을 보았다. 그러므로 오늘날의 교훈적 설교는 독특한 현대적 성격을 지녀야 한다는 사실이 뒤따른다. 뮬러(J. C. Müller)는 현대 교훈적 설교의 전개에 대한 틀을 마련하였다.[88]

---

86) J. C. Müller, 앞의 책, 251쪽.
87) 같은 책, 252쪽.
88) 같은 책, 282쪽.

1. 본문의 독특한 리듬에 근거하고 그것의 통일성을 적절하게 고려한 주의깊은 본문 주석.
2. 대화를 위해 주의 깊게 계획된 때에 정보적, 대화적 전달(여기에서 결정적인 요인은 설교 자료의 성격과 회중이나 청중의 규모와 같은 실제 생황이다).
3. 설교 원고가 없는 자연스러운 화술, 그러나 본문에 대한 신중한 집착.
4. 전달 방식은 단순하고 직접적이며 성실해야 한다.
5. 의도적으로 작성한 서론이 없음: 다만 본문을 소개하는 의미 있는 시작이 있음.
6. 메마른 분석과 거기에 적용이 붙여져서 결과적으로 이원론을 초래하기보다는 본문의 강해에 촛점이 맞추어져야 한다.
7. 전달은 상승 곡선을 따라야 한다. 그리하여 본문의 실제적인 호소력이 설교가 결론에 접근할수록 더욱더 강력하게 드러나도록 해야 한다.

현대 교훈적 설교의 예로서 뮬러(J. C. Müller)의 설교 전문을 보도록 하자.[89]

본문: 로마서 5:1~11

사람들은 때때로 믿음을 일종의 화재(지옥불) 보험 정도로 생각하는 것 같습니다. 이 구절에서 바울은 우리의 믿음이 그 이상의 것을 의미하고 있음을 보여줍니다. 죄의 사면은 그것이 함축하는 바가 있습니다. 그는 1절을 "그러므로"로 시작함으로 그것을 설명합니다. 1절과 2절은 우리 믿음의 본질을 조명하는 네 가지 것을 말합니다.

---

89) 이것은 Julian Müller 박사가 설교한 것이다.

화평
들어감
서있는(확고히)
즐거워함

죄가 사면된 상태, 혹은 하나님과 화해한 상태는 내가 하나님과 화평을 누린다는 의미입니다. 휴전(적개심을 보류한 상태)의 의미에서 화평이 아니라, 적극적이고 의미 있는 화평입니다. 우리는 빌립보서 4:7의 설명보다 나은 것을 볼 수 없습니다. "그리하면 모든 지각에 뛰어난 하나님의 평강이 그리스도 예수 안에서 너희 마음과 생각을 지키시리라."

그러나 그분은 또한 우리에게 자유롭게 들어갈 수 있도록 하십니다(2절). 우리는 이제, 말하자면 우리 아버지의 집에서 살며 그분의 식탁에 앉으며 자신있게 그분께 나아갑니다. 화평이란 또한 해방입니다. 즉, 죄인에게 닥치는 하나님에 관한 두려움과 걱정으로부터 우리를 해방시키는 것입니다.

세 번째 점은 우리가 이 은혜로 확고히 서 있을 수 있다는 것입니다(2절). 일단 하나님과 새로운 관계가 확립되면 그것은 안정을 가져옵니다. 하나님과의 연합은 불안정하지 않습니다. 확고히 서 있는 것은 견고함이 계속되는 것을 의미합니다. 이것은 하나님의 선물이지 은혜의 조건이 아닙니다. "그러므로"(1절), 즉 우리가 사면되었기 때문에 은혜 안에서 확고히 섭니다.

사면자에게는 또한 기쁨이 따릅니다. "…… 하나님의 영광을 바라고 즐거워하느니라"(2절). 그리스도인은 그의 마음을 이 영광에 두었습니다. 그러면 이것은 그가 전에 알지 못했던 기쁨을 가져 옵니다. 확고히 서 있으면서(믿음의 싸움을 싸우면서) 우리는 소망 안에서 즐거움을 발견합니다.

그런 다음 바울은 매우 의미 있는 표현, "다만 이뿐 아니라"를 사용하면서 계속합니다. 그는 같은 표현을 11절에서도 사용합니다. 요컨대 그는 이렇게 말하고 있습니다. 우리가 그러한 굉장한 보물—믿음, 자유롭게 들어감, 확고히 서 있을 수 있음, 소망 안에서 즐거워함—을 가지고 있을지라도 이것이 전부가 아니라는 것입니다. 그것도 위대하지만 우리는 더 위대한 것을 가지고 있다는 것입니다. 그러면 그것은 무엇입니까? "우리가 환난 중에도 즐거워하나니……." 환난 가운데서도 그리스도인의 태도는 기쁨으로 특징지워집니다. 사실, 고난 중에 사면자의 의미가 드러납니다. 주의하십시오. 바울은 우리가 고난에 관해서 기뻐한다고 말하는 것이 아니라 고난 가운데서도 기뻐한다고 말합니다. 고난은 그리스도인에게도 고난으로 남아 있습니다. 그러나 새로운 차원이 그의 삶에 부가되어 고난 가운데서도 그는 여전히 즐거워할 수 있습니다. 어떻게 그럴 수 있습니까? 그에게는 무언가가 있습니다. 바울은 우리가 "……을 알기 때문에"(4절) 즐거워한다고 말합니다. 믿는 자가 아는 이것이란 무엇입니까? 그는 하나님이 그의 삶에서 어떤 것을 양육하시고 고난은 주로 성장 과정의 시작을 나타낸다는 것을 압니다. 왜냐하면 우리가 "환난은 인내를, 인내는 연단을, 연단은 소망을 이루는 줄" 알기 때문이라고 바울은 말합니다.

그러므로 그리스도인의 즐거움은 고난이 마치 그에게 아무런 영향도 끼치지 않는 것처럼 고난에 관해서 즐거워하는 어떤 위선이나, 부정적인 것은 항상 결국에는 긍정적인 것이 된다(죽은 꽃은 새 꽃씨를 품고 있다)는 자연의 법칙을 낙관적으로 묵인함으로 솟아나는 것이 아닙니다. 그렇습니다. 그리스도인이 고난 중에도 즐거워하는 것은 하나님이 그 안에 역사하신다는 것을 아는 것에 근거한 것입니다. 그는 온갖 잔혹함으로 고난을 겪지만 동시에 다른 것, 더 위대한 실재, 하나님이 어딘가에서 그를 담당하고 계시다는 사실을 깨닫습니다. 그러한 이유로 그는 이렇게 말할 수 있습니다. "Luctor et emergo"(나는 고생하고 있지만 결국 다른 목적이 있으리라). 그리고 이것은 자연 법칙의 결과가 아니라 하나님이 그의 삶을 양육하고 있기 때문입니다.

하나님이 이러한 방법으로 양육하신다는 소망, 우리 즐거움의 근원인 소망은 "우리를 부끄럽게 아니합니다"(5절). 그것은 결코 우리를 실망시키지 않습니다. 우리는 어떻게 이것을 확신할 수 있습니까? 바울은 그 이유를 말해줍니다. "……우리에게 주신 성령으로 말미암아 하나님의 사랑이 우리 마음에 부은바 됨이니"(5절). 하나님이 우리 안에 역사하실 때 그것은 사랑의 부음으로 묘사될 정도로 굉장한 작용입니다. 그리고 이것은 하나님이 우리의 삶에 개인적으로 오시기 때문에 그렇습니다.

다음 몇 구절에서 사도는 하나님의 사랑을 묘사합니다. 그것은 어떤 방법의 사랑입니까? 그것은 이 쏟아부으심을 정당화하기 위해 아무것도 의존하지 않는, 적어도 받는 자에게 아무것도 요구하지 않는 사랑입니다. 바울은 우리의 조건과 하나님에 대한 태도를 묘사하기 위해 어떤 단어들을 사용하는데, 이것은 …… 때문에의 사랑이 아니라 ……에도 불구하고의 사랑임을 단번에 깨닫게 해주는 단어들입니다. 그는 말합니다. "우리가 아직 연약할 때에 기약대로 그리스도께서 경건치 않은 자를 위하여 죽으셨도다"(6절). 그리고 "우리가 아직 죄인되었을 때에 그리스도께서 우리를 위하여 죽으심으로 하나님께서 우리에게 대한 자기의 사랑을 확증하셨느니라"(8절). 그리고 다시 "곧 우리가 원수 되었을 때에 그 아들의 죽으심으로 말미암아 하나님으로 더불어 화목되었은즉……"(10절).

나는 이 무조건적인 사랑을 압니다. 이 사랑은 순전히 긍휼에 의해 솟아난 것입니다. 뿐만 아니라, 나는 실제로 이것을 내 마음 속 에 간직합니다. 그것은 하나님이 직접 내게 부어주신 것이며 그것은 내 안에 살아 있습니다. 그리고 바로 이것이 내가 소망을 갖는 이유이며 환난 가운데서도 이 소망으로 즐거워하는 이유입니다.

이 구절은 절정으로 끝이 납니다. 다시 바울은 말합니다. "이뿐 아니라"–마치 이 모든 것이 충분치 않은 것처럼!–"하나님 안에서 또한 즐거워하느니라"(11절). 그리스도인의 가장 큰 기쁨은 하나님이 주신 것이나 그의 하늘의 소망에 있지 않고 하나님 자신에 있습니다. 그분은 인간이 바라는 기쁨입니다.

이러한 사면은 실로 우리의 삶에서 도달하기 어려운 의미를 가집니다. 실로 우리는 끊임없이 하나님을 찬양할 이유가 있습니다. 우리는 장차 언젠가 그분의 영광을 나눌 뿐만 아니라 그분은 이생에서도 우리의 삶을 완전하고 풍요롭게 만드십니다. 그러므로 고난의 때에도 하나님에 둔–하나님 자신에게 둔– 우리의 소망은 우리 기쁨의 근원입니다.

4. 내러티브(Narrative) 설교

본래 설교에서 내러티브 요소는 새로운 것이 아니다. 이야기들이나 이야기 말하기의 요소는 역사 전체에 걸쳐 기독교 설교의 특징이었다. 사실, 성경에 나타난 구원 역사(혹은 계시)는 이야기, 즉 하나님이 이 세상과 인간에 관여하신 이야기이다. 루이스 블로드(Louis W. Bloede)는 그것을 다음과 같이 말한다. "성경은 실로 이야기 책이다. 하나님이 우주와 인간 역사, 인간 간의 관계, 개인의 내면적인 삶에 관여하신 이야기이다. 창조, 타락, 은혜, 화해, 새로운 창조, 새로운 공동체, 새로운 세계의 환상과 같은 이야기 주제를 나타내기 위하여 성경에 개인적인 이야기가 펼쳐진다."[90]

구약성경의 설교에서 두드러진 특징은 바로 나레이션(narration)이다. 요나, 욥과 느헤미야 같은 완전한 내러티브 책이 있다. 또한 많은 설교들, 예를 들어 다윗에게 말하는 나단의 메시지(삼하 12장)는 내러티브 형식

---

90) L. W. Bloede, *Preaching and story*, p. 3.

으로 나타난다. 신약성경에서 예수의 비유들도 물론 뛰어난 내러티브 설교들이다. 또한 동시에 사도 설교의 선포도 낱낱이 다시금 열거하는 이야기이다. 즉, 예수의 탄생, 사역, 수난, 죽음, 부활과 승천(카톨릭의 12가지 조항, 틀림없는 기독교 신앙)의 이야기이다. "신앙을 공유하는 성경의 양식은 주로 이야기이다— 그분의 백성들을 위한 인간 역사에서의 여호와의 위대한 행적의 이야기. 사도 신경을 낭송할 때 우리는 삼위일체 신앙을 표현할 뿐만 아니라 예수의 이야기를 다시 말하는 것이다."[91] 근본적으로 복음을 설교하는 것은 구원의 사건을 이야기함으로 예수 그리스도를 선포하는 것이다. 그러므로 나레이션(narration)은 설교의 본질에 핵심적인 것이다.[92] 바로 이러한 이유로 교회력에 걸쳐 설교는 그리스도의 탄생, 수난, 죽음, 부활과 승천 그리고 성령의 부으심(강림절, 수난절, 오순절)을 반복한다. "이야기"란 소설, 신화, 환상의 질주가 아니라 그 광범위한 것과는 구별되는 커뮤니케이션의 내러티브 형식을 의미한다.

설교의 역사를 표면적으로 살펴보면 시대를 걸쳐 내러티브 요소가 나타나는 것을 충분히 볼 수 있다.[93] 그리고 지난 20년 동안 미국에서 내러티브 설교가 굉장히 많이 되살아났으며 최근에는 독일과 네덜란드에서도 점점 많아지고 있다.

1958년 그레이디 데이비스(H. Grady Davis)는 『설교 계획』(*Design for preaching*)이라는 그의 책에서 "말해진 이야기"에 관한 짧은 단락을 썼다. 그 이후 미국은 커뮤니케이션 혁명을 겪었다. 60년, 70년대에 그 나

---

91) A. van Seters, *The preacher's own story as integral to preaching the Torah/ Jesus story*, p. 5.

92) R. Bohren, *Predigtlehre*, pp. 170~171 참고.

93) E. C. Dargan, *A history of preaching*, Vol. I, pp. 166, 237, 244, 320, 323~328, 548; P. Bayley, *French pulpit oratory*, pp. 73, 118, 123; J. W. Blench, *Preaching in England in the late fifteenth and sixteenth centuries*, pp. 73, 113, 115, 126, 133, 144~145, 147, 172, 175; G. R. Owst, *Preaching in medieval England*, pp. 60~64; D. S. Reynolds, *From doctrine to narrative: The rise of pulpit storytelling in America*, pp. 481~491 참고.

라는 설교와 예배의식에서 방대한 실험을 하였다.[94] 이 시기 동안 세 가지 중요한 책이 대화와 내러티브 설교에 대한 사람들의 생각에 영향을 주었다. 1963년에 루엘 하우(Rouel Howe)의 『대화의 기적』(*The miracle of dialogue*)이 출판되었고, 1964년에 아모스 와일더(Amos Wilder)의 『복음의 언어: 초대 기독교의 수사법』(*The language of the gospel: early Christian rhetoric*)이 출판되었으며 『설교의 동반자』(*Partners in preaching*, 1967)라는 그의 책이 뒤이어 나왔다. 그리고 1970년에 찰스 라이스(Charles Rice)의 『해석과 상상력』(*Interpretation and imagination*)으로 인해 설교자들의 관심이 내러티브 설교에 집중되었다. 내러티브 설교에 대한 관심은 70년대에 헨리 미첼(Henry Mitchell)(그리고 미국의 흑인 설교), 클라이드 팡(Clyde Fant), 클레멘트 웰쉬(Clement Welsh), 엘리자베스 아흐테마이어(Elizabeth Achtemeier), 프레드 크래독(Fred Craddock), 프레드릭 뷔히너(Frederick Buechner)의 저술에 의해 고조되었다.[95]

내러티브 신학에서도 가브리엘 패크러(Gabriel Fackre)의 『기독교 이야기. 기본적인 기독교 교리의 내러티브 해설』(*The Christian story. A narrative interpretation of basic Christian doctrine*)과 같은 새로운 출판물이 나왔다.

80년대 초에 내러티브 설교의 분명한 양식이 실험적인 단계에서 나오기 시작했다. 결정적인 요인은 1979년 설교학회 협의회와 리차드 젠슨(Richard Jensen)의 『이야기 말하기』(*Telling the story*) 그리고 특히 에드먼드 스테이믈(Edmund Steimle), 모리스 니덴탈(Morris Niedenthal), 찰스 라이스(Charles Rice)의 책, 『이야기 설교』(*Preaching the story*)가 출판되었다. 최근에 이 주제에 관한 두 가지 중요한 논문이 미국에서 완성되었다. 켄

---

94) George M. Bass, *The evolution of story sermon*, p. 184 참고.
95) 같은 책, 186쪽.

트 주립대학 대학원은 케네스 파커(Kenneth R. Parker)(현재 필라델피아의 동부 침례교 신학원 강사)의 『이야기 듣기의 주체: 질문과 대답의 방법론적인 연구』(*Storylistener subjectivity: A Q methodological exploration*)라는 제목의 논문에 박사 학위를 수여하였다. 또 하나의 중요한 논문은 프린스톤 신학원의 토마스 롱(Thomas Long)에 의한 『성경적 설교에 적용된 내러티브 구조』(*Narrative structure as applied to biblical preaching*)이다.

독일에서의 내러티브 설교의 발흥은 주로 내러티브 신학과 더 구체적으로 말하면 내러티브 주석에 의해 고무되었다. 현대인에게 복음을 전하는 가장 좋은 방법을 찾던 중에 내러티브 방식이 한 가지 해결책으로 제시된 것이다. 이 방법은 특히 로마 카톨릭에서 인기가 있었다. 현대 서유럽 사회는 완전히 반−권위주의적이다. 사람들은 도덕적인 명령과 그들에게 주어지는 요구사항을 싫어한다. 특히 60년대의 학생 폭동으로 표현된 권위에 대한 청년의 반항은 이제 이념과 철학적 견해들로 진정되었다.[96]

존 스토트(John Stott)는 새로운 사회 질서가 출현하고 있다고 생각했다. "옛 질서는 새로운 질서에 자리를 내어주고 있다. 인정받던 모든 권위(가족, 학교, 대학, 정부, 교회, 성경, 교황, 하나님)가 도전받고 있다."[97] 그는 서유럽의 정신을 생생하게 묘사한다.

> 아무리 존경할 만하다 해도 어떠한 기관도 그 자체의 권위의 무게로 우리에게 사상을 강요할 권리가 없다. 아무도 어떠한 사상을 우리 모두에게 강요할 수 없다. 절대적이고도 보편적인 진리와 같은 것은 없기 때문이다. 반면에 모든 것이 상대적이고 주관적이다. 내가 어떤 사상을 믿을 수 있기 전에 그것은 나에게 개인적으로 자신을 확증해야 한다. 그리고 당신이 그것을 믿으리라고 기대받기 전에 그것은 스스로

---

96) J. R. W. Stott, *I believe in preaching*, p. 51 참고.
97) 같은 책.

를 당신에게 확증해야 한다. 이러한 일이 일어날 때까지 우리는 아무 것도 믿지 않으며 믿을 수 없다.[98]

불트만(Bultmann)이 복음을 전달하려고 했던 현대 세대는 과학의 발전으로 인하여 더이상 동정녀 탄생, 죽음으로부터의 부활 등등을 믿으려 하지 않는 사람들이다. 오늘날의 사람들은 몇 십년 후에 복음의 전달자들에게 꽤 다른 문제, 즉 권위와 어떠한 권위적인 호소나 요구사항을 싫어하는 문제를 제시한다.

독일의 몇몇 카톨릭 신학자들은 내러티브 설교로 우리 사회의 사람들에게 복음을 전달하는 것으로 이 문제에 대한 해결책을 찾았다. 이야기는 전달되는 진리나 메시지를 개개인이 개인적으로 동일시하도록 의사소통을 한다. 이야기는 끝이 열려 있으므로 사람들이 자유롭게 스스로 그 메시지를 받아들일 것인지 아닌지를 결정하게 한다. 이야기는 직접적인 요구를 하지 않으며 도덕적으로 설명하지 않는다. 내러티브 신학 형태로 된 기독교 전통은 현대 유럽의 정신 사조에 매우 적합한 이러한 커뮤니케이션 형식을 지지한다. 본래 원래의 기독교는 역사적 사건의 이야기이며 설교와 예배의식의 성격과 관습은 사실상 그러한 구원 사건들을 기념하고 설명하는 것이다. "설교는 예배를 거행하는 동안 예수 그리스도의 살아있는 이야기를 말하는 것이다."[99]

메츠(J. B. Metz)는 1973년에 Concilium 9에 유명한 『해설을 위한 작은 변증』(*Kleine Apologie des Erzählens*)를 출간하였다. 그 책은 바인리히 (H. Weinrich)의 "내러티브 신학"이라는 제목의 논문을 싣고있다. 1977년에 워커(B. Wacker)는 광범위한 『내러티브 신학』을 출간하였고, 같은 해

---

98) 같은 책, 55쪽.
99) J. Groot, *Heeft de preek nog toekomst?*, p. 32.

에 쉴러비크스(E. Schillebeeckx)의 기념비적인 『예수. 살아계신 분의 역사』(*Jesus. Die Geschichte von einim Lebenden*)가 출간되었다. 이 책은 갤빈(J. P. Galvin)이 「월드뷰」지에 실은 논문인 "쉴러비크스: 예수의 이야기를 추적함: 내러티브 신학"에서 제시하듯이 내러티브 신학의 실험작이다. 쉴러비크스는 예수에 관한 저서에 또 다른 주요한 저작 『그리스도와 그리스도인. 새로운 생활실천의 역사』(*Christus und die Christen. Die Geschichte einer neuen Lebenspraxis*)를 더하였다. 그 동안 홀렌위거(W. J. Hollenweger)는 내러티브 노선을 따라 제 1세계와 제 3세계간의 커뮤니케이션을 목표로 하는 지적인 신학을 전개하고 있었다. 예를 들어, 그의 『생생한 체험. 상호문화의 신학』(*Erfahrung der Leibhaftigkeit. Interkulturelle Theologie*, 1979)등이 그것이다.

주석에서도 내러티브 접근법이 두드러졌다. 예를 들어, 제이슨(H. Jason)의 『은화. 이야기 구조의 분석』[*Der Zinsgroshen: Analyse der Erzahlstruktur(Mt 22:15~22/ Mk 12:13~17/ Lk 20:20~26)*], 홀렌위거(W. J. Hollenweger)의 『누가복음에 나타난 "방문". 네 가지 이야기 주해』(*Besuch bei Lukas: vier narrative Exegesen*) 그리고 클랭크(H. J. Klank)의 『이야기하는 사람들 …… 마가복음에서 제자들의 역할: 이야기 분석』(*Die Erzahlende ⋯ Rolle der Junger im Markusevangelium: eine narrative Analyse*)과 같은 저서들이 있다. 주석들은 또한 한스 웨더(Hans Weder)의 논문 "은유로서의 비유"(Gleichnisse als Metaphern)에서처럼 비유들에 민감한 관심을 가지게 되었다.

내러티브 신학과 설교 주석의 영향력은 유명한 저자 켐파우스(F. Kamphaus)의 『이야기 설교』(*Erzahlend predigen*)와 뒤스터펠트(P. Düsterfeld)의 "설교와 언어능력"(Predigt und Kompetenz)에도 반영된다. 독일에서 내러티브 설교가 점점 유행하는 것은 『이야기 설교』(*Erzahlend predigen*)라는 니츄케(H. Nitschke)의 두 가지 출판물에서 명백히 나타난다.

네덜란드에서 내러티브 설교가 특히 카톨릭 신학자들 사이에서 예민한 관심을 불러 일으켰다. 헤나우(E. Henau)는 "실천적 설교학"(*Praktische Homiletiek*) (1976)에서 그것에 접근하였고 1977년 비스머(J. Besemer)의 논문, "실천신학"[Praktische Theologie("Horen wat je horen wilt …")] 또한 내러티브 설교를 다루었다. 1982년에는 헤나우(E. Henau), 비스머(J. Besemer), 라보우(A. Rabou), 그루트(J. Groot)와 그 외의 사람들의 기고가 들어 있는 *Het vergaal gaat door*라는 책이 출간되었다. 보렌(Bohren)은 『설교학 원론』(*Predigtlehre*)에서 내러티브 설교에 한 단락을 할애하였지만 대체로 독일 개신교 문헌은 그 주제에 관해서 거의 언급하지 않는다. 한 가지 예외는 1983년과 1984년에 *Voorlopig*에 기고한 『이야기에 관한 이야기』(*Het vertellen van verhalen*)에서 누르다(S. Noorda)가 쓴 7가지 짧은 논문이다.

독일 카톨릭 신학자들 사이에서 설교에 새로운 관심을 가지게 된 이유 가운데 하나가 개신교 선포 신학이 준 자극이라는 것을 주목하면 흥미로울 것이다. 헤나우(Henau)는 카톨릭이 언어 사건을 겪고 있다고 하는 에벨링(G. Ebeling)의 도전에 대해 자신을 옹호하고 있었다.[100] 1982년에 25주년 기념식을 했던 「케리그마」 잡지의 창간은 선포의 필요성을 강조하고 설교에 관한 카톨릭 사상에 선포 신학이 영향력을 행사한 증거가 되었다. 헤나우의 관점으로 설교는 현대 카톨릭 교회에 매우 중요하다. 왜냐하면 과거에 종교를 받아들이기 쉽게 했던 사회적 지주가 세속화의 무게 아래 무너졌기 때문이다. 사람들은 세속화되어 더 이상 그들 스스로 신앙을 표현하지 않기 때문에 설교자가 회중을 대신해서 그것을 표현하고 그럼으로써 세속화된 사회에서 신앙을 육성시켜야 하는 것이다.[101]

---

100) E. Henau, *Praktische homiletiek*, p. 9 참고.
101) 1984년 5월 17일에 면담함.

누군가 내러티브 개념을 관찰하면 그것에는 몇가지 특징이 있음을 발견한다. 내러티브는 "과거 사건과 관련된 나레이션"(웹스터 대학생용 사전), "과거 사건들의 설명"(옥스포드 지식인의 현대 영어 사전)이다. 그러나 그것은 역사적 설명 이상의 것이다. 비록 이야기가 항상 과거에 위치해 있지만 (그것의 나레이션 순간과 관련하여) 그것은 역사 이상의 것이다. 그것은 단순한 사실이나 경험 이상의 것을 말하기 위해 역사적 사실이나 진실한 경험과 사건을 사용한다. 그것은 실제 삶의 경험을 알기 쉽게 하기 위하여 다른 모습으로 제시하거나 어떤 측면들을 강조한다. 이야기는 항상 특정한 장소의 구체적인 시기에 위치해 있으며 그것은 항상 한 두명의 인물이 등장한다. 모든 이야기에는 줄거리가 있으며 일련의 사건이나 상황이 대단원이나 해결을 나타내는 절정에 이르기까지 우연한 관계로 서로에게 연결되어 있다. 줄거리는 대화의 수단, 즉 인물의 행동, 사건에 대한 그들의 반응으로서 절정과 대단원에 이르기까지 이야기의 전개로 구성된다.

내러티브 설교는 전체 설교가 이야기로 이루어진다는 의미에서 직접적인 이야기의 문제일 뿐만 아니라 그것은 또한 진실된 경험, 은유법과 직유법, 예들과 내러티브 방식이 뒤따른다. 내러티브 설교는 성경의 이야기(구원 역사에서의 하나님의 말씀과 행적)와 설교자와 회중의 이야기에 관한 것이다. 취임 연설에서 프레데릭 뷔흐너(Frederick Buechner)는 다음과 같이 주장하였다. "설교자는 두 가지 이야기—그 자신의 이야기와 하나님의 이야기—만을 하면 된다. 그리고 그 두 가지가 교차하는 곳을 보여준다."[102] 성경의 이야기가 회중의 이야기와 교차된다. 그리고 이러한 일이 일어날 때 커뮤니케이션 사건과 존재 사건이 나타나는데, 그것에서 살아계신 주님의 이야기가 개인의 삶의 이야기를 조명하여 신선한 통찰

---

102) R. Coleman, *Gospel-telling*, p. 34 참고.

력과 새로운 영적인 상태를 가져오게 된다. 두 가지 이야기의 교차는 해방시키고 치유케 하는 사건을 일으킨다.

내러티브의 중요한 특징은 그것이 개인의 삶의 이야기와 인류의 이야기를 연결시킨다는 것이다. 하나님의 이야기가 나의 이야기와 교차할 때, 그리고 그러한 만남이 일어날 때 나는 그분 백성의 이야기의 부분이 되며 예수로 인한 위대한 역사의 부분이 된다. 그리고 거기에서 내게 알맞은 자리를 발견하게 된다. 모든 인간이 자기 운명을 발견하고 경험하려면 이렇게 통합되어야 할 필요가 있다. 그 이야기는 우리를 함께 연결시키고 더 큰 전체의 이야기에 우리를 통합한다. 개인은 그에게 선포되는 하나님의 역사의 그러한 요소들과 동일시될 수 있으며, 일단 그가 그렇게 동일시되었을 때 그는 더 이상 혼자가 아니며 전체의 부분이 된다.

(1) 영어권 교회의 설교에 있어서 내러티브 요소에 대한 간략한 개관

몇몇 개혁 교회들이 이야기와 일화, 경험의 진술 등에서 뒷걸음치는 것을 보면 흥미롭다. 이러한 방식의 설교는 영국 국교와 감리교회에서 꾸준하게 이어져온 특징이었다. 그 이유는 아마도 칼빈의 설교 방식과 영국 개혁자들의 설교 방식에 있을 것이다.

칼빈은 성인들에 관한 이야기, 신화, 중세 설교에서 넘쳐났던 이야기들을 버렸다.[103] 그는 주석적으로 성경 구절 구절을 설명하면서 설교했다. 거기에는 이야기할 여유가 없었다.[104] 이러한 접근법은 네덜란드의 개혁 교회에서 채택되었으며 여전히 그들 전통의 부분을 이루고 있다.

---

103) E. C. Dargan, *The history of preaching*, Vol. I, p. 379 참고.
104) 같은 책, 381, 449쪽.

그렇지만, 영국의 종교개혁 직전의 설교는 진실한 이야기로 가득 쌓였으며 경험에 근거한 이야기 설교의 전통이 발생하였다. 도미노 코회의 수도사들(The Black Friars)은 그들의 수도원을 떠나 설교 여행을 계속하였다. 그들이 돌아오면 형제들에게 그들의 경험에 관하여, 여행 중에 만났던 사람들에 관한 이야기, 그들이 경험했던 것들과 그들이 머물렀던 집과 여관에서 들었던 것들에 관하여 이야기하였다. 유사한 여행을 계속했던 다른 설교자들은 이들 이야기와 경험을 그들의 설교에서 인용하였다. 그리하여 이러한 방법으로 설교 예화들이 점차 수집되었다.[105] 13세기에 니콜라스 워터톤(Nicholas Waterton)은 *Sermones Dominicales in Evangelia*라는 제목의 설교집을 출간하였는데, 그 책에서 그는 중세 이야기의 표준적인 형태를 비난하고 실제적인 예와 경험, 내러티브들을 주장하였다. 그의 작품은 영국 설교에 상당한 영향을 끼쳤다.[106]

종교개혁 직전에는 주로 세 가지 형태의 설교 방식이 있었다. 비교적 적은 예를 사용하는 명쾌한 방식과 보통 가정적인 예를 포함하는 일상 회화체 방식 그리고 풍부한 예를 가진 화려한 방식이 그것이다.[107] 예(*exemplum*)라는 용어는 다음과 같이 명시된다. "예라는 낱말 자체는 장르 용어로서 직유법이나 은유법과 같은 '비유법'과 인간 행위자가 있는 이야기로서 '나레이션'과 행위자가 동물인 이야기로서 '우화'를 포함한다."[108] 영국 설교자들은 그들의 생각을 분명하게 전달하기 위하여 예화를 사용했고 성경 사건의 간단한 내러티브를 사용했다.[109] 특히 두 명의 설교자가 라티머(Latimer)와 같은 개혁자들의 설교를 포함하여

---

105) G. R. Owst, *Preaching in medieval England*, pp. 60~64 참고.
106) 같은 책, 236쪽
107) J. W. Blench, *Preaching in England in the late fifteenth and sixteenth centuries*, p. 113 참고.
108) 같은 책.
109) 같은 책, 114쪽.

설교 방식에 영향을 끼쳤다. 그들은 브리스톨의 에지워스(Edgeworth)와 피셔(Fisher)이다. 에지워스(Edgeworth)는 주로 가정적 이미지와 직유법에 의존하여 "실제 대화와 똑같은 억양으로"[110] 그의 설교에 극적인 장면을 그려내었다. "에지워스(Edgeworth)는 그의 청중의 경험에 호소하여, 농부, 어부, 상인과 선원들이 그 경험 가운데서 발견되도록 한다."[111] 그는 또한 나레이션들을 사용하는데, 그것은 그가 비평가들에 대항해서 옹호하는 것이다.[112] 피셔(Fisher)도 마찬가지로 예화를 좋아했다. 그는 인간 경험을 잘 받아들여서 설교에서 훌륭하게 사용하였다. 블렌치(Blench)는 그를 "주의깊은 동정심"을 소유한 사람으로 묘사한다. 그것으로 인하여 그는 진정한 인간 경험으로 설교를 활기차게 만들 수 있었다.[113] 피셔(Fisher)와 에지워스(Edgeworth)의 예화는 창조적이며 진실되고 그들 회중의 실생활로부터 나온 것들 이었다. 그들의 방식은 영국 종교개혁의 위대한 설교자인 휴 라티머(Hugh Latimer)의 방식에 영향을 주었다.

라티머(Latimer)의 방식은 대부분 회화체였다. "어법에서 그는 신랄하고 활기찬 용어를 사용한다."[114] 그의 설교는 종종 직접적인 언어로 되어 있는 이야기들로 가득차 있다. 다음은 그의 설교들 중 한 가지 예이다.

한번은 어떤 사람이 그의 친구 한 사람에게 아침식사에 초대하면서 이렇게 말했습니다. "네가 와준다면 환영일세. 하지만 미리 말해두지만 소량의 음식, 한 가지 요리만을 먹게 될걸세. 그게 전부라네." "그게 뭔가?" 친구가 말했습니다. "푸딩이야." "메리," 그가 말하기를 "자넨 그

---

110) 같은 책, 122쪽.
111) 같은 책, 124쪽.
112) 같은 책, 126쪽.
113) 같은 책, 133쪽.
114) 같은 책, 142쪽; 또한 E. C. Dargan, 앞의 책, 491쪽 참고.

이상 나를 기쁘게 할 수 없네. 많은 음식 중에 내가 제일 좋아하는 음식이 바로 그거라네. 푸딩만 있으면 자네는 모르긴해도 나를 마을 어귀까지 끌어당길 수도 있을 걸세."115)

라티머(Latimer)는 설교 중에 "자신의 삶의 모든 시기를 조명하듯이 보면서"116) 자신에 관한 일화들도 말하였다. 이들은 진리를 예증하기 위하여 사용했던 경험이었다. 다음에 나오는 이야기는 그의 신앙에서 미신적인 것에 대한 갈등에 관한 것이다.

나는 한때 친척분 한 사람에게 불려갔습니다(그 당시 나는 캠브리지에서 학위를 취득하였는데, 문학 석사였다). 그 친척분은 매우 아프셨는데 내가 도착한 후 곧 돌아가시고 말았습니다. 나이 든 사촌 한 분이 계셨는데 그 친척분이 돌아가시자 내게 양초를 건네주면서 돌아가신 그 분 위로 십자 표시를 하라고 청했습니다. 그렇게 하면 악마가 곧 도망갈 것이라고 생각했던 것입니다. 나는 초를 들었습니다. 하지만 그녀가 나에게 하라고 한 십자 표시를 할 수 없었습니다. 전에 그러한 것을 본 적이 없었기 때문입니다. 그러자 내가 할 수 없다는 것을 알아차리고 그녀는 크게 화를 내면서 초를 빼앗았습니다. "너의 아버지가 너에게 그렇게 많은 돈을 들인 것이 아깝구나." 그렇게 말하고는 그녀가 초를 쥐고 십자 표시를 하며 그를 축복했습니다. 틀림없이 그녀는 악마가 그를 대항할 어떤 힘도 가질 수 없다고 생각했을 것입니다.117)

라티머(Latimer)는 수년 전 옥스포드에서의 일들에 관한 이야기, 그들이 어떻게 캠브리지의 성에 있는 죄수들을 방문했는지, "헨리 8세 아래

---

115) J. W. Blench, 앞의 책, 144쪽.
116) 같은 책, 147쪽.
117) 같은 책, 148쪽.

서 궁정 목사가 될뻔한 위기"[118]에 관한 이야기들을 가지고 있었다. 이 위대한 설교자이자 개혁자는 마침내 잔혹한 메리 여왕의 통치 시대에 순교당했다.

라티머(Latimer) 방식과 일반적인 영국 설교의 전통의 영향력은 영국의 종교개혁이 안정되었던 엘리자베스 시대에 널리 퍼지게 되었다. "중심적인 영국 설교자들"은 내러티브와 가정적이고 익살스런 이미지, 일화, 문학과 역사로부터의 인용을 사용했다.[119] 이 전통은 영국계 교회의 설교에까지 스며들었다. 존 웨슬리(John Wesley), 조지 휫필드(George Whitefield), 찰스 피니(Charles Finney), 라이먼 비처(Lyman Beecher), 필립 브룩스(Phillips Brooks), 헨리 워드 비처(Henry Ward Beacher), 드 윗 탈마지(T. de Witt Talmage)와 드와이트 무디(Dwight L. Moody)의 설교들이 내러티브로 산재해 있다.[120] 한 가지 예외는 극단적인 청교도 전통이다. 칼빈(Calvin)을 따르는 이 설교자들은 "복음의 간결성"을 바탕으로 "극도로 간소하고 의식적으로 특징없는 방식"을 채택했다.[121]

(2) 내러티브 설교의 기능과 가치

커뮤니케이션에서 내러티브의 능력은 무엇인가? 내러티브의 다양한 국면들이 이점과 관련되어 있다.

내러티브의 위대한 힘은 그것이 청중을 참여시키며 청중을 내러티브와 함께 끌고간다는 것이다.[122] 반 제터즈(Van Seters)는 로버트 브라운

---

118) 같은 책.
119) 같은 책, 170~191쪽.
120) D. S. Reynolds, *From doctrine to narrative: The rise of pulpit storytelling in America*, pp. 482, 488~496 참고.
121) J. W. Blench, 앞의 책, 168쪽.
122) A. Rabou, *Het verhaal gaat door*, p. 74; S. Noorda, *Het vertellen van verhalen*(3) 참고.

(Rovert McAfee Brown)이 "신학과 이야기"에 관해 강의한 것을 어떻게 들었는지 말한다. 그 과정에서 그는 다음과 같은 경험을 했음을 밝히고 있다. "그가 말했을 때 나는 사상의 자극 이상의 것을 경험했다. 나는 끌려들어갔으며 사로잡혔다. 그들은 내 이야기 속으로 들어왔고 내 이야기는 새로운 방법으로 성경 이야기에 융화되기 시작했다."[123] 이야기는 경험을 불러 일으키고 사건을 일으킨다. 사람들은 긴장과 슬픔, 기쁨과 경이를 가진 청중으로 되살아난다. 화자가 직접적인 호소를 하지 않을지라도 청중은 저절로 어떤 인물이나 인물들의 편을 들고 그들의 분노와 관점과 해결책을 공유한다. "당신은 단지 이야기 속의 인물들의 경험을 공유한다. 선택의 여지가 없다."[124]

잘된 줄거리, 내러티브나 일화는 잘 구성되어 있어서 청중으로 하여금 한 두 명의 인물과 동일시하도록 한다. "성경 이야기들, 내러티브들은 강력한 방법으로 진리를 우리에게 전달한다. 왜냐하면 우리는 아담, 노아, 아브라함, 모세, 다윗 등의 이야기 속에서 우리 자신을 보기 때문이다. 혹은 청중이 자신을 지혜로운 건축자나 어리석은 건축자, 지혜로운 처녀나 어리석은 처녀와 동일시 하게 되기 때문이다."[125] 롱(Long)은 설교자의 임무 가운데 하나가 신자들이 정체성을 형성하도록 하는 것이라고 주장한다. 사실, 설교의 목적은 "설교에서 제시된 성경 본문의 정체성 형성 기능이다." 그리하여 성경 본문에 의해 행해진 호소에 따라서 변화를 일으킨다.[126] 내러티브 설교는 정체성의 과정을 통하여 그러한 정체성 형성을 이루어낸다. 그것은 뚜렷하게 진리를 전달할 수 있으며 인물들의 행동을 통하여 이야기에서 이미 묘사된 행동 중에서 선택하도록 청

---

123) A. van Setters, 앞의 책, 1쪽.
124) A. Rabou, 앞의 책, 74쪽.
125) Thomas G. Long, *Narrative structure as applied to biblical preaching*, p. 15.
126) 같은 책, 16쪽.

중에게 제시할 수 있다.

내러티브는 부상하고 있는 민감한 이슈들을 제시할 수 있는 뛰어난 커뮤니케이션 형식이다. 그것은 메시지를 간접적으로 전달하며 직접적인 호소, 권고나 요구사항이 주어지지 않을지라도 청중이 스스로 주어진 관점을 인식하는 방법으로 기능 한다.[127] 좋은 예로서 사무엘하 12장에서 나단이 다윗에게 메시지를 전달하는 방법이 있다.

이야기는 거리감과 동참이라는 양자 모두를 허용하는 기능을 한다.[128] 오늘날 도시 교회 회중들 가운데서는 거리감을 가지고 교회에 가는 것이 일반적 현상인데, 그들은 거리감을 가진 상태로 이야기와 마주치게 된다. 어떠한 요구도 그에게 주어지지 않지만 내러티브는 그에게 선택권을 제시하고 그가 선택할 때까지 긴장을 풀지 않는 방법으로 교묘하게 그를 참여시킨다. 이야기는 청중을 풀어놓지 않고 오랜 동안 그를 따라다니기를 계속한다.

이것은 이야기가 청중으로 하여금 자신의 결정을 하게 하고 자신의 시간에 자신의 방법으로 그것에 반응하기를 결정하게 하기 때문이다. 이러한 의미에서 내러티브는 끝이 열려 있다.[129]

이야기는 인간 경험에 관련되어야 한다. 청중은 그가 공유하는 또 다른 사람의 경험과 자신을 동일시하며 자신을 인식하고 그것과 실존적인 만남을 갖게 된다. 이것이 바로 화자가 진실되며 자신이 소화하고 실존적으로 알게 된 살아있는 경험을 전달해야 하는 이유이다. 근본적으로 설교란 설교자가 본문을 스스로 경험한 것을 증거하는 것이다.

내러티브 설교의 몇 가지 결함도 주목해야 한다. 한 가지 큰 위험은 설

---

127) R. Coleman, *Gospel-telling*, pp. 35~37 참고.

128) 같은 책.

129) Martin & Mary Hull Mohr, *Interpreting the text and telling the story*, p. 105 참고.

교자가 도덕 설교화 할 수도 있다는 것이다.[130] 그는 성경의 내러티브 본문에서 명령적(imperative) 요소들과 지시적(indicatives) 요소들을 분리해서는 안 된다. 이야기의 도덕성은 저절로, 유기적으로 나와야 한다. 모든 내러티브나 경험은 그것이 일어난 시간과 장소라는 관점에서 전후 문맥이 있다. 그러므로 설교자는 회중에게 동떨어진 상황을 제시하지 않도록 주의해야 한다.[131] 가장 잘 전달되는 이야기는 교인들 자신의 삶의 세계에 적합한 것이다. 예수님은 이것을 비유에서 아주 잘 나타내셨다. 이야기는 지나치게 상세한 설명으로 산만하게 해서는 안 된다.[132] 이것은 영향력을 줄이는 것이다. 또 하나 중요한 점은 내러티브의 언어를 단순하게 하는 것이다. 거기에는 두 가지 언어 암호가 있음이 연구에 의해 밝혀졌다.[133]

지식인, 문화인과 전문직 집단에 의해 사용되는 소위 확장된 암호는 복잡한 구문론, 명사, 형용사, 부사와 비인칭의 지나친 사용으로 특징지워진다. 한정된 암호는 주로 인구의 하층 계급에 의해 사용된다. 그것은 종속 구문론보다는 등위 구문론으로, 작은 범위의 어휘, 짧은 문장과 개인적 문체의 언어로 특징지워진다. 분명히 화자는 한정된 암호를 사용하도록 노력해야 할 것이다.

(3) 내러티브 설교의 다른 형태들

니츄케(H. Nitschke)에 의해 편찬된 내러티브 설교 모음집, *Erzahlende Predigten* 2의 끝부분에서 한스 워너 다노스키(Hans Werner Dannowski)

---

130) R. Colman, 앞의 책, 38~39쪽; S. Noorda, *Het vertellen van verhalen*(1) 참고.
131) R. Colman, 앞의 책, 39쪽.
132) R. Colman, 앞의 책, 39쪽; S. 누르다, *Het vertellen van verhalen*(3) 참고.
133) E. Henau, *Het verhaal gaat door*, pp. 67~68, 71 참고.

는 모음집에 반영된 내러티브 설교의 한 모형론을 제시하며, 다음과 같
이 8가지 형태로 분류한다.[134]

1. 성경 본문을 재진술하기
2. 당대 역사의 원형으로서의 성경 역사로부터 성경 본문을 재진
   술하기
3. 성경 본문을 설명하지만 그것을 부정적인 측면으로 제시하기
4. 성경의 속편으로서의 새로운 이야기
5. 성경 이야기를 현대에 일어난 사건으로 전환시키기
6. 설교의 서론 부분에서 이야기를 제시하고 그런 다음 잘 다듬음
7. 경험을 재진술하기
8. 소설적인 이야기

미국의 설교는 더 많은 내러티브 설교 형태를 제시한다.
1. 본문의 의미를 파악하여 진실한 경험을 기초로 한 예시들로　전개
   시키고 보충시키기
2. 성경 이야기의 어떤 인물들을 중심으로 설교를 구성함으로 회
   중과 동일시하기
3. 본문을 심화하여 설명하기보다는 이야기하기

　이 책에서 우리의 관심은 성경적인 설교, 즉 본문으로부터 이루어지
는 설교이다.

　내러티브 설교는 당연히 내러티브 본문을 다루면서 사용하게 될 것이
다. 그리고 내러티브 설교 가운데 몇 가지 형식만이 다루게 될 것이다.
내러티브 설교는 처음부터 끝까지 내러티브일 필요는 없다. 이것이 전적

---

134) H. Nitschke, *Erzablende Predigten 2*, pp. 152~157 참고.

으로 가능한 일일지라도 말이다. 그러나 보통 설교자에게 이것은 너무나 감당하기 어려운 일일 것이다. 그리하여 나는 대부분의 설교자들이 유용하다고 생각하는 세 가지 형태의 내러티브 설교로 국한하고자 한다.

① 본문을 이야기하기

누군가가 설교로 이용하려는 관점으로 본문에서 내러티브 성경 구절을 택할 때 그는 분명히 본문을 이해하고, 그 메시지를 파악하고, 그 호소력을 감지하는 것과 같은 앞서 설명한 주석 단계를 모두 따라야 할 것이다. 그러한 본문을 결정할 때 그는 해석 설교를 할 것인지 내러티브 설교를 할 것인지를 선택할 수 있다. 후자의 경우에 그는 설교에서 본문을 설명하는 대신에 이야기를 할 것이다. 에드먼드 스테이믈(Edmund Steimle)은 이러한 내러티브 형태의 대표자이다. "스테이믈은 본문을 구절, 구절 설명하고 적용과 주장을 하고 예시를 덧붙이는(엮는) 대신에 본문의 이야기를 한다. 그는 설교의 '이야기 노선'에 여러 다른 이야기들과 극적인 묘사와 논평을 덧붙인다."135)

에드먼드 스테이믈(Edmund A. Steimle)의 설교, 누가복음 2:1~20에 기초한 "폭풍의 눈"136)을 이 실행가능한 내러티브 설교 형식, 즉 본문의 내레이션의 예로서 보기로 하자.

나는 지난 50년대에 허리케인 헤즐이 동부 펜실바니아를 휩쓸고 그 당시 우리가 살고 있었고 지금도 계속해서 살고 있는 필라델피아를 덮쳤을 때를 결코 잊지 못할 것입니다. 내륙으로 들어오면 그 세력을 대부분

---

135) G. M. Bass, *The evolution of the story sermon*, p. 187.
136) E. A. Steimle, e.a. *Preaching the story*, pp. 121~125.

상실하는 대개의 허리케인과는 달리 이것은 바다 허리케인의 온갖 맹위를 떨쳤습니다. 장대 같은 비, 휘몰아치는 바람, 나무가 뿌리채 뽑히고 가지들이 날아다니고 끊어진 전선이 도로 위로 나뒹굴었습니다. 그리고는 갑자기 딱 멈추고는 잠잠해졌습니다. 즉시 모든 것이 조용해졌습니다. 나뭇잎 하나도 움직이지 않았습니다. 태양이 잠깐 나타나기도 했습니다. 그것은 폭풍의 눈이었습니다. "모든 것이 잠잠하고 모든 것이 밝으니." 그리고는 다시 그 놈이 풀려났습니다. 가지와 나무들이 부러지고, 바람이 윙윙거리며, 억수 같은 비가 내리치고 전선이 내팽겨쳐져 도로 위에서 번쩍거렸습니다. 그러나 우리가 폭풍의 눈을 경험했을 때 그것은 바람 한점 없는 순간이었습니다.

크리스마스 이브가 그와 같습니다. 폭풍의 눈을 경험하는 것과 같습니다. 적어도 첫 번째 크리스마스 밤은 그러했습니다. 누가는 기록합니다. "맏아들을 낳아 강보로 싸서 구유에 뉘었으니 이는 사관에 있을 곳이 없음이러라." 크리스마스 때의 보육원과 크리스마스 장관은 오늘날 그렇게 묘사합니다. "온 세상이 잠잠하고 밝으니."

마리아 …… 마취의 도움 없이 수축과 해산의 고통 후에 지금 쉬고 있습니다.

아기 …… 강보와 짚으로 싸여 평화롭게 잠자고 있습니다. 적어도 우리는 그렇게 생각하고 싶습니다. "고요한 밤, 거룩한 밤." 물론 아마도 그의 얼굴은 신생아의 요란한 울음으로 울긋불긋하게 일그러져 있고 주먹은 꼭 쥐고 있었을 것입니다. 그는 따뜻하고 안정된 자궁에서 아홉 달을 있다가 새롭고 낯선 환경으로 밀려나온 것입니다. 그가 아마도 울음 때문에 지쳐서 잠자고 있는 모습을 상상해 보십시오. "온통 조용하고 밝으며…… 고요한 밤, 거룩한 밤." 폭풍의 눈.

틀림없이 그는 탄생 전후에 있는 폭풍의 중앙에 왔습니다. 탄생 전의 폭풍: 백성들의 모든 생각과 상상력이 악한 것으로 인하여 하나님의 분노를 표현하는 홍수의 범람으로부터 금송아지에 대한 분노, 예루살렘의 파괴와 바벨론 유수, 이 하나님으로부터 필사적으로 도망가려는 요나, 바리새인의 편협한 율법주의, 로마 점령의 압제에 이르기까지입니다. 그는 탄생 전의 폭풍이 지난 폭풍의 눈에 왔습니다.

그런 다음 이 "고요한 밤, 거룩한 밤" 뒤에 무슨 일이 뒤따랐습니까? 탄생 후의 폭풍: 구유에서 자고 있는 이 아이의 위협을 처리하기 위한 광란적인 노력으로 헤롯이 죄없는 두 살 이하의 남자아이들을 학살한 사건이 있습니다. 그가 성장했을 때 가족들은 그를 약간 미친 사람으로 생각했고 그의 고향 이웃들은 그가 처음으로 설교하려고 했을 때 회당에서 쫓아냈습니다. 그리고 사악한 사람들이 그를 제거할 음모를 꾸몄으며 첫 번째 성금요일에 성난 군중들은 그의 피를 요구했습니다. 그리고 결국 어떻게 되었습니까? 그 아이에게 죽음이 기다리고 있습니다.

우리가 크리스마스에 잊기 쉬운 것은 이러한 아름다운 탄생 이야기들—말구유, 목자들, 밤하늘에 천사들의 합창, 현자들이 별을 따라와서 그들의 귀하고 값비싼 선물을 드린 것—은 아이들의 이야기가 아니라는 것입니다. 만일 크리스마스가 아이들을 위한 것이라고 생각한다면 당신은 오늘밤 교회에 속하지 않은 것입니다. 이것은 성인 그리스도인을 위한 성인의 이야기입니다. 물론 아이들로 하여금 이 이야기들을 기뻐하게 하십시오. 그리고 그들이 추측하는 것에서 벗어나게 하십시오. 그러나 이들 이야기는 초기 기독교 공동체의 성인 구성원들이 기독교 공동체의 다른 성인 구성원들을 위해 기록한 것입니다.

더욱이 그것은 부활 후의 이야기, 즉 그들이 부활 후의 전통에서 성장한 이야기입니다. 그 이야기들이 어디서 유래되었는지 누가 압니까? 그 이야기들은 흑인 영가가 존재하게 되었을 무렵, 성숙한 그리스도인들이 이 생의 초기의 순교자들이 죽었다가 다시 부활하는 것을 상고했을 무렵, 부활 이후의 때에 존재하기 시작했습니다. 그들은 탄생 전에 있었던 폭풍에 대해서 알았습니다. 그리고 그 이후의 폭풍에 관해서 직접적으로 더 많이 알았습니다. 그 이야기들은 "유아의 낭만적인 환상"으로 넋을 빼앗지는 못합니다. 허리케인의 눈에 서 있는 것처럼 그들은 전후에 있을 폭풍을 알고 있었던 것입니다.

그러므로 오늘 밤 나는 바라건대, 여러분과 나는 우리 주위에 있는 폭풍을 차단하거나 잊어버리기를 원치 않으면서 여기에 왔습니다. 우리가 잊어버린다면 전체적인 요점을 놓치기 때문입니다. 우리는 또한 오늘밤에 이 "고요한 밤, 거룩한 밤"을 둘러싸고 있는 폭풍을 깨닫습니다.

우리는 세상에서 우리 주변에 있는 혼동과 파괴를 깨닫습니다. 중동, 남아프리카, 북 아일랜드의 폭력, 제 3세계의 기아 등이 그것입니다. 가정에 더 가까운 것으로는 거리의 강도, 실직(냉혹하고 수동적인 일종의 폭력), 게토들, 흑인들에 대한 부당함, 가난과 물가폭등, 군중의 무관심-태만이란 그것에 대한 옛날 말입니다-으로 내용이 없는 도심, 내용이 없는 도심에 살고 있지 않은 우리 대부분의 입장에서 볼 때 그렇습니다. 더욱이 우리는 우리 모두를 따라다니는 불안한 미래를 깨닫습니다. 사람들은 매일 밤 죽어가듯이 이 크리스마스 밤에도 죽어가고 있습니다. 어느 날, 어느 밤에 여러분과 나도 죽을 것입니다. 그리고 그 전에 우리들 아무도 완전히 떨쳐버릴 수 없는 내적인 외로움과 절망-세상의 평화, 통화 팽창의 목적, 깨어지는 가정, 종종 목적 없이 표류하는 우리 국가, 우리 자신과 우리의 미래에 대한 절망-의 망령이 우리를 따라다닙니다.

중요한 것은 크리스마스 이브에 우리가 이 모든 것을 잊거나 차단하지 않는다는 것입니다. 허리케인의 눈에 서 있는 사람처럼 우리는 그 모든 것을 깨닫습니다. 당신이 오늘밤 이 모든 것을 잊기 원한다면, 좋습니다! 집으로 가서 화이트 크리스마스를 꿈꾸는 빙 크로스비(Bing Crosby)를 들으십시오. 집에는 그럴 자리가 있습니다. 그러나 여기에는 없습니다!

크리스마스 이브에 귀를 기울일 어떤 다른 메시지가 있습니까? 평화?

희망? 그것이 단순히 잊어버리기 위한 것이라면-우리가 실제로 잊을 수 없을 때- 우리는 크리스마스 이야기를 약간의 향수로 축소시키고 크리스마스가 대부분의 사람들에게 그렇듯이 감상적인 파티에 스스로 탐닉하는 것이며 혹은 크리스마스 이브에 다른 많은 사람들을 사로잡고 있는 깊은 위축 상태가 되고 말 것입니다.

그렇습니다. 성경은-하나님을 찬양하십시오- 있는 그대로 말합니다. 그들은 아기의 탄생을 폭풍의 눈-그것은 갈등, 고통, 환난, 폭력, 혼동에서 벗어난 평화가 아니므로 모든 것을 이해하고 있는 평화-으로 보았습니다. 그것은 우리가 모든 것을 잘 이해할 수 있는 종류의 평화입니다. 그러나 그것은 허리케인의 눈에 있는 평화와 같은 평화, 그 모든 것의 중앙에 자리잡은 평화, 참으로 모든 것을 이해하는 평화입니다.

그러므로 이 시간, "온 세상이 조용하고 밝은" 이 밤에 아기의 구유에 경배드리면서 우리는 폭풍과 파괴와 폭력과 절망이 최후의 말이 되지 않기를 바라면서 기뻐합니다. 그러나 폭풍의 중앙에 있는 이 "고요한 밤"을 주신 하나님, 그분이 최후의 말을 하십니다.

그러므로 기뻐하십시오.…… 캐롤을 부르십시오. …… 그리고 사랑스런 옛 이야기를 들으십시오. 촛불을 밝히십시오. …… 그리고 여러분의 가족들, 친구들, 모든 것 위에 계시는, 여러분 모두 안에 계시는, 이 아기를 통하여 우리에게 기적적으로 오신 하나님과 함께 "온 세상이 조용하고 밝은" 이 밤에 즐거워하십시오.

스테이믈은 철저한 주해를 하여 폭력적이고 죄악된 세상에서의 예수의 탄생의 의미를 건전하게 이해하기에 이르렀다. 그리고는 그는 이 본문의 메시지를 당대의 용어로 전달하기 위해 회중의 경험 세계로부터 비유, 허리케인(헤즐)을 선택했다.

② 본문 이야기의 의미를 전개시키기

린더 켁크(Leander Keck)는 필자와의 사적인 대화에서 내러티브 설교는 일반적으로 생각하고 있는 바와 같이 반드시 이야기 형식을 취해야 한다는 개념을 불식시켜 주었다. 내러티브 설교가 되기 위해서 처음부터 끝까지 이야기 형식일 필요는 없다. 내러티브 설교는 성경의 내러티브 본문에 대한 정확한 이해와 설교가 그 이야기의 의미를 전개할 때 취하게 되는 내러티브 성격에 관심을 갖는다. 본문의 이야기 가운데서 나타나는 플롯이나 인물과 같은 내러티브 요소들이 설교에서도 드러나도록 해야 한다. 실제로 그는 그러한 것들을 회중에게 지적해줄 수도 있다. 이리하여 설교는 청중들이 본문의 이야기를 잘 이해하도록 돕기 위하여 그 이야기를 반영하는 것이다. 그러나 설교자가 모든 것을 다 설명해서는 안 된다. 설교는 절정에 이르러 스스로 깨닫고 마지막에 선택을 할 수 있도록 이야기의 긴장상태를 유지해야 한다.

이러한 형태의 내러티브 설교의 예를 보기로 하자. 예일 신학교의 린더 켁크(Leander Keck)가 마가복음 6:30~44를 바탕으로 설교한 "제한된 자료, 풍부한 가능성"137)이라는 설교이다.

한때, 우리 모두는 방황했습니다. "여기에서 내가 무얼하고 있는가?" 나는 지금 불분명한 소명감의 증세인 당혹감을 말하는 것이 아니라 신학원 공동체에 스며드는 괴롭고 당혹스러운 무능력의 느낌을 말하는 것입니다.

실로, 교과 과정은 학생에게서 자신감을 빼앗는 것 같습니다. 한편, 우리가 직면하는 문제의 극악성에 압도당할 정도로 한계가 밀려듭니다.

---

137) Leander E. Keck, *The Bible in the pulpit*, pp. 160~168.

교단에서는 교회에 알려진 대답을 간단히 할 뿐입니다. 그것은 얕고 간단합니다. 우리가 접근하는 비뚤어지고 비비꼬인 인간의 삶을 치유하는 데에는 "그리스도를 위한 결정" 이상의 것이 필요합니다. 스스로 절충하는 임무조차도 너무나 압도적이어서 우리는 우리의 현 상태와 부모님의 손으로 존재하게 되었다는 것, 작은 마을의 기대, 혹은 우리 자신의 환상으로부터 도망갈 수 없음을 점점 더 알게 됩니다. 게다가 우리 사회의 얽혀진 실타래를 풀기 위해서는 복음적인 십자가, 행진, 어렵게 성취한 선거의 승리 이상의 것이 필요합니다. 인플레이션(통화 팽창)의 해결책과 디프레션(경기침체)의 해결책 간의 긴장은 우리 세상의 종잡을 수 없는 복잡함을 나타냅니다. 우리의 상황은 모세 시대에 이스라엘이 가나안을 정탐하는 것과 유사합니다. 여러분은 그 정탐꾼들이 젖과 꿀에 관한 이야기들만을 가지고 돌아온 것이 아니라 그들의 마음에 공포를 가지고 돌아온 것을 기억할 것입니다. 그 땅에는 거인들이 있었기 때문입니다. 그 상황에 너무나 많은 거인들이 있어서 그들에 비해 히브리인들의 미약한 자원을 동정하는 것은 하나도 없는 것 같았습니다.

다른 한편, 우리의 자신감은 신학원 경험 자체에 의해 또 다른 방법으로 침식당합니다–한때 우리가 확고하게 믿었던 것을 이제 더 이상 믿지 못하는 것을 발견합니다. 우리는 복음의 내용이 무엇인지를 더욱더 깨닫게 될 뿐만 아니라 어느 늦은 밤에 우리는 더 이상 복음이 무엇인지를 확신하지 못하는 것을 발견할지도 모릅니다. 이 모든 비평적인 분석이 우리에게 다가온 것입니다. 이것은 능력이 제 기능을 발휘한다는 좋은 증거입니다. 우리가 박해하는 전제 군주들에 대한 과거의 승리에 대해서 배울지라도 우리 스스로가 그러한 것들을 담당할 수 있을지 분명하지 않습니다. 우리는 우리의 무기를 사용할 수 있을지 확신하지 못합니다. 그렇습니다. 우리는 소총을 분해하는 방법과 그 부분 명칭들–J, E, D, P, Q, 원 누가복음, 제 2의 바울–을 배웠습니다. 그러나 이제 우리는 다시

되돌리는 어려움을 겪습니다. 우리들 몇몇은 우리가 그것을 가장 필요로 할 때 그것이 제대로 작동하지 않을까봐 두려워합니다. 반면에 다른 사람들은 그러한 성경 구절에 어떤 화력이 있을지 의문을 가집니다.

이 깊은 불안감과 양면성은 우리가 모든 것 중에서 가장 필요한 것인 정체성을 발견하고, 우리 자신을 분류하는 데 집중할 수만 있다면 더욱 처리하기 쉬울 것입니다. 정체성 추구는 필연적인 것 이상으로 중요해졌습니다. 이것은 우리가 혼동스러운 문화에 살고 있으며 사람들이 매달리고 중요시하며, 의지해야 할 어떤 것을 추구하고 있는 시대와 장소의 가운데 있기 때문입니다. 초기에 우리 유럽인들이 인디언들을 해안에서 밀어내기 시작했던 이후로 우리 아이들이 우리들보다 더 잘 지낼 것인지는 더 이상 분명하지 않습니다. 처음으로 우리 손자들의 망령이 우리가 내동댕이친 경제로 그들의 권리를 빼앗은 것에 대해 설명을 요구하면서 일어납니다. 오래지 않아 우리 세대는 교육가, 정치가, 목회자가 시인하고 축복한 미국인 삶의 방식의 영화에 관한 그 자체의 선전을 믿으라고 한데대해 기소당할 것입니다. 우리 백성들에게 이해할 수 있는 방법으로 진리를 말할 수 있는 명료하고 예리한 사람은 어디에 있습니까? 진리를 높은 목소리로 말하기는 쉽지만 새로운 대안이 나올 정도로 효과적으로 말할 수 있는 사람은 누구입니까? 우리 교회들은 그들이 축복하는 문화만큼이나 불확실합니다. 혼동과 외침으로 가득한, 다음 주에대한 교회 광고—우리 백성들이 굶주리고 암중모색하는 것을 내버려두는 듯한 설교와 프로그램을 대담하게 공고하는 광고—로 산재한 토요일 신문보다 더 낙담케하는 것은 무엇입니까?

다른 말로, 우리는 세상을 깨닫게 되었으며 무엇보다도 우리 자신을 발견하는 호사를 더 이상 누릴 수 없을 정도의 때에 있는 우리 자신을 구체적으로 깨닫게 되었다는 것입니다. 우리를 여기에 오게 한 바로 그 추진력이 진리의 세상 혹은 순전한 행동에 대한 갈망으로 우리의 얼굴을 향하게 합니다. 우리가 대중적인 필요와 개인적인 무능력 사이에 사로잡혀 있는 유일한 사람들이라고 생각하는 것은 불합리할 것입니다. 왜냐하면 교사들, 사회 사업가들, 경제인들도 이러한 궁지에 처해 있기 때문입니다. 그러나 나는 우리들에 관해서 말하고 있습니다.

우리의 진단이 그리 철저하지는 않지만, 우리가 이야기를 들을 필요가 있다고 제안하기에는 충분합니다. 그리고 이상하게도, 평범한 마음은 그 이야기의 관점을 놓칠 수 있습니다. 사실, 어떤 면에서 그것은 전적으로 믿을 수 없고, 또 다른 면에서는 믿을 수 있습니다. 그러나 왜 그 이야기를 앞서 망쳐놓으려 합니까?

사도들이 예수께로 돌아와서 그들이 행한 것과 가르친 것을 모두 그분께 말했습니다. 그러자 그분은 말씀하셨습니다. "너희는 따로 한적한 곳에 와서 잠간 쉬어라." 많은 사람들이 오고 갔기 때문에 그들은 먹을 여유조차 없었습니다. 그래서 그들은 배를 타고 한적한 곳으로 갔습니다. 그때 많은 사람들이 그들이 가는 것을 보고 그들이 누구인지를 알아보고 온 마을에서 걸어서 그 곳으로 달려가 그들보다 먼저 그 곳에 도착했습니다. 그분이 해안에 도착하여 큰 무리를 보고 그들이 목자 없는 양 같아서 그들을 불쌍히 여기셨습니다. 그리하여 그분은 그들에게 많은 것을 가르치기 시작했습니다. 그리고 날이 저물자 제자들이 그분께 와서 말했습니다. "이곳은 빈들이요 때도 저물어가니 무리를 보내어 두루 촌과 마을로 가서 무엇을 사 먹게 하옵소서." 그러나 그분은 그들에게 이렇게 대답했습니다. "너희가 먹을 것을 주라." 그러자 그들은 그분께 말하기를, "우리가 가서 이백 데나리온의 떡을 사다 먹이리이까?" 그러자 그분은 그들에게 말했습니다. "너희에게 떡 몇 개나 있느냐 가서 보라." 그들이 알아보고 말하기를, "떡 다섯 개와 물고기 두 마리가 있더이다." 그러자 그분은 그들 모두를 떼를 이루어 푸른 잔디 위에 앉으라고 명하였습니다. 그리하여 그들은 백 명씩, 오십 명씩 무리 지어 앉았습니다.

떡 다섯 개와 물고기 두 마리를 가지신 그분은 하늘을 우러러보며 축사하시고 떡을 떼어 제자들에게 주어 사람들 앞에 놓게 했습니다. 그리고 물고기 두 마리도 그들 모두에게 나누어주었습니다. 그러자 그들은 모두 먹고 만족해했습니다. 남은 떡 조각과 물고기를 거두니 열두 바구니에 가득찼습니다. 그리고 그 떡을 먹은 사람들은 5천명이었습니다(막 6:30~44).

이 이야기는 우리가 어디에서 우리 자신을 찾으며 무엇을 기대할 것인지를 깨우쳐줍니다. 이 이야기의 박자를 파악하는 것은 쉽지 않을 것입니다. 우리는 이것을 떡과 물고기가 증가한 이야기라는 명칭을 붙입니다. 성지의 관광 안내인들은 이 일이 일어난 정확한 장소에 세워졌던 교회의 옛터로 여러분을 안내할 것입니다. 그러나 마가는 우리가 그렇듯이 그 기적 같은 일에 관심을 가지지 않습니다. 사실, 그는 빵과 물고기에 무슨 일이 일어났는지 우리에게 말해주지 않습니다. 그는 사람들에게 일어난 일을 말합니다. 그러나 다시 이야기로 돌아갑시다.

여기에는 예수님 주변에 모여 있는 많은 군중들이 있습니다. 그분께 그들은 목자없이 떼지어 돌아다니는 양과 같았습니다. 여러분은 목자 없는 양을 본 적이 있습니까? 우리는 북 조지아 농장에서 남쪽으로 40m 간 곳의 울타리 안에 있는 열두 마리의 양을 생각할 필요도 없습니다. 멀리 서부의 양 떼들을 보아야 합니다. 이 양떼들은 목초와 보호를 위해 전적으로 목자들을 의존합니다. 목자와 양치기 개가 없어지면 그들은 이리저리 방황하면서 위험과 죽음으로 조금씩 나아가며 밤중에 무서워서 매애거립니다. 우리의 도시 생활에도 불구하고 그 이미지가 지도력이라고는 찾아볼 수 없고 양식으로 삼을 진리라고는 없는 우리 문화에 대한 것이라는 사실을 알아볼 만큼의 상상력은 지니고 있습니다.

제자들은 그 상황과 사람들의 필요에 민감했습니다. 그들은 또한 그들이 있는 곳, 팔레스타인 언덕과 골짜기 사이에 있다는 것도 알고 있습니다. 그래서 그들은 제안합니다. "이곳은 빈들이요 때도 저물어가니 무리를 보내어 두루 촌과 마을로 가서 무엇을 사 먹게 하옵소서." 사실주의에 입각한 동정심이 이보다 좋은 것이 있겠습니까? 그들은 분명히 상황 윤리에 입각한 책임있는 사회적 행동이라고 생각하고 있습니다.

그러나 예수님은 마음에 다른 생각을 갖고 계십니다. 그러한 실질적인 제안에 대해 그분은 꽤 우스꽝스러운 것으로 반응합니다. "너희가 먹을 것을 주라." 제자들은 어리벙벙했습니다. 그래서 그들은 좌절감을 나타냅니다. "우리가 가서 이백 데나리온의 떡을 사다 먹이리이까?" 그것은 약 8개월간의 임금입니다. 그들에게 지금 당장 그만한 돈이 어디에 있습니까? 어떤 신용카드도 그 금액을 보장할 수 없을 것입니다.

여기가 바로 우리 자신을 발견하는 곳이 아닙니까? 우리 앞에 있는 필요에 압도당하며, 우리 내부에 있는 무능함에 압도당하고 있는 우리는 그럼에도 불구하고 이 명령을 듣습니다. "너희가 먹을 것을 주라." 그러자 우리 선조들이 한 것처럼 우리는 우리에게서 너무 많은 것을 기대한다고 항변합니다. "우리가 가서 음식을 살까요?" 바꾸어 말한다면, 우리가 에모리의 대학원에 가서 적어도 박사학위는 따야 할까요? 우리는 틸리히나 몰트만, 혹은 루터에게서 양식을 모아야 할까요? 지금 성장하고 있는 보수적인 교회에 가야 할까요? 아니면 카리스마적(은사) 교회에 가야 할까요?

그러나 예수님은 음식을 구하라고 어디에도 그들을 보내지 않으십니다. 그분은 현실을 인식하고 있는지 그들이 의아해할 정도로 아주 단순하고 무관한 질문을 하십니다. "너희에게 떡 몇 개나 있느냐 가서 보라." 그들에게 떡이 몇 개가 있든 무슨 차이가 있습니까? 그것은 이 군중을 먹일 만큼 충분하지 않을 것입니다. 그러나 그럼에도 불구하고 그들은 가서 봅니다. 아마도 그들은 어쨌든 조금이라도 눈속임하기를 바라고 있을 것입니다. 그들이 돌아왔을 때 그들의 보고는 음식에 마더 하버드의 도장이 찍힌 것처럼 들립니다. "떡 다섯 개와 물고기 두 마리가 있더이다." 상황은 그들이 생각했던 것보다 더 나쁘게 돌아갑니다. 그것은 예수님과 제자들에게도 반 덩어리도 돌아가지 않을 만큼의 양이었고 그 물고기는 25파운드의 연어 정도도 되지 못했습니다.

분명히 예수님은 이제 사실을 인식하시고 군중을 흩으실 것입니다. 그러한 자원으로는 아무 일도 할 수 없기 때문입니다. 우리는 제자들과 인식을 같이하는 데 아무런 어려움도 없습니다. 우리도 5개의 샌드위치와 두 마리의 정어리를 들고 궁핍한 세상에 맞서 서 있습니다. 그것은 다시 옛 이야기, 정탐꾼과 거인, 다윗과 골리앗, 에베소의 바울, 람바린의 슈바이처, 몽고메리의 마틴 루터 킹, 그리고 애틀란타의 여러분과 나입니다. 그러나 우리는 우리가 가진 것, 그것이 다정한 "교제"일지라도 그것을 나누어주기 위하여 세상을 무시할 수는 없습니다.

예수님은 곤란한 입장에 놓이지 않았습니다. 그분은 군중들에게 50명씩, 100명씩 그룹으로 앉으라고 명하십니다. 그리고는 그 떡과 물고기를 가지고 축복을 한 후 유대인 아버지가 집에서 그렇게 하듯이 그것들을 나눕니다. 그런 다음 그분은 제자들에게 주어 나누어주게 합니다. 여러분은 빵을 받을 차례를 기다리며 사람들이 줄을 섰을 때 그들의 당혹감을 상상할 수 있습니까? 만 개의 눈이 지켜보고 있으며 5천 개의 위에서 꼬르륵 소리가 나는 것을 알고 있으니 말입니다.

이제 우리의 호기심이 긴장합니다. 우리는 예수님이 그 일을 어떻게 하셨는지 알고 싶습니다. 그러나 군중이 먹는 동안 호기심은 더욱 굶주립니다. 마가는 우리가 사람들을 보기를 원하지 떡을 보기를 원하지 않습니다. 군중들은 배불리 먹고도 남았습니다. 열두 바구니가 남은 것입니다. 그 바구니를 어디에 두었는지는 묻지 마십시오.

마가의 묘사는 이제 완성 단계에 이릅니다. 예수님이 빈약한 자원을 가지고 축복을 하실 때 군중이 먹었습니다. 그것은 신학원을 향한 하나님의 말씀이기도 합니다. 사람들은 우리의 사소한 자원들을 통하여 먹을 수 있습니다. 그들은 그 빵과 물고기가 우리의 것이기 때문이 아니라 또 그것이 특별한 빵이기 때문이 아니라 우리의 자원이 예수님의 뜻에 맡겨질 때 사건이 그러한 방식으로 일어나기 때문에 먹을 것입니다. 이것은 우리가 모든 남자, 여자와 어린이를 위한 빵 하나와 물고기 한 마리를 가졌다 해도 마찬가지일 것입니다.

우리가 이것을 공관 복음서에서 충분히 볼 수 없다면 바울서신인 고린도후서를 의지할 수 있습니다. 고린도인들은 바울을 어떻게 생각해야 할지 모릅니다. 바울은 그들이 복음을 이해하지 못하기 때문에 그의 역할을 이해하지 못한다고 그들에게 말합니다. 그들은 사도의 유능함은 그의 수사력, 철학적인 사고, 환상적인 체험 능력에 의해 측정되어야 한다고 생각합니다. 이러한 표준에 의해 측정될 때 사도는 그리 잘해내지 못합니다. 그에게는 떡 다섯 덩어리와 물고기 두 마리밖에 없는데, 먹어야 할 비판적인 고린도인들이 많이 있습니다. 그들은 자랑할 수 있는 훌륭한 솜씨를 가진 설교자를 원합니다.

그런데, 바울은 자기도 자랑할 수 있다고 말합니다. 그의 자랑거리를 들어보십시오. "유대인들에게 사십에 하나 감한 매를 다섯 번 맞았으며 세 번 태장으로 맞고 한 번 돌로 맞고 세 번 파선하는데 일주야를 깊음에서 지냈으며 여러 번 여행에 강의 위험과 강도의 위험과 동족의 위험과 이방인의 위험과 시내의 위험과 광야의 위험과 …… 이 외의 일은 고사하고 오히려 날마다 내 속에 눌리는 일이 있으니 곧 모든 교회를 위하여 염려하는 것이라"(고후 11:24~28). 이것은 어떤 종류의 자랑입니까? 그것은 떡 다섯 덩이와 물고기 두 마리만을 가졌다는 자랑입니다. 또 바울이 묘사하듯이 "내가 부득불 자랑할진대 나의 약한 것을 자랑하리라."

그리고 이러한 공적인 기록이 그가 얼마나 약한지를 나타내지 않는다면 그의 개인적이고 내적인 삶이 그러합니다. 그리하여 그는 고린도에서-그리고 조지아에서- 매우 크게 자랑하는 요소인 그의 신앙 체험에 대해서 말합니다. 그는 삼층 하늘에까지 사로잡혀 올라갔습니다. 그곳에서 그는 놀라운 것들을 들었습니다. 확실히 이것은 그로 하여금 5개의 빈약한 떡 덩이 이상을 가지게 합니다. 그러나 이제 바울이 다음과 같이 계속하는 것을 들어 보십시오. "여러 계시를 받은 것이 지극히 크므로 너무 자고하지 않게 하시려고 내 육체에 가시를 주셨으니…… 너무 자고하지 않게 하려 하심이니라. 이것이 내게 떠나기 위하여 내가 세 번 주께 간구하였더니 내게 이르시기를 내 은혜가 네게 족하도다 이는 내 능력이 약한 데서 온전하여짐이라 하신지라"(고후 12:7~9).

여기에서 여러분은 깨달아야 합니다. 적은 양의 점심을 보고 신경쓰지 않으시는 바로 그 주님께서 바울에게 말씀하셨습니다. "나의 능력은 너의 다섯 개의 떡덩이에서 완전하여진다." 그리고 바울은 다음과 같이 말할 만큼 충분한 은혜에 사로잡혔습니다. "도리어 크게 기뻐함으로 나의 여러 약한 것들에 대하여 자랑하리니 이는 그리스도의 능력으로 내게 머물게 하려 함이라 그러므로 내가 그리스도를 위하여 약한 것들과 능욕과 궁핍과 핍박과 곤란을 기뻐하노니 이는 내가 약할 그 때에 곧 강함이니라"(고후 12:9,10). 바울은 그리스도께서 그가 약할 때 그를 축복하시고 복음의 능력이 어떻게 사도의 강함과 같지 않은지를 보여주셨기 때문에 이렇게 말합니다. 마가는 이런 식으로 그것을 말할 것입니다. "제자들이 떡 다섯 덩어리와 물고기 두 마리만을 가질 때 그리스도께서 그것을 더욱 충분하게 만드실 것이므로 그들에게는 충분하다." 나는 그것을 다음과 같이 말할 수 있습니다. "내가 한정된 자원으로 세상과 맞설 때 나는 겁먹을 필요가 없다. 그리스도께서 그것을 축복하심으로 적당하게 만드실 수 있기 때문이다."

나는 뒤로 슬쩍 빠져나가기를 원했을 만큼 아주 나약한 설교를 했던 때를 회상합니다. 그러나 문에서 좀처럼 칭찬을 하지 않는 한 사람이 설교가 유익했다고 말하는 것을 잊지 않았습니다. 오늘날까지 그것이 그녀에게 어떻게 도움이 되었는지 알 수는 없지만 내 적은 떡 덩이들 중 하나가 축복받아 그녀가 먹었던 것입니다.

나는 또한 내가 보스톤 시립 병원에서 임상 훈련을 받고 있을 때의 한 사건을 회상합니다. 어느 날, 원목 목사님이 우리들 중 한 사람이 방문한 적이 있었던 환자 한 사람을 방문했습니다. 그 환자는 그때의 방문을 하나님이 직접 자기 방에 들어온 것 같았다고 말했습니다. 그 목사님은 그런 놀라운 방문을 한 사람이 누구인지를 알아보려고 축어적인 기록을 애써 찾아보았습니다. 그는 그 학생이 성직에 있을 생각이 없었기 때문에 그 방문을 기록조차 하지 않았다는 것을 발견했습니다. 그런데 그의 떡이 축복을 받아 외로운 환자가 먹었던 것입니다.

우리의 다섯 개의 떡이 작용할 때 온갖 일들이 일어납니다. 15년 전, 일단의 학생들이 똑같이 대우받으려는 결심의 떡 다섯 개만을 가지고 점심 판매대에 앉았습니다. 그리고 혁명을 시작했습니다. 여러분과 내가 무엇을 하고 말하도록 소명을 받았는지 누가 압니까?

여러분이 다섯 개의 떡을 이용하여 군중들을 먹이려 한다면 그러한 체험의 기록을 덧붙일 것입니다. 그리고 그때 이 이야기가 다시 실현될 것입니다. 요점은 빵에 무슨 일이 일어났는가가 아니라 빵이 축사되었을 때 사람들에게 무슨 일이 일어났는가이기 때문입니다. 세대와 세대가 약한 제자들이 그리스도의 축사로 나누어준 그들 자신의 다섯 개의 떡을 먹었습니다. 이것은 진정한 사도의 승계입니다. 그리고 이제 우리의 차례입니다. 여러분은 그들에게 먹을 것을 주어야 합니다.

이 설교는 해석학적인 분석을 통한 온갖 표시들을 보여준다. 주석을 연구한 후 켁크(Keck)는 "이야기의 의미와 이야기 줄거리"를 따르면서 그의 설교를 내러티브 형식으로 취한다. 이 설교는 직접적인 문제에 처해 있는 청중과 그 가정들의 현재 상황에 전적으로 초점을 두고 있다. 성경 본문이 적용하는 당대의 상황에 대한 생각과 언급이 있을지라도 이야기의 줄거리가 유지되며 끝까지 추구된다. 전체 설교는 직접적인 강론이 넘치는 내러티브 방식이다. 설교자의 실제적인 경험이 예증의 방법으로 유기적으로 주제를 넘어서지 않게 소개된다. 설교는 어떤 신학도도 쉽게 무시할 수 없을 만큼 애타게하는 사명감으로 끝을 맺는다.

③ 인물들과 동일시하기

내러티브가 메시지를 전달하는 독특한 방법은 청취자가 한 두 명의 인물들과 동일시하는 것을 통해서이다. 이것은 특히 내러티브 설교에 적합하다.

토마스 롱(Thomas G. Long)은 설교자가 이야기의 "기능"을 파악하기 위해 내러티브 성경 본문을 분석하는 데 이용하는 방법을 연구했다. 그때 그는 구조 분석학자 그레이머(A. J. Greimas)의 내러티브 본문의 분석을 위한 내러티브 문법 방법을 적용한다. 그의 연구의 가정은 다음과 같다.

> 성경 내러티브 본문에 기초한 설교 구성을 위한 설교 본문 방법은 다음과 같이 전개될 수 있다.
> 1. 내러티브 본문, 즉 구성과 인물의 핵심적인 문학적 차원을 인식하고 분석한다.
> 2. 그러한 본문들에 기초한 설교 구성의 분석 결과를 채택한다.
> 3. 설교에 대한 개혁주의의 이해 속에서 그 주된 목적을 성취하기 위하여 이전의 본문에서 설교로 가는 방법에서 이용되었 던 것보다 더욱 효과적인 수단을 제시한다. 즉, "공동체와 그 공동체를 이루는 개개인 사람들의 정체성"을 육성하고 개선시킴으로써 본문이 회중의 현재의 삶을 잠정적으로 형성하는 방법으로 회중을 본문과 관계를 맺게하는 것이다.

다음과 같이 함으로써 그렇게 할 수 있다.

1. 그러한 내러티브들의 고유한 기본적인 줄거리 구성을 드러내기 위하여 알기르다스 쥴리앙 그레이머(Algirdas Julien Greimas)가 개발한 구조적 내러티브의 문법적 분석 방법을 성경 내러티브에 비평적으로 적용하고 개선시킴.

2. 청취자가 성경 내러티브의 등장인물과 동일시하는 방법, 그리고 설교가 이렇게 형성된 동일시를 일깨우고 또 이것을 그레어머가 설명한 바와 같이 줄거리 구조의 묘사와 끝까지 통합시키는 방법들을 설명하는 것이다. 이러한 방식으로 청취자는 내러티브 본문에 참여하게 되고, 결국에는 그것을 따라서 자신들의 자아이해, 하나님과 다른 사람들에 대한 그들의 관계, 그들의 태도 및 행동을 잠재적으로 형성하게 되는 것이다. [138]

그레이머의 실천적인 모델(실천자는 이야기의 역할이다)은 프로프(Propp)의 저술에 기초한 것이다. 프로프의 러시아 옛날 이야기의 분석은 그러한 모든 이야기에 공통적인 기본적인 구조를 나타냈다. 이야기는 보통 개선되어야 하는 사회적 질서나 계약의 위반-건강, 구원, 잃어버린 좋은 관계와 같은 매우 소중히 여기는 대상-을 포함한다. 거기에는 이 소중히 여기는 대상을 회복하고 수혜자나 수익자(그것을 상실한 사람)에게 그것을 돌려주려는 결심을 하고, 의지가 있고 할 능력이 있으며 필요한 지식을 가진 주체가 있어야 한다. 이 주체는 보통 이야기의 주인공이다. 이 모델에 의하면 이야기에는 또한 수혜자 또는 결국 소중히 여기는 대상을 주는 자인 "발신자"가 있다. 이야기의 진행이나 진전에는 주체를 돕고자 하는 돕는 자와 주체가 물리쳐야 하는 적수들이 있다. [139]

---

138) Thomas G. Long, 앞의 책, 54~55쪽.
139) 같은 책, 141~155쪽.

그 모델을 도식적으로 나타내면 다음과 같다.[140]

발신자　대상　수혜자
돕는자　주체　적수

도표에 있는 각 항목은 이야기의 진행이나 역할을 나타낸다. 존 번연 (John Bunyan)의 『천로역정』에서 크리스찬은 주체, 즉 객체인 특정한 목표를 추구하는 행위자의 역할을 수행한다. 그 과정에서 그는 몇몇 돕는 자들의 도움을 받고 그 대상을 성취하지 못하게 하는 적수들의 방해를 받는다. 발신자는 전체 모험을 가능하게 하는 행위자이며 수혜자는 목표의 성취에 의해 덕을 보는 행위자이다(그러므로 이 경우에 주체와 수혜자가 같은 행동을 한 것은 아니지만 같은 행위자이다!).[141] 이 방법은 이야기의 구조와 말하자면 내러티브의 장면 뒤에서 그것이 어떻게 작용하는지를 확립할 수 있게 한다. 이러한 방법으로 이야기의 목표, 그것의 기능과 의미 혹은 메시지 뿐만 아니라 각 인물의 구성과 기능이 결정될 것이다. 이 모든 것들은 사실 주석가의 임무이다. 그러나 나의 관점으로는 그레이머의 동작적 내러티브 문법은 내러티브 자료의 구조적 분석을 위한 중요한 방법이다.

선한 사마리아인의 익숙한 비유를 택해서 이 모델에 따라 분석해 본다면 다음과 같은 질문을 할 수 있을 것이다. 매우 소중히 여기는 대상인데 상실한 것은 무엇인가? 수혜자, 돕는자, 적수는 누구인가? 등등. 분석의 결과는 다음과 같을 것이다.[142]

---

140) 같은 책, 155쪽; H. Viljoen, *Man van Cirene*(F. A. Venter), p. 139 참고.
141) H.Viljoen, 앞의 책, 139~140쪽.
142) Thomas G. Long, 앞의 책, 184쪽.

발신자	대상	수혜자
하나님?	건강	상처입은 사람
돕는 자	주체	적수
동정, 외부인의 신분	사마리아인	강도, 상해, 제사장과 레위인

이 과정에서는 제 3장 6절에 묘사된 일반적인 주석 과정을 뒤따랐다. 롱(Long)에게 있어서도 많은 부분이 일치한다.[143] 그러나 내러티브 자료를 분석할 때 우리는 동작자를 더 많이 연구해야 하며 이야기의 과정에서 동작자 모델을 확립해야 한다.[144]

롱(Long)은 또 다른 예로서 마가복음 3:1~6에 이 모델을 적용한다. 그의 본문의 동작자 모델은 다음과 같다.[145]

발신자	대상	수혜자	
?	건강	한편 손 마른 사람	
돕는자	주체	적수	
예수	예수	바리새인들, 그들의 율법개념	
		인간의 질병	

설교를 실제로 작성하기 전에 필요한 몇 가지 단계가 더 있다. 이것은 설교자는 회중으로 하여금 이야기의 몇몇 인물들과 자신을 동일시하도록 유도해야 한다는 사실에서 나온다. 설교자는 이 목적을 위하여 설교를 구성해야 한다.[146] 그러나 이 경우의 설교는 메시지나 이야기의 목적

---

143) 같은 책, 192~197쪽.
144) 같은 책, 197~208쪽.
145) 같은 책, 204쪽.
146) 같은 책, 208~224쪽.

을 시행하는 단순한 통로가 아니다. 이야기가 되기 위해서 그것에는 본문과 회중이 만나는 자리가 있어야 한다.[147]

다음은 동일시가 어떠한 효과를 가져오며 메시지가 어떻게 전달되는지의 예로서 롱의 설교를 제시한 것이다. 이 설교는 극히 어려운 구약 이야기, 즉 사무엘하 6:1~7 말씀이다. 우리가 어떻게 웃사와 동일시하도록 유도되는지, 그리고 웃사와 우리의 하나님에 대한 믿음과 신뢰의 부족이 드러날 때의 설교의 전환점을 주목하라. 메시지가 매우 효과적으로 전해지고 있다. 또한 설교의 내러티브 성격을 강화하면서 나누는 실제적인 경험을 관찰하라.

"만일에 대비하여"[148] —토마스 롱(Thomas G. Long)

구약성경 전체를 훑어보는 진지한 여행을 해본 사람이라면 몇몇 거친 이웃들이 있다는 것을 알 것입니다. 잔인한 전쟁, 피흘림, 아이들이 곰에 찢기 우는 일들이 흔히 하나님의 이름으로 일어나는 것을 보게 됩니다. 구약성경의 이 모든 잔인함에 대한 부정적인 관점으로 유명한 마크 트웨인은 한 번은 다음과 같이 썼습니다. "(구약성경에서) 하나님은 항상 벌을 내리시는 분이다. …… 죄없는 아이들을 벌하시고 …… 악의없는 백성들을 벌하시고 …… 흠없는 소와 양에게 피의 보복을 하기위하여 내려오신다. …… 하나님께 모토가 있다면 그것은 '죄없는 사람은 아무도 피하지 못하게 하라' 일 것이다."

우리가 지금 읽은 이야기는 웃사와 궤에 관한 것입니다. 이야기가 진행되는 것을 보면 다윗은 예루살렘을 빼앗고 그것을 수도로 삼으며 정치

---

147) 같은 책, 210쪽.
148) Thomas G. Long, *The fall of the house of Uzzah* … and other difficult preaching texts, pp. 16~19.

적, 군사적 중심지뿐만 아니라 종교의 중심지로 삼기를 원했습니다. 그래서 그는 하나님의 거룩한 임재와 능력의 상징인 언약궤를 간수되어 있었던 마을에서 예루살렘으로 옮기기로 결심했습니다. 다윗과 그의 신하들은 그 궤를 황소 수레에 싣고 전진했습니다. 그러나 길을 가는 도중에 소들이 뛰고, 수레가 기울자 웃사가 반사적으로 손을 내밀어 궤를 붙들었습니다. 사려깊고, 책임감 있고, 신중했던 웃사. 그러나 그는 그 신중함의 댓가로 그 자리에서 하나님께 죽음을 당하고 말았습니다.

분명히 이것은 성경의 거리를 따라갈 때 다루기 어려운 거리입니다. 그리고 구약성경 주석가들은 이곳을 어떻게 여행하는가를 보는 것은 흥미로운 일입니다. 그들 중 어떤 이들은 운전사가 이 특별한 슬럼가를 돌진하는 동안 바로 앞에 있는 예루살렘의 아름다운 하늘에 우리 주의를 돌리려고 애를 쓰는 그레이 라인 관광 버스의 관광 안내인처럼 행동합니다. 다른 사람들은 고대 히브리인들과 그들의 잔인한 전설에 코를 찡그립니다. 한편 즉석에서 믿어버리는 의심이 없는 학자는 아무런 대비책도 없이 웃사의 이야기를 대했다가 입이 떡 벌어지는 충격으로 그 이야기 자체를 보게 됩니다. 내가 가장 최근에 읽은 것 하나는 다음과 같이 울며 중얼거립니다.

"살아계신 하나님을 만나는 것은 무서운 일이다. …… 아나니아와 삽비라를 보라!"

글쎄요, 여기에는 잘 다듬어지지 않은 전설과 역사가 혼합된 면이 있는 것도 사실입니다. 그리고 여기에서 받는 하나님에 대한 첫인상은 우리가 예수 그리스도를 통해서 만나는 동시대의 하나님과 같지 않다고 말하는 비평가들도 맞습니다. 그러나 이 이야기를 진부한 야만적인 이야기의 한조각이라고 치부해버리는 것은 심각한 실수를 저지르는 것입니다. 그 이야기가 우리에게 거스린다는 사실 자체가 실제로는 우리가 그것을 지나쳤다는 표시일 것입니다. …… 혹은 우리가 우리 자신, 우리의 신앙,

하나님을 이해하는 방식에 다소 수정이 필요하다는 증거일 것입니다. 강 옆에서 씨름하는 야곱처럼 우리는 이 이야기가 적어도 우리를 축복할 기회를 갖기 전에 지나쳐서는 안 됩니다.

내가 이 이야기와 씨름을 시작하는 유일한 길은 질문을 하는 것입니다. "웃사는 무엇을 그토록 잘못했는가?" 그는 궤 옆에서 걷고 있었는데, 수레가 덜컹거려서 무의식적으로 그 궤가 떨어지지 않도록 손을 뻗친 것인데 …… 그러나 아마도 더 심층적인 질문이 있을 것입니다. "그러한 무의식적이고 충동적인 행동이 보여주는 것은 무엇인가?" 우리는 때때로 계산된 말과 정돈된 태도보다 반사적이고 무의식적인 말과 행동에 의해서 우리 자신의 참된 모습을 더 잘 드러냅니다. 무의식적인 행동이 전체를 나타낼 수 있습니다.

예를 들어, 신학원에 있는 우리 반 몇몇 여학생들은 내가 강의에서 벗어나 즉흥적으로 말하기 시작할 때 내 언어는 매우 남성 중심적이라고 친절하게도 말해줍니다. 나는 무의식적으로 대부분 목회자들은 '그'(he)이고 교회 일꾼들은 '평신도'(layman)이며 하나님은 항상 '그분'(He)이라고 말합니다. 물론 나는 이 모든 것에 대해 항변합니다. "나를 비난하지 마십시오. 나는 단지 조상으로부터 물려받은 언어를 무의식적으로, 반사적으로 사용하고 있을 뿐입니다. ……" 아 …… 무의식적인 말, 무의식적인 행동이 세상을 나타낼 수 있습니다. …… 남성의 힘과 남성의 사고방식이 지배하는 세상을.

혹은 한 어머니가 두 살 된 아이를 데리고 길 아래에 지금 막 이사 온 새 이웃을 방문하러 갑니다. 알게 된 지 몇 분 지나지 않아 아이가 가만히 있지 못하고 방을 탐색하기 시작합니다. 어머니는 말합니다. "애야, 물건들을 건드리지 마." 이것에 대해 새 이웃은 대답합니다. "아, 걱정 마세요. 우리 집에는 아이가 손상시킬 수 있는 것은 아무것도 없으니까요. 혹 있다 해도 그것은 단지 물건일 뿐이에요. 아이는 어떤 오래된 물건보다 훨씬 소중하잖아요." 그러나 그 순간 아이가 꽃병을 스치고 지나가다 그것이 탁자 끝에 밀려났습니다. 새 이웃은 멀리 있는 타자처럼 꽃병이 깨지기 직전에 붙들기 위해 마루를 가로질러 돌진합니다. "물건일 뿐인데요.……" 그러나 무의식적인 행동이 전체를 나타냅니다.

요점에 더 접근하기 위해 예를 들겠습니다. 얼마 전 나는 덴버에서 대중 버스를 탔습니다. 버스가 천천히 내려갈 때 나는 정류장에서 기다리고 있는 휠체어를 타고 있는 한 남자를 보았습니다. 그의 몸은 심하게 마비되고 비틀어져 있었습니다. 버스가 멈추었을 때 운전사는 손잡이를 눌러서 자동 트랩을 버스 옆에서 길까지 내렸습니다. 솜씨 있게 그 남자는 휠체어를 트랩 위로 굴려 올라왔습니다. 그는 전에도 이 일을 해보았으며 그것에 있어서 전문가라고 말할 수 있을 것입니다. 운전사는 손잡이를 다시 밀어서 트랩을 버스 문까지 올려놓았습니다. 그 남자는 휠체어를 앞으로 전진시켰습니다. 그러나 그가 요금을 내려했을 때 휠체어가 갑자기 아직도 열려 있는 문 쪽으로 다시 구르기 시작했습니다. 그래도 아무 문제없이 그 남자가 재빨리 바퀴 하나를 움켜잡아 휠체어를 고정시켰습니다. …… 그러나 버스 운전사가 반사적으로 그 남자를 붙잡기 위해 몸을 기운 다음이었습니다. 그 남자가 운전사를 보았을 때 그의 첫 번째 표정은 감사가 아니라 슬픔과 배신당한 표정이었습니다. 그것은 이렇게 말하는 표정이었습니다. "역시, 당신은 내가 결국 나 스스로 조절할 수 없다고 생각하셨군요." 무의식적인 행동이 전체를 나타냅니다.

이제, 우리는 궤 옆에서 걷고 있는 웃사를 봅니다. 우리가 그와 인터뷰를 했다면 그는 아마도 그 시대의 정통신학을 줄줄 외울 수 있었을 것입니다. 당신은 하나님을 믿습니까? 예. 하나님은 모든 신 중의 신입니까? 예. 그분의 거룩함은 하늘보다 높고 그분의 위엄은 땅의 왕들을 부끄럽게 하며 그의 손에 온 시대를 쥐고 있으며 땅의 기초를 놓으신 분입니까? 예.…… 예.…… 예. 그렇지만 소들이 비틀거렸을 때 전체를 나타내는 무의식적인 행동으로 웃사는 그의 참된 신앙을 고백했습니다. 즉, 하나님은 너무나 무능하셔서 박스가 떨어지면 하나님도 떨어진다. 하나님은 너무 약하셔서 거리를 따라가는 웃사와 같은 사람들의 도움이 필요하다. 약한 종교적 상징 안에 갇혀 있는 하나님의 빈 껍질. 여러분은 이제 웃사가 손을 뻗는 것을 보십니까?

–나는 예배가 잘 '진행' 되도록 누군가가 성전의 조광기(調光機)를 내릴 때마다 궤를 붙들기 위해 웃사가 손을 뻗치는 것을 봅니다.

–나는 청지기 프로그램이 수레에서 떨어지지 않도록 몇 가지 확실한 고안을 위한 훌륭한 신학을 운송할 때마다 궤를 붙들기 위해 웃사가 손을 뻗치는 것을 봅니다.

–교회를 성장시키기 위해 우리가 복음을 다소 대중적인 사회학과 타협할 때마다 웃사는 다시 한번 궤를 붙듭니다.

브라운(R. E. C. Browne)은 한때 설교의 부분적인 외상(外傷)은 복음이 사람들이 의지해서 살아가기에는 너무나 미약한 것처럼 보이는 데 있다는 사실을 주목했습니다. 브라운은 말하기를, 유혹이 복음의 권위를 초월하여 우리의 권위를 강하고 분명하게 만들고 현명한 생각과 유익한 충고의 분배자가 된다는 것입니다. 그러나 브라운은 서두에 다음과 같은 말로 못박습니다. "그러한 초월성은 항상 무신론자의 근심의 산물이다" (말씀의 사역, 40).

우리는 하나님, 전능하신 아버지, 하늘과 땅의 창조자를 믿습니다. …… 그러나 만일의 경우에 우리는 궤를 붙들기 위해 손을 뻗습니다.

내가 신학원을 졸업한 직후 섬겼던 첫 번째 교회는 내적이라기보다는 외적으로 어려움을 겪는 회중이었습니다. 점잖게 말하자면 우리는 비행기의 출입이 잦은 공항 바로 옆, 이전에 주거지였던 곳이 급속히 상업화와 산업화되는 나쁜 위치에 있었습니다. 우리는 강한 영성을 지니고 있었지만 우리의 이웃은 바로 우리 눈 앞에서 사라지고 있었습니다. 어느 날 밤 우리는 교회를 황소 수레에 계속 올려놓을 생각들을 자아내는 '우리는 무엇을 해야 할까?' 라는 모임을 갖고 있었습니다. 아마도 우리는 이전할 수도 있습니다. …… 아닙니다. 너무 비용이 많이 듭니다. 그러면 우리는 어디로 이전해야 할까요? 아마도 우리는 청소년 지도자를 고용할 수도 있고 청소년 프로그램을 활기 있게 할 수도 있을 것입니다. 아마도 우리는 이웃을 순방 전도할 수도 있을 것입니다. …… 아마도, 아마도, 아마도. 결국 침묵을 지키고 있었던 한 장로가 일어나 말했습니다. "보십시오. 우리는 여기에서 오랫 동안 교회로 있었습니다. 예배드리며, 설교하며, 가르치고, 병든 자를 방문하고, 하나님의 사역을 하려고 애쓰면서 말입니다. 많은 사람들이 우리 교회로 인해 감동을 받았습니다. 나는 우리가 다만 교회가 되기 위해 계속해서 할 수 있는 한 최선을 다해야 한다고 생각합니다. 그리고 이 회중이 사라진다면 교회도 사라지게 내버려두십시오. 하나님의 사역은 여전히 이 장소에서 행해질 것입니다." 그는 회중이 비틀거리고 기관이 사라지며 황소가 비틀거린다 해도 세상에서 역사하시는 하나님을 믿기 때문에 궤를 붙들기 위해 손을 뻗지 않으려 했습니다.

웃사의 이야기에 나타난 우리의 상식에서 벗어나 보이는 사건으로 고민하는 사람들과 마찬가지로 나 또한 괴롭습니다. 그러나 모든 것을 고려해 볼 때 우리는 하나님이 우리가 잽싸게 손을 뻗어 도와줘야 할 그런 신(god)이 아니라 스스로의 임재와 그 능력으로 존재하시는 하나님이라는 사실을 진지하게 받아 들여야 할 필요가 있는 것입니다.

5. 시적인 설교(Poetic sermon)

제 4장 1절에서 우리는 설교에서의 시의 성격에 대해서 생각해 보았다. 시는 매우 깊은 수준에서 사람을 감동시킨다. 그것이 바로 시가 매

우 강력한 이유이다. 설교자는 회중이 어떤 것을 **경험하도록** 하기 위해 이 설교 형식을 사용할 수 있다. 예를 들어 기도, 헌신, 주님으로부터의 위로, 주 안에서 즐거워함, 슬픔과 필요에서 주님께 간구함 등을 경험케 하는 것이다. 시는 내러티브와 전적으로 다른 것은 아니다. 우리가 앞서 논의했던 것 대부분은 은유법, 상징, 이미지와 어법을 포함하는 것이다.

설교자들은 시적인 설교에 대한 아이디어 때문에 강박관념에 사로잡힐 필요는 없다. 전달되는 설교가 설교자 자신에 의해 급히 만들어진 긴 시를 의미하는 것은 아니다. 그것은 전체 설교를 관통하는 어떤 분위기를 만들어내고 우리가 앞서 논의했던 기쁨이나 예배와 같은 느낌을 경험하도록 하는 문제이다. 그러므로 설교자는 여러 가지 면에서 그의 임무가 시인의 것과 유사하기 때문에 지레 겁먹을 필요는 없다.

그들, 즉 설교자와 시인은 둘 다 언어의 매개체를 통하여 일한다.[149] 목회자는 시인의 기질을 지녀야 한다. 그는 말이 신선하고 분명하고 참되게 들리도록 낱말을 선택해야 한다. 설교 작성에는 언어적인 창의력이 요구된다. 우리는 단지 옛 관용어법, 계통적 서술, 진부한 표현을 똑같이 답습해서는 안 된다. 그러한 상투적인 문구들은 찌꺼기처럼 버리고 오직 살아있는 언어를 남겨야 한다. 반 더 콜프(A. P. van der Colf)는 종교 언어에서 "행함(doing)"과 같은 낱말의 원래 의미는 때때로 시가 된다고 말한다. 창세기 1장에서의 하나님의 말씀–"빛이 있으라," "우리가 사람을 만들고"–은 생생하고 명료한 사실이 되었다. 거기에 빛이 있었고 사람이 있었다. 물론 어떤 시인도 이러한 의미에서 낱말을 창의적으로 사용하기를 바랄 수는 없다. 그는 그의 창작이 궁극적으로는 모방이라는 것을

---

149) R. Riess, *Der Gott der Lilien*, p. 82; A. P. van der Colf, *Poesie en godsdiens, met spesiale verwysing na die godsdienstige gedig deur* N. P. van Wyk Louw, pp. 27~30 참고.

인식해야 한다.[150]

여기에 설교자의 위안이 있다. 시인과 마찬가지로 설교자의 창작도 모방이다. 또한 설교자의 모델은 성경에서 하나님에 의하여 제공된다는 데 더 깊은 위로가 있다. 그리고 그 모델은 종종 시적이다. 성경은 시로 풍성하다! 힐드 도민(Hilde Domin)은 성경을 "시(詩)의 어머니(Mutter der Dichtung)"[151]라고 말한다. 더욱이 우리는 설교의 모방적인 창작에 있어 성령의 영감을 받는다는 위로가 있다.[152] 설교자는 성령의 임재 안에서 창작하고 언어로 표현한다. 그리고 이러한 면에서 그의 작업은 시인의 것과 너무나 유사하다. 그는 설교를 **만들어야**만 하는 것이다.[153] 그것은 언어 창작의 임무이다. 근본적으로는 이것이 비록 설교란 우리 시대의 언어로 말씀을 모방하는 것에 불과한 것이라 할지라도 설교를 언어화할 때 일어나는 현상인 것이다.

시인과 설교자의 작업간에는 또 다른 유사성이 있다. 그것은 인격과 주관성의 중요성이다. 각자는 자기의 설교나 시의 낱말 속에 **자기 자신**을 담아야 한다.[154] 제 2장에서 언급한 경험적인 연구에서 설교현장에서는 설교에 설교자의 주관적인 인격이 나타난다는 것을 지적한 바 있다. 그러므로 설교자는 자기 주변의 세계와 사람들의 경험, 예술과 과학으로 표현된 삶, 사건들과 대체로 삶의 여러 상황에 열려 있어야 한다. 이처럼 그가 열려 있고 그의 상상력을 이용할 준비가 되어 있다면 그는 말씀의 더 나은 모방자이자 목회자가 되게 되어 있다.

설교자와 시인의 말은 둘 다 심미적이어서 사람들의 깊은 내면의 감

---

150) William Wordsworth, *The world is too much with us, in: More poems old and new*, MacMillan, 1948 참고.
151) R. Riess, 앞의 책, 83쪽 참고.
152) R. Bohren, *Predigtlehre*, pp. 82~88 참고.
153) R. Riess, 앞의 책, 83쪽 참고.
154) 같은 책.

성을 건드린다. 이것이 바로 언어가(설교에서 그것은 근본적으로 **하나님의** 말씀이다) 마음을 움직이고 궁극적으로는 세상을 변화시키는 이유이다.[155] 설교자는 시와 설교 간의 연계성을 깨달아야 한다. 여러 세대를 걸쳐 시와 문학이 종교와 성경적 주제에 열중되고 얽혀 있는 것은 놀라운 일이 아니다.[156]

"시적인 설교"(더 많은 연구가 필요하다-이것은 머뭇거리는 첫 단계일 뿐이다)의 좋은 출발점은 시편이다. 시편은 시이다. 그것은 운율이 있으며 음악에 맞춘 것이며 교회 음악의 연주 곡목의 부분이 되었다. 대부분의 시편의 메시지는 그들이 노래로 불려질 때 가장 효과적으로 전달된다. 시편이 노래로 불려질 때 메시지가(회중이 그것을 이해할 수 있도록 제공이 된다면) 특별한 방법으로 전달이 되며 또한 경험이 되는 것이다. 그러므로 그 안에서 시가 한 부분으로서 선포되고 노래로 불려지는 시적 설교는 설교현장에서 이것을 특성으로 하는 설교형식으로서의 가능성이 있는 것이다.

설교 안에 노래를 통합하는 것은 전혀 잘못이 아니다. 버나드(A. C. Barnard)는 노래란 예배의식의 핵심적인 부분임을 보여준다.[157] 그는 그것은 예수 그리스도의 구원에 대한 감사를 표현하며, 가르치고 권고하며, 낱말의 의미를 풍요롭게 하고, 기도의 역할을 하기도 한다고 지적한다.[158] 노래는 인간의 깊은 내면을 감동시킨다.[159] 고 반 셀름즈(A. van Selms) 교수는 말년의 병중에서 고통에 지쳐 더 이상 성경 낭독이나 기도에 귀를 기울일 수 없었다. 그때 그의 딸이 노래를 불러드릴까요 하고 물었을 때 그는 고개를 끄덕였다. 그녀가 찬송가 177장 2절에 이르렀을 때

---

155) 같은 책, 84쪽; J. H. Cillers, *Soos woorde van God*, pp. 87~88 참고.
156) A. P. van der Colf, 앞의 책, 30~37쪽 참고.
157) A. C. Barnard, *Die erediens*, p. 583 참고.
158) 같은 책, 583~586쪽.
159) 같은책, 603쪽.

그는 합세하여 전 소절을 끝까지 함께 불렀다. 노래는 이 위대한 신학자의 마음을 가장 깊이 관통하는 매개체였다. 시와 노래는 직접적으로 연결된다. 그러므로 시편에 기초한 시적인 설교는 그 시편을 쉽게 노래로 해석할 수 있게 한다.[160]

다음의 예는 필자가 시적인 설교를 직접 시도한 것이다.[161] 그것은 총선직전에 선포된 설교이다. 이것을 준비하면서 나는 오르간 연주자와 솔로와 듀엣을 불러줄 두 명의 교인들과 협력했다. 시적인 설교는 말로 하는 설교와 노래가 협력하는 것이었다. 다른 말로 하면, 노래가 필수적인 역할을 수행하였는데, 교회 지휘자의 인도로 설교에 통합되었다.

어떤 시편은 운문 형식의 기도이다. 시편 72편이 그러한 경우인데, 즉 위하는 왕을 위한 기도이다. 이 시편은 회중이 설교의 부분으로서 그것을 기도하듯이 노래할 때 궁극적으로는 이 시편의 메시지가 회중과 함께 나누어지게 되는 것이다. 설교에 의해서는 이 시편의 메시지가 국가의 새 정부를 위하여 불려진 기도송에 의한 것 만큼 직접적으로 전달될 수 없다. 이 시편의 메시지는 나라의 새 정부를 위해 노래하는 하나의 기도처럼 직접적으로 한 편의 설교로서도 전달될 수 있다.

설교의 전반부에서 이 시편을 회중에게 소개한다. 후반부는 시편의 노래로 이루어진다. 이를 위하여 교회의 지휘자, 로나 클레이트(Rona Cloete)부인과 내가 협력했다. 설교는 결국 공동의 노력에 의해 이루어졌다.

다음은 전반부의 설교, 그리고 음악과 노래로 이루어진 후반부에 대한 개요이다.

---

160) W. S. Prinsloo, *Van kateder tot kansel* 참고.
161) H. J. C. Pieterse, *Die poetiese preek: 'n model*, pp. 27~32 참고.

시편 72편 설교: 설교, 음악과 노래

설교 부분

이스라엘 역사의 어느 시점에서 새 왕이 즉위하였고 시인은 즉위식에서 노래하는 시를 짓게 되었습니다. 그는 그 시를 어떻게 시작해야 하는지 오랫동안 생각했습니다.

그 때 그는 하나님의 왕되심에 대해 생각했습니다. 하나님은 이스라엘의 참 왕이시므로 곧 왕위에 오를 새 왕을 통하여 통치하실 것입니다. 그러므로 결국 그 왕은 하나님의 뜻을 발견하려고 애쓰면서 그에 따라 통치해야 할 것입니다. 시인은 또한 이스라엘 백성들, 그들의 많은 욕구와 갈망과 문제들에 대해 생각했습니다. 그는 마음 속으로 이 문제들과 씨름했습니다. 어떠한 시도 기록되어 있지 않은 영감을 기다리면서 말입니다. 그리고 성령의 영감으로 가득차서 그는 환상을 보고 이상적인 왕과 이상적인 정부를 꿈꾸었습니다. 왕과 정부 뒤에는 하나님의 형상이 있습니다. 그분이 이스라엘 땅과(우리 용어로 하면 기독교 국가) 더 깊은 의미로는 전 세계를 다스립니다.

이러한 환상에서 시인은 또한 예언적인 전망을 봅니다. 그는 새 왕이 하나님의 뜻에 따라 통치해야 한다는 큰 갈망으로 가득찼습니다. 그는 희망과 미래에 대한 갈망을 가지고 앞을 내다보았습니다. 그때 하나님은 신약으로부터 오늘날에 관하여 우리가 알고 있는 새로운 제도로 세상을 직접 다스릴 것입니다. 그 때 모든 무릎이 그리스도 앞에 굽힐 것입니다.

시인은 성령의 인도함을 받아 회중이 즉위식에서 기도할 기도문을 작성하기로 결정했습니다. 그것은 이 왕이 그 분의 뜻에 따라 통치할 것을 간구하는 것입니다. 동시에 그들은 하나님이 직접, 메시아를 통하여 전 세계를 통치할 날이 밝아올 것을 기도할 것입니다.

그의 시의 첫 번째 부분은 의에 대한 노래입니다(1~7절). 이것이 중심

주제인데, 의란 하나님과 인간, 그리고 모든 인간 사이의 공의로운 관계를 의미합니다. 정부의 의는 하나님의 의를 반영합니다. 왜냐하면 어떠한 정부가 다스리는 것은 그분을 통해서이기 때문입니다. 바로 이러한 이유로 정부가 공의를 행하고 사람들이 찬양할 하나님의 의를 사람들에게 나타내어야 하는 것이 매우 중요합니다. 통치자들의 의는 압제받는 자들, 고통받는 자들, 도움을 의지할 곳이 없는 가난한 자들에게 권리를 주는 것이어야 합니다. 이러한 일이 일어날 때 산과 들이 번영하고(3절) 왕은 그의 백성들에게 풍성한 비와 같습니다(6절). 이 의는 사람들을 압제와 폭력과 혼동에서 자유롭게 하며 인류에게 생명을 주는 것이어야 합니다(14절). 의가 승리한다면 번영이 있을 것이며(16절) 하나님은 더욱더 경배를 받을 것입니다(4, 11, 17절). 정부가 이와 같이 통치한다면 교회로 하여금 하나님을 찬양하고 영광을 돌리게 하십시오(18, 19절). 왜냐하면 이 모든 것을 성취하시는 분이 바로 그분이시기 때문입니다.

시를 완성한 후에 시인은 즉위식에서 그것을 노래할 수 있도록 그 말들을 음악에 맞춥니다. 그리하여 이 아름다운 기도에 사람들이 감동하여 그 이후로 모든 왕의 즉위식에서 그것을 노래하게 되었습니다.

오늘 아침 우리도 마찬가지로 우리 위에 누가 임명되든 우리 정부를 위해 기도해야 합니다. 우리는 우리 모두를 위한 진정한 의와 평화와 번영을 갈망하는 기도를 해야 합니다. 우리는 이 시편을 노래함으로 하나님 앞에서 우리의 기도에 이러한 열망들을 쏟아내어야 합니다.

노래 부분(로나 클레이트의 지휘)

우리 회중은 시편 72편의 노래 가사를 교창할 수 있을 정도로 강하고 분명한 젊은 솔로를 가지고 있다는 점에서 다행스럽다(이 단계에서 교회 성가대에 어떤 중요한 목소리가 없다면 기능을 다할 수 없을 것이다).

1절은 젊은 서정적인 소프라노 독창자가 노래하고, 2절은 테너 독창자가 담당을 했다. 회중은 3절과 4절을 노래했다. 5절은 다시 소프라노가 노래하고 6절은 듀엣으로 불려졌다. 그리고는 회중은 7절과 8절을 노래했다. 9절은 두 목소리가 노래하고 10절과 11절은 회중이 불렀다. 반주와 음량은 절정에 달하여 주 하나님을 찬양하고 영광돌리는 낱말의 의미를 깨닫게 하였다. 오르간은 본문에 맞는 다양한 음역으로 전체 노래에 반주했다.

진행자의 서론적인 설명 후에 시편을 노래한 것은 감동적인 경험이었다. 회중은 시편에 표현된 기도를 체험했고 실제로 그 기도를 했다. 그것이 그들의 기도가 되었던 것이다. 그 분위기는 시편 72편의 성가대 반주에 따라 헌금을 거두는 동안에도 뚜렷하게 남아 있었다.

이 예배 후에 많은 교인들이 조만간 노래하는 시편 설교가 또 있었으면 좋겠다고 요청했다.

마지막으로, 회중의 마음에 메시지를 전하는 데 동참했다는 것이 오르간 연주자에게는 얼마나 기쁨이었는지 모른다.

6. 설교의 다른 형식들을 배워야 한다

유럽과 미국의 신학도들을 훈련하는 워크숍 현장에서 경험한 바에 의하면, 다양한 설교 스타일이나 설교형식들은 학습으로 배우는 것이 가능하다는 것이었다. 학생들이 본문–주제 설교하기를 배울 수 있는 것처럼 그들은 호밀리, 내러티브 설교, 시적인 설교 형식의 사용을 배울 수 있는 것이다.

워크숍에서 중요한 것은 낱말과 문체를 이리저리 활용하고 실험할 수 있는 여지를 허용하는 것이다. 보렌은 이것을 설교자가 본문의 낱말들과 벌이는 거룩한 놀이라고 지칭하여 말한다. 이 낱말 놀이는 본문을 여러 다른 각도에서 살펴보고 스스로 드러나는 여러 생각들을 가지고 본문을 다루어보는 것을 수반하는데, 그리하여 영감과 창조적인 상상력의 기회를 제공하는 것이다.[162] 또한 다른 설교 형식들을 활용할 수도 있다. 학생들은 동일한 본문을 가지고 설교를 작성할 수 있는데, 그 본문이 허락한다면 한 사람은 본문-주제 설교, 다른 사람은 호밀리, 또 다른 사람은 내러티브 설교를 작성할 수 있을 것이다. 나중에 비평적인 토론회를 가지면서 사용된 설교 형식에 대해서 토론할 수 있을 것이다.

이러한 놀이의 역할은 본문을 순전히 문학적 각도로 고찰하는 것이다. 당분간 종교적, 신학적인 생각들을 보류함으로써 더욱더 본문의 문체적 특성에 집중하게 하는 것이다.[163] 이렇게 함으로 어떤 설교 형식을 선택해야 하는지 결정할 수 있다.

결실을 맺는 한 가지 방법은 학생들로 하여금 다른 문체들을 실험해보도록 하는 것이다. 설교학 강의 첫해를 마친 후에 학생들이 설교 초안을 작성했을 때 그들이 다른 설교 형식을 실습해보도록 하는 것은 좋은 생각이다. 어떤 주제라도 좋을 것이다. 예를 들어 화재, 오염, 교통 또는 어떤 다른 문제에 관한 짧은 글이면 좋을 것이다. 그러한 간단한 실습에서 학생들은 논쟁을 제시해야 한다. 그들이 일단 이것을 습득하면 이야기들을 낱낱이 열거할 필요가 없다. 지도자는 짧은 이야기를 하거나 그것을 비디오 화면을 통해 보여줄 것이다. 귀를 기울이면서 학생들은 주요한 낱말들을 제시한다. 그런 다음 그들은 15분 동안 이야기를 내면화하고 그것을 학급에 설명하기 위하여 이 주요한 낱말들을 이용한다. 그런 다음 그들이 일단 내러티브 문체를 습득하기 시작하면 직접적인 언어를 사용하여 짧은 극을 작성하게 된다. 그러한 실습은 자신감을 갖게

---

162) R. Bohren, *Predigtlehre*, pp. 273~377; J. H. Cilliers, *Soos woorde van God*, p. 98 참고.

163) R. Riess, *Der Gott der Lilien*, p. 85 참고.

하고 다른 문체들에 대해 편안하게 생각하게 한다.

또한 설교자들은 혼자서 성경 본문을 큰소리로 읽도록 해야 한다. 원래 성경은 구술 전통이었으며 한참 후에 문서로 기록되었다. 설교가 되기 위해서 그것은 다시 한번 말하는 언어가 되어야 한다. 또한 다른 사람들, 예를 들어 가족들에게 큰소리로 읽어주는 것이 도움이 될 것이다.

설교에는 **지식**이 요구된다. 바로 이러한 이유로 우리는 과학적인 방법에 따라 설교학을 연구하려는 노력을 기울인다. 이 책에서 우리는 설교의 언어화에 관한 과학적인 지식의 현 상태를 보고하려고 노력했다. 그러나 설교는 또한 **예술**이다. 그러므로 설교자는 끊임없이 실습하고 새로운 형식과 언어화를 실험해야 한다. 마지막으로 설교는 성령께서 주신 은혜로운 **선물**이다(고전 12:10; 롬 12:6). 그러므로 설교자는 말씀을 받기를 끊임없이 간구하며 기도하는 자이다.

7. 결론

이 마지막 장은 여러 가지 설교 형식을 다루었다. 설교 형식의 결정은 본문의 성격, 회중의 성격, 그리고 설교자의 개성에 따라 영향을 받는다. 그러나 근본적으로 중요한 요소는 가장 잘 전달되어야 하는 **본문의 메시지**이다.

모든 설교 형식은 그 나름의 독특한 방식으로 메시지를 전달한다. 우리는 본문-주제 설교, 호밀리, 내러티브 형식과 시적인 형식을 설명하고, 각각의 모델 설교를 예시하였다.

내러티브 설교에 관하여 영어권 교회의 내러티브 요소들의 역사적인 기원을 설명했으며 이 설교 형식의 기능과 장점들을 명시했다. 내러티브 설교의 세 가지 형태가 논의되었는데, 그것은 본문을 이야기하기, 본문

이야기의 의미를 전개시키기, 그리고 인물들과의 동일시하기였다. 각 경우에 대한 예시로서 설교가 인용되었다. 내 의견으로 이 세 가지 내러티브 설교 형식은 성경적인 설교에 적용되리라고 본다.

마지막으로, 필자는 여러 설교 형식들을 배워야 한다는 점을 지적했다. 하지만 우리는 설교에 대한 단순한 지식이 설교의 전부가 아니라는 것을 명심해야 한다. 설교를 할 수 있다는 것은 또한 예술이며, 궁극적으로는 은사(a gift)이다.

참고 문헌

Abbey, Merril R. *Communication in pulpit and parish*. Philadelphia: The Westminster Press, 1976.

Adams, Jay E. *Preaching with purpose*. Grand Rapids: Baker Book House, 1982.

Alant, C. J. 'n *Sosiologiese studie van die betrokkenheid van lidmate by die Nederduites Gereformeerde Kerk*. Pretoria: C. J. Alant, 1972.

Albrecht, H. *Arbeiter und symbol. Soziale homiletik im Zeitalter des Fernsehens*. München-Mainz: Kaiser-Grünewald, 1982.

Arens, H., Richardt, F. & Schulte, J. *Kreativität und predigtarbeit*. München: Claudius, 1974.

Bal, Mieke. *De theorie van vertellen en verhalen*. Inleiding in de narratologie Muiderberg: Coutinho, 1980.

Baldwin, E. D. *Dialogical Communication in preaching: A venture in encouraging and enabling reciprocal participation between pulpit and pew in the preaching event*. D. Min. Drew University, 1982.

Bam, G. *Diakoniologie-met' n kort verwysing na genesing as diens van die kerk*. Publications of the University of the Western Cape. Series A. No. 48, 1983.

Barnard, A. C. *Diserediens*. Pretoria: N. G. Kerkboekhandel, 1981.

________. (voorsitter). *Die kerk se werk: Kongresreferate van die werkgemeenskap vir Praktiese Teologie*. 1981 ~ 1982. Pretoria. 1982.

________. *Die preek as kommunikasiegebeure*. Faculty of Theology, Div, B. University of Pretoria, n.d.

Barnhart. J. E. "Every context has a context," in *Scottish Journal of Theology*, 33(1980).

Barth, K. *Homiletik. Wesen und vorbereitung der predigt*. Zürich: EVZ-Verlag, 1966.

Bartholomaus, W. "Communication in the church: Aspects of a theological theme"; in Baum, G. & A. Greely(eds.) *Communication in the church.* New York: The Seabury Press, 1978.

Bass, George M. *The evolution of The story sermon,* in: Word and world. Vol. 11. No. 2. Spring, 1982.

Bastian, H.-D. *Verfremdung und Verkündigung.* München, 1985.

________. *Vom Wort zu den Wörtern: Karl Barth und die Aufgaben der Praktischen Theologie, in Evangelische Theologie* 28(1968).

________. "Verfremdung und verkündigung," in Dreher, B., N. Greinacher & F. Klostermann. *Handbuch der verkündigung* Bd. I. Freiburg, Basel, Wien, 1970.

________. *Kommunikation: Wie christliche Glaube funktioniert.* Stuttgart, 1972.

Baumann, J. D. *An introduction to contemporary preaching.* Grand Rapids: Baker Book House, 1972.

Bäumler, C. et al. *Methoden der empirischen Sozialforschung in der Praktischen Theologie.* München: Kaiser Grunewald, 1976.

Bayley, P. *French pulpit oratory 1598~1650. Cambridge: Cambridge University* Press, 1980.

Berelson, B. *Content Analysis in communication research.* New york: Hafner Publishing Co, 1952.

Berkhof, H. *Christelijk geloof.* Nijkerk: Callenbach, 1973.

Besemer, J. "Horen wat je horen wilt," in *Praktische Theologie.* No. 4. 1977.

Bijlsma, R. *De preek.* Kok: Kampen, 1977.

Black, J. *The mystery of preaching.* Grand Rapids: Zondervan, 1978 (Reissue of the 1924 edition).

Blackwood, A. W. *The fine art of preaching.* Reprinted 1976. Third printing. Grand Rapids: Baker Book House, 1981.

Blench, J. W. *Preaching in England in the late fifteenth and sixteenth centuries: A study of English sermons c. 1450~1600.* Oxford: Basil Blackwell, 1964.

Bloede, L. W. *Preaching and story.* Paper read during the congress of the *Academy of Homiletics,* 8~9 December 1979 in Des Plaines, Illinois.

Boesak, Allan. *The finger of God.* New York: Orbis Books, 1982.

Bohren, R. *Predigtlehre.* München: Chr. Kaiser, 1974.

Bolkestein, M. H. & J. Thomas. *Over preken gesproken.* 's-Gravenhage: Boekencentrum, 1972.

Bontrager, J. K. *The story sermon as a ministry to children and adults in the light of psychological insight and New Testament understanding of parable.* D.Min. School of Theology, Claremont, California, 1977.

Brillioth, Y. A *brief history of preaching.* Philadelphia: Fortress, 1965.

Brooke, R. & C. *Popular religion in the Middle Ages: Western Europe 1000~1300.* London: Thames & Hudson Ltd., 1984.

Brown, H. C. A *quest for reformation in preaching.* Nashville: Broadman, 1968.

Budd, R. W., R. K. Thorp & L. Donohew. *Content analysis of communications.* New York: MacMillan, 1967.

Buechner, F. *Telling the truth.* San Francisco: Harper & Row, 1977.

Campbell, A. V. *Rediscovering pastoral care.* London: Darton, Longman & Todd, 1981.

Capps, D. *Pastoral counseling and preaching.* Philadelphia: The Westminister Press, 1980.

Champion, D. H. *A rhetorical analysis of selected sermons by Sam Jones during his emergence as a national figure, 1872~1885.* Ph.D. The Louisiana State University and Agricultural and Mechanical Col., 1980.

Chartier, M. R. *Preaching as communication.* Nashville: Abingdon, 1981.

Cilliers, J. H. *Soos woorde van God.* D.Th-thesis, Stellenbosch, 1982.

Cohen. L. & L. Manion. *A Guide to teaching practice.* London: Methuen, 1977.

Coleman, R. *Gospel-telling.* Grand Rapids: Eerdmans, 1982.

Cox, J. W. *A guide to biblical preaching.* Nashville: Abingdon, 1976.

Craddock, F. B. *As one without authority.* Nashville: Abingdon, 1981.

Crites, S. "The narrative quality of experience," in *Journal of the American Academy of Religion.* Vol.XXXIX. No.3. September

1971.

Cronje, J. M. & J. A. van Wyk. *Van mens tot mens: Kerklike kommu-
nikasie in teorie en praktyk.* Pretoria: N. G. Kerkboekhandel,
1982.

Daiber, K. -F. *Grundriss der Praktischen Theologie as Handlungswiss-
enschaft.* München: Chr. Kaiser, 1977.

________. et al. *Predigen und Horen. Band 1. Predigten, Analysen und
Grundauswertung.* München: Chr. Kaiser, 1980.

Dargan, E. C. *A history of preaching.* Vol.1 & Vol.2. Grand Rapids: Baker
Book House 1974 & 1970.

D'Assonville, V. E. *Die dwaasheid om te preek.* Johannesburg: De Jong,
1976.

Davis, H. G. *Design for preaching.* Philadelphia: Fortress, 1958.

Deist, F. E. & J. J. Burden. 'n *ABC van Bybeluitleg.* Pretoria: Van Schaik,
1980.

De Klerk, J. J. *Prediking.* Pretoria: N. G. Kerkboekhandel, 1977.

De Villiers, D. W. *Prediking en pastoraat.* Cape Town: N. G. Kerk-
Uitgewers, 1977.

De Villiers, I. L. *Teen winter en ontnugtering.* Cape Town: Tafelberg,
1979.

Donsbach, H., W. Becker. et al. *Gemeente in training.* Den Haag: J. N.
Voorhoeve, 1976.

Dreyer, T. F. J. *J. J van Oosterzee as homileet(1817~ 1882).* Utrecht:
Drukkerij Elinkwijk B. V., 1974.

Düsterfeld, P. *Predigt und Kompetenz: Hermeneutische und sprachtheo-
retische Üerlegungen zur Fundierung einer homiletischen
Methode.* Dusseldort: Patmos Verlag, 1978.

Du Toit, H. D. A. "Blaas die vuur aan," in: *Verkondig die Woord.*
Roodepoort: CUM, n.d.

Du Toit, S. I. *Die helende verhouding.* Pretoria: Beta Drukkers en
Uitgewers, n.d.

Ebeling, G. *Das Wesen des christlichen Glaubens.* Tübingen: Mohr, 1959.

________. "Leitsatze zur Frage der Wissenschaftlichkeit der Theologie," in:

Zeitschrift für Theologie und Kirche. 68, 1971.

________. *Kritischer Rationalismus? Zu Hans Albert 'Traktat uber kritische Vernunft.'* Tübingen: Mohr, 1973.

________. *Wort und Glaube: Dritter Band*. Tübingen: J. C. B. Mohr, 1975.

________. *Umgang mit Luther*. Tübingen: Mohr, 1983.

Emmert, P. & W. D. Brooks. *Methods of Research in Communication*. Boston: Houghton Mifflin Company, 1970.

Fackre, Gabriel. *The Christian story: A narrative interpretation of basic Christian doctrine*. Grand Rapids: Eerdmans, 1978.

Fant, C. E. *Preaching for today*. New York: Harper & Row, 1975.

________. *Bonhoeffer: Wordly preaching*. New York: Thomas Nelson, 1975.

Firet, J. "Evangelische informatie via de media," in: Hamelink, C. J. (ed.) *Kerk en massamedia*. Baarn: Bosch on Keuning, 1971.

________. *Het agogisch moment in het pastoraal optreden*. Third edition. Kampen: Kok, 1977.

________. "Sterft de preek?," in: *Voorlopig*. 1979. Vol.7.

________. "De plaats van de praktische theologie binnen de theologische faculteit," in: Van Andel, C. P. Azn, A. Geense & L. A. Hoedemaker (ed.) *Praktische Theologie.*'s Gravenhage: Boekencentrum, 1980.

Floor, L. *In die skool van Tirannus: 'n Ondersoek na die plek van die dialoog in teologiese onderrig en prediking*. Potchefstroom University, 1979.

Forrester, Duncan, James I. H. McDonald & Gian Tellini. *Encounter with God*. Edinburgh: T. & T. Clark, 1983.

Fouché B. *Die vryetydse leesgedrag van Afrikaanssprekende volwassenes in Johannesburg*. D. Litt, et Phil.-thesis. Rand Afrikaans University.

Frei, Hans W. *The eclipse of biblical narrative: A study in eighteenth and ninteenth century hermeneutics*. New Haven: Yale University Press, 1974.

Friedrich, G. "Kerussou in the New Testament," in: Kittel, G. (ed.)

Theological dictionary of the New Testament Vol.III. Grand Rapids: Eerdmans, 1965.

Fuchs, E. "The New Testament and the hermeneutical problem," in: Robinson, J. M. & J. B. Cobb (jr). *The new hermeneutic*. New York: Harper & Row, 1964.

Fuchs, O. *Sprechen in Gegensätzen*. München: Kösel-Verlag, 1978.

Gadourek, I. *Sociologische onderzoekstechnieken*. Deventer: Van Loghum Slaterus, 1972.

Galvin, J. P "Schillebeeckx: Retracing the story of Jesus: Theology as narrative," in: *Worldview*. Vol.24. April 1981.

Geisser, H. F. & W. Mostert, (Hrsg) *Wirkungen hermeneutischer Theologie. Eine Zurcher Festgabe zum 70. Geburtstag Gerhard Ebelings*. Zürich: Theologischer Verlag, 1983.

Gerbner, G. et al. *The analysis of communication content*. New York: Robert E. Krieger Publishing Company, 1978.

Giles, T. E. A *series of sermons and feed back sessions addressing some of the issues related to pain and suffering*. D. Min., Drew University, 1982.

Golden, M. P (ed.) *The research experiment*. Third edition. Illinois: F. E. Peacock, 1977.

Golden, S. G. A. *Dialogies-kommunikatiewe prediking*. D.D.-thesis. University of Pretoria, 1982.

Goodman, N. & G. T. Marx. *Society today*. Third edition. New York: Random House, 1978.

Greinacher, N. "Die dialogische Struktur der verkündigung," in: *Wort und welt*. Festgabe für Viktor Schurr. München: Gerhard Kaffke, 1968.

__________. "Das Theorie-Praxis-Problem in der Praktischen Theologie," in: Klostermann, F. & R. Zerfass(Hrsg.), *Praktische Theologie heute*. München: Chr. Kaiser, 1974.

Groot, J. et al. *Het verhaal gaat door*. Hilversum: Gooi on Sticht, 1982.

Grové, A. P *Woord en wonder: Inleidende studie oor die tegniek van die pöesie*. Cape Town: Nasou, 1953.

Grünberg, W. *Homiletik und rhetorik*. Gütersloh: Gerd Mohn, 1973.

Haarsma, F. *De leer van de kerk en het geloof van haar leden*. Utrecht: Ambo, 1968. Halkes, Catharina J. M. *De horizon van het pastorale gesprek*. Haarlem: De Toorts, 1977.

Hall. T. *The future shape of preaching*. Philadelphia: Fortress, 1971.

Hamelink C. J. *Kerk en massamedia*. Baarn: Bosch & Keuning, 1971.

Hamilton, M. (ed.) *Fish's clinical psychopathology: Signs and symptoms in psychiatry*. Revised reprint. Bristol: John Wright & Sons, 1974.

Hanekom, N. J. *Die beeld van'n kek:'n Teologiese evaluering van die beeld wat die Ned. Geref. Kerk via sy amptelike blad 'Die Kerkbode' projekteer*. D.Th-thesis. University of South Africa, 1983.

Harris, G. E. *The sermon as a written art-form*. D.Min. School of Theology at Claremont U.S.A., 1979.

Hasselmann, N. *Predighilfen und predigtvorbereitung*. Gütersloh: Gerd Mohn, 1977.

Hempel, J. *Die vergegenwartigung des Wortes*. Stuttgart: Calwer Verlag, 1974.

Henau, E. *Inleiding tot de praktische homiletiek*. Abdij Averbode, 1976.

Heyns, J. A. & W. D. Jonker. *Op weg met de teologie*. Pretoria: N. G. Kerkboekhandel, 1974.

Hoefler, R. C. *Creative preaching and oral writing*. Lima: CSS Publishing Co.,1978.

Hoekstra, T. *Gereformeerde homiletiek*. Third edition. Amsterdam: Ton Bolland, 1975.

Hollenweger, W. J. *Besuch bei Lukas: vier narrative Exegesen*. München: Chr. Kaiser, 1982.

________. *Erfahrung der Leibhaftigkeit. Interkulturelle Theologie*. München: Chr. Kaiser, 1979.

Home, C. F. *Crisis in the pulpit*. Grand Rapids: Baker Book House, 1975.

Howe, R. *The miracle of dialogue*. New York: Seabury, 1963.

Hughes, J. A. *Sociological analysis: Methods of discovery*. Sunbury- on-Thames: Nelson. 1979.

Hull, C. H. & N. H. Nie. *SPSS Update 7～9. New procedures and facilities for releases 7～9.* New York: McGraw-Hill, 1981.

Hull Mohr, Martin & Mary. "Interpreting the text and telling the sotry," in: *Dialog.* Vol.21. Spring 1982.

Jabusch, W. F. *The person in the pulpit.* Nashville: Abingdon, 1980.

Jager, O. *Eigentijdse verkondiging.* Kampen: Kok, 1967.

Janson, M. "Praktiese teologie," in: Stoop, J. H. (ed.) *Inleiding in die teologie.* Third edition. Pretoria: N. G. Kerkboekhandel, 1982.

Jason, H. "Der Zinsgroschen: Analyses der Erzählstruktur (Mt.22:15～22; Mk.12:13～17; Lk.20:20～26)," in: *Linguista Biblica.* No. 41/ 42, 1977.

Jensen, R. A. *Telling the story.* Minneapolis: Augsburg, 1980.

Jetter, W. *Homiletische akupunktur.* Gottingen: Vandenhoeck & Ruprecht, 1976.

Jonker, H. *Actuele prediking.* Second edition. Nijkerk: Callenbach, s.j.

＿＿＿＿. *En ,tóch preken.* Nijkerk: Callenbach, 1973.

＿＿＿＿. *Gereformeerde prediking in onze tijd.* Apeldoorn: Willem de Zwijgerstichting. 1980.

＿＿＿＿. *Theologische praxis.* Nijkerk: Callenbach, 1983.

Jonker, W. D. *Als een riet in de wind* ⋯ Kampen: Kok, 1970.

＿＿＿＿. *Die Woord as opdrag.* Pretoria: N. G. Kerkboekhandel, 1976.

Kamphaus, F. "Erzählend predigen," in: *Lebendige seelsorge* 28(1977).

Keck, L. E. *The Bible in The pulpit.* Nashville: Abingdon, 1978.

Kellerman, J. S. *Vormgewing van die prediking as kommunikasieprobleem.* D.Th.-thesis. Stellenbosch, 1978.

Klank, H. J. "Die erzählende Rolle der Junger in Markusevangelium: eine narrative Analyse," in: *Novum Testamentum.* Vol.24. Jan. 1982.

Kopperschmidt, J. *Allgemeine Rhetorik: Einführung in die theorie der persuasiven kommunikation.* Stuttgart. Berlin. Köln. Mainz: Kohlhammer, 1973.

Kotze, G. J. *Hedendaagse skrifprediking.* Potchefstroom: Pro Rege, 1963.

Kremer, W. *Priesterlijke prediking.* Amsterdam: Ton Bolland, 1976.

Krippendorff, K. *An examination of content analysis: A proposal for a general framework and an information calculus for message analytic situations.* Ph.D. University of Illinois, 1967.

Lazarsfeld, P. F., B. Berelson & H. Gaudet. *The people's choice: How the voter makes up his mind in a presidential campaign.* New York: Columbia University Press, 1948.

Leedy, P. D. *Practical research: Planning and design.* New York: MacMillan, 1974.

Leisering, K. J. *An historical and critical study of the Pittsburgh preaching career of Kathryn Kuhlma.* Ph.D. Ohio University, 1981.

Lerla E. *Die einleitung der predigt.* Stuttgart: Calwer Verlag, 1972.

Lischer, R. *A theology of preaching.* Nashville: Abingdon, 1981.

Long, Thomas G. *Narrative structure as applied to biblical preaching: A method for using the narrative grammar of A. J. Greimas in the development of sermons on biblical narratives.* Ph.D.-dissertation. Princeton Theological Seminary, 1981.

Long, Thomas G. "The fall of the house of Uzzah ⋯ and other difficult preaching texts," in: *Journal for Preachers.* Volume VII. Number 1. Advent, 1983.

Loots, P. J. C. *Die radio af kommunikasiemedium in diens van die prediking.* D. D.-thesis. University of Pretoria, 1984.

Louw, J. P. A *semantic discourse analysis of Romans. Vol. II. Commentary. University of Pretoria,* 1979.

Lowry, E. L. *The homiletical plot.* Atlanta: John Knox, 1980.

Marais, B. J. (ed.) *Rondom die prediking.* Pretoria: N. G. Kerkboekhandel, 1972.

Massey, J. E. *Designing the sermon.* Nashville: Abingdon, 1980.

McDonald, J. I. H. *Kerygma and didache.* Cambridge: Cambridge University Press, 1980.

McFague (Te Sells), Sallie. *Metaphorical theology: Models of God in religious language. London:* SCM Press, 1982.

McKinney, J. C, *Constructive typology and social theory.* New York: Appleton-Century-Crofts, 1966.

McLuhan, M. *Understanding media.* New York: The American Library,

1964.

Mette, N. *Theorie der praxis: Wissenschaftsgeschichtliche und methodologische Untersuchungen zur Theorie-Praxis-Praxis-Problematik innerhalb der praktischen Theologie.* Düsseldorf: Patmos Verlag, 1976.

Metz, J. B. "Kleine apologie des Erzählens," in: *Concilum* 9 (1973).

Metzger, M. "Die Anleitung zur Predigt," in: Hummel, G. (Hrsg). *Aufgabe der Predigt.* Darmstadt, 1971.

Mitchel, H. H. The *recovery of preaching.* San Francisco: Harper & Row, 1977.

Möller, C. *Von der predigt zum text.* München: Chr. Kaiser, 1970.

Müller, B. A. "Die eksegetiese onderbou van die struktuur van die prediking," in: *Sol Iustitiae.* Cape Town: N. G. Kerkuitgewers, n.d.

________. *Die lewende Woord aan die mens van die hede.* Zaandijk, 1961.

________. "Kontak en kommunikasie in die prediking," in: *Ned. Geref. Teologiese Tydskrif.* Part XIII, No.2, March 1972.

________. *Prediking en gemeente.* Paper read at the Society for Practical Theology, Jan. 1984.

Müller, H. M. & D. Rössler. *Reformation und Praktische Theologie: Festschrift für Werner Jetter zum siebzigsten Geburtstag.* Göttingen: Vandenhoeck & Ruprecht, 1983.

Müller, J. C. *Die homilie as wyse van eietydse prediking.* D.D.-thesis. University of Pretoria, 1984.

Müller-Schwefe, H. R. Die *Praxis der Verkündigung.* Hamburg: Furche Verlag, 1973.

Nichols, J. R. *Building the Word: The dynamics of communication and preaching.* San Francisco: Harper & Row, 1980.

Niebergall, A. "Die Geschichte der christlichen Predigt," in: *Leiturgia: Handbuch des Evangelischen Gottesdienstes.* Band II. Kassel: Johannes Stauda-Verlag, 1955.

Nijhof, M. *Lees maar, er staat niet wat er staat.* Den Haag: Bert Bakker/Daamen N.V., 1959.

Nitschke, H. (Hrsg.) *Erzählende Predigten* 2. Gütersloh: Gütersloher Verlagshaus, 1981.

Noorda, S. "Het vertellen van verhalen (1-7)," in: *Voorlopig*. Numbers 9, 10, 12 (1983) en 1 ,2, 4, 5 (1984).

Ong, Walter J. *The presence of the Word*. New Haven: Yale University Press, 1967.

Otto, G. *Predigt als rede*. Stuttgart, Berlin. Köln. Mainz: Kohlhainmer, 1976.

__________. *Wie entsteht eine predigt? Ein kapitel praktischer rhetorik*. München: Chr. Kaiser, 1982.

__________. "Predigt als Sprache," in: *Theologia Practica*. 17. 1982. Heft 1/2.

Owst, G. R. *Preaching in medieval England: An introduction to sermon manuscripts of the period c. 1350~ 1450*. Cambridge: At the University Press, 1926.

Parker, K. R. *Storylistener subjectivity: A Q methodological exploration*. Ph.D.-dissertation. Kent State University Graduate College, 1984.

Pattison, E. M. *Pastor and parish: A systems approach*. Philadelphia: Fortress, 1977

Perelman, Ch. *Rhetorica en argumentatie*. Baarn: Ambo, 1979.

Perry L. M. *Biblical preaching for today's world*. Chicago: Moody Press, 1973.

Pfliegler, M. *Kerygmatik*. Innsbruck: Tyrolia Verlag, 1965.

Pieterse, H. J. C. *Huwelikspastoraat*. Pretoria: N. G. Kerkboekhandel, 1977.

__________. *Skrifverstaan en prediking*. Pretoria: N. G. Kerkboekhahdel, 1979.

__________. "Die aktualisering en konkretisering van die teks in die preek vir vandag," in: De Klerk, J.J. (ed.) *Aktuele prediking*. Pretoria: N. G. Kertboekhandel, 1979.

__________. *Die daad by die Woord*. Pretoria: N. G. Kerkboekhandel, 1981.

__________. "Preekvorme," in: *Theologia Reformata*. Volume XXIV. No.4. December 1981.

__________. "Bureaucracy in the reformed tradition in South Africa," in:

Journal of Theology for Southern Africa. No.43. June 1983.

__________. "Die poëtiese preek: 'n model," in: *Vir die musiekleier.* Volume 3. No.2. June 1983.

__________. "Contextual Preaching," in: *Journal of Theology for Southern Africa* No. 46. March 1984.

Piper, Hans-Christoph. *Kommunizieren lernen in seelsorge und predigt.* Göttingen: Vandenhoeck & Ruprecht, 1981.

Pitt-Watson, I. *A kind of follly.* Edinburgh: Saint Andrew, 1976.

Pöggeler, F. *Konkrete verkuüdigung.* Freiburg: Seelsorge Verlag, 1970.

Pohlman, C. *Wort und leben.* Düsseldorf: Verlag Hans Altenberg, 1967.

Prinsloo, W. S. *Van kateder tot kansel.* Pretoria: N. G. Kerkboekhandel, 1984.

Reid, C. *The empty pulpit.* New York, Evanston, London: Harper & Row, 1967.

Reynolds, D. S. "From doctrine to narrative: The rise of pulpit storytelling in America," in: *American Quarterly.* Vol.32. Winter 1980.

Rhoads, D. & D. Michie. *Mark as story: An introduction to the narrative of a gospel.* Philadelohia: Fortress, 1982.

Rice, C. *Interpretation and imagination.* Philadelphia: Fortress Press, 1970.

Riess, R. *Der Gott der Lilien.* Gottingen: Vandenhoeck & Ruprecht, 1981.

Roscam Abbing, P. J. *Predikantswerk in verband met communicatie en leertheorie.*'s Gravenhage: Boekencentrum, 1980.

Rössler, D. & E. Lange. *"Zur theorie und praxis der predigtarbeit: Bericht von einer homiletischen arbeistagung September 1967 - Esslingen,"* in: *Predigtstudien Beiheft I.* Stüttgart/Berlin, 1968.

Rossouw, H. W. *Klaarheid en interpretasie.* Amsterdam, 1963.

Runia, K. *Heeft preken nog zin?* Kampen: Kok, 1981.

__________. *The sermon under attack.* Exeter: Paternoster, 1983.

Scharfetter, C. *General psychopathology: An introduction.* Cambridge: Cambridge University Press, 1980.

Schillebeeckx, E. *Jesus: Die Geschichte von einem Lebenden.* 4 Auflaga. Freiburg: Herder, 1977.

________. *Christus und die Christen. Die Geschichte einer neuen Lebenspraxis*. Freiburg: Herder, 1977.

Schramm, W. L. *The science of human communication: New directions and new findings in communication research*. Basic Books Inc., 1963.

Schütz, W. *Vom text zur predigt*. Witten: Luther Verlag, 1968.

________. *Geschichte der Christlichen predigt*. Berlin: Walter de Gruyter, 1972.

________. *Probleme der predigt*. Göttingen: Vandenhoeck & Ruprecht, 1981.

Seebohm, F. *The Oxford reformers*. London: J. M. Dent & Sons Ltd., 1914.

Skinner, C. *The teaching ministry of the pulpit*. Grand Rapids: Baker Book House, 1973.

Smit, G. J. *Navorsingsmetodes in die gedragswetenskappe*. Pretoria: HAUM, 1983.

Souders, H. G. *The effects of videotape feedback upon student performance in homiletical speech*. Ph.D. University of Pittsburgh, 1979.

Spies, Lina. *Ontmoetings*. Cape Town: Tafelberg, 1979.

Stappers, J. G. *Publicistiek en communicatiemodellen*. Doctoral thesis, Catholic University in Nijmegen, 1966.

Stauffer, D. B. *'Sea gulls are flying inland': A method for the logical analysis of sermonic language*. D.Min. Drew University, 1981.

Steimle, E. A., M. J. Niedenthal, & C. L. Rice. *Preaching the story*. Philadelphia: Fortress, 1980.

Sterk, J. G. M. *Preek en toehoorders*. Institute for Applied Sociology, 1975.

Stott, J. R. W. *The preacher's portrait*. London: The Tyndale Press, 1961.

________. *I believe in preaching*. London: Hodder and Stoughton, 1982.

Straver, C. J. *Massa-communicatie en godsdienstige beïnvloeding*. Hilversum: Paul Brand, 1967.

Swank, G. W, *Dialogic style in preaching*. Valley Forge: Judson Press, 1981.

TeSelle, Sallie. *Speaking in parabies: A study in metaphor and theology*. London: SCM Press, 1975.

Thielicke, H. *The waiting father: Sermons on the parables of Jesus.* London: James Clarke & Co, 1960 (Translation by John W, Doberstein).

Thomas, J. *Homiletische hulplijnen: Aanwijzingen bij de preekvoorbereiding,* 's Gravenhage: Boekencentrum, 1976.

Thomas J. *Het luistert nauw: Het gesprek over do preek tussen gemeente en predikant.* Kampen: Kok, 1978.

Thompson, William D. *Listening on Sunday for sharing on Monday.* Valley Forge: Judson Press, 1983.

Thompson, W. G. *Dialogue between pew and pulpit: An exercise in dialogical preaching in the Lutheran Church,* D.Min. The Hartford Seminary Foundation, 1982.

Trimp, C. *De actualiteit der prediking.* Groningen: De Vuurbaak, 1971.

_______. *Communicatie en ambtelijke dienst.* Groningen: De Vuurbaak, 1976.

_______. *De preek.* Kampen: Van den Berg, 1980.

Tutu, Desmond. "Barmen and apartheid," in: *Journal of Theology for Southern Africa.* 47. June 1984.

Unger, M. F. *Principles of expository preaching.* Grand Rapids: Zondervan, 1955.

Van Brummelen, A. *Het praktisch-theologisch ondewijs van J. J van Oosterzee.* Huizen (NH): Drukkerij-Uitgeverij J. Bout en Zonen, 1980.

Van Calster, S. *Bijbel en preek.* Brugge: Emmaüs, 1978.

Van de Bank, J. H. et al. *Ervaren waarheid.* Nijkerk: Callenbach, 1984.

Van der Colf, A. P. *Poësie en godsdiens, met spesiale verwysing na die godsdienstige gedig by N. P. van Wyk Louw.* D.Litt et Phil-thesis, Rand Afrikaans University, 1978.

Van der Geest, H. *Presence in the pulpit: The impact of personality in preaching.* Atlanta: John Knox Press, 1981.

Van der Meiden, A. *Mensen winnen.* Baarn: The Have, 1973.

Van der Stoep, F. & O. A. van der Stoep. *Didactic oriëntation.* Johannesburg: McGraw-Hill, 1973.

Van Loggerenberg, N. T. & A. J. C. Jooste, *Verantwoordelike opvoeding*. Bloemfontein: Nasionale Boekhandel, 1976.

Van Rensburg, F. *Die ontleding van sintaktiese struktuur in die Griekse Nuwe Testament*. Frankfort: Fiksona, 1982.

Van Ruler, A. A. *Waarom zou ik naar de kerk gaan?* Nijkerk: Callenbach, 1972.

Van Schoor, M. *Bestaanskommunikasie*. Bloemfontein: De Villiers, 1977.

Van Selms, A. *God en de mensen*. Amsterdam: Ploegsma, 1951.

Van Seters, A. *The preacher's own story as integral to preaching the Torah/Jesus story*. Paper read at the congress of the *Academy of homiletics*, 8-9 December 1979 in Des Plaines, Illinois.

Van Wyk, A. G. *Uniekheidsleerverkondiging en lidmaatmotivering:'n praktiesteologiese ondersoek in die Sewendedag-Adventistekerk*. M.Th.-thesis. University of South Africa, 1983.

Venter, H. J. P. *Die prediker en die preekgebeure*. Paper read at the Society for Practical Theology, 1984.

Verderber, R. F. *The challenge of effective speaking*. Fourth edition. Belmont: Wadsworth Publishing Co, 1979.

Viljoen, H. "Man van Cirene (F. A. Venter)," in: *Tydskrif vir Letterkunde*. New series XXII:1, February 1984.

Vlijm, J. M. (ed.) *Geloofsmanieren: Studies over pluraliteit in de kerk*. Kampen: Kok, 1981.

Von Kriegstein, M. *Predigt als Gespräch*. Stuttgart: Kohlhammer, 1979.

Vorster, W. S. 'n *Ou Boek in 'n nuwe Wêreld*. Pretoria: Unisa, 1977.

Wacker, B. *Narrative theologie?* München: Kösel, 1977.

Walter, O. M. & R. L. Scott. *Thinking and speaking: A guide to intelligent oral communication*, Fourth edition. New York: MacMillan, 1979.

Wassenaar, C. J. S. *Die trek-en stootfaktore wat 'n rol speel by die aansluiting van lidmate by die Hatfield Baptiste Kerk*. M. A. -thesis, University of Pretoria, 1981.

Weber, M. *The theory of social and economic organization*. Edinburgh: William Hodge & Co, 1947.

Weber, M. *The methodology of the social sciences.* New York: The Free Press, 1949.

Weder, H. *Gleichnisse als Metaphern Traditions-und redaktions-geschichtliche Analysen und Interpretationen.* Dissertation. Zurich, 1978.

Weinrich, H. "Narrative Theologie." in: *Concilium* 9 (1973).

Welsh, C. *Preaching in a new key.* Philadelphia: United Church Press, 1974.

White, R. E. O. *A guide to preaching.* London: Pickering & Inglis, 1973.

White, W. R. *Speaking in stories.* Minneapolis: Augsburg, 1982.

Wijngaards, J. N. M. *Communicating the Word of God.* Great Wakering: Mayhew-McCrinnon, 1978.

Wilder, A. *The language of the gospel: Early Christian rhetoric.* New York: Harper & Row, 1964.

Wilder, A. *Partners in preaching.* New York: Seabury, 1967.

Willimon, W. *Integrative preaching.* Nashville: Abingdon, 1981.

Wölber, H. O. *Die predigt als kommunikation,* in Hummel: G. (Hrsg.) Aufgabe der predigt. Darmstadt, 1971.

Wolfaardt, J. A. "Practical Theology," in: Eybers, I. H., A. König & J. A. Stoop (eds.) *Introduction to theology.* Second edition. Pretoria: D. R. Church Booksellers, 1978.

Young, R. D. *Religious imagination.* Philadelphia: The Westminster Press, 1979.

Zerfass, R. "Praktische Theologie als Handlungswissenschaft," in: Klostermann, F. & R. Zerfass. (Hrsg.) *Praktische Theologie heute.* München: Chr. Kaiser, 1974.

Zerfass, R.(Hrsg.) *Mit der Gemeinde Predigen.* Gütersloh: Gerd Mohn, 1982.

Zwetsloot, Jos. *De taal van symbolen.* Hilversum: Gooi on Sticht, 1981.